普通高等教育"十二五"规划教材

金融数学

张寄洲　傅　毅　王　杨　编著

科学出版社
北　京

内 容 简 介

本书较系统地介绍金融数学中的一些核心理论知识，内容包括金融产品介绍、期权定价的离散模型——二叉树模型、随机积分与布朗运动、期权定价的连续模型——欧式期权定价的 Black-Scholes 模型及其推广、数值计算与模拟——蒙特卡罗方法和有限差分方法、奇异期权的介绍和数值解法、利率与债券模型等．每章最后还配备适量的相关习题．为了便于在实际中直接应用模型，相关章节数值计算中还给出了代码实现思路，读者可以自行利用 MATLAB 软件在计算机上实现．

本书可作为普通高等院校数学类、金融类相关专业"金融数学"课程的本科生和研究生教材，也可供金融业的从业人员以及对金融数学理论与方法感兴趣的读者阅读．读者只需具备高等数学和概率论与数理统计的知识即可阅读本书．

图书在版编目（CIP）数据

金融数学/张寄洲，傅毅，王杨编著. —北京：科学出版社，2015.4
普通高等教育"十二五"规划教材
ISBN 978-7-03-043953-6

Ⅰ. ①金… Ⅱ. ①张… ①傅… ①王… Ⅲ. ①金融-经济数学-高等学校-教材 Ⅳ. ①F830

中国版本图书馆 CIP 数据核字（2015）第 055605 号

责任编辑：姚莉丽／责任校对：彭 涛
责任印制：徐晓晨／封面设计：迷底书装

科学出版社 出版
北京东黄城根北街 16 号
邮政编码：100717
http://www.sciencep.com

北京教图印刷有限公司 印刷
科学出版社发行　各地新华书店经销
*
2015 年 4 月第 一 版　开本：720×1000 1/16
2018 年 10 月第五次印刷　印张：15 3/4
字数：317 000
定价：49.00 元
（如有印装质量问题，我社负责调换）

前　　言

　　金融数学是在两次 "华尔街革命" 的基础上迅速发展起来的一门数学与金融学相交叉的前沿学科, 它的最显著特征就是如何有效地运用数学理论和方法发现和论证金融经济运行的一些客观规律. 所谓第一次 "华尔街革命" 是以 20 世纪 50 年代末 60 年代初马科维茨 (Markowitz) 的证券投资组合理论以及夏普 (Sharpe) 的资本资产定价理论为标志而引发的, 他们的成果共同开创了金融数学理论研究的先河. 第二次 "华尔街革命" 是指 1973 年布莱克–肖尔斯 (Black-Scholes) 期权定价理论的问世, 他们从证券价格服从几何布朗运动模型出发, 导出了著名的期权定价公式. 这一理论不仅在金融界而且在其他经济学领域中都有着广泛的应用, 从而给金融学的未来发展带来了一场革命性的变化.

　　金融数学的迅速发展, 带动了现代金融市场中金融产品的快速创新, 金融衍生产品就是在 20 世纪七八十年代初新一轮金融创新的背景下兴起和发展起来的. 近 30 多年来, 金融衍生产品市场的迅速发展已经成为国际金融市场最显著、最重要的特征之一. 金融市场中金融衍生产品的交易正在全球以惊人的速度增长, 而且金融交易的范围和层次越来越丰富多样. 金融数学的核心内容之一就是研究金融衍生产品的定价理论.

　　金融数学这门新兴学科的理论与发展对中国当前金融改革和创新同样具有十分重要的意义. 特别是, 2007 年 8 月开始席卷美国、欧盟和日本等世界主要金融市场的次贷危机 (次级抵押贷款危机) 的全面爆发, 对国际金融秩序造成了极大的冲击和破坏, 使全球金融体系受到重大影响. 次贷危机不仅使金融市场产生了强烈的信贷紧缩效应, 国际金融体系长期积累的系统性金融风险得以暴露, 而且对世界经济造成了巨大的冲击, 实体经济受到了极大影响和破坏, 至今噩梦仍未结束. 次贷危机的爆发警示我们, 如果不掌握金融数学、金融工程和金融管理等现代化金融技术, 就不能正确使用金融衍生工具对市场金融风险进行有效的管理和监控. 中国也深受次贷危机的影响. 我们现在最紧缺的, 就是掌握现代金融衍生工具、能对金融风险做定量分析的既懂金融又懂数学的高级复合型人才.

　　编写本书的目的是为数学类、金融类等相关专业的本科生和想了解金融数学知识的研究生提供一本实用的教材. 尽管金融数学作为交叉学科, 它的内容涉及概率论与数理统计、随机分析、随机最优控制、倒向随机微分方程、非线性分析等现代高深的数学工具, 但在编写过程中, 我们力求通俗易懂, 结构严谨, 既系统完整地介绍金融数学的基本理论、基本观点和基本方法, 又尽量避免过多地涉及本科生没有学过的数学知识. 因此, 本书对随机分析和鞅理论等知识只作了简单易懂的介绍. 本书涉及的数学知识, 对基本熟悉高等数学和概率论与数理统计的理工科高年级本科生的读者来说应该是适合的.

本书的内容包括 7 章, 第 1-3 章由张寄洲完成, 第 4 章由王杨完成, 第 5-7 章由傅毅完成, 每章后面都配有习题, 以便加深理解、巩固知识. 第 1 章主要介绍金融市场中一些基本的术语、无套利原理、衍生产品的性质和常见的一些期权投资策略. 第 2 章主要介绍单期二叉树模型, 特别是二叉树期权定价公式、复制投资组合、风险中性概率等, 多期二叉树模型, 并利用二叉树方法计算欧式期权、美式期权和一些奇异期权的价格. 第 3 章主要介绍随机游动、条件期望与鞅、几何布朗运动、随机积分以及 Itô 公式和 Girsanov 定理. 第 4 章主要介绍期权定价的连续模型, 特别是 Black-Scholes 定价公式, 有交易费的欧式期权定价公式、永久美式期权、障碍期权以及参数与风险管理等. 第 5 章主要介绍蒙特卡罗模拟方法, 包括它的基本原理、误差分析、方差减小方法及最小二乘蒙特卡罗法等, 以及有限差分方法, 包括显式差分格式、隐式差分格式及 Crank-Nicolson 差分格式等, 特别是, 给出这些方法的数值实现例子. 第 6 章主要介绍在连续模型下障碍期权、重置期权、亚式期权等价格的数值计算方法. 第 7 章主要介绍利率与债券模型, 包括单因子均衡利率模型和单因子无套利利率模型以及债券价格模型.

本书中许多内容的重要结论参考或直接采用了姜礼尚先生的著作《期权定价的数学模型和方法》以及郭宇权先生的著作《金融衍生产品的数学模型》(中译本) 中的内容. 在此, 作者表示由衷的感谢. 最后, 作者感谢上海市高校一流学科建设 (数学) 计划项目以及上海市教育委员会科技创新重点项目 "信用衍生产品的定价模型及其应用"(13ZZ107) 等的资助.

本书在写作过程中得到科学出版社的支持和鼓励, 使本书的编写工作得以完成. 在此表示感谢.

由于作者水平所限, 书中难免会有一些疏漏和不妥之处, 敬请广大读者提出宝贵意见和给予批评指正, 以便再版时予以纠正和弥补.

编著者

2015 年 1 月

目 录

前言
第 1 章　金融产品介绍 ·· 1
　1.1　金融市场中的一些术语 ·· 1
　　　1.1.1　标的资产 ·· 1
　　　1.1.2　衍生产品 ·· 6
　1.2　无套利原理 ·· 18
　1.3　衍生产品的性质 ··· 26
　　　1.3.1　远期价格 ··· 26
　　　1.3.2　欧式期权的性质 ·· 27
　　　1.3.3　美式期权的性质 ·· 32
　1.4　常见的期权交易策略 ·· 37
　　　1.4.1　资产与期权的组合 ·· 38
　　　1.4.2　期权组合 ·· 39
　　　1.4.3　差价期权 ·· 41
　习题 1 ·· 47
第 2 章　期权定价的离散模型 ·· 50
　2.1　单期二叉树模型 ·· 50
　　　2.1.1　二叉树期权定价公式 ····································· 50
　　　2.1.2　复制投资组合 ··· 52
　　　2.1.3　风险中性概率 ··· 55
　2.2　多期二叉树模型 ·· 67
　2.3　欧式期权定价的二叉树方法 ···································· 69
　2.4　美式期权定价的二叉树方法 ···································· 71
　2.5　奇异期权定价的二叉树方法 ···································· 74
　　　2.5.1　障碍期权 ·· 75
　　　2.5.2　回望期权 ·· 76
　　　2.5.3　亚式期权 ·· 81
　习题 2 ·· 84
第 3 章　随机积分与布朗运动 ·· 86
　3.1　随机游动 ·· 86

- 3.2 条件期望与鞅 ······ 88
- 3.3 几何布朗运动 ······ 92
  - 3.3.1 布朗运动 ······ 92
  - 3.3.2 几何布朗运动 ······ 94
- 3.4 随机积分 ······ 99
  - 3.4.1 二次变差 ······ 99
  - 3.4.2 Itô 积分 ······ 102
- 3.5 Itô 公式和 Girsanov 定理 ······ 106
  - 3.5.1 Itô 公式 ······ 106
  - 3.5.2 风险的市场价格 ······ 110
  - 3.5.3 Girsanov 定理 ······ 112
- 习题 3 ······ 117

第 4 章 期权定价的连续模型 ······ 120
- 4.1 Black-Scholes 公式 ······ 121
  - 4.1.1 Black-Scholes 方程 ······ 121
  - 4.1.2 Black-Scholes 公式：偏微分方程方法 ······ 123
  - 4.1.3 Black-Scholes 公式：概率论方法 ······ 125
- 4.2 推广的 Black-Scholes 模型 ······ 127
- 4.3 有交易成本的欧式期权定价公式 ······ 129
- 4.4 永久美式期权 ······ 136
- 4.5 障碍期权 ······ 139
  - 4.5.1 欧式障碍期权 ······ 139
  - 4.5.2 双障碍期权 ······ 148
  - 4.5.3 彩虹障碍期权 ······ 157
- 4.6 参数与风险管理 ······ 167
- 习题 4 ······ 170

第 5 章 数值计算与模拟 ······ 171
- 5.1 蒙特卡罗方法 ······ 171
  - 5.1.1 蒙特卡罗方法的基本原理 ······ 172
  - 5.1.2 蒙特卡罗方法的误差分析 ······ 174
  - 5.1.3 蒙特卡罗方法的应用 ······ 174
  - 5.1.4 方差减小方法 ······ 179
  - 5.1.5 最小二乘蒙特卡罗法 ······ 188
- 5.2 有限差分方法 ······ 192
  - 5.2.1 有限差分方法的原理 ······ 193

  5.2.2 显式差分格式 · 194
  5.2.3 隐式差分格式 · 195
  5.2.4 Crank-Nicolson 差分格式 · 199
习题 5 · 201

第 6 章　奇异期权 · 202
6.1　障碍期权 · 202
6.2　重置期权 · 206
  6.2.1 规定时间的重置期权 (单点时间) · 206
  6.2.2 规定水平的重置期权 (单点水平) · 209
6.3　亚式期权 · 209
6.4　其他奇异期权 · 213
  6.4.1 天气期权 · 213
  6.4.2 经理人股票期权 · 215
  6.4.3 护照期权 · 216
习题 6 · 218

第 7 章　利率与债券 · 219
7.1　利率模型 · 219
  7.1.1 单因子均衡利率模型 · 220
  7.1.2 单因子无套利利率模型 · 225
7.2　债券价格模型 · 226
  7.2.1 零息票与远期利率 · 226
  7.2.2 债券价格的一般模型 · 228
  7.2.3 Vasicek 模型下的零息票定价公式 · 232
  7.2.4 债券的动态价格模型 · 233
  7.2.5 CIR 模型下的零息票定价公式 · 236
  7.2.6 Heath-Jarrow-Morton 模型 · 236
习题 7 · 239

参考文献 · 240

第 1 章 金融产品介绍

为了让读者尽快了解金融数学中的一些基本知识和概念, 本章 1.1 节介绍金融市场中一些基本的术语, 这些术语在本书中经常用到, 包括一些常用的金融产品; 1.2 节介绍无套利原理; 1.3 节给出衍生产品的性质; 1.4 节介绍常见的一些期权投资策略.

1.1 金融市场中的一些术语

金融市场(financial market) 又称为资金市场, 是指资金供应者和资金需求者双方利用各种金融工具达成交易的场所. 简单地说, 金融市场就是资金融通的市场. 所谓资金融通 (简称为融资), 是指在经济运行过程中, 资金供求双方运用各种金融工具调节资金盈余的活动, 所以它是所有金融交易活动的总称. 在金融市场上交易的是各种金融工具, 如股票、债券、储蓄存单等. 融资一般分为直接融资和间接融资两种. 直接融资是资金供求双方直接进行资金融通的活动, 也就是资金需求者直接通过金融市场向社会上有资金盈余的机构和个人筹资; 与此对应, 间接融资则是指通过银行进行的资金融通活动, 也就是资金需求者采取向银行等金融中介机构申请贷款的方式筹资. 一般地, 根据金融市场上交易工具的期限, 金融市场可以分为货币市场和资本市场两大类. 金融市场具有资本积累、资源配置、经济调节和经济反映等重要功能. 因此, 金融市场对经济活动的各个方面都有着直接的深刻影响, 如个人财富、企业的经营、经济运行的效率, 都直接取决于金融市场的活动. 金融市场中最基本的金融产品一般分为两类: 一类是**标的资产** (或称**原生资产**, underlying assets), 即**股票**(stock)、**债券**(bond)、**商品**(commodity) 和**外汇**(foreign exchange) 等; 另一类是来源于它们的**衍生产品**(derivative), 如**远期合约**(forward contract)、**期货**(futures)、**期权**(option) 等.

1.1.1 标的资产

1. 股票

股票是股份公司为筹集资金发行给股票持有人 (即股东) 作为持股凭证并借以取得股息和红利的一种有价证券. 每个股票都代表股东对企业拥有一个基本单位

的所有权. 股票是股份公司资本的构成部分, 可以转让、买卖或作价抵押, 是资金市场的长期信用工具. 只有股份有限公司可以发售股票, 有限责任公司只能发给股东持股证明, 不能转售. 股东是否能够取得股息和红利往往取决于公司的赢利状况, 一般地, 公司如果赢利每年就会定期给股东支付红利, 如果公司亏损, 它也可能不支付任何红利, 而且公司支付红利多少每年也是不同的, 因此一个公司每年支付给股东多少红利往往是没有保证的. 股票可以公开上市, 也可以不上市. 上市的股票称为流通股, 可在股票交易所 (即二级市场) 自由买卖. 非上市的股票没有进入股票交易所, 因此不能自由买卖, 称为非上市流通股. 股票上市后, 上市公司就成为投资大众的投资对象, 因而容易吸收投资大众的储蓄资金, 扩大了筹备资金的来源. 股票上市后, 上市公司的股权就分散在千千万万个大小不一的投资者手中, 这种股权分散化能有效地避免公司被少数股东单独支配的危险, 赋予公司更大的经营自主权. 股票投资是一种没有期限的长期投资. 股票一经买入, 只要股票发行公司存在, 任何股票持有者都不能退股, 即不能向股票发行公司要求抽回本金. 同样地, 股票持有者的股东身份和股东权益也不能改变, 但他可以通过股票交易市场将股票卖出, 使股份转让给其他投资者, 以收回自己原来的投资. 股票的二级市场也称为股票交易市场, 一般是指有组织的证券交易所和场外交易市场, 它是投资者之间买卖已发行股票的场所. 在股票交易市场的交易时间内, 股票的价格每天都会有变化, 取决于交易市场对这个股票的供应和需求. 一般地, 当供应超过需求的时候, 股票价格就下跌, 当需求超过供应的时候, 股票价格就上涨. 供需关系取决于投资大众对公司赢利状况的判断.

股票上市至今已有 400 多年的历史, 它是伴随着股份公司的出现而出现的. 世界上最早的股份有限公司制度诞生于 1602 年在荷兰成立的东印度公司. 而最早的股票交易开始于 1611 年, 当时东印度公司的股东们在阿姆斯特丹股票交易所就进行着股票交易, 它发行了当时价值 650 万荷兰盾的股票, 在荷兰的 6 个海港城市设立了办事处, 当时, 几乎每一个荷兰人都去购买这家公司的股票. 因此阿姆斯特丹股票交易所形成了世界上第一个股票市场. 股票交易后来发展成有了专门的经纪人来撮合交易. 企业经营规模扩大与资本需求的不足产生了以股份公司形态出现的、股东共同出资经营的企业组织. 股份公司的变化和发展产生了股票形态的融资活动; 股票融资的发展产生了股票交易的需求; 股票的交易需求促成了股票市场的形成和发展; 而股票市场的发展最终又促进了股票融资活动和股份公司的完善和发展. 直到现在股份有限公司仍然是最基本的企业组织形式之一; 股票已经成为大企业筹资的重要渠道和方式, 也是投资者投资的基本选择方式. 因此股票市场已经成为证券市场的重要基本内容之一.

在我国, 股份公司的成立和股票的发行可以追溯到 19 世纪 70 年代的清朝时期. 1872 年, 清朝廷批准北洋通商大臣、直隶总督李鸿章的奏折, 成立上海轮船招商局,效仿西方股份制,以"官督商办"兴建企业,决定向社会公开募集资金.因此1872年创办的"轮船招商局"是我国第一家股份公司,该公司发行的股票就成为我国第一张股票.招商局的原始股每股为100两白银,折合现在的股价大约是每股6000元人民币,是一个名副其实的高价股.在招商局的带动下,当时我国兴起了一批股份制企业.江南制造局、开平矿物局等工矿企业随后也相继发行了股票,从此揭开了我国股票发行和上市的序幕.

1916年,孙中山与沪商虞洽卿共同建议组织上海交易所股份有限公司,拟具章程和说明书,呈请农商部核准.1920年2月1日,上海证券物品交易所在总商会开创立会.2月6日交易所召开理事会,选举虞洽卿为理事长.农商部终于在1920年6月批准在上海设立证券物品交易所,运作模式引用日本交易所的模式,还聘请了日本顾问.1920年7月1日,上海证券交易所开业,采用股份公司形式,交易标的分为有价证券、棉花等7类.我国股票发行经历了清政府、北洋政府、中华民国政府、中华人民共和国中央人民政府.使用购买股票的币种有银两、银元、法币、中储券、关金券、金元券、人民币等.改革开放以后,我国在1983年成立了第一家股份制企业——深圳宝安联合投资公司;接着在1984年7月20日,成立了第一家股份有限公司——北京天桥百货股份有限公司.我国第一个公开发行的股票是在1984年11月18日发行的上海飞乐音响股票,当时向社会发行1万股,每股票面50元.这一事件在海外引起了比国内更大的反响,被誉为我国改革开放的一个信号.特别是上海证券交易所在1990年12月19日正式成立和宣告营业,首次上市的有8家企业.随后在1991年4月,经国务院授权中国人民银行批准,深圳证券交易所成立并在当年7月3日正式营业,当时上市的有深发展(深圳发展银行股份有限公司)等5家企业.上海证券和深圳证券两个交易所的成立标志着我国的证券市场正式与国际接轨.

2. **债券**

债券是政府、金融机构、工商企业等直接向社会借债筹措资金时,向投资者发行,承诺按一定利率支付利息并按约定条件偿还本金的债权债务凭证.债券是一种有价证券.由于债券的利息通常是事先确定的,所以债券是固定利息证券(定息证券)的一种.债券作为一种债权债务凭证,与其他有价证券一样,也是一种虚拟资本,而非真实资本,它是经济运行中实际运用的真实资本的证书.债券一般都可以在流通市场上自由转让.

债券按照不同方式可以划分为多种类型.主要有下面一些类型.

按发行主体可以划分为**政府债券**、**金融债券**和**公司(企业)债券**等.

政府债券是政府为筹集资金而发行的债券.主要包括国债、地方政府债券等,其中最主要的是国债.我国历史上发行的国债主要品种有国库券和国家债券,其中国库券自 1981 年以后基本上每年都发行. 金融债券是由银行和非银行金融机构发行的债券. 在我国, 金融债券主要由国家开发银行、进出口银行等政策性银行发行. 公司 (企业) 债券是由公司 (企业) 发行的债券. 在国外, 没有企业债券和公司债券的划分, 统称为公司债券.

按财产担保可以划分为**抵押债券**和**信用债券**.

抵押债券是以企业财产作为担保的债券, 按抵押品的不同又可以分为一般抵押债券、不动产抵押债券、动产抵押债券和证券信托抵押债券等. 以不动产如房屋等作为担保品, 称为不动产抵押债券; 以动产如适销商品等作为提供品的, 称为动产抵押债券; 以有价证券如股票及其他债券作为担保品的, 称为证券信托债券. 信用债券是不以任何公司财产作为担保, 完全凭信用发行的债券. 政府债券属于此类债券. 这种债券由于其发行人的绝对信用而具有坚实的可靠性. 除此之外, 一些公司也可发行这种债券, 即信用公司债券. 与抵押债券相比, 信用债券的持有人承担的风险较大, 因而往往要求较高的利率.

按债券形态可以划分为**实物债券**、**凭证式债券**和**记账式债券**.

实物债券是一种具有标准格式实物券面的债券. 在其券面上, 一般印制了债券面额、债券利率、债券期限、债券发行人全称、还本付息方式等各种债券票面要素. 实物债券既不记名也不挂失, 但可上市流通. 凭证式债券是指国家采取不印刷实物券, 而用填制 "国库券收款凭证" 的方式发行的国债. 凭证式债券具有类似储蓄、又优于储蓄的特点, 通常被称为 "储蓄式国债", 是以储蓄为目的的个人投资者理想的投资方式. 从购买之日起计息, 可记名、可挂失, 但不能上市流通. 与储蓄类似, 但利息比储蓄高. 记账式债券是指没有实物形态的债券, 以电脑记账方式记录债权, 通过证券交易所的交易系统发行和交易. 如果投资者进行记账式债券的买卖, 就必须在证券交易所设立账户. 所以, 记账式国债又称为无纸化国债. 记账式国债购买后可以随时在证券市场上转让, 流动性较强, 就像买卖股票一样.

按是否可转换可以划分为**可转换债券**和**不可转换债券**.

可转换债券是指在特定时期内可以按某一固定的比例转换成普通股的债券, 它具有债务与权益双重属性, 属于一种混合性筹资方式. 可转换债券一个重要特征就是有转股价格. 在约定的期限后, 投资者可以随时将所持有的可转债按股价转换成股票. 不可转换债券是指不能转换为普通股的债券, 又称为普通债券. 由于其没有赋予债券持有人将来成为公司股东的权利, 所以其利率一般高于可转换债券.

按付息的方式可以划分为**零息债券**、**定息债券**和**浮息债券**.

零息债券, 也称为贴现债券, 是指债券券面上不附有息票, 在票面上不规定利率, 发行时按规定的折扣率, 以低于债券面值的价格发行, 到期按面值支付本息的债券. 定息债券也称为固定利率债券, 它是将利率印在票面上并按期向债券持有人支付利息的债券. 该利率不随市场利率的变化而调整, 因而固定利率债券可以较好地抵制通货紧缩风险. 浮息债券也称为浮动利率债券, 它的息票率是随市场利率变动而调整的利率. 因为浮息债券的利率同当前市场利率挂钩, 而当前市场利率又考虑到了通货膨胀率的影响, 所以浮息债券可以较好地抵制通货膨胀风险, 其利率通常根据市场基准利率加上一定的利差来确定. 浮息债券往往是中长期债券.

按能否提前偿还可以划分为**可赎回债券**和**不可赎回债券**.

可赎回债券是指在债券到期前, 发行人可以以事先约定的赎回价格收回的债券. 公司发行可赎回债券主要是考虑到公司未来的投资机会和回避利率风险等问题, 以增加公司资本结构调整的灵活性. 发行可赎回债券最关键的问题是赎回期限和赎回价格的制定. 不可赎回债券是指不能在债券到期前收回的债券.

按偿还方式不同可以划分为**一次到期债券**和**分期到期债券**.

一次到期债券是发行公司于债券到期日一次偿还全部债券本金的债券. 分期到期债券是发行公司于债券到期日之前分期偿还债券本金的债券, 它可以减轻发行公司集中还本的财务负担.

按计息方式可以划分为**单利债券**、**复利债券**和**累进利率债券**.

单利债券指在计息时, 不论期限长短, 仅按本金计息, 所生利息不再加入本金计算下期利息的债券. 复利债券与单利债券相对应, 指计算利息时, 按一定期限将所生利息加入本金再计算利息, 逐期滚算的债券. 累进利率债券指年利率以利率逐年累进方法计息的债券. 累进利率债券的利率随着时间的推移, 后期利率比前期利率更高, 呈累进状态.

按债券是否记名可以划分为**记名债券**和**无记名债券**.

记名债券是指在公司债券上记载持券人姓名或名称的债券; 反之为无记名债券. 两种债券在转让上的差别也与记名股票、无记名股票相似.

按是否盈余分配可以划分为**参加公司债券**和**不参加公司债券**.

参加公司债券是指债权人除享有到期向公司请求还本付息的权利外, 还有权按规定参加公司盈余分配的债券; 反之为不参加公司债券.

按募集方式可以划分为**公募债券**和**私募债券**.

公募债券是指向社会公开发行, 任何投资者均可购买的债券. 它是向不特定的多数投资者公开募集的债券, 可以在证券市场上转让. 私募债券是指向与发行者有特定关系的少数投资者募集的债券. 私募债券的发行和转让均有一定的局限性, 一般不能在证券市场上交易.

按能否上市分类可以划分为**上市债券**和**非上市债券**.

上市债券是指可在证券交易所挂牌交易的债券; 反之为非上市债券. 上市债券信用度高、价值高、变现速度快, 故而容易吸引投资者, 但上市条件严格, 并要承担上市费用. 上市企业债券发行的主体可以是股份公司, 也可以是有限责任公司.

3. 商品

商品是用来交换的劳动产品. 商品的基本属性是价值和使用价值. 价值是商品的本质属性, 使用价值是商品的自然属性. 金融意义上的商品实际上是指商品期货.

4. 外汇

外汇是以外币表示的用于国际结算的支付凭证. 外汇的概念具有双重含义, 即有动态和静态之分. 外汇的静态概念, 又分为狭义的外汇概念和广义的外汇概念. 狭义的外汇指的是以外国货币表示的、为各国普遍接受的、可用于国际间债权债务结算的各种支付手段. 它必须具备三个特点: 可支付性、可获得性和可换性. 广义的外汇指的是一国拥有的一切以外币表示的资产. 外汇的动态概念, 是指货币在各国间的流动以及把一个国家的货币兑换成另一个国家的货币, 借以清偿国际间债权、债务关系的一种专门性的经营活动.

外汇交易就是一国货币与另一国货币进行交换. 报价即为汇率, 通常用两种货币之间的兑换比例表示, 如欧元/美元或美元/日元. 外汇交易市场是全球最大的金融产品市场, 但与其他金融市场不同, 它没有具体地点, 也没有中央交易所, 而是通过银行、企业和个人间的电子网络进行交易. 世界上的任何金融机构、政府或个人每天 24 小时随时都可参与交易.

在本书后面的例子中, 如果不作特别的说明, 一般用股票来代表标的资产.

1.1.2 衍生产品

金融衍生产品是在 20 世纪七八十年代新一轮金融创新的背景下兴起和发展起来的. 30 多年来, 金融衍生产品市场的迅速发展已经成为国际金融市场最显著、最重要的特征之一. 金融市场中金融衍生产品的交易正在全球以惊人的速度增长, 掀起了金融衍生产品定价理论研究的高潮.

金融衍生产品是一种风险管理的工具, 它实际上是一份双边合约或支付协议, 是从传统的基本金融工具中衍生发展出来的金融产品, 其价值是由其标的资产价格的变动而决定的. 在金融市场中, 最常见最主要的金融衍生产品有以下三种: 远期合约、期货和期权. 因此结合股票、债券、商品和外汇等标的资产, 金融衍生产品相应地就可以细分为: 股票期货 (期权)、债券期货 (期权)、商品期货 (期权) 和货币期货 (期权).

金融衍生产品的最主要功能就是规避风险, 其基本策略是**套期保值**(hedging)或称为**对冲**. 所谓套期保值是指交易者在现货市场和期货市场对同一类商品进行数量相等但方向相反的买卖活动, 或者通过构建不同的组合来避免未来价格变化带来损失的交易. 例如, 一个农民为了减少收获时农作物价格降低的风险, 在收获之前就以固定价格出售未来收获的农作物, 这种行为就是套期保值. 套期保值的理论基础是人们认为在正常市场条件下现货和期货市场的走势基本一致,由于这两个市场受同一供求关系的影响,所以二者价格同涨同跌;但是由于在这两个市场上操作相反,所以盈亏相反,期货市场的盈利可以弥补现货市场的亏损.从而在"现"与"期"之间、近期和远期之间建立一种对冲机制,以使价格风险降低到最低限度,达到转移和分散风险的目的.

金融衍生产品实际上是一种合约.合约的买方称为**多头**(long position 或多方),卖方称为**空头**(short position 或空方).下面以远期合约、期货和期权等三种常见的金融衍生产品为例分别叙述如下.

1. 远期合约与期货

定义 1.1.1 远期合约是指在未来某个确定的时间以确定的价格买(卖)一定数量和质量标的资产的协议.

远期合约一般在**场外**(over-the-counter, OTC)进行交易,签订远期合约也不需要支付任何费用.合约中的确定时间用 T 表示,确定价格用 X 表示,T 和 X 分别称为**到期日**(maturity) 和**敲定价格**(strike price),X 有时也称为**实施价格**(exercise price) 或**交割价格**(delivery price). 远期合约在到期日的**收益**(payoff) V_T (图1.1) 为

$$V_T = S_T - X \quad (多头)$$

$$V_T = X - S_T \quad (空头)$$

这里 S_T 表示标的资产在到期日 T 的价格.

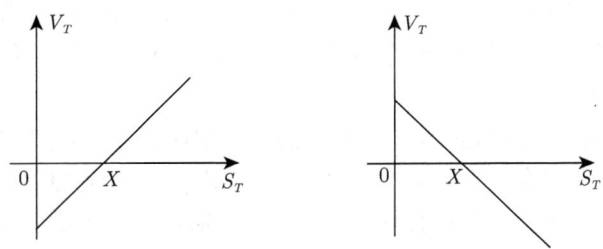

图 1.1 远期合约的多头与空头

远期合约是 20 世纪 80 年代初兴起的一种保值工具,是适应规避现货交易风险的需要而产生的. 远期合约市场的交易机制可以归纳为两大特征: 分散的场外交易和非标准化合约. 由于远期合约不在交易所交易, 而是在金融机构之间或金融机构与客户之间通过谈判后签署的, 其交易主要是私下进行的, 所以基本不受监管当局的监管. 又由于不在交易所集中交易而是由交易双方具体谈判商定细节, 双方可以就交割地点、交割时间、交割价格、合约规模、标的资产的品质等细节进行谈判, 以便尽量满足双方的需要. 所以总而言之, 作为场外交易的非标准化合约, 远期合

约的优势在于灵活性很大,可以根据交易双方的具体需要签订远期合约,比较容易规避监管.

远期合约主要分为**远期利率协议**(forward rate agreement)、**远期外汇合约**(forward exchange agreement)、**远期股票合约**(equity forwards) 等.

远期利率协议是指买卖双方同意从未来某一确定的时刻开始,在某一特定时期内按协议利率借贷一笔数额确定、以特定货币表示的名义本金的协议. 合约中最重要的条款要素为协议利率,通常称为**远期利率**(forward rate),即现在时刻的将来一定期限的利率. 远期利率协议交易具有以下三个特点: 一是具有极大的灵活性. 作为一种场外交易工具,远期利率协议的合同条款可以根据客户的要求 "量身定做",以满足个性化需求; 二是并不进行资金的实际借贷,尽管名义本金额可能很大,但由于只是对以名义本金计算的利息的差额进行支付,所以实际结算量可能很小; 三是在结算日前不必事先支付任何费用,只在结算日发生一次利息差额的支付. 因此金融机构使用远期利率协议可以对未来期限的利率进行锁定,即参考利率未来变动进行保值.

远期外汇合约是指双方约定在将来某一时间按约定的汇率买卖一定金额的某种外汇的合约. 远期外汇合约的主要目的就是规避汇率风险,不论是有远期外汇收入的出口企业,还是有远期外汇支出的进口企业,都可以与银行订立远期外汇合约,按预约的价格,在将来到期时进行交割,避免进口产品成本上升和出口销售收入减少的损失,以控制结算风险. 按照远期的开始时期划分,远期外汇合约又分为直接远期外汇合约和远期外汇综合协议.

远期股票合约是指在将来某一特定日期按特定价格交付一定数量单个股票或一揽子股票的协议. 远期股票合约在市场上出现时间不长,总交易规模也不大,与远期外汇的交易相似.

期货的定义与远期合约的定义是相同的. 关键区别在于期货通常是在交易所内正规交易且具有标准化的条款和特定的清算形式,这两个特征及其衍生出的一些交易机制,成为期货有别于远期合约的关键. 因此期货是由远期合约逐步标准化而形成的. 期货市场最早萌芽于欧洲. 早在古希腊和古罗马时期,就出现过中央交易场所、大宗易货交易,以及带有期货贸易性质的交易活动. 最初的期货交易是从现货远期交易发展而来. 第一家具有现代意义的期货交易所是美国的芝加哥期货交易所 (Chicago Board of Trade, CBOT),它是在 1848 年由美国 82 位商人发起成立的,该所在 1865 年确立了标准化合约的模式,从而形成了正式的期货市场. 我国在 20 世纪 20 年代的上海曾出现多个期货交易所,甚至市场也一度出现过对期货的疯狂热炒. 特别是从 20 世纪 90 年代以后,我国的现代期货交易所应运而生,先后成立了上海、大连、郑州等期货交易所,后来又于 2006 年在上海成立了中国金融期货交易所,其上市期货品种的价格变化对我国相关行业产生了深远的影响.

2. 期货的分类

期货所对应的标的资产主要是某种大宗商品, 如棉花、大豆、石油等以及金融资产如股票、债券等. 期货可以大致分为两大类: **商品期货**(commodity futures) 与**金融期货**(financial futures). 商品期货中主要品种可以分为农产品期货、金属期货、能源期货三大类; 金融期货中主要品种可以分为**股指期货**(stock index futures)、**利率期货**(interest-rate futures) 和**外汇期货**(foreign exchange futures).

这里只就三种金融期货分别介绍如下.

股指期货是指以某个特定的股票指数为标的资产的期货合约. 股指期货是目前金融期货市场最热门和发展最快的期货交易. 股指期货除具有金融期货的一般特点外, 还具有一些自身的特点. 股指期货合约的交易对象既不涉及股票本身, 又不是具体的金融工具, 而是衡量各种股票平均价格变动水平的无形的指数, 因此它的敲定价格根据股票指数价格水平来计算, 合约以现金清算形式进行交割.

利用股指期货进行套期保值的原理是根据股票指数和股票价格变动的同方向趋势, 在股票的现货市场和股票指数的期货市场上做相反的操作抵消股价变动的风险. 股指期货合约的价格等于某种股票指数的点数乘以规定的每点价格, 即合约乘数. 合约乘数的大小, 既锁定了股指期货交易的风险放大倍数, 又确定了将能直接参与股指期货交易的人群范围. 合约乘数越小, 交易风险相对越小, 同时更能吸引中小投资者参加交易; 反之, 合约乘数越大, 则交易风险越大, 且中小投资者参与的难度加大. 各种股指期货合约的合约乘数不尽相同, 如中型**道琼斯指数**(Dow Jones Indexes) 合约乘数为 10 美元, 即道琼斯指数每降低一个点, 由该期货合约的买者 (多头) 每份合约就亏 10 美元, 卖者每份合约则赚 10 美元. 例如, 某投资者在美国股票市场持有总市值为 100 万美元的 10 种上市股票. 该投资者预计由于经济危机可能会引发美国股市的整体下跌, 为规避风险, 进行套期保值, 在 12000 点的价位上卖出 10 份 3 个月到期的 (中型) 道琼斯指数期货. 随后的 2 个月, 股市果然大幅下跌, 该投资者持有股票的市值由 100 万美元贬值为 90 万美元, 股票现货市场损失 10 万美元. 这时道琼斯指数期货也下跌至 11000 点, 于是该投资者在期货市场上以平仓方式买进原有 10 份合约, 实现期货市场的平仓盈利 10 万美元, 期货市场的盈利恰好抵消了现货市场的亏损, 较好地实现了套期保值. 同样, 股指期货也像其他期货品种一样, 可以利用买进卖出的差价进行投机交易.

利率期货是指以债券类证券为标的资产的期货合约. 利率期货的出现, 实现了投资者规避利率波动风险的客观要求.

利率期货合约最早于 1975 年 10 月由美国芝加哥期货交易所推出, 在此之后利率期货交易得到迅速发展. 目前, 在期货交易比较发达的国家和地区, 利率期货都早已超过农产品期货而成为成交量最大的一个类别. 在美国, 利率期货的成交量甚至已占到整个期货交易总量的一半以上.

利率期货的种类繁多,分类方法也有多种. 通常,按照合约标的期限,利率期货可分为短期利率期货和长期利率期货两大类. 短期利率期货是指期货合约标的期限在一年以内的各种利率期货,即以货币市场的各类债务凭证为标的的利率期货均属短期利率期货,包括各种期限的商业票据期货、国库券期货及欧洲美元定期存款期货等. 长期利率期货则是指期货合约标的期限在一年以上的各种利率期货,即以资本市场的各类债务凭证为标的的利率期货均属长期利率期货,包括各种期限的中长期国库券期货和市政公债指数期货等. 中期国库券偿还期限在 1 年至 10 年之间,通常以 5 年期和 10 年期较为常见. 中期国库券的付息方式是在债券期满之前,每半年付息一次,最后一笔利息在期满之日与本金一起偿付. 长期国库券的期限在 10 年至 30 年之间,以其富有竞争力的利率、保证及时还本付息、市场流动性高等特点吸引了众多政府和公司的投资者.

外汇期货是指以汇率为标的资产的期货合约. 它是金融期货中最早出现的品种,主要用来回避汇率风险. 目前,外汇期货交易的主要品种有: 美元、英镑、欧元、日元、加拿大元、澳大利亚元等. 从世界范围看,外汇期货的主要市场在美国. 美国芝加哥商品交易所 (Chicago Mercantile Exchange, CME) 于 1972 年 5 月首次推出了 7 种外汇期货合约. 1978 年纽约商品交易所也增加了外汇期货业务, 1979 年纽约证券交易所也宣布,设立一个新的交易所来专门从事外币和金融期货. 1981 年 2 月芝加哥商品交易所又增设了欧元期货交易. 随后,澳大利亚、加拿大、荷兰、新加坡等国家和地区也开设了外汇期货交易市场,从此,外汇期货市场便蓬勃发展起来.

如前所述,利用期货合约可以进行避险,即套期保值. 下面就以一个例子说明如何利用期货进行对冲,从中可以看出期货的避险原理.

例 1.1 某农场预计明年 9 月种植的大豆收成是 1000 吨,假定大豆的现价是 3500 元/吨. 如果现在不采取任何避险措施,那么该农场在明年秋天的大豆收入将随那时的大豆市场价格而波动. 也许到时候大豆市场价格为 3400 元/吨,于是相对于现在的市场价格,该农场将损失 $(3500 - 3400) \times 1000 = 100000$ 元. 在这种情况下,该农场愿意与某个买方按照 3500 元/吨的价格签订一个明年 9 月到期的总量为 1000 吨的大豆期货,这样该农场就可以锁定明年 9 月的实际收入为 350 万元,对冲掉了明年 9 月大豆市场价格波动的风险,从而达到了避险的目的.

从例 1.1 中也许看到,利用期货虽然可以避险 (对冲),但在有效回避了市场价格波动风险的同时,也失去了价格有利变动的好处. 例如,假设到明年 9 月,大豆市场价格为 3600 元/吨. 这样该农场实际收入本来应该是 360 万元,但现在由于采用期货来规避风险,将实际收入锁定为 350 万元,这样实际收入反而少了 10 万元. 于是看到,虽然利用期货合约消除了风险,但也失去了多收入 10 万元的机会.

因此,我们自然会问,有没有两全其美的工具,既能对冲掉价格下降的风险,又能保留价格上升的好处呢？回答是: 有. 这个工具就是期权.

3. 期权

定义 1.1.2 期权是指持有人在未来某个确定的时间有权利但不负有义务按确定的价格向出售方买（卖）一定数量和质量标的资产的协议.

因为期权持有人具有按协议条款在未来某个确定的时间 T 有实施这个协议的权利、但不负有必须实施这个协议的义务, 所以期权持有人对于是否实施期权具有很大的选择权. 他完全可以自由选择是按照市场价格还是期货价格买卖标的资产. 这也就解释了为什么说期权既能 "对冲" 掉价格下降的风险, 又能保留价格上升的好处. 在例 1.1 中, 如果农场采用期权避险, 到期如果市场价格低于期权合约敲定的价格, 那么农场可以按照敲定价格出售大豆; 反之, 农场可以按照市场价格出售大豆. 显然**期权交易**(option trading), 是从期货交易发展而来的. 期权交易历史悠久, 其雏形可追溯到公元前 1200 年. 现代期权交易始于 20 世纪 70 年代初, 1973 年芝加哥期权交易所 (Chicago Board Options Exchange, CBOE) 正式成立, 这堪称是期权发展史中划时代意义的事件. 该期权交易所的正式成立, 标志着以股票期权交易为代表的真正意义上的期权交易开始进入了完全统一化、标准化以及管理规范化的全面发展新阶段. 随后, 在 1987 年 5 月 29 日伦敦金属交易所正式开办期权交易. 今天, 期权交易已逐渐规范化, 其规模也不断扩大, 种类不断齐全, 已从传统的有形商品的期权交易发展到包括货币、证券、利率、指数等领域的期权交易. 目前, 期权交易所已经遍布全世界, 其中芝加哥期权交易所是世界上最大的期权交易所.

期权是一种**未定权益**(contingent claim), 期权的买方为了获得这种未定权益, 必须向期权的卖方支付一定的费用, 所支付的费用称为**期权费**(option premium), 也称为**期权价格**(option price).

4. 期权的分类

期权交易方式、方向、标的资产等方面的不同, 产生了众多的期权品种, 对期权进行合理的分类, 更有利于我们了解期权产品.

按期权合约中买卖标的资产的权利来划分, 有**看涨期权**(call option) 和**看跌期权**(put option) 两种类型.

看涨期权是指持有人在未来某个确定的时间有权利但不负有义务按确定的价格向期权卖方买入一定数量和质量标的资产的合约.

显然对于期权持有人, 有权利但不负有按照合约规定的价格必须买进标的资产的义务. 而期权的卖方则有义务在期权规定的有效期内, 应期权持有人的要求, 以期权合约事先确定的价格卖出期权合约规定的标的资产. 看涨期权实际上是持有人在到期日拥有买入标的资产的权利, 因此也称为**买方期权**.

看跌期权是指持有人在未来某个确定的时间有权利但不负有义务按确定的价格向期权卖方卖出一定数量和质量标的资产的合约.

与看涨期权一样, 对于看跌期权持有人, 有权利但不负有按照合约规定的价格必须卖出标的资产的义务. 而看跌期权的卖方则有义务在期权规定的有效期内, 应期权持有人的要求, 以期权合约事先确定的价格买进期权合约规定的标的资产. 看跌期权实际上是持有人在到期日拥有卖出标的资产的权利, 因此也称为**卖方期权**.

期权的**内在价值** (intrinsic value 或 payoff) 是指多方在实施期权时可以获得的收益的现值. 它是期权自身具备的市场价值, 随着相关资产价格的升降而变动. 因此, 根据期权的内在价值, 可以将期权分为实值期权、虚值期权和平值期权. 如果用 S 表示期权所对应标的资产的市场价格, 那么对于看涨期权, 当 $S > X$ 时, 期权的内在价值为 $S - X > 0$, 此时也称该期权处于**实值**(in the money) 状态; 当 $S = X$ 时, 期权的内在价值为零, 此时也称该期权处于**平值**(at the money) 状态; 当 $S < X$ 时, 期权的内在价值为零, 此时也称该期权处于**虚值** (out of the money) 状态. 因此看涨期权的内在价值 (图 1.2(a)) 为

$$V = \max(S - X, 0) = (S - X)^+$$

对于看跌期权, 当 $S < X$ 时, 期权的内在价值为 $X - S > 0$, 此时也称该期权处于实值 (in the money) 状态; 当 $S = X$ 时, 期权的内在价值为零, 此时也称该期权处于平值 (at the money) 状态; 当 $S > X$ 时, 期权的内在价值为零, 此时也称该期权处于虚值 (out of the money) 状态. 因此看跌期权的内在价值 (图 1.2(b)) 为

$$V = \max(X - S, 0) = (X - S)^+$$

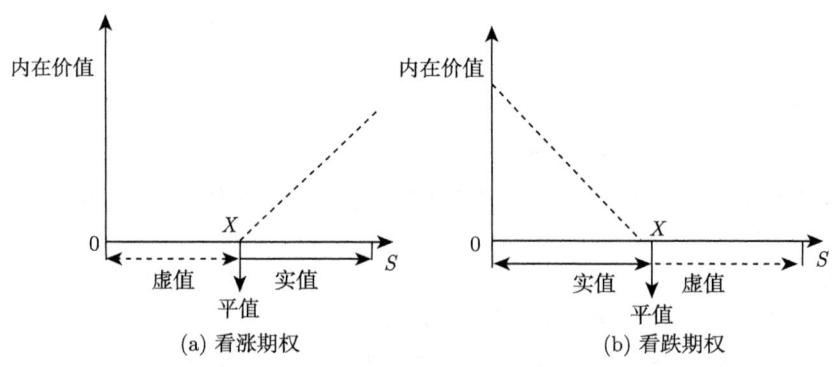

图 1.2 期权的实值、虚值和平值

按期权合约中有关实施的权利划分, 有**欧式期权**(European option) 和**美式期权**(American option) 两种类型.

欧式期权是指在期权合约规定的到期日才可以行使权利.

美式期权是指在期权合约规定的有效期内任何时候都可以行使权利.

按期权合约中标的资产划分, 有**股票期权**(stock option)、**股指期权**(stock index option)、**利率期权**(interest-rate option)、**商品期权**(commodity option), 以及**外汇期权**(foreign exchange option) 等种类.

股票期权是指持有人在未来某个确定的时间按确定的价格买入 (或卖出) 一定数量相关股票的权利.

股票期权是上市公司给予企业高级管理人员和技术骨干在一定期限内以一种事先约定的价格购买公司普通股的权利, 因此也通常称为**经理人股票期权**(Employee Stock Option, ESO). 经理人一旦获得这种权利后有权在一定时期后出售这些股票, 获得股票市价和行权价之间的差价, 但在合同期内, 期权不可转让, 也不能得到股息. 在这种情况下, 经理人的个人利益就同公司股价表现紧密地联系起来. 股票期权制度是上市公司的股东以股票期权方式来激励公司经理人员实现预定经营目标的一套制度, 同时它能有效地把企业高级人才与其自身利益很好地结合起来. 股票期权具备期权的所有共性特征. 在所有金融期权中, 它是历史最长, 交易最为普遍的一种期权. 其历史可以追溯到 20 世纪 20 年代在美国纽约就有小规模地进行交易, 但长期处于场外交易的状况, 而且相关制度不够完善. 规范成熟的期权交易直到 20 世纪 70 年代才形成. 1973 年 4 月 26 日芝加哥期权交易所建立, 为开展股票期权交易创造了条件, 从此使得标准化的股票期权的场内交易迅速展开. 但该交易所开始只做看涨期权交易, 1977 年 6 月 1 日增加做看跌期权交易. 1978 年伦敦证券交易所和荷兰的欧洲期权交易所也相应开办了股票期权交易. 20 世纪 80 年代以后, 股票期权交易市场在全球发展迅猛, 法国、德国、日本、新加坡等国家以及我国香港等地区的许多交易所都开始了股票期权交易, 交易量猛增. 同时, 围绕开发以股票为标的资产的期权品种也不断推出.

股指期权是指持有人在未来某个确定的时间按确定的价格买入 (或卖出) 某种股票指数或某种股价指数期货合约作为标的资产的权利.

股指期权是在股指期货的基础上产生的, 因此它可分为现货期权和期货期权. 在实施合约时, 股指现货期权是根据当时市场股票指数价格和合约的敲定价格之差进行现金结算. 股指期货期权的交易双方是根据合约的敲定价格将期权头寸转化为相应的期货头寸, 并在期货合约到期前根据当时的市场价格进行逐日结算, 而在期货合约的到期日再根据最后结算价格进行现金结算, 从而最后了结交易. 虽然期权与期货有很多相似之处, 但根本区别主要在于期货交易买卖双方相互享有对等的权利并承担对等的义务, 而期权买方在向卖方支付了期权费之后只享有权利, 并不承担履约义务. 因此利用股指期货进行套期保值的原理是根据股票指数和股票价格变动的同方向趋势, 在股票的现货市场和股票指数的期货市场上做相反的操作来抵消股价变动的风险. 从理论上讲股指期货期权交易的买方承担的风险是有限的, 损失以支付的期权费为限, 而股指期货交易买方和卖方都必须承担较大风险. 第一个股指期权合约于 1983 年 3 月在芝加哥期权交易所出现. 该期权的标的资产是标准普尔 100 种股票指数. 随后, 美国证券交易所和纽约证券交易所迅速地引进了股指期权交易.

利率期权是指在期权合约规定的有效期内或到期日按预先约定的利率买入 (或卖出) 一定面额的利率工具的权利. 它的标的资产通常是政府短期、中期、长期债券, 大面额可转让存单等利率工具.

简单地说, 利率期权是一项关于利率变化的权利, 利用利率期权可以规避短期利率风险. 借款人通过买入一项利率期权, 可以在利率水平向不利方向变化时得到保护, 而在利率水平向有利方向变化时获益. 利率期权交易所涉及的货币主要集中在主要国家的货币上, 如欧元、美元、日元和英镑等. 利率期权有多种形式, 常见的主要有**利率上限期权**(interest rate cap)、**利率下限期权**(interest rate floor) 以及**利率上下限期权**(interest rate collar).

利率上限期权是客户与银行达成一项协议, 双方确定一个利率上限水平, 在此基础上, 卖方向买方承诺, 在规定的期限内, 如果市场参考利率高于协定的利率上限, 则卖方向买方支付市场利率高于协定利率上限的差额部分; 如果市场利率低于或等于协定的利率上限, 则卖方没有任何支付义务. 同时, 买方由于获得了上述权利, 必须向卖方支付一定数额的期权费.

利率下限期权是指客户与银行之间达成一个协议, 双方规定一个利率下限, 卖方向买方承诺: 在规定的有效期内, 如果市场参考利率低于协定的利率下限, 则卖方向买方支付市场参考利率低于协定利率下限的差额部分, 如果市场参考利率大于或等于协定的利率下限, 则卖方没有任何支付义务. 作为补偿, 卖方向买方收取一定数额的期权费.

利率上下限期权是指将利率上限和利率下限两种金融工具结合起来使用. 具体地说, 购买一个利率上下限, 是指在买进一个利率上限期权的同时, 卖出一个利率下限期权, 以收入的手续费来部分抵销需要支出的手续费, 从而达到既防范利率风险又降低费用成本的目的. 卖出一个利率上下限期权, 则是指在卖出一个利率上限期权的同时, 买入一个利率下限期权.

例 1.2 假如 A 公司, 手头上现有金额为 1000 万美元, 期限为 6 个月, 以伦敦同业拆借利率 (London Interbank Offered Rate, LIBOR) 计息的浮动债务, 那么从公司的角度出发, 既希望在市场利率降低的时候能够享受到低利率的好处, 又想避免市场利率上涨时利息成本增加的风险. 这个时候 A 公司就可以选择向银行买入 6 个月, 协定利率为 6%的利率上限期权. 如果 6 个月之后, LIBOR 利率上升到了 7%(大于原来的合约利率), 那么 A 公司就会选择行使该期权, 那么作为期权卖方的银行就应当向其支付市场利率和协议利率的差价 $(1000 \times (7\% - 6\%)) = 10$ 万美元. 作为期权合约的买方, A 公司由于判断正确有效地固定了其债务成本. 如果 LIBOR 的走势出现了下跌, 假设低于 6%, 那么 A 公司就可以选择放弃执行该期权, 而以较低的市场利率支付债务利息, 其损失掉的就仅是一笔期权费.

商品期权 是指标的资产为某种实物的期权, 如农产品中的小麦和大豆、金属中的铜等.

外汇期权 是指以某种外币或外汇期货合约作为标的资产的期权.

外汇期权买卖是近年来兴起的一种交易方式, 它是原有的几种外汇保值方式的发展和补充. 最早的外汇期权有美国费城股票交易所 (Philadelphia Stock Exchange) 于 1982 年首次引入的英镑期权以及在 1983 年推出的德国马克等六种货币外汇期权. 外汇期权的产生归因于两个重要因素: 国际金融市场日益剧烈的汇率波动和国际贸易的发展. 外汇期权既为客户提供了外汇保值的方法, 又为客户提供了从汇率变动中获利的机会, 具有较大的灵活性. 因此外汇期权交易已经成为规避外汇汇率波动风险的有效保值工具. 近年来, 交易活跃的外汇期权品种主要有美元交易、欧元交易、日元交易、英镑交易等.

例 1.3 某家合资企业手中持有美元, 并需要在三个月后用日元支付进口货款, 为防止汇率风险, 该公司向某银行购买一个 "美元兑日元期限为三个月" 的欧式期权. 假设约定的汇率为 1 美元兑换 100 日元, 那么该公司则有权在将来期权到期时, 以 1 美元兑换 100 日元的汇率向某银行购买约定数额的日元. 如果在期权到期时, 市场即期汇率为 1 美元兑换 102 日元, 那么该公司可以不执行期权, 因为此时按市场上即期汇率购买日元更为有利. 相反, 如果在期权到期时, 1 美元兑换 98 日元, 那么该公司则决定实施期权, 要求某银行以 1 美元兑换 100 日元的汇率将日元卖给他们. 由此可见, 外汇期权业务的优点在于客户的灵活选择性, 对于那些合同尚未最后确定的进出口业务具有很好的保值作用.

5. 奇异期权

奇异期权 也可以称为新型期权 (exotic option), 通常是指比常规期权 (标准的欧式或美式期权) 更复杂的衍生证券. 奇异期权花样繁多, 它们往往都是在传统期权的基础上加以改头换面, 或通过各种组合而形成. 奇异期权大多采取场外交易的形式. 一般地, 奇异期权包括障碍期权、亚式期权、回望期权和复合期权等. 这里选取比较重要的障碍期权、亚式期权和回望期权加以说明.

障碍期权 (barrier option) 是指期权的收益取决于标的资产的价格在某个规定时期内是否达到某个规定的价格 (临界值), 这个临界值称为障碍价格或障碍水平.

障碍期权可分为敲出障碍期权 (knock-out option) 和**敲入障碍期权** (knock-in option). 敲出障碍期权是指当标的资产价格达到一个规定的障碍价格时, 该期权失效

(即被 "敲出"); 如果在规定时间内资产价格并未触及障碍价格, 则它仍然是一个常规期权. 敲入障碍期权正好与敲出期权相反, 只有当资产价格在规定时间内达到障碍价格时, 该期权才生效 (即 "敲入"). 市场价格触及障碍价格的方式有两种: 向上触及和向下触及. 向上触及是指市场价格触及或越过障碍价格, 向下触及是指市场价格触及或跌过障碍价格. 因此一共有八种障碍期权: 向上敲入看涨期权 (up and in call)、向下敲入看涨期权 (down and in call)、向上敲入看跌期权 (up and in put)、向下敲入看跌期权 (down and in put)、向上敲出看涨期权 (up and out call)、向下敲出看涨期权 (down and out call)、向上敲出看跌期权 (up and out put) 和向下敲出看跌期权 (down and out put).

亚式期权(Asian option) 是指期权的收益取决于标的资产的价格在某个规定时期内的平均值, 因此亚式期权又称为平均价格期权. 它是当今金融衍生品市场上交易最为活跃的奇异期权之一. 显然亚式期权与标准期权的区别在于: 在到期日确定期权收益时, 不是采用标的资产当时的市场价格, 而是用期权有效期内某段时间标的资产价格的平均值, 这段时间也称为平均期. 在对价格进行平均时, 一般采用算术平均或几何平均. 相应的就有**算术平均亚式期权**(arithmetic average Asian option) 和**几何平均亚式期权**(geometric average Asian option).

回望期权(lookback option) 是指期权的收益取决于期权有效期内标的资产达到的最大或最小价格. 例如, 如果投资者持有一个回望看涨期权, 他的收益等于在到期日标的资产价格减去期权有效期内标的资产达到的最低价格. 而不是等于股票的最终价格减去敲定价格. 所以回望期权提供了一种选择最佳市场时机的方式, 使投资者获得比普通期权更大的收益. 正因为如此, 回望期权的价格比普通期权的价格要高, 但这并不防碍投资者购买回望期权的积极性.

关于障碍期权、亚式期权和回望期权的定价在本书的第 2 章以及第 4、6 章会再次论述.

6. 期权的价格和利润

期权价格(或**期权费**) 是指期权买卖双方在达成期权交易时, 由买方向卖方支付的购买该项期权的金额. 期权价格包括两部分: 内在价值和时间价值, 即期权价格等于内在价值加上时间价值. 例如, 对于看涨期权, 期权价格一般高于其多头的内在价值 (图 1.3).

期权的出售者在未来某个时刻负有执行协议的义务, 因此他们双方在签定期权合约时, 期权的出售者就必须相应地获得期权持有者预先支付的费用作为补偿. 而与此相反, 期权的持有者为了获得非负的最终收益, 他必须在支付期权费以后才能得到期权交易的机会. 所以, 期权价格通常是期权交易双方在交易所内通过竞价方式达成的. 因此在金融市场中期权价格是根据客户的需要而变化的, 即使在同一品种的期权交易中, 不同的敲定价格就会对应不同的期权价格. 为此, 金融机构设计的期权品种也应该是多种多样的, 每一种期权都需要定价. 一个很自然的问题是: 合理的期权价格应该是多少, 才使得对于期权的买方和卖方都是公平的? 期权定价或确定期权价格正是本书的重要内容.

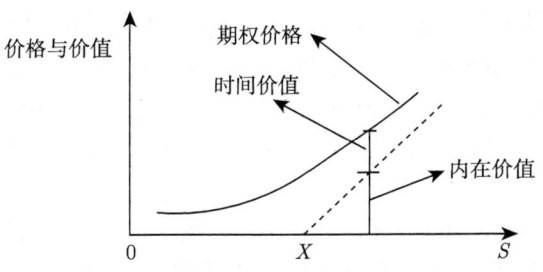

图 1.3 看涨期权的内在价值和价格

期权利润(option profit) 是指期权持有人在期权的有效期内执行期权时获得的收益. 也就是说, 考虑到期权价格的支出, 期权利润就等于期权到期或执行时的内在价值减去支付的期权价格. 因此, 多头期权的利润线都低于其内在价值线 (图 1.4). 由于多头方期权费的支出正是空头方期权费的收入, 所以, 空头期权的利润线都高于其内在价值线. 如果用 c 和 p 分别表示欧式看涨期权和看跌期权的价格, 那么在期权的到期日 T 时刻期权持有人的期权利润 E_T 为

$$E_T = (S_T - X)^+ - c, \quad 看涨期权$$
$$E_T = (X - S_T)^+ - p, \quad 看跌期权$$

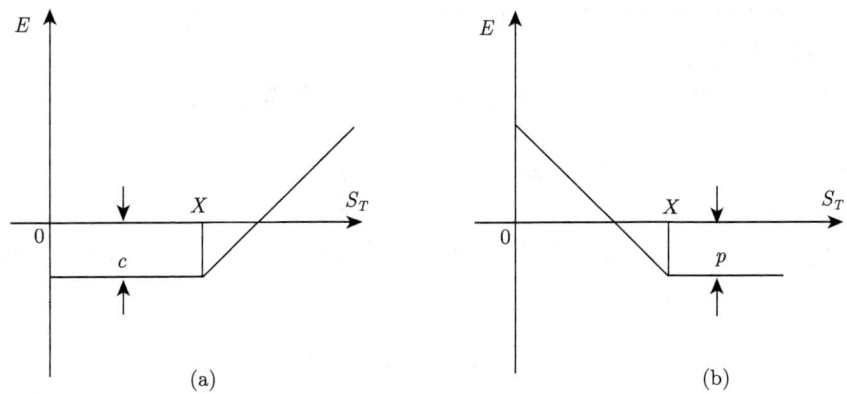

图 1.4 多头期权的利润

1.2 无套利原理

我国有一句谚语 "天上不会掉下馅饼"，西方也有类似的格言 "世上没有免费的午餐". 这两句话反映在金融市场上，就是没有投入就没有收益. 用金融术语来说，就是不存在任何**套利机会**(arbitrage opportunity). 如上所述，金融市场的套利机会总是暂时的，一旦有套利机会出现，投资者就会很快实施套利而使得市场又回到无套利的均衡中. 因此，一般地，金融市场上是不存在任何套利机会的. 所以，**无风险套利定价原理**(简称为**无套利原理**, arbitrage-free principle) 是金融衍生产品定价理论的基石.

设金融市场由无风险资产 (如债券)B 与 n 个风险资产 (如股票、期权等)$S^i(i=1,\cdots,n)$ 构成. 它们的价格一般都是时间的函数，即 $B=B_t$ 和 $S^i=S^i_t(i=1,\cdots,n)$.

定义 1.2.1 由无风险资产 B 与 n 个风险资产 $S^i(i=1,\cdots,n)$ 构成的**投资组合**(portfolio) Φ 为

$$\Phi = \alpha B + \sum_{i=1}^n \phi^i S^i$$

其中 $\alpha, \phi^i\ (i=1,\cdots,n)$ 表示投资于该资产的份额. 也称 $(\alpha,\phi^1,\cdots,\phi^n)\in \mathbf{R}^{n+1}$ 为**投资策略**(investment strategy).

考虑离散时间市场，将时间区间 $[0,T]$ 分为 n 个小区间，其分点为

$$0 = t_0 < t_1 < \cdots < t_n = T$$

一般地，这里 α 和 $\phi^i(i=1,\cdots,n)$ 也都是时间 t 的函数，这说明投资者是随时在调整他的投资策略. 但是在两个相邻的交易日 $t=t_j$ 和 $t=t_{j+1}$ 之间，$\alpha_t, \phi^i_t\ (i=1,\cdots,n)$ 都是不变的.

设 $V_t(\Phi)$ 是投资组合 Φ 在时刻 t 的价值 (或称**财富**(wealth), 简写为 Φ_t)，即

$$\Phi_t = V_t(\Phi) = \alpha_t B_t + \sum_{i=1}^n \phi^i_t S^i_t$$

设 $V_{t_{j+1}}(\Phi) - V_{t_j}(\Phi)$ 是投资组合 Φ 在投资策略 $(\alpha_{t_j},\phi^1_{t_j},\cdots,\phi^n_{t_j})$ 下，在时段 $[t_j, t_{j+1}]$ 内获取的收益:

$$V_{t_{j+1}}(\Phi) - V_{t_j}(\Phi) = \alpha_{t_j}[B_{t_{j+1}} - B_{t_j}] + \sum_{i=1}^n \phi^i_{t_j}[S^i_{t_{j+1}} - S^i_{t_j}]$$

用 $n+1$ 维向量

$$\boldsymbol{S}_t = (S^0_t, S^1_t, \cdots, S^n_t)$$

表示标的资产在时刻 t 的价格,其中 $S_t^0 = B_t$ 表示无风险资产的价格. 同样地,用 $n+1$ 维向量

$$\boldsymbol{\Phi}_t = (\phi_t^0, \phi_t^1, \cdots, \phi_t^n)$$

表示在时刻 t 相应的的投资策略,其中 $\phi_t^0 = \alpha_t$ 表示无风险资产的份额. 需要注意的是投资组合 $\boldsymbol{\Phi}_t$ 与投资策略 $\boldsymbol{\Phi}_t$ 的含义虽然有区别,但它们表达的意义往往是一致的,因为知道投资组合 $\boldsymbol{\Phi}_t$ 的表达式就等于知道了投资策略 $\boldsymbol{\Phi}_t$,反之亦然. 所以许多情况下,可以不加分别地有时用投资组合 $\boldsymbol{\Phi}_t$ 和有时用投资策略 $\boldsymbol{\Phi}_t$ 的术语来表达同一个意思,或者为了简便,后面直接用 $\boldsymbol{\Phi}$ 既表示投资组合 $\boldsymbol{\Phi}_t$ 也同时表示投资策略 $\boldsymbol{\Phi}_t$.

用 $k(k=1,\cdots,n)$ 表示正整数,所对应的时间为 t_k, $0 < t_k < t_n = T$. 为了简化,用 k 而不是 t_k 表示时间. 例如,用 $\boldsymbol{S}_k$ 表示 t_k 时刻资产的价格,同理,用 $\boldsymbol{\Phi}_k$ 表示 t_k 时刻的投资策略. 此时,在 t_k 时刻的财富 $V_k(\boldsymbol{\Phi})$ 可以相应地写为

$$V_k(\boldsymbol{\Phi}) = \boldsymbol{\Phi}_k \cdot \boldsymbol{S}_k = \sum_{i=0}^{n} \phi_k^i S_k^i$$

从直观上,财富的变化只应该依赖于投资组合中资产价格的变化. 但也可以看到,投资人的投资策略也影响着投资组合价值的变化. 例如,通过在投资组合中改变持有证券的比例以及在组合中加入或抽出资金. 如果在整个进行交易的 $[0,T]$ 时段内,投资人在决定投资策略 $\boldsymbol{\Phi}$ 以后,没有额外的资金加入或抽出,则称该投资策略在整个交易过程中是**自融资**(self-financing) 的. 为了增加投资组合中某种证券的份额,通过出售同一投资组合中另一部分的其他证券,这种获得费用的做法称为**完全融资**.

称

$$\boldsymbol{S}_t^* = \boldsymbol{S}_t B_t^{-1} = (1, S_t^1 B_t^{-1}, \cdots, S_t^n B_t^{-1})$$

为 $\boldsymbol{S}_t$ 的**贴现价格**(discounted price) 或**相对价格**(related price). 在 t_k 时刻相应的财富过程为

$$V_k^*(\boldsymbol{\Phi}) = \boldsymbol{\Phi}_k \cdot \boldsymbol{S}_k^*$$

下面给出自融资的严格定义.

定义 1.2.2 称投资策略 $\boldsymbol{\Phi}$ 为自融资的,如果它对所有的 $k \in \{1,2,\cdots,n\}$,有

$$\boldsymbol{\Phi}_{k-1} \cdot \boldsymbol{S}_k = \boldsymbol{\Phi}_k \cdot \boldsymbol{S}_k \tag{1.2.1}$$

这个定义的金融意义在于: 任何时候,虽然可以通过改变持有资产的数量来改变投资组合,但是需要保持财富总值不变. 也就是说,在每一个时间区间 $[t_{k-1}, t_k]$ 投资策略保持不变,只是到了 $t_1, t_2, \cdots, t_n$ 时刻,投资组合 $\boldsymbol{\Phi}$ 才得到调整. 但是要

保证其财富总值不变. 所以结果就是说没有多余的资金被注入到投资组合中, 也没有资金从投资组合中被撤走.

下面给出自融资投资策略的三个性质.

定理 1.2.1 以下三个结论是等价的.

(i) $\boldsymbol{\Phi}$ 是自融资的投资策略;

(ii) 对于任意的 $k \in \{1, 2, \cdots, n\}$, 有

$$V_k(\boldsymbol{\Phi}) = V_0(\boldsymbol{\Phi}) + \sum_{i=0}^{k-1} \boldsymbol{\Phi}_i \cdot \Delta \boldsymbol{S}_i \tag{1.2.2}$$

其中 $\Delta \boldsymbol{S}_i = \boldsymbol{S}_{i+1} - \boldsymbol{S}_i$;

(iii) 对于任意的 $k \in \{1, 2, \cdots, n\}$, 有

$$V_k^*(\boldsymbol{\Phi}) = V_0^*(\boldsymbol{\Phi}) + \sum_{i=0}^{k-1} \boldsymbol{\Phi}_i \cdot \Delta \boldsymbol{S}_i^* \tag{1.2.3}$$

其中 $\Delta \boldsymbol{S}_i^* = \boldsymbol{S}_{i+1}^* - \boldsymbol{S}_i^* = \boldsymbol{S}_{i+1} B_{i+1}^{-1} - \boldsymbol{S}_i B_i^{-1}$.

证明 (i)$\Rightarrow$(ii). 假设 $\boldsymbol{\Phi}$ 是自融资的投资策略, 有

$$V_k(\boldsymbol{\Phi}) - V_0(\boldsymbol{\Phi}) = \boldsymbol{\Phi}_k \cdot \boldsymbol{S}_k - \boldsymbol{\Phi}_0 \cdot \boldsymbol{S}_0$$

$$= \sum_{i=1}^{k} (\boldsymbol{\Phi}_i \cdot \boldsymbol{S}_i - \boldsymbol{\Phi}_{i-1} \cdot \boldsymbol{S}_{i-1})$$

$$= \sum_{i=1}^{k} (\boldsymbol{\Phi}_{i-1} \cdot \boldsymbol{S}_i - \boldsymbol{\Phi}_{i-1} \cdot \boldsymbol{S}_{i-1})$$

$$= \sum_{i=1}^{k} \boldsymbol{\Phi}_{i-1} \cdot (\boldsymbol{S}_i - \boldsymbol{S}_{i-1})$$

$$= \sum_{i=0}^{k-1} \boldsymbol{\Phi}_i \cdot (\boldsymbol{S}_{i+1} - \boldsymbol{S}_i)$$

(ii)$\Rightarrow$(i). 如果 (1.2.2) 式成立, 有

$$\sum_{i=1}^{k} (\boldsymbol{\Phi}_i \cdot \boldsymbol{S}_i - \boldsymbol{\Phi}_{i-1} \cdot \boldsymbol{S}_{i-1}) = \sum_{i=0}^{k-1} \boldsymbol{\Phi}_i \cdot (\boldsymbol{S}_{i+1} - \boldsymbol{S}_i)$$

这等价于对 $1 \leqslant k \leqslant n$, 有

$$\sum_{i=0}^{k-1} \boldsymbol{\Phi}_{i+1} \cdot \boldsymbol{S}_{i+1} = \sum_{i=0}^{k-1} \boldsymbol{\Phi}_i \cdot \boldsymbol{S}_{i+1}$$

所以对每个 $0 < i \leqslant n-1$, 有

$$\Phi_{i+1} \cdot S_{i+1} = \Phi_i \cdot S_{i+1}$$

即 Φ 是自融资的. 同理可证 (i) $\iff$ (iii).

定理 1.2.2 如果 Φ_t 是个不依赖于 t 的常数向量, 那么 Φ 必然是自融资的投资策略.

证明 常量构成的投资策略就是持有资产而自始至终不做任何调整, 即有

$$\Phi_{k-1} \cdot S_k = \Phi_k \cdot S_k = \Phi \cdot S_k$$

故 Φ 是自融资的投资策略.

定理 1.2.3 如果 Φ 和 Ψ 是两个自融资的投资策略, 那么 $\Phi + \Psi$ 也是一个自融资的投资策略.

证明 因为 Φ 和 Ψ 是两个自融资的投资策略, 根据定义 1.2.2 有

$$\Phi_{k-1} \cdot S_k = \Phi_k \cdot S_k$$

且

$$\Psi_{k-1} \cdot S_k = \Psi_k \cdot S_k$$

那么有

$$(\Phi_{k-1} + \Psi_{k-1}) \cdot S_k = (\Phi_k + \Psi_k) \cdot S_k$$

即 $\Phi + \Psi$ 也是一个自融资的投资策略.

什么是套利呢? **套利**(arbitrage) 是指投资者利用市场价格的差异, 在不同市场对某种金融资产同时进行交易, 从而获取瞬时无风险收益. 例如, 在期货交易中的套利就是建立一种同时买进和卖出两张不同种类的期货合约, 即投资者买入 (或卖出) 某种期货合约的同时, 卖出 (或买入) 相关的另一种合约, 并在某个时间同时将两种合约进行平仓. 因此, 套利也称为套利交易或价差交易. 简单地说, 套利就是试图利用不同市场或不同形式的同类或相似金融产品的价格差异进行牟利. 用通俗的语言来说, 套利就是在同一时间进行低买高卖的交易. 利率和汇率是国际资本流动的两个主要因素. 从这个意义上说, 套利也是博取两地的利率和货币汇率的差价, 从资本流动中获得无风险利润. 在进行套利交易时, 投资者关心的是合约之间的相互价格关系, 而不是绝对价格水平. 投资者买进自认为价格被市场低估的合约, 同时卖出自认为价格被市场高估的合约. 如果价格的变动方向与当初的预测相一致, 即买进的合约价格走高, 卖出的合约价格走低, 那么投资者可从两个合约价格间的关系变动中获利. 反之, 投资者就有损失. 显然, 套利有两个方面的作用, 既为投资

者提供了对冲机会又有助于将扭曲的市场价格重新拉回到正常水平. 例如, 套利活动可以使资本不断地从利率较低流到利率较高的国家或地区, 最终使不同国家或地区的利率水平趋于平衡. 因此, 套利交易起到了自发调节资本流动的作用. 最理想的状态是无风险套利. 从事套利活动的个人或机构称为套利者 (arbitrageur). 套利者往往通过套利机会获得无风险收益.

为了利用概率来定义套利机会, 先回忆概率论中的一些基本概念.

令 Ω 是个有限集, $\mathcal{F}$ 是 Ω 的子集构成的集合. 如果

(i) $\Omega \in \mathcal{F}$,

(ii) $A \in \mathcal{F} \Rightarrow A^c \in \mathcal{F}$,

(iii) A_1 和 $A_2 \in \mathcal{F} \Rightarrow A_1 \cup A_2 \in \mathcal{F}$,

那么 $\mathcal{F}$ 称为 Ω 上的一个 σ-代数.

空间 Ω 的最小 σ-代数是 $\mathcal{F}$ 只包含空集 $\varnothing$ 和全空间 Ω. 空间 Ω 的最大 σ-代数是 $\mathcal{F}$ 含 Ω 的所有子集.

二元组 $(\Omega, \mathcal{F})$ 称为可测空间, $\mathcal{F}$ 中的元素称为 $\mathcal{F}$ 可测集. 在一个 σ-代数 $\mathcal{F}$ 上定义概率测度 P 为

$$\mathrm{P}: \mathcal{F} \to [0, 1]$$

满足

(1) 非负性: 对任何事件 $A \in \mathcal{F}, 0 \leqslant \mathrm{P}(A) \leqslant 1$;

(2) 规范性: $\mathrm{P}(\Omega) = 1$;

(3) 可列可加性: 如果 $A_1, A_2, \cdots \in \mathcal{F}$, 且两两互不相交, 那么

$$\mathrm{P}\left(\bigcup_{i=1}^{\infty} A_i\right) = \sum_{i=1}^{\infty} \mathrm{P}(A_i)$$

$\mathrm{P}(A)$ 称为事件 A 发生的概率, 三元组 $(\Omega, \mathcal{F}, \mathrm{P})$ 称为概率空间.

一个投资策略 Φ 称为套利机会, 是指该投资策略现在的价值为零, 但是在未来某个时刻, 在所有可能的状态下, 其价值都是非负的. 严格地说, 可以如下定义套利机会.

定义 1.2.3 在 $[0, T]$ 内, 一个自融资投资策略 Φ 称为存在套利机会, 当 $\mathrm{P}(V_0(\Phi) = 0) = 1$ 时, 有

$$\mathrm{P}(V_T(\Phi) \geqslant 0) = 1, \quad \text{且} \quad \mathrm{P}(V_T(\Phi) > 0) > 0$$

这里 $\mathrm{P}(A)$ 表示事件 A 发生的概率.

我们会觉得定义 1.2.3 有限制. 因为定义要求初始的财富价值为零. 而最终的财富价值在正概率的情况下为正. 但是如果初始的财富价值为负, 而最终的财富价

值为零或正, 这显然也是一个套利机会. 如何统一这两种情况呢? 下面的定理保证了这两种情况是一致的.

定理 1.2.4 在 $[0,T]$ 内, 如果一个自融资的投资策略 $\boldsymbol{\Phi}$ 在初始时刻 $t=0$ 满足

$$P(V_0(\boldsymbol{\Phi}) < 0) = 1$$

但在 T 时刻, 有

$$P(V_T(\boldsymbol{\Phi}) \geqslant 0) = 1$$

那么 $\boldsymbol{\Phi}$ 是一个套利机会.

证明 按照下面定义构造一个初始值为零的自融资投资策略. 对任意的 $0 < k \leqslant n$, 定义投资策略 $\boldsymbol{\eta}_k$ 的分量为

$$\eta_k^0 = \phi_k^0, \quad \eta_k^1 = \phi_k^1, \quad \cdots, \quad \eta_k^{n-1} = \phi_k^{n-1}, \quad \eta_k^n = \phi_k^n - \frac{V_0(\boldsymbol{\Phi})}{S_0^n}$$

因为 $\boldsymbol{\Phi}$ 是一个自融资的投资策略, 而

$$\boldsymbol{\eta}_k - \boldsymbol{\Phi}_k = \left(0, 0, \cdots, 0, -\frac{V_0(\boldsymbol{\Phi})}{S_0^n}\right)$$

是一个常数向量, 根据定理 1.2.2 可知, 它是一个自融资的投资策略, 从而再根据定理 1.2.3 可知, 其和 $\boldsymbol{\eta}_k = (\boldsymbol{\eta}_k - \boldsymbol{\Phi}_k) + \boldsymbol{\Phi}_k$ 也是自融资的投资策略. 另一方面, $V_0(\boldsymbol{\eta}) = V_0(\boldsymbol{\Phi}) - \frac{V_0(\boldsymbol{\Phi})}{S_0^n} S_0^n = 0$, 且由于 $V_0(\boldsymbol{\Phi}) < 0$ 和 $V_T(\boldsymbol{\Phi}) \geqslant 0$, 所以在 T 时刻有

$$V_T(\boldsymbol{\eta}) = V_T(\boldsymbol{\Phi}) - \frac{V_0(\boldsymbol{\Phi})}{S_0^n} S_T^n > 0$$

根据定义 1.2.3, 这说明 $\boldsymbol{\eta}$ 是一个套利机会. 从而 $\boldsymbol{\Phi}$ 也成为一个自融资的套利机会.

设 $\mathcal{M} = (\boldsymbol{S}, \boldsymbol{\Phi})$ 表示金融市场模型, 其中股票 $\boldsymbol{S} = (S^0, S^1, \cdots, S^n)$ 由无风险资产 $B = S^0$ 和 n 个风险资产 $S^i(i = 1, 2, \cdots, n)$ 组成, $\boldsymbol{\Phi}$ 表示自融资的投资策略组成的集合.

为了建立金融市场 $\mathcal{M}$ 上的一些模型, 在后面的论述中, 下面四个基本假设是必要的:

(1) 无风险利率 r 总是非负的常数;
(2) 允许借贷和卖空证券, 且无交易费用和不支付红利;
(3) 市场上不存在任何套利机会;
(4) 参与交易者之间没有任何信用风险.

下面很自然地给出**无套利**(arbitrage-free) 的定义和无套利原理.

定义 1.2.4 在 $[0,T]$ 的任意时段内, 如果某个金融市场 $\mathcal{M}$ 中的任意自融资投资策略 Φ 都不存在套利机会, 那么称该市场 $\mathcal{M}$ 在时段 $[0,T]$ 内是无套利的.

定理 1.2.5 如果市场 $\mathcal{M}$ 在时段 $[0,T]$ 内是无套利的, 那么对于任何两个投资组合 Φ_1 和 Φ_2, 当

$$\mathrm{P}(V_T(\Phi_1) \geqslant V_T(\Phi_2)) = 1 \tag{1.2.4}$$

且

$$\mathrm{P}(V_T(\Phi_1) > V_T(\Phi_2)) > 0 \tag{1.2.5}$$

时, $\forall t \in [0,T)$, 必有

$$V_t(\Phi_1) > V_t(\Phi_2) \tag{1.2.6}$$

证明 采用反证法. 若不然, 设存在 $t^* \in [0,T]$, 使得

$$V_{t^*}(\Phi_1) \leqslant V_{t^*}(\Phi_2)$$

记

$$E = V_{t^*}(\Phi_2) - V_{t^*}(\Phi_1) \geqslant 0$$

现在 t^* 时刻, 构造一个新的投资组合

$$\Phi_c = \Phi_1 - \Phi_2 + \frac{E}{B_{t^*}} B$$

其中 B 是无风险债券, $B_{t^*} = V_{t^*}(B)$. 易见

$$V_{t^*}(\Phi_c) = V_{t^*}(\Phi_1) - V_{t^*}(\Phi_2) + \frac{E}{B_{t^*}} V_{t^*}(B) = 0 \tag{1.2.7}$$

即 $\mathrm{P}(V_{t^*}(\Phi_c) = 0) = 1$. 于是, 在 $t = T$ 时刻, 由于

$$V_T(\Phi_c) = V_T(\Phi_1) - V_T(\Phi_2) + \frac{E}{B_{t^*}} V_T(B)$$

其中若以连续复利计算, $V_T(B) = B_{t^*} e^{r(T-t^*)}$. 因此, 由定理的假设 (1.2.4) 和 (1.2.5) 知

$$V_T(\Phi_c) \geqslant E e^{r(T-t^*)} \geqslant 0 \tag{1.2.8}$$

故 $\mathrm{P}(V_T(\Phi_c) \geqslant 0) = 1$, 且

$$\mathrm{P}(V_T(\Phi_c) > 0) \geqslant \mathrm{P}(V_T(\Phi_1) - V_T(\Phi_2) > 0) > 0 \tag{1.2.9}$$

由 (1.2.7)~(1.2.9), 且根据定义 1.2.3 推得投资组合 Φ_c 在 $[t^*,T]$ 时段内存在套利机会. 从而与定理的假设矛盾.

推论 1.2.1 如果在 $[0,T]$ 内市场 $\mathcal{M}$ 是无套利的, 且对投资组合 Φ_1 与 Φ_2 有

$$P(V_T(\Phi_1) = V_T(\Phi_2)) = 1$$

那么对 $\forall t \in [0,T]$, 必有

$$V_t(\Phi_1) = V_t(\Phi_2) \tag{1.2.10}$$

证明 考虑投资组合

$$\Phi_c = \Phi_1 - \Phi_2 + \epsilon B \quad (\epsilon > 0)$$

由推论的假设可知

$$V_T(\Phi_c) = \epsilon V_T(B) > 0$$

因此, 由定理 1.2.5 可知, 对 $\forall t \in [0,T]$, 有

$$V_t(\Phi_c) = V_t(\Phi_1) - V_t(\Phi_2) + \epsilon V_t(B) > 0$$

即

$$V_t(\Phi_1) > V_t(\Phi_2) - \epsilon V_t(B)$$

令 $\epsilon \to 0$, 即得

$$V_t(\Phi_1) \geqslant V_t(\Phi_2)$$

同理可得

$$V_t(\Phi_1) \leqslant V_t(\Phi_2)$$

故对 $\forall t \in [0,T]$, 有

$$V_t(\Phi_1) = V_t(\Phi_2)$$

从而 (1.2.10) 式成立.

推论 1.2.1 实际上就是经济学中的**一价定律**(the law of one price). 应用在金融衍生产品定价中表明所有具有相同收益的投资组合应该具有相同的价格, 否则就会发生套利. 从推论 1.2.1 中, 我们看到如果市场是无套利的, 那么一价定律成立. 一价定律是由货币学派的代表人物弗里德曼 (M. Friedman) 在 1953 年提出的. 一价定律应用在商品市场上揭示了国内商品价格和汇率之间的一个基本联系, 即在不考虑交易费的情况下, 相同商品在不同国家出售, 如果以同一种货币计价, 其价格应是相等的. 也就是说, 相同商品通过汇率折算之后在不同国家的标价是一致的. 若在各国间存在价格差异, 则会发生商品国际贸易, 直到价差被消除, 贸易停止, 这时达到商品市场的均衡状态. 因此, 按照一价定律的理论, 任何一种商品在各国间的价值是一致的. 一价定律是经济学上的一个最基本的定律, 它以最简单的形式解释了无套利原理.

1.3 衍生产品的性质

为了方便, 本节引入一些通用的记号. 在任意时刻 t, 用 c_t 表示欧式看涨期权的价格; p_t 表示欧式看跌期权的价格; C_t 表示美式看涨期权的价格; P_t 表示美式看跌期权的价格.

1.3.1 远期价格

远期合约是在未来某个确定的时间以确定的价格买 (或卖) 某种标的资产的协议. 假设某人愿意在到期日 T 时刻以敲定价格 X 购买某种资产 (如股票). 那么在 T 时刻, 其收益为 $S_T - X$, 这里 S_T 是 T 时刻实际资产的价格. 收益可能是正的, 也可能是负的. 因此, 对远期合约来说, 这也就是全部收益 (或损失). 因为签订远期合约是不需要任何费用的. 所以, **远期价格**(forward price) 可以定义为使远期合约的初始价值为零的敲定价格. 一般地, 对远期合约来说, "远期价格" 和 "远期价值" 是两个不同的概念. 现在的问题是如何确定 X 的公平价格.

用 f 和 F 分别表示远期合约的价值和价格. 设 r 为无风险利率. 考虑一个投资组合, 它包含一份远期合约多头及数量为 Xe^{-rT} 的现金 (或债券). 另一个投资组合包含一份标的资产 S_0. 在到期日, 用现金 (或债券所获得的面值) 去购买一份标的资产以执行远期合约. 那么, 在到期日这两个投资组合的价值都等于一份资产的价值. 假设资产不支付任何红利, 根据无套利原理, 两个投资组合在到期日之前的任意时刻都应该具有相同的价值, 即远期合约的价值为

$$f = S_0 - Xe^{-rT}$$

根据远期价格的定义, 在上式中, 令 $f = 0$, 则敲定价格 X 的价值为 $X = S_0 e^{rT}$. 因此, 远期价格为 $F = S_0 e^{rT}$. 于是, 得到下面的结论.

定理 1.3.1 假设市场 $\mathcal{M}$ 在 $[0, T]$ 内是无套利的, S_0 为零时刻的股票价格, 那么在到期日 T 时刻的远期价格为 $F = S_0 e^{rT}$.

证明 采用反证法. 若不然, 则获得如下套利策略.

首先假设 $F > S_0 e^{rT}$. 那么在零时刻我们卖出远期合约, 从银行借入现金 S_0 并用来买入一单位股票. 在 T 时刻执行远期合约, 支付本金和利息 $S_0 e^{rT}$ 并以 F 的价格出售股票, 从而获得确定的无风险利润为 $F - S_0 e^{rT} > 0$.

如果 $F < S_0 e^{rT}$, 那么采用相反的策略. 在零时刻买入远期合约, 以 S_0 的价格卖出一单位股票 (卖空), 并将获得的现金存入银行. 在 T 时刻执行远期合约, 从银行取出现金获得 $S_0 e^{rT}$, 再以 F 的价格买入一单位股票, 从而获得确定的利润为 $S_0 e^{rT} - F > 0$.

这两种方案都是在初始投资为零的情况下获得正的无风险利润, 即获得套利机会. 显然与假设矛盾.

一般地, 如果记当前时刻为 t, 那么远期价格可写为
$$F(t,T) = S_t e^{r(T-t)}$$
如令 $t \to T$, 则由上式推出 $F(T,T) = S_T$, 即在到期日的远期价格等于当时的资产价格.

下面介绍在远期合约的有效期内, 资产支付红利的情况下远期价格的表达式.

首先假设在远期合约的有效期内, 资产是离散支付红利给持有者. 令 D 表示在远期的有效期内由资产支付的所有红利的现值. 那么在到期日 T 时刻的远期价格为
$$F = (S_0 - D)e^{rT}$$
如果在远期合约的有效期内, 资产以红利率 q 连续支付红利. 那么在到期日 T 时刻的远期价格为
$$F = S_0 e^{(r-q)T}$$
当考虑外汇的远期合约时, 标的资产 S_0 的价值是一单位外币的本币价格. 假设外币的无风险利率为 r_f. 那么如果以一单位外币的本币价格作为标的资产, 则在到期日 T 时刻远期合约的远期价格是
$$F = S_0 e^{(r-r_f)T}$$
这个公式被称为**利率平价关系**(interest rate parity relation).

1.3.2 欧式期权的性质

首先给出**欧式看涨–看跌期权的平价公式**(call–put parity).

1. 欧式看涨–看跌期权的平价公式

定理 1.3.2 设在 t 时刻股票价格为 S_t, 无风险利率为 r. 则敲定价格为 X 和到期日为 T 的欧式看涨期权 c_t 和看跌期权 p_t 满足下面的等式
$$c_t + Xe^{-r(T-t)} = p_t + S_t \tag{1.3.1}$$

证明 在 $t = 0$ 时刻构造两个投资组合
$$\Phi_1 = S - c$$
$$\Phi_2 = Xe^{-rT} - p$$
那么在 $t = T$ 时刻, 有
$$\begin{aligned}V_T(\Phi_1) &= V_T(S) - V_T(c) \\ &= S_T - (S_T - X)^+ = \min(S_T, X) \\ V_T(\Phi_2) &= V_T(Xe^{-rT}) - V_T(p) \\ &= X - (X - S_T)^+ = \min(S_T, X)\end{aligned}$$

故
$$V_T(\Phi_1) = V_T(\Phi_2)$$

由推论 1.2.1 可知, 当 $t < T$ 时,
$$V_t(\Phi_1) = V_t(\Phi_2)$$

即
$$S_t - c_t = Xe^{-r(T-t)} - p_t$$

因此, (1.3.1) 式成立.

欧式看涨–看跌期权的平价公式的金融解释是: 当现金 (或零息债券) 与期权的敲定价格相等时, 看涨期权加上现金 (或零息债券) 等于看跌期权加上股票. 这个原理在金融市场中始终成立, 否则将存在套利机会. 从这个公式, 也看到对于两个具有相同到期日和相同敲定价格的欧式看涨与看跌期权, 只要知道其中任何一个期权的价格, 就可以从中求出另外一个期权的价格.

2. 欧式期权价格的上、下界

欧式看涨期权的持有者是具有以敲定的价格购买股票的权利. 因此, 在任何情况下, 它的敲定价格都不会超过股票的市场价格. 否则, 持有者不必去购买这种权利, 而是直接到市场上购买股票. 所以, 股票价格就是欧式看涨期权价格的上界. 此外, 前面已经谈到, 期权价格在到期日之前应高于其内在价值, 而超过其内在价值的部分就是期权的时间价值. 因此考虑到期权的时间价值, 欧式看涨期权价格的现值必定高于它的内在价值的现值. 对欧式看跌期权价格的上、下界同样可以分析得出. 一般地, 可以严格证明下面的结论.

定理 1.3.3 不支付红利的欧式期权价格的上、下界满足以下的估计式

$$(S_t - Xe^{-r(T-t)})^+ < c_t < S_t \tag{1.3.2}$$

$$(Xe^{-r(T-t)} - S_t)^+ < p_t < Xe^{-r(T-t)} \tag{1.3.3}$$

证明 先证明 (1.3.2) 式中的左边不等式成立. 在 $t = 0$ 时刻构造两个投资组合:

Φ_1 是目前价值为 Xe^{-rT} 的现金投资 (或购买相同金额的债券);

Φ_2 是一股股票加上一个空头欧式看涨期权, 其目前价值为 $S - c$.

那么, 在 $t = T$ 时刻, 有

$$V_T(\Phi_1) = Xe^{-rT}e^{rT} = X$$

$$V_T(\Phi_2) = S_T - (S_T - X)^+$$

$$= \begin{cases} X, & S_T \geqslant X \\ S_T, & S_T < X \end{cases}$$

且

$$P(V_T(\Phi_1) > V_T(\Phi_2)) = P(X - S_T > 0) > 0$$

故由定理 1.2.1 可知, 对任意的 $t \in [0, T]$, 有

$$V_t(\Phi_1) > V_t(\Phi_2)$$

于是, 有

$$Xe^{-r(T-t)} > S_t - c_t$$

因此,

$$c_t > S_t - Xe^{-r(T-t)}$$

由于看涨期权的价值不可能小于零, 故 (1.3.2) 式中左边不等式成立. 利用同样的方法, 很容易证明 (1.3.2) 中右边不等式和不等式 (1.3.3) 成立.

3. 欧式期权价格对敲定价格的依赖性

期权价格取决于一些变量, 如敲定价格 X、标的资产 S 和到期日 T 等. 下面为了方便讨论期权价格对这些变量的依赖关系, 我们将期权价格作为一个变量的函数进行分析, 其他变量保持不变.

首先考虑期权价格作为敲定价格的变量, 讨论期权价格对敲定价格的依赖关系. 设 $c_t(X)$ 和 $p_t(X)$ 分别表示敲定价格为 X 的欧式看涨和看跌期权的价格.

定理 1.3.4 设 $c_t(X_1)$ (或 $p_t(X_1)$) 和 $c_t(X_2)$ (或 $p_t(X_2)$) 是两张具有相同到期日不同敲定价格 X_1 和 X_2 的欧式看涨 (或看跌) 期权的价格. 那么, 当 $X_2 > X_1$ 时, 以下的关系式成立

$$0 \leqslant c_t(X_1) - c_t(X_2) \leqslant X_2 - X_1 \tag{1.3.4}$$

$$0 \leqslant p_t(X_2) - p_t(X_1) \leqslant X_2 - X_1 \tag{1.3.5}$$

证明 首先证明 (1.3.4) 和 (1.3.5) 式中左边不等式成立. 如果 $X_2 > X_1$, 那么在 $t = T$ 时刻易知, 对欧式看涨期权有

$$(S_T - X_2)^+ \leqslant (S_T - X_1)^+$$

对欧式看跌期权有

$$(X_1 - S_T)^+ \leqslant (X_2 - S_T)^+$$

因此, 根据无套利原理, (1.3.4) 和 (1.3.5) 式中左边不等式成立.

为了证明 (1.3.4) 和 (1.3.5) 式中右边不等式成立, 利用欧式看涨–看跌期权的平价公式 (1.3.1) 得到

$$c_t(X_1) - p_t(X_1) = S_t - X_1 e^{-r(T-t)}$$

$$c_t(X_2) - p_t(X_2) = S_t - X_2 e^{-r(T-t)}$$

两式相减, 可以得到

$$(c_t(X_1) - c_t(X_2)) + (p_t(X_2) - p_t(X_1)) = (X_2 - X_1)e^{-r(T-t)}$$

由 (1.3.4) 和 (1.3.5) 式中的左边不等式可知, 上式左边两项是非负的, 其中任何一项都不超过右边. 又由于 $0 < e^{-r(T-t)} < 1$, 因此可知 (1.3.4) 和 (1.3.5) 式中右边不等式成立.

定理 1.3.4 的金融意义是明显的, 即与较高敲定价格的欧式看涨期权相比, 较低敲定价格的欧式看涨期权更有价值. 类似地, 较高敲定价格的欧式看跌期权比较低敲定价格的看跌期权更有价值. 但它们之间的差价不可能超过两个不同敲定价格的差.

同时, 定理 1.3.4 也表明 $c_t(X)$ 是敲定价格 X 的非增函数和 $p_t(X)$ 是敲定价格 X 的非减函数.

定理 1.3.4 也可以像在定理 1.3.3 中采用投资组合的方法来证明, 我们作为练习留给读者.

定理 1.3.5 欧式看涨 (跌) 期权的价格 $c_t(X)$ $(p_t(X))$ 是敲定价格 X 的凸函数, 即设 $X_2 > X_1$, $X_\lambda = \lambda X_1 + (1-\lambda)X_2$ $(0 \leqslant \lambda \leqslant 1)$, 则有

$$c_t(X_\lambda) \leqslant \lambda c_t(X_1) + (1-\lambda)c_t(X_2) \tag{1.3.6}$$

$$p_t(X_\lambda) \leqslant \lambda p_t(X_1) + (1-\lambda)p_t(X_2) \tag{1.3.7}$$

证明 只证不等式 (1.3.6) 成立. 采用反证法. 若不然, 设

$$c_t(X_\lambda) > \lambda c_t(X_1) + (1-\lambda)c_t(X_2)$$

则获得如下套利策略: 在 t 时刻, 卖出 1 份 $c_t(X_\lambda)$, 同时买入 λ 份 $c_t(X_1)$ 和 $(1-\lambda)$ 份 $c_t(X_2)$, 将现金

$$c_t(X_\lambda) - (\lambda c_t(X_1) + (1-\lambda)c_t(X_2)) > 0$$

以无风险利率 r 存入银行 (或购买相同金额的债券). 那么, 在到期日 T 时刻实施期权, 对卖出的期权必须支付 $(S_T - X_\lambda)^+$, 但对买入的期权得到收益 $\lambda(S_T - X_1)^+ + (1-\lambda)(S_T - X_2)^+$. 由数学分析的知识, 易知收益作为敲定价格 X 的函数 $(S_T - X)^+$ 是一个凸函数 (习题 1.5), 即有

$$(S_T - X_\lambda)^+ \leqslant \lambda(S_T - X_1)^+ + (1-\lambda)(S_T - X_2)^+$$

于是, 显然得到一个套利策略. 根据无套利原理可知, 不等式 (1.3.6) 成立. 同理或利用欧式看涨–看跌期权的平价公式可证不等式 (1.3.7) 成立 (留给读者自证).

4. 欧式期权价格对标的资产的依赖性

同样地, 期权价格也依赖于标的资产的变化. 下面讨论期权价格对标的资产的依赖关系. 设 $c_t(S)$ 和 $p_t(S)$ 分别表示标的资产为 S 的欧式看涨和看跌期权的价格. 考虑由价值为 xS_t 的 x 份股票构成的资产组合的期权, 则到期日为 T 和敲定价格为 X 的看涨期权的收益为 $(xS_T - X)^+$; 看跌期权的收益为 $(X - xS_T)^+$.

定理 1.3.6 设 $c_t(S_1)$ (或 $p_t(S_1)$) 和 $c_t(S_2)$ (或 $p_t(S_2)$) 是两张具有相同到期日和敲定价格但股价 S_1 和 S_2 不同的欧式看涨 (或看跌) 期权的价格. 那么, 当 $S_2 > S_1$ 时, 以下的关系式成立:

$$0 \leqslant c_t(S_2) - c_t(S_1) \leqslant S_2 - S_1 \tag{1.3.8}$$

$$0 \leqslant p_t(S_1) - p_t(S_2) \leqslant S_2 - S_1 \tag{1.3.9}$$

证明 只证不等式 (1.3.8) 成立. 首先证明 (1.3.8) 左边的不等式. 采用反证法. 若不然, 当 $S_2 > S_1$ 时, 设 $c_t(S_1) > c_t(S_2)$, 其中 $S_1 = x_1 S_t$ 和 $S_2 = x_2 S_t$. 那么, 可以获得如下套利策略: 在 t 时刻, 卖出 x_1 份同时买入 x_2 份股票构成的资产组合的看涨期权, 这两个期权具有相同的到期日 T 和敲定价格 X. 于是, 将获得的现金 $c_t(S_1) - c_t(S_2) > 0$ 以无风险利率 r 存入银行 (或购买相同金额的债券). 所以, 由于 $S_2 > S_1$, 在 T 时刻, 同时实施卖出和买入的看涨期权, 其收益 $(x_1 S_T - X)^+ \leqslant (x_2 S_T - X)^+$. 显然, 得到一个套利策略. 根据无套利原理可知, 不等式 (1.3.8) 左边部分成立. 同理可证, 不等式 (1.3.9) 左边部分成立. 下证不等式 (1.3.8) 和 (1.3.9) 右边部分成立. 利用欧式看涨–看跌期权的平价公式 (1.3.1), 有

$$c_t(S_1) - p_t(S_1) = S_1 - Xe^{-r(T-t)}$$

$$c_t(S_2) - p_t(S_2) = S_2 - Xe^{-r(T-t)}$$

两式相减, 可以得到

$$(c_t(S_2) - c_t(S_1)) + (p_t(S_1) - p_t(S_2)) = S_2 - S_1$$

由 (1.3.8) 和 (1.3.9) 式中的左边不等式可知, 上式左边两项是非负的, 其中任何一项都不超过右边. 由此可知 (1.3.8) 和 (1.3.9) 式中右边不等式成立.

定理 1.3.6 表明 $c_t(S)$ 和 $p_t(S)$ 分别是标的资产 S 的增函数和减函数.

类似于定理 1.3.5, 我们也有下面的结论成立 (证明留给读者).

定理 1.3.7 欧式看涨 (跌) 期权的价格 $c_t(S)$ ($p_t(S)$) 是股票价格 S 的凸函数, 即设 $S_2 > S_1$, $S_\lambda = \lambda S_1 + (1-\lambda)S_2$ ($0 \leqslant \lambda \leqslant 1$), 则有

$$c_t(S_\lambda) \leqslant \lambda c_t(S_1) + (1-\lambda)c_t(S_2) \tag{1.3.10}$$

$$p_t(S_\lambda) \leqslant \lambda p_t(S_1) + (1-\lambda)p_t(S_2) \tag{1.3.11}$$

1.3.3 美式期权的性质

1. 美式看涨期权的提前实施

首先, 对于具有相同有效期 T 和相同敲定价格 X 的美式和欧式期权, 美式期权具有提前实施条款, 因此它的获益机会必定不会小于欧式期权的获益机会, 即有

$$C_t \geqslant c_t \tag{1.3.12}$$

$$P_t \geqslant p_t \tag{1.3.13}$$

也就是说美式期权的价格总是不低于欧式期权的价格. 于是, 在标的股票 S 不支付红利的情况下, 由定理 1.3.3 和不等式 (1.3.12) 可知

$$C_t \geqslant c_t > (S_t - Xe^{-r(T-t)})^+ \geqslant (S_t - X)^+$$

这说明在 $t < T$ 时刻, 美式看涨期权的价格高于它的内在价值, 所以在 t 时刻即到期日之前美式看涨期权就不会被实施. 这样它应该等同于一个欧式看涨期权. 特别地, 这时的美式看涨期权和欧式看涨期权的价格应该是相等的. 因此, 我们得到如下结论.

定理 1.3.8 如果标的股票 S 不支付红利, 那么

$$C_t = c_t \tag{1.3.14}$$

即对于不支付红利的美式看涨期权提前实施是没有意义的.

证明 首先, 根据不等式 (1.3.12) 可知, $C_t \geqslant c_t$. 下面采用反证法. 若不然, 设 $C_t > c_t$. 那么获得如下套利策略: 在 t 时刻卖出美式看涨期权, 买入欧式看涨期权, 将现金 $C_t - c_t > 0$ 以无风险利率 r 存入银行 (或购买相同金额的债券). 如果在 $\tau \in (t, T)$ 时刻实施美式看涨期权, 那么借入 1 股股票并以敲定价格 X 卖出, 这时卖出看涨期权的义务被结清. 再将获得的现金 X 以无风险利率 r 存入银行 (或购

买相同金额的债券). 在到期日 T 时刻, 利用欧式看涨期权以敲定价格 X 买入 1 股股票, 结清股票空头头寸. 于是, 得到套利利润为

$$(C_t - c_t) e^{r(T-t)} + X e^{r(T-\tau)} - X > 0$$

如果在到期日之前没有实施美式看涨期权, 那么在 T 时刻结清欧式看涨期权. 我们仍然得到套利利润为 $(C_t - c_t) e^{r(T-t)} > 0$. 因此, 根据无套利原理可知, 等式 (1.3.14) 成立.

定理 1.3.8 的结论好像与直觉有矛盾. 因为, 如果 $S(\tau) > X$, 那么在时间 $\tau < T$ 实施美式看涨期权, 其收益为 $S(\tau) - X$. 欧式看涨期权不可能在时间 $\tau < T$ 实施, 因此我们可能认为美式看涨期权的价值比欧式看涨期权的价值更高. 其实不然, 尽管在时间 $\tau < T$ 不能实施欧式看涨期权, 但此时至少可以以不低于 $S(\tau) - X$ 的价格卖出欧式看涨期权. 于是, 我们从另一个方面解释了定理 1.3.8 结论的正确性.

当然, 定理 1.3.8 的结论对支付红利的美式看涨期权以及美式看跌期权不再成立. 事实上, 对于支付红利的美式看涨期权, 如果股价上涨到相当程度, 提前实施是必要的, 否则将蒙受损失. 同样地, 对于美式看跌期权, 当股价下跌到一定的程度时, 必须提前实施, 否则也将蒙受损失. 下面以一个比较极端的美式看跌期权的情况为例来加以说明.

例 1.4 假设 1 年到期的美式看跌期权的敲定价格是 100 美元, 无风险利率为 15%. 如果股票的现价是 10 美元, 立即实施期权, 那么持有者可以得到 90 美元, 再将这 90 美元以 15% 的利率存入银行 (或购买债券). 1 年后, 以连续复利计算, 其收益为 104.57 美元. 显然, 美式看跌期权的价值不可能超过它的敲定价格. 因此, 持有者提前实施美式看跌期权是非常明智的.

2. 美式期权价格的上下界

对于美式期权没有欧式期权那样的平价公式. 但有下面的估计式.

定理 1.3.9 假设 C 和 P 分别是具有相同到期日 T 和相同敲定价格 X 且不支付红利的美式看涨和看跌期权的价格, 那么

$$S_t - X < C_t - P_t \leqslant S_t - X e^{-r(T-t)} \tag{1.3.15}$$

证明 首先, 由不等式 (1.3.13), 定理 1.3.8 和定理 1.3.2 得到

$$P_t \geqslant p_t = c_t + X e^{-r(T-t)} - S_t = C_t + X e^{-r(T-t)} - S_t$$

即不等式 (1.3.15) 的右边不等式成立.

为了证明不等式 (1.3.15) 的左边部分, 在 t 时刻, 构造两个投资组合

$$\Phi_1 = C_t + X$$

$$\Phi_2 = P_t + S$$

由于美式看跌期权 P 有可能提前实施，所以分两种情况分别考察投资组合 Φ_1 和 Φ_2 的价值.

如果在时段 $[t,T]$ 上，美式看跌期权 P 不提前实施，那么

$$V_T(\Phi_1) = \max(S_T - X, 0) + Xe^{r(T-t)} = \max(S_T, X) + X(e^{r(T-t)} - 1)$$

$$V_T(\Phi_2) = \max(X - S_T, 0) + S_T = \max(S_T, X)$$

因为 $X(e^{r(T-t)} - 1) > 0$，所以

$$V_T(\Phi_1) > V_T(\Phi_2)$$

即

$$\mathrm{P}(V_T(\Phi_1) > V_T(\Phi_2)) = 1$$

如果在 $\tau(t < \tau < T)$ 时刻提前实施美式看跌期权 P，那么

$$V_\tau(\Phi_1) = C_\tau + Xe^{r(\tau-t)}$$

$$V_\tau(\Phi_2) = \max(X - S_\tau, 0) + S_\tau = X$$

因为标的股票不支付红利，故由定理 1.3.8 可知 $C_\tau = c_\tau$，再结合不等式 (1.3.2) 有

$$V_\tau(\Phi_1) > (S_\tau - X)^+ + Xe^{r(\tau-t)} \geqslant Xe^{r(\tau-t)} \geqslant V_\tau(\Phi_2)$$

即

$$\mathrm{P}(V_\tau(\Phi_1) > V_\tau(\Phi_2)) = 1$$

因此，由无套利原理 (定理 1.2.1) 推得，在时刻 t 必有

$$V_t(\Phi_1) > V_t(\Phi_2)$$

即

$$C_t + X > P_t + S_t$$

从而 (1.3.15) 的左边不等式成立.

定理 1.3.10 不支付红利的美式期权价格的上、下界满足以下的估计式

$$(S_t - Xe^{-r(T-t)})^+ < C_t < S_t \tag{1.3.16}$$

$$(X - S_t)^+ < P_t < X \tag{1.3.17}$$

证明 考虑到标的股票不支付红利，对美式看涨期权，由 $C_\tau = c_\tau$ 和不等式 (1.3.2) 易知估计式 (1.3.16) 成立. 而对美式看跌期权，既然考虑到提前实施是有

利的, 而 P_t 不可能小于立即实施的收益 $X - S_t$. 因此, (1.3.17) 式左边的不等式成立. 为了证明 $P_t < X$, 采用反证法. 假设 $P_t \geqslant X$, 那么存在下面的套利策略. 在 t 时刻卖出美式看跌期权 P_t, 并将得到的金额以无风险利率 r 存入银行 (或购买相同金额的债券). 如果美式看跌期权 P_t 在时刻 $\tau \in (t, T]$ 实施, 那么以敲定价格 X 买入 1 股标的股票, 然后以价格 S_τ 卖出, 最后得到的现金流是正的, 即 $P_t e^{r(\tau-t)} - X + S_\tau > 0$. 如果在到期日 T 时刻一直没有实施期权, 最后的现金流仍然是正的, 即 $P_t e^{r(T-t)} > 0$. 所以, 根据无套利原理可知, 不等式 (1.3.17) 的右边成立.

从不等式 (1.3.3) 和 (1.3.17) 可以看到, 美式看跌期权的价格下限高于欧式看跌期权的价格下限, 而上限比欧式看跌期权的价格上限更宽松.

3. 美式期权价格对敲定价格的依赖性

设 $C_t(X)$ 和 $P_t(X)$ 分别表示敲定价格为 X 的美式看涨和看跌期权的价格. 类似于欧式期权价格与敲定价格的依赖关系, 对于美式期权, 有下面的估计式.

定理 1.3.11 设 $C_t(X_1)$ (或 $P_t(X_1)$) 和 $C_t(X_2)$ (或 $P_t(X_2)$) 是两张具有相同到期日不同敲定价格 X_1 和 X_2 的美式看涨 (或看跌) 期权的价格. 那么, 当 $X_2 > X_1$ 时, 以下的关系式成立

$$0 \leqslant C_t(X_1) - C_t(X_2) \leqslant X_2 - X_1 \tag{1.3.18}$$

$$0 \leqslant P_t(X_2) - P_t(X_1) \leqslant X_2 - X_1 \tag{1.3.19}$$

证明 采用反证法. 先证 (1.3.18) 左边的不等式. 若不然, 当 $X_2 > X_1$ 时, 设 $C_t(X_1) < C_t(X_2)$. 则获得如下套利策略: 在 t 时刻, 卖出敲定价格为 X_2 的美式看涨期权, 买入敲定价格为 X_1 的美式看涨期权, 将得到的现金 $C_t(X_2) - C_t(X_1) > 0$ 以无风险利率 r 存入银行 (或购买相同金额的债券). 如果卖出的期权在 $\tau \in (t, T]$ 实施, 需要支付 $S_\tau - X_2$. 同时, 买入的期权也立即实施, 这样将得到 $S_\tau - X_1$. 于是, 有

$$(S_\tau - X_1) - (S_\tau - X_2) \geqslant X_2 - X_1 > 0$$

再加上前面的无风险投资, 可知最后的现金流是正的. 所以, 根据无套利原理, 不等式 (1.3.18) 的左边部分成立. 对 (1.3.18) 右边的不等式, 仍然可以采用反证法. 当 $X_2 > X_1$ 时, 设 $C_t(X_1) - C_t(X_2) > X_2 - X_1$. 类似前面的证明方法, 总可以获得套利策略.

不等式 (1.3.19) 的证明也是类似的 (留给读者自证).

从定理 1.3.11 可以看到美式看涨期权 $C_t(X)$ 是敲定价格 X 的减函数和美式看跌期权 $P_t(X)$ 是敲定价格 X 的增函数.

定理 1.3.12 美式看涨 (跌) 期权的价格 $C_t(X)$ ($P_t(X)$) 是敲定价格 X 的凸函数. 即设 $X_2 > X_1$, $X_\lambda = \lambda X_1 + (1-\lambda)X_2$ $(0 \leqslant \lambda \leqslant 1)$, 则有

$$C_t(X_\lambda) \leqslant \lambda C_t(X_1) + (1-\lambda)C_t(X_2) \tag{1.3.20}$$

$$P_t(X_\lambda) \leqslant \lambda P_t(X_1) + (1-\lambda)P_t(X_2) \tag{1.3.21}$$

证明 只证不等式 (1.3.20) 成立. 采用反证法. 若不然, 当 $X_2 > X_1$ 时, 假设

$$C_t(X_\lambda) > \lambda C_t(X_1) + (1-\lambda)C_t(X_2)$$

则可获得如下套利策略: 在 t 时刻, 卖出 1 份 $C_t(X_\lambda)$, 买入 λ 份 $C_t(X_1)$ 和 $(1-\lambda)$ 份 $C_t(X_2)$, 将得到的现金

$$C_t(X_\lambda) - (\lambda C_t(X_1) + (1-\lambda)C_t(X_2)) > 0$$

以无风险利率 r 存入银行 (或购买相同金额的债券). 如果在 $\tau \in (t,T]$ 时刻卖出的期权被实施, 那么将持有的两个期权也同时实施. 如果卖出的期权一直没有被实施, 那么不需要做任何事情. 前面已经知道, 作为敲定价格 X 的函数 $(S_T - X)^+$ 是一个凸函数, 即有

$$(S_\tau - X_\lambda)^+ \leqslant \lambda(S_\tau - X_1)^+ + (1-\lambda)(S_\tau - X_2)^+$$

显然, 我们已经得到一个套利策略. 根据无套利原理可知, 不等式 (1.3.20) 成立. 同理可证, 不等式 (1.3.21) 成立 (作为习题留给读者自证).

4. 美式期权价格对标的资产的依赖性

现在讨论美式期权价格对标的资产的依赖关系. 设 $C_t(S)$ 和 $P_t(S)$ 分别表示不支付红利标的资产 S 的美式看涨和看跌期权的价格.

定理 1.3.13 设 $C_t(S_1)$ (或 $P_t(S_1)$) 和 $C_t(S_2)$ (或 $P_t(S_2)$) 是两张具有相同到期日和敲定价格但标的资产 S_1 和 S_2 不同的美式看涨 (或看跌) 期权的价格. 那么, 当 $S_2 > S_1$ 时, 以下的关系式成立:

$$0 \leqslant C_t(S_2) - C_t(S_1) \leqslant S_2 - S_1 \tag{1.3.22}$$

$$0 \leqslant P_t(S_1) - P_t(S_2) \leqslant S_2 - S_1 \tag{1.3.23}$$

证明 利用定理 1.3.6 和定理 1.3.8 中的结论, 易知不等式 (1.3.22) 成立. 下面只证不等式 (1.3.23) 的右边部分成立. 采用反证法. 若不然, 在 t 时刻, 当 $S_2 > S_1$ 时, 假设 $P_t(S_1) - P_t(S_2) > S_2 - S_1$ 成立, 其中 $S_1 = x_1 S_t$, $S_2 = x_2 S_t$ 和 $x_2 \geqslant x_1$, 则可获得如下套利策略: 在 t 时刻, 买入 $x_2 - x_1 > 0$ 份股票, 同时买入 x_2 份和卖出

x_1 份资产组合的看跌期权, 这两个期权具有相同的到期日 T 和敲定价格 X. 这时现金流为 $-(S_2-S_1)-P_t(S_2)+P_t(S_1)>0$, 将其以无风险利率 r 存入银行 (或购买相同金额的债券). 如果在 $\tau\in(t,T]$ 时刻实施持有 x_1 份的看跌期权, 将需要支付 $(X-x_1S_\tau)^+$, 利用卖出的 x_2-x_1 份股票和同时实施 x_2 份的看跌期权, 那么, 有

$$(x_2-x_1)S_\tau+(X-x_2S_\tau)^+\geqslant (X-x_1S_\tau)^+$$

如果在 $\tau\in(t,T]$ 时刻不实施持有 x_1 份的看跌期权, 那么不进行任何操作. 到此, 已经得到一个套利策略. 根据无套利原理可知, 不等式 (1.3.23) 的右边部分成立.

定理 1.3.13 表明 $C_t(S)$ 和 $P_t(S)$ 分别是标的资产 S 的增函数和减函数.

类似于定理 1.3.7, 有下面的结论成立 (证明留给读者).

定理 1.3.14 美式看涨 (跌) 期权的价格 $C_t(S)$ ($P_t(S)$) 是标的资产 S 的凸函数. 即设 $S_2>S_1$, $S_\lambda=\lambda S_1+(1-\lambda)S_2$ $(0\leqslant\lambda\leqslant 1)$, 则有

$$C_t(S_\lambda)\leqslant \lambda C_t(S_1)+(1-\lambda)C_t(S_2) \tag{1.3.24}$$

$$P_t(S_\lambda)\leqslant \lambda P_t(S_1)+(1-\lambda)P_t(S_2) \tag{1.3.25}$$

5. 美式期权价格对到期日的依赖性

对于美式期权, 可以建立美式期权价格对到期日 T 的依赖关系. 设 $C_t(T)$ 和 $P_t(T)$ 分别表示到期日为 T 不支付红利标的资产 S 的美式看涨和看跌期权的价格.

定理 1.3.15 设 $C_t(T_1)$ (或 $P_t(T_1)$) 和 $C_t(T_2)$ (或 $P_t(T_2)$) 是两张具有相同敲定价格的美式看涨 (或看跌) 期权的价格. 那么, 当 $T_2>T_1$ 时, 以下的关系式成立

$$C_t(T_1)\leqslant C_t(T_2) \tag{1.3.26}$$

$$P_t(T_1)\leqslant P_t(T_2) \tag{1.3.27}$$

证明 只证不等式 (1.3.26) 成立. 采用反证法. 若不然, 当 $T_2>T_1$ 时, 假设 $C_t(T_1)>C_t(T_2)$ 成立, 则有获得一个套利机会. 在 t 时刻, 卖出在时间 T_1 到期的看涨期权, 同时买入在时间 T_2 到期的看涨期权, 将获得的现金 $C_t(T_1)-C_t(T_2)>0$ 以无风险利率 r 存入银行 (或购买相同金额的债券). 如果在 $\tau\in(t,T]$ 时刻实施卖出的期权, 则同时实施买入的期权, 现金流为零. 但此时获得一个正的无风险利润为 $(C_t(T_1)-C_t(T_2))e^{r(\tau-t)}>0$. 因此, 根据无套利原理可知, 不等式 (1.3.26) 成立.

同理可证, 不等式 (1.3.27) 成立 (作为习题留给读者自证).

1.4 常见的期权交易策略

本节利用常见的期权交易策略来探讨避险与投机的原理. 以欧式期权为例.

1.4.1 资产与期权的组合

考虑到多头和空头以及看涨与看跌期权, 所以共有 4 种类型的期权. 同样地, 标的资产股票也有多头和空头之分. 这样股票与期权的组合就应该有 8 种类型. 但其中一些组合并没有实际意义, 如多头股票与多头看涨期权的组合, 既不能相互对冲风险又不能相互加强收益. 一般地, 只有空头股票与多头看涨期权、多头股票与多头看跌期权 (称为受保护的看跌期权 (a protected put))、多头股票与空头看涨期权 (称为有担保的看涨期权 (a covered call)) 以及空头股票与空头看跌期权等 4 种组合具有风险对冲意义. 下面以多头看涨期权与空头股票的组合为例来加以分析.

多头看涨期权与空头股票的组合实际上是利用多头看涨期权达到避险的目的. 如果股票价格出现大幅上升, 那么投资人在空头股票上遭受的损失, 可以通过实施看涨期权得到弥补. 这样不仅消除了风险, 同时使未来的总支出不超过期权的敲定价格 X. 空头股票上的亏损被多头看涨期权的盈余相抵后, 净亏损也只是最初支付的期权费. 因此, 这种投资组合的内在价值 (图 1.5(a)) 为

$$V = -S_T + \max(S_T - X, 0) = \max(-S_T, -X)$$

该投资组合利润就是空头股票的利润加上多头看涨期权的利润 (图 1.5(b)), 即

$$E = -(S_T - X) + (\max(S_T - X, 0) - c) = \max(X - S_T - c, -c) \quad (1.4.1)$$

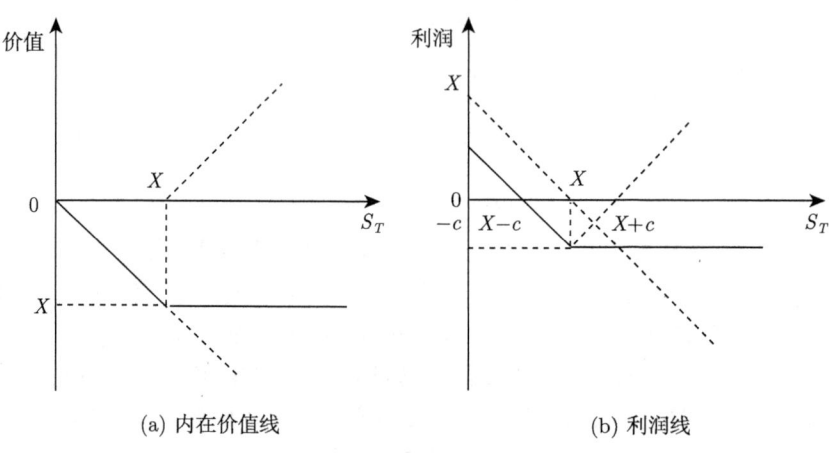

(a) 内在价值线   (b) 利润线

图 1.5 多头看涨期权与空头股票的组合

令 (1.4.1) 式中的 $X - S_T - c = 0$, 得到 $S_T = X - c$. 所以, 当 $S_T = X - c$ 时, 投资组合达到盈亏平衡. 当 $S_T < X - c$ 时, 投资组合的利润为 $X - S_T - c > 0$; 当 $X - c < S_T < X$ 时, 投资组合的亏损为 $X - S_T - c < -c$; 当 $S_T > X$ 时, 投资组合的亏损为 $-c$.

对其他的三种情况可以同样分析 (习题 1.13).

1.4.2 期权组合

期权组合作为一种投资组合或交易策略, 是指同时等量地买入 (或卖出) 某一标的资产的看涨和看跌期权. 若看涨和看跌期权的敲定价格相同, 则称为**跨式期权**(Straddle); 若看涨和看跌期权的敲定价格不相同, 则称为**宽跨式期权**(Strangle).

跨式期权通常是投资者预期标的资产价格将会上升或下降, 但不会仍然保持原有水平时作出的投资策略. 跨式期权有买入 (多头) 和卖出 (空头) 两种操作. 同时等量地买入具有相同敲定价格和相同到期日的某一标的资产的看涨或看跌期权就可以构成多头跨式期权; 相反地, 同时等量地卖出具有相同敲定价格和相同到期日的某一标的资产的看涨或看跌期权就可以构成空头跨式期权. 下面以多头跨式期权组合为例加以分析.

在到期日, 多头跨式期权组合的内在价值为看涨期权与看跌期权的内在价值之和, 即

$$V = \max(S_T - X, 0) + \max(X - S_T, 0)$$
$$= \max(S_T - X, X - S_T)$$

在到期日, 多头跨式期权组合的利润为看涨期权与看跌期权的利润之和, 即

$$E = \max(S_T - X, X - S_T) - c - p$$
$$= \max(S_T - X - c - p, X - S_T - c - p) \quad (1.4.2)$$

令 (1.4.2) 式中 $S_T - X - c - p = 0$ 和 $X - S_T - c - p = 0$, 分别得到 $S_T = X + c + p$ 和 $S_T = X - c - p$. 所以, 当 $S_T = X + c + p$ 或 $X - c - p$ 时, 该投资组合达到盈亏平衡. 当 $S_T < X - c - p$ 时, 投资组合的利润为 $X - S_T - c - p > 0$; 而且, 随着 S_T 的减小, 跨式期权的利润也相应地增大, 但以 $X - c - p$ 为上限. 当 $X - c - p < S_T < X$ 时, 投资组合的亏损为 $X - S_T - c - p$; 当 $X < S_T < X + c + p$ 时, 投资组合的亏损为 $S_T - X - c - p$; 当 $X = S_T$ 时, 投资组合的亏损达到最大, 为 $-c - p$; 当 $S_T > X + c + p$ 时, 跨式期权的利润为 $S_T - X - c - p > 0$, 而且, 随着 S_T 的增大, 跨式期权的利润也相应地增大, 但没有确定的上限.

多头跨式期权组合的内在价值线和利润线分别如图 1.6(a) 和 (b) 所示.

以上分析表明如果未来标的资产价格剧烈波动, 采用多头跨式期权策略是有利可图的. 换句话说, 如果投资者预期标的资产价格会有大幅变动, 但不能确定其变动方向时, 他可以采用多头跨式期权组合的策略进行投机.

例 1.5 假定投资者预期股票价格在未来 12 个月内将发生剧烈波动, 该股票现价为 100 美元, 那么该投资者可以通过同时购买一个 12 个月到期敲定价格都为

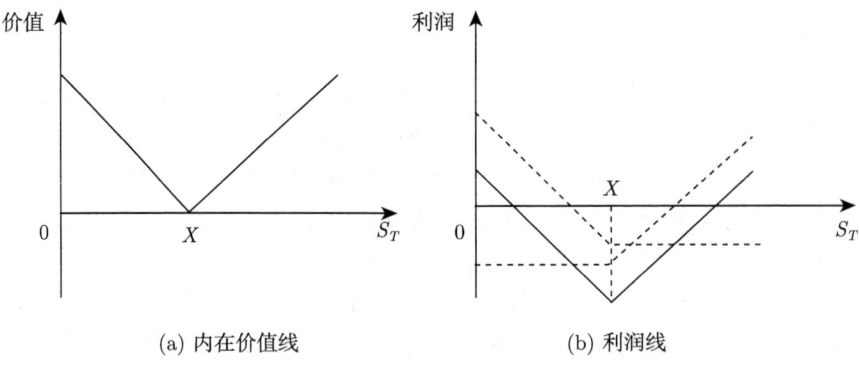

(a) 内在价值线　　　　　(b) 利润线

图 1.6　多头跨式期权组合

100 美元的看涨和看跌期权来构成多头跨式期权组合. 假定看涨和看跌期权的价格分别为 8 美元和 7 美元. 那么, 该组合的初始成本为 $c+p=8+7=15$(美元). 根据上面的分析, 这个多头跨式期权组合的盈亏分界点是 $S_T=X+c+p=100+15=115$(美元) 和 $S_T=X-c-P=100-15=85$(美元). 所以, 当股票价格在 85 美元和 115 美元之间变动时, 投资者将遭受损失, 并在 $S_T=X=100$(美元) 时, 亏损达到最大值为 15 美元. 只有当股票价格小于 85 美元和大于 115 美元时, 投资者将会获利. 例如, 当股票价格跌到 70 美元时, 投资者可以获利 $X-S_T-c-p=100-70-15=15$ 美元.

空头跨式期权组合是一个高风险的交易策略, 关于它的内在价值和利润可以进行同样的分析 (习题 1.14).

宽跨式期权也有买入 (多头) 和卖出 (空头) 两种操作. 同时等量地买入具有不同敲定价格和相同到期日的某一标的资产的看涨或看跌期权就可以构成多头宽跨式期权; 相反地, 同时等量地卖出具有不同敲定价格和相同到期日的某一标的资产的看涨或看跌期权就可以构成空头宽跨式期权. 一般地, 具有相同到期日的某一标的资产的看跌期权的敲定价格要小于看涨期权的敲定价格. 以多头宽跨式期权为例加以分析.

假设 X_1 为看跌期权的敲定价格和 X_2 为看涨期权的敲定价格, 且 $X_1<X_2$. 那么, 在到期日, 多头宽跨式期权的内在价值为看涨期权与看跌期权的内在价值之和, 即
$$V=\max(S_T-X_2,0)+\max(X_1-S_T,0)$$
$$=\max(X_1-S_T,S_T-X_2,0)$$
在到期日, 多头宽跨式期权的利润为看涨期权与看跌期权的利润之和, 即
$$E=\max(X_1-S_T,S_T-X_2)-c-p$$
$$=\max(X_1-S_T-c-p,S_T-X_2-c-p,-c-p) \qquad (1.4.3)$$

令 (1.4.3) 式中 $X_1 - S_T - c - p = 0$ 和 $S_T - X_2 - c - p = 0$, 分别得到 $S_T = X_1 - c - p$ 和 $S_T = X_2 + c + p$.

所以, 当 $S_T = X_1 - c - p$ 或 $X_2 + c + p$ 时, 宽跨式期权的利润达到盈亏平衡.

当 $S_T < X_1 - c - p$ 时, 投资组合的利润为 $X_1 - S_T - c - p > 0$; 而且, 随着 S_T 的减小, 宽跨式期权的利润也相应地增大, 但以 $X_1 - c - p$ 为上限;

当 $X_1 - c - p < S_T < X_1$ 时, 投资组合的亏损为 $X_1 - S_T - c - p$;

当 $X_1 \leqslant S_T \leqslant X_2$ 时, 投资组合的亏损为 $-c - p$;

当 $X_2 < S_T < X_2 + c + p$ 时, 投资组合的亏损为 $S_T - X_2 - c - p$;

当 $S_T > X_2 + c + p$ 时, 宽跨式期权的利润为 $S_T - X_2 - c - p > 0$, 而且, 随着 S_T 的增大, 宽跨式期权的利润也相应地增大, 但没有确定的上限.

多头宽跨式期权组合的内在价值线和利润线分别如图 1.7(a) 和 (b) 所示.

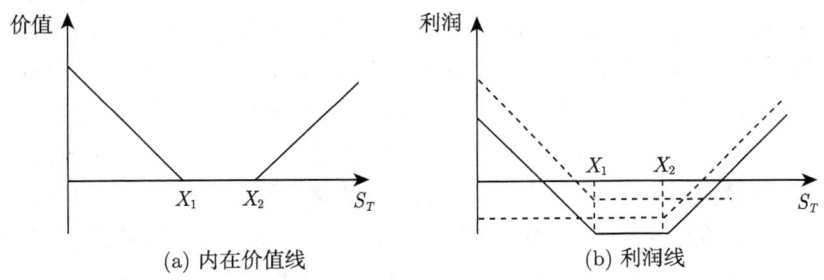

(a) 内在价值线　　　　(b) 利润线

图 1.7　多头宽跨式期权组合

通过以上分析, 如果未来标的资产价格剧烈波动, 采用多头宽跨式期权策略是有利的. 例如, 当到期日标的资产价格远低于 X_1(表明看跌期权有足够大的实值) 或远高于 X_2 (表明看涨期权有足够大的实值) 时, 投资者将获利. 否则, 将会亏损. 这也意味着, 如果投资者预期标的资产价格会有大幅变动, 但不能确定其变动方向时, 他可以采用多头宽跨式期权组合的交易策略.

空头宽跨式期权组合是一个风险很高的交易策略, 关于它的内在价值和利润可以进行同样的分析 (习题 1.15).

1.4.3　差价期权

差价期权(spread option) 是指买入相同标的资产的期权的同时卖出另一个同一种类期权的组合. 这里同一种类是指两个期权要么同为看涨期权, 要么同为看跌期权. 所以一个差价期权可以由两个看涨期权或两个看跌期权构成, 但不可能是既有看涨期权又有看跌期权所组成. 这些期权或者有不同的到期日, 或者有不同的敲定价格, 也可以是敲定价格和到期日都不相同. 于是, 相应地就有三种可能的差价期权.

如果组成差价的期权具有相同的到期日但敲定价格不同,那么就称为**垂直差价期权**(vertical spreads). 它之所以被称为垂直差价期权是因为敲定价格不同的期权在报表上是以垂直的方式列出的.

如果组成差价的期权具有相同的敲定价格但到期日不同,那么就称为**水平差价期权**(horizontal spreads). 这是因为到期日不同的期权在报表上是以水平的方式列出的, 水平差价期权也被称为**时间差价期权**(time spreads) 或**日历差价期权** (calendar spreads).

如果组成差价的期权到期日和敲定价格都不同, 那么就称为**对角差价期权**(diagonal spreads).

差价期权的避险原理是通过买进一个期权的同时卖出另一个同类型的期权来实现的. 由于相反头寸的期权交易可以对冲风险, 所以差价期权是一种很好的避险策略. 例如, 当股价下跌时, 看涨期权的多头的损失会在一定程度上被看涨期权空头的盈利冲销. 而盈利是否会超过亏损取决于两种看涨期权价格随股价变动的程度. 假设两个期权都持有到期, 同时买进的看涨期权具有较低的敲定价格而卖出的看涨期权具有较高的敲定价格. 当股价上涨时, 投资者将获利, 因为这时低敲定价格的看涨期权多头产生的收益将大于高敲定价格看涨期权空头所产生的损失. 但在熊市中, 情况则恰恰相反. 对于这种买进低敲定价格看涨期权同时卖出高敲定价格看涨期权的交易策略称为**牛市差价期权**(bullish spreads). 而买进高敲定价格看涨期权的同时卖出低敲定价格看涨期权称为**熊市差价期权**(bearish spreads).

1. 牛市差价期权

牛市差价期权可以由两个不同约定价格的看涨期权空头和多头组成, 也可以由两个不同敲定价格的看跌期权空头和多头组成. 熊市差价期权实际是空头的牛市差价期权. 牛市差价期权相当于是看涨头寸, 在股票价格上升时有盈利, 而在股票价格下降时会出现亏损. 熊市差价期权则相反, 多在看跌股市的情况下使用. 下面以牛市差价期权为例加以分析, 熊市差价期权作为相反头寸, 有对应特征, 这里不再详细说明, 读者可自行分析.

首先我们来看由看涨期权组成的牛市差价期权. 假设多头看涨期权的敲定价格为 X_1, 空头看涨期权的敲定价格为 X_2, 且 $X_1 < X_2$; c_1 和 c_2 分别表示与 X_1 和 X_2 对应的期权价格. 那么, 在到期日 T 时刻, 牛市差价期权的内在价值为多头看涨期权与空头看涨期权的内在价值之和, 即

$$V = \max(S_T - X_1, 0) + \min(X_2 - S_T, 0) \tag{1.4.4}$$

(1.4.4) 式也可以写为

$$V = \max(S_T - X_1, 0) \quad \text{同时} \quad V \leqslant X_2 - X_1$$

因此, 在到期日 T 时刻, 牛市差价期权的利润为看涨期权的多头与空头的利润之和, 即

$$E = \max(S_T - X_1, 0) - c_1 + \min(X_2 - S_T, 0) + c_2 \tag{1.4.5}$$

令式 (1.4.5) 中 $\max(S_T-X_1,0)-c_1+\min(X_2-S_T,0)+c_2=0$, 得 $S_T=X_1+c_1-c_2$.

所以, 当 $S_T = X_1 + c_1 - c_2$ 时, 该投资组合达到盈亏平衡.

当 $S_T < X_1$ 时, 投资组合的亏损为 $-c_1 + c_2$;

当 $X_1 < S_T < X_1 + c_1 - c_2$ 时, 投资组合的亏损为 $S_T - X_1 - c_1 + c_2$;

当 $X_1 + c_1 - c_2 < S_T < X_2$ 时, 牛市差价期权的利润为 $S_T - X_1 - c_1 + c_2 > 0$;

当 $S_T \geqslant X_2$ 时, 投资组合的利润恒为 $X_2 - X_1 - c_1 + c_2 > 0$(图 1.8).

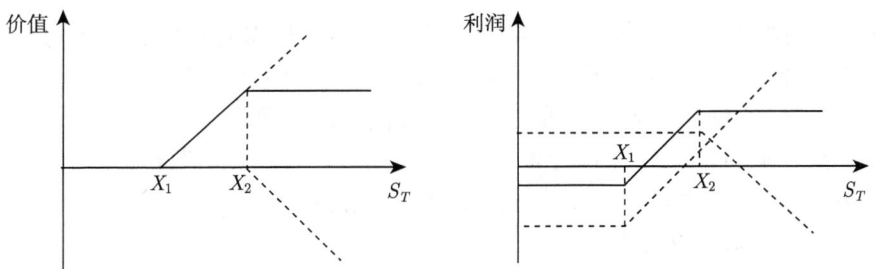

图 1.8 看涨期权组成的牛市差价期权

根据以上分析可以看到, 牛市差价期权的交易虽然限制了股价上升时的潜在收益, 但同时也限制了股价下降时的损失. 这种适度回避风险的作用是牛市差价期权广受欢迎的原因之一. 同时, 在股票行情上升时, 投资牛市差价期权就会获得利润.

例 1.6 某投资者以 5 美元的价格购买一个敲定价格为 60 美元的看涨期权, 同时以 3 美元的价格售出一个敲定价格为 70 美元的看涨期权. 如果股票价格高于 70 美元, 那么这一牛市差价期权组合的收益为 10 美元; 如果股票价格低于 60 美元, 那么这一投资组合的收益为 0; 如果股票价格在 60 美元和 70 美元之间, 那么收益为股票价格与 60 美元的差额部分. 该牛市差价期权组合的成本为 $5-3=2$ (美元). 所以, 当 $S_T \leqslant 60$ 时, 该投资组合亏损恒为 -2 美元; 当 $60 < S_T < 62$ 时, 该投资组合亏损为 $S_T - 62$ 美元; 当 $62 < S_T < 70$ 时, 该投资组合利润为 $S_T - 62$ 美元; 当 $S_T \geqslant 70$ 时, 该投资组合利润恒为 8 美元.

从以上分析和例子可以清楚地看到, 由于 $c_1 > c_2$, 所以牛市差价有一个负价差 $c_2 - c_1$. 这说明投资看涨期权组成的牛市差价期权需要有初始投资. 负价差的扩大会给牛市差价期权的投资者带来利润, 负价差的缩小会给牛市差价期权的投资者带来亏损; 只有当股票价格等于 $X_1 + c_1 - c_2$ 时, 投资者处于盈亏平衡状态. 与由看涨期权组合的牛市差价期权不同, 用看跌期权组合的牛市差价期权投资者开始会得

到一个正的价差. 因此, 用看跌期权组合的牛市差价期权的最终收益低于用看涨期权组合的牛市差价期权的最终收益, 读者可自行分析.

持有牛市差价期权的投资者预期股票价格上升他将会获利. 与此相反, 持有熊市差价期权的投资者预期股票价格下降他将会获利. 熊市差价期权组合可通过买入某一敲定价格的看涨期权并卖出另一敲定价格的看涨期权组合. 但在熊市差价期权组合中, 所买入的期权的敲定价格要高于所卖出的期权的敲定价格. 所以, 与牛市差价期权类似, 熊市差价期权同时限制了股价向有利方向变动时的潜在盈利和股价向不利方向变动时的损失. 同样, 熊市差价期权也可以不用看涨期权而仅用看跌期权组合, 这里不再加以分析.

2. 蝶式差价期权

蝶式差价期权 (butterfly spreads) 既可以由三种不同敲定价格的看涨期权组成, 也可以由三种不同敲定价格的看跌期权组成. 蝶式差价期权相对风险更小, 是最稳妥的投资策略. 在预计未来股票价格不会有大波动的情况下, 一般可以采用蝶式差价期权多头来牟利, 反之, 在预计未来股票价格有较大波动的情况可采用蝶式差价期权空头来牟利. 下面以三种不同敲定价格的看涨期权按照比例 1:2:1 所组成的蝶式差价期权为例来加以分析.

假设蝶式差价期权是由三种不同敲定价格的看涨期权组成的, 可以买入一个较低敲定价格 X_1 的看涨期权和买入一个较高敲定价格 X_3 的看涨期权, 同时卖出两个敲定价格 X_2 的看涨期权, 其中 X_2 为 X_1 和 X_3 的中间值, 即 X_1, X_2 和 X_3 呈等距离间隔, 这是一个有实际意义的假设. 一般地, X_2 非常接近股票的现价. 这样它们所对应的期权价格满足 $c_1 > c_2 > c_3$.

那么, 在到期日 T 时刻, 蝶式差价期权的内在价值为四个看涨期权的内在价值之和 (图 1.9(a)), 即

$$V = \max(S_T - X_1, 0) + 2\min(X_2 - S_T, 0) + \max(S_T - X_3, 0)$$

因此, 在到期日 T 时刻, 蝶式差价期权的利润为四个看涨期权的的利润之和 (图 1.9(b)), 即

$$E = \max(S_T - X_1, 0) - c_1 + 2\min(X_2 - S_T, 0) + 2c_2 + \max(S_T - X_3, 0) - c_3 \tag{1.4.6}$$

令 (1.4.6) 式中的 $\max(S_T - X_1, 0) - c_1 + 2\min(X_2 - S_T, 0) + 2c_2 + \max(S_T - X_3, 0) - c_3 = 0$, 得到蝶式差价期权的两个盈亏平衡点

$$S_T = X_1 + c_1 - 2c_2 + c_3 \quad \text{和} \quad S_T = 2X_2 - X_1 + 2c_2 - c_1 - c_3$$

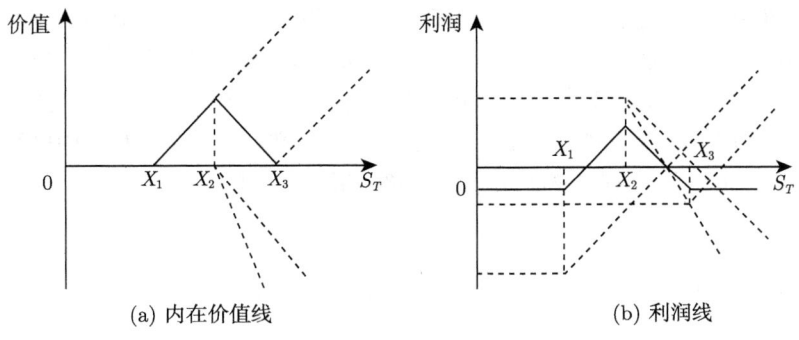

(a) 内在价值线　　　　　　　　(b) 利润线

图 1.9　看涨期权组成的蝶式差价期权 (多头)

所以, 当 $S_T \leqslant X_1$ 时, 蝶式差价期权的亏损恒为 $-c_1 + 2c_2 - c_3$;

当 $X_1 < S_T < X_1+c_1-2c_2+c_3$ 时, 蝶式差价期权的亏损为 $S_T-X_1-c_1+2c_2-c_3$;

当 $X_1 + c_1 - 2c_2 + c_3 < S_T < X_2$ 时, 蝶式差价期权的利润为 $S_T - X_1 - c_1 + 2c_2 - c_3 > 0$;

当 $X_2 < S_T < 2X_2 - X_1 + 2c_2 - c_1 - c_3$ 时, 蝶式差价期权的利润为

$$2X_2 - X_1 + 2c_2 - c_1 - c_3 - S_T > 0$$

当 $2X_2 - X_1 + 2c_2 - c_1 - c_3 < S_T < X_3$ 时, 蝶式差价期权的亏损为

$$2X_2 - X_1 + 2c_2 - c_1 - c_3 - S_T$$

当 $S_T \geqslant X_3$ 时, 蝶式差价期权的亏损恒为 $-c_1 + 2c_2 - c_3$.

如果 X_1, X_2 和 X_3 不是呈等距离间隔, 则蝶式差价期权的亏损恒为

$$-c_1 + 2c_2 - c_3 - X_1 + 2X_2 - X_3$$

例 1.7　假定某一股票的现价为 65 美元, 六个月期看涨期权的敲定价格分别为 60, 65 和 70 美元, 对应的期权价格分别为 10, 7 和 5 美元. 如果某个投资者认为在以后的六个月中股票价格不可能发生重大变化. 他决定采用如下蝶式差价期权策略.

买入一个敲定价格分别为 60 和 70 美元的看涨期权, 同时卖出两个敲定价格为 65 美元的看涨期权. 投资者构造这个蝶式差价期权的成本为 $10 + 5 - 2 \times 7 = 1$ (美元). 如果在六个月后, 股票价格高于 70 或低于 60, 该投资组合的收益为 0, 投资者的净损失恒为 1 美元. 如果股票价格在 61 和 69 之间, 运用该组合就可获利. 当 6 个月后股票价格为 65 美元时, 就会得到最大的收益 4 美元.

值得注意的是如果投资者认为在未来某个时期股票价格会发生较大的变化. 他也可以采用相反的操作策略, 即卖空蝶式差价期权, 卖出敲定价格为 X_1 与 X_3 的

期权, 同时买入两个敲定价格为 X_2 的期权 (X_2 为 X_1 与 X_3 的中值), 那么投资者也将通过这个组合获得一定的利润. 其次, 如果在未来某个时期股票价格不会发生大的变化的情况下, 投资者也可以运用看跌期权来构造蝶式差价期权. 投资者可同时买入一个敲定价格较低和一个敲定价格较高的看跌期权, 卖出两个中间敲定价格的看跌期权就可以组成蝶式差价期权来获得利润. 读者可自行通过上面的例子加以分析.

3. 日历差价期权

日历差价期权 (calendar spreads) 是通过敲定价格相同但到期日不同的期权组成的差价交易. 在敲定价格相同的情况下, 到期期限越长, 则期权价值越大, 因而价格越高. 日历差价期权的多头是通过卖出期限较短的期权, 同时买入期限较长的期权所组成的, 这种组合将需要初始投资. 而通过相反头寸的期权来构造的日历差价期权称为日历差价期权的空头, 这种组合将获得初始净现金流. 日历差价期权同样可以由看涨期权组成, 也可以由看跌期权组成. 下面以看涨期权组成的日历差价期权多头为例来加以分析, 对由看跌期权组成的日历差价期权读者可自行分析.

假设 $c(T_1)$ 和 $c(T_2)$ 分别表示到期日为 T_1 和 T_2 的两个看涨期权的价格, 两个看涨期权具有相同的敲定价格, 且 $T_1 < T_2$. 通过卖出 $c(T_1)$ 和买入 $c(T_2)$ 便可以组成一个日历差价期权的多头. 在第一个到期日 T_1 时刻, $c(T_1)$ 可能会被实施. 而如果 $c(T_1)$ 被实施, 则卖出 $c(T_2)$ 至少可以弥补 $c(T_1)$ 被实施所造成的现金流出量. 即使是美式看涨期权, 卖出也是比实施更好的选择. 所以, 在第一个到期日 T_1 时刻, 投资者会卖出而不是实施 $c(T_2)$. 在下面的分析中, 我们按照在第一个到期日 T_1 时刻将买入的期权直接卖出的假设来考察日历差价期权的内存价值和利润情况.

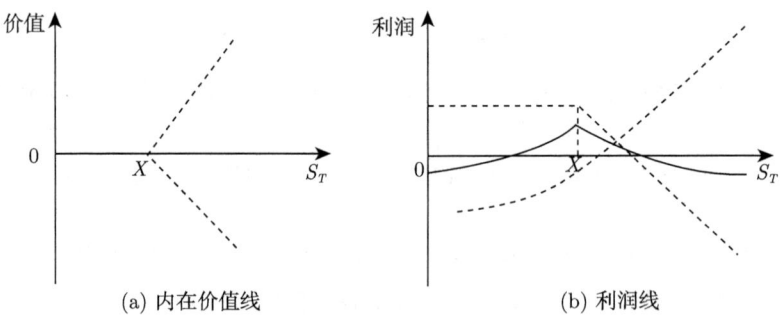

(a) 内在价值线　　　　(b) 利润线

图 1.10　看涨期权组成的日历差价期权 (多头)

由于两个看涨期权 $c(T_1)$ 和 $c(T_2)$ 的敲定价格相同, 所以它们内在价值也相同, 而两者的头寸方向相反, 从而内在价值相互抵消, 因此日历差价期权的内在价值为零 (图 1.10(a)). 另一方面, 在第一个到期日 T_1 时刻, 卖出 $c(T_2)$ 所得的利润等于

$c(T_2)$ 此时的价格减去初始的买价, 再加上被卖出的 $c(T_1)$ 的 (负) 利润, 便可得出日历差价期权的利润线 (图 1.10 (b)). 如果在第一个到期日 T_1 时刻, 股票价格接近敲定价格, 那么期限短的期权的成本很小, 而期限长的期权价值较大, 这时投资者就可获利. 然而, 如果股票价格远高于或远低于敲定价格, 投资者就会发生亏损.

例 1.8 假定某一股票的现价为 70 美元, 六个月期和七个月期看涨期权的敲定价格为 72 美元, 对应的期权价格分别为 5 和 7 美元. 如果某个投资者认为在以后的几个月中股票价格会有上升. 他决定采用如下日历差价期权策略.

卖出 1 份六个月期的看涨期权 $c(T_1)$, 同时买入 1 份七个月期的看涨期权 $c(T_2)$, 初始投资为 $5-7=-2$ (美元). 在六个月期看涨期权的到期日 T_1, 如果股票价格上升到 75 美元, $c(T_1)$ 和 $c(T_2)$ 的实值相同都为 5 美元. 此时, 对 $c(T_1)$ 来说, 时间价值为零, 所以它的市场价值为 5 美元; 而对 $c(T_2)$ 来说, 由于还有一个月到期, 在市场看涨的行情下, 时间价值随着上升, 从而 $c(T_2)$ 的市场价格变为 8 美元. 这样价差由原来的 -2 美元扩大到 $5-8=-3$ (美元), 比原来扩大了 1 美元, 于是负价差的扩大就使投资者获得了 1 美元的利润.

如果投资者判断失误, 如股票价格不升反而下降到 65 美元, 那么在六个月期看涨期权的到期日 T_1, $c(T_1)$ 和 $c(T_2)$ 的都处于虚值状态, 这时 $c(T_1)$ 的市场价值为零; 而对 $c(T_2)$ 来说, 由于还有一个月到期, 在市场看跌行情的压力下, 时间价值随着下降, 从而 $c(T_2)$ 的市场价格缩小为 1 美元. 这样价差由原来的 -2 美元缩小到 -1 美元, 比原来缩小了 1 美元, 于是负价差的变小意味着投资者亏损了 1 美元.

值得注意的是如果投资者认为在未来某个时期股票价格会有大幅度的变动, 他也可以采用相反的操作策略, 即通过日历差价期权的空头组合来获利, 即卖出一个期限较长的看涨期权, 同时买入一个期限较短的看涨期权组成日历差价期权的空头, 其内在价值和利润情况读者可以自行分析.

另外, 如果投资者认为在未来某个时期中股票价格会有上升, 他也可以采用看跌期权来构造日历差价期权. 在敲定价格相同的情况下, 投资者可同时买入一个期限较长的看跌期权, 卖出一个期限较短的看跌期权就可以组成日历差价期权来获得利润. 读者可通过上面的例子加以分析.

习题 1

1.1 如果 Φ 是自融资的投资策略, S^* 是 S 的相对价格, 证明当且仅当对任

意的 $k \in \{1, 2, \cdots, n\}$, 有

$$V_k^*(\boldsymbol{\Phi}) = V_0^*(\boldsymbol{\Phi}) + \sum_{i=0}^{k-1} \boldsymbol{\Phi}_i \cdot \Delta \boldsymbol{S}_i^*$$

其中 $\Delta \boldsymbol{S}_i^* = \boldsymbol{S}_{i+1}^* - \boldsymbol{S}_i^* = \boldsymbol{S}_{i+1} B_{i+1}^{-1} - \boldsymbol{S}_i B_i^{-1}$.

1.2 证明不支付红利的股票的欧式看跌期权价格的上、下界估计式为

$$(Xe^{-r(T-t)} - S_t)^+ < p_t < Xe^{-r(T-t)}$$

1.3 如果股票以红利率 q 连续支付, 证明在支付红利的情况下欧式看涨-看跌期权的平价公式为

$$c_t + Xe^{-r(T-t)} = p_t + S_t e^{-q(T-t)}$$

1.4 如果股票在区间 $[0, T]$ 支付红利为 D 的现值, 证明支付红利的欧式期权价格的上、下界满足以下的估计式

$$(S_t - D - Xe^{-r(T-t)})^+ < c_t < S_t - D$$

$$(Xe^{-r(T-t)} + D - S_t)^+ < p_t < Xe^{-r(T-t)}$$

1.5 证明欧式看跌期权的价格 $p_t(X)$ 是敲定价格 X 的凸函数, 即设 $X_2 > X_1$, $X_\lambda = \lambda X_1 + (1 - \lambda) X_2$ $(0 \leqslant \lambda \leqslant 1)$, 则有

$$p_t(X_\lambda) \leqslant \lambda p_t(X_1) + (1 - \lambda) p_t(X_2)$$

1.6 证明定理 1.3.6.

1.7 利用投资组合方法证明定理 1.3.7.

1.8 设 $P_t(X_1)$ 和 $P_t(X_2)$ 是两张具有相同到期日和不同敲定价格 X_1 和 X_2 的美式看跌期权. 那么, 当 $X_2 > X_1$ 时, 证明下面的关系式成立

$$0 \leqslant P_t(X_2) - P_t(X_1) \leqslant X_2 - X_1$$

1.9 假设 $X_2 > X_1$, $X_\lambda = \lambda X_1 + (1 - \lambda) X_2$ $(0 \leqslant \lambda \leqslant 1)$, 利用投资组合方法或套利方法证明美式看跌期权满足下面的不等式

$$P_t(X_\lambda) \leqslant \lambda P_t(X_1) + (1 - \lambda) P_t(X_2)$$

1.10 证明美式看涨 (跌) 期权的价格 $C_t(S)$ $(P_t(S))$ 是标的资产 S 的凸函数. 即设 $S_2 > S_1$, $S_\lambda = \lambda S_1 + (1 - \lambda) S_2$ $(0 \leqslant \lambda \leqslant 1)$, 则有

$$C_t(S_\lambda) \leqslant \lambda C_t(S_1) + (1 - \lambda) C_t(S_2)$$

$$P_t(S_\lambda) \leqslant \lambda P_t(S_1) + (1-\lambda)P_t(S_2)$$

1.11 设 $P_t(T_1)$ 和 $P_t(T_2)$ 是两张具有相同敲定价格的美式看跌期权. 那么, 当 $T_2 > T_1$ 时, 证明下面的关系式成立.

$$P_t(T_1) \leqslant P_t(T_2)$$

1.12 若在红利 D 被支付之前股票的价格恰好为 S, 问支付之后的那一刻它的值是多少? 假设股票在离散的时刻 $0 = t_0 < t_1 < \cdots < t_n = T$ 上支付红利. 证明美式看涨期权在到期日 T 之前实施可能是明智的.

1.13 分别画出多头股票与多头看跌期权、多头股票与空头看涨期权以及空头股票与空头看跌期权的内在价值线和利润线并分析何时盈利或亏损?

1.14 画出空头跨式期权的内在价值线和利润线并分析何时盈利或亏损?

1.15 画出空头宽跨式期权的内在价值线和利润线并分析何时盈利或亏损?

1.16 假定某一股票的现价为 65 美元, 六个月期看跌期权的敲定价格分别为 60, 65 和 70 美元, 对应的期权价格分别为 5, 7 和 10 美元. 如果某个投资者认为在以后的六个月中股票价格不可能发生重大变化. 他决定采用由看跌期权组成的蝶式差价期权策略, 试分析该投资者何时获利, 并画出该组合的内在价值线和利润线.

第 2 章　期权定价的离散模型

二叉树方法(binary tree method 或 binominal method) 最先是由 William Sharpe 在 1978 年为了计算期权价格而提出的. 1979 年, Cox, Ross 和 Rubinstein 在《金融经济学杂志》上发表论文 "期权定价: 一种简单的方法", 该文完善了二叉树方法, 提出了一种简单的对离散时间的期权的定价方法, 因此现在被人们称为 Cox-Ross-Rubinstein 二项式期权定价模型, 或简称为二叉树方法.

二叉树方法最先主要用于计算美式期权的价值. 它的优点在于比较直观简单, 不需要太多的数学知识就可以加以应用. 二叉树方法假设在给定的时间间隔内, 股票的价格运动只有向上和向下两个方向, 且假设在整个考察期内, 股票的价格每次向上 (或向下) 波动的概率和幅度不变. 虽然这一假设非常简单, 但由于模型将考察的有效期可以分为若干个更小的时间阶段, 根据股票价格的历史波动率模拟出股票在整个有效期内所有可能的发展路径, 并对每一路径上的每一节点计算期权实施的收益和用贴现法计算出的期权价格. 对于美式期权, 由于可以提前实施, 每一节点上期权的理论价格应为实施期权的收益和由贴现计算出的期权价格两者中的较大者. 可见二叉树方法也适用于处理更为复杂的期权定价问题, 如奇异期权的定价问题.

本章主要介绍单期二叉树模型和多期二叉树模型, 并利用二叉树方法计算欧式期权、美式期权和一些奇异期权的价格.

2.1　单期二叉树模型

2.1.1　二叉树期权定价公式

单期二叉树模型又称为**单时段–双状态模型**(one period and two-state model). 所谓单时段是指交易只在时段 $[0,T]$ 的初始时刻 $t=0$ 时进行, 或者在到期日 $t=T$ 时刻进行; 所谓双状态是指标的资产价格在未来某个时刻 $t=T$ 只有两种可能的状态, 上升或下降. 所以, 可以通过无套利原理得到期权价格的一般公式.

为了方便, 现在假设标的资产为股票和它的价格用 S 表示, 对应的衍生产品为股票期权和它的价格用 V 表示. 在初始时刻 $t=0$ 的股票价格记为 S_0. 分别用 u 和 d 表示上升和下降两种状态. 那么在未来某个时刻 $t=T$, 如果股票价格处于上涨状态, 其价格记为 S_T^u, 此时相应的股票期权的价格记为 V_T^u; 如果股票价格处于下跌状态, 其价格记为 S_T^d, 同时相应的股票期权的价格记为 V_T^d (图 2.1).

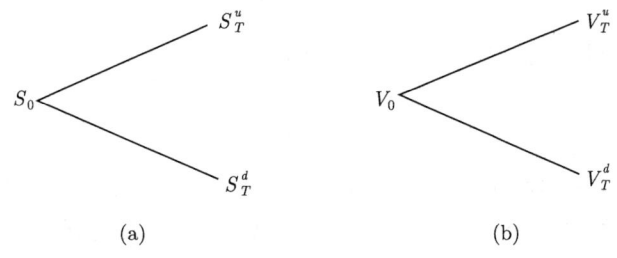

图 2.1 股票价格和期权价格的二叉树图形

现在构造一个无风险的投资组合 Φ. 卖出一份股票期权, 这样出售方将面临一定的风险, 为了控制这个风险, 出售方必须采取适当的措施回避风险, 即同时买进 Δ 份股票与它对冲, 因此投资组合在 $t=0$ 时刻的价值为

$$\Phi_0 = V_0 - \Delta S_0$$

这就是 Δ-对冲的思想, 其中 V_0 和 Δ 是要求的未知量.

假设无风险利率为 r. 采用 Δ-对冲的技巧, 就可以得到二叉树期权定价公式.

假设 Δ 存在, 由于该投资组合是无风险的, 所以按连续复利计算, 在 $t=T$ 时刻, 有

$$\Phi_T = V_T - \Delta S_T = e^{rT}\Phi_0 \tag{2.1.1}$$

由于股票价格在 $t=T$ 时刻有上升或下降两种可能的状态. 于是, 当股票价格上涨时, 有

$$\Phi_T^u = V_T^u - \Delta S_T^u$$

当股票价格下降时, 有

$$\Phi_T^d = V_T^d - \Delta S_T^d$$

此外, 我们希望无论股票价格是上升还是下降, 投资组合在 T 时刻的价值相等, 这样该投资组合就不具有任何风险. 因此, 令

$$V_T^u - \Delta S_T^u = V_T^d - \Delta S_T^d$$

解得

$$\Delta = \frac{V_T^u - V_T^d}{S_T^u - S_T^d} = \frac{\Delta V}{\Delta S} \tag{2.1.2}$$

这个比率为股权的变化与股价的变化之比, 称为德尔塔量, 它在衍生产品的定价中起着很重要的作用.

根据 (2.1.1) 式, 得到

$$V_0 - \Delta S_0 = e^{-rT}(V_T^u - \Delta S_T^u) \quad \text{或} \quad V_0 - \Delta S_0 = e^{-rT}(V_T^d - \Delta S_T^d)$$

从上面任何一个方程中就可以得到二叉树期权的定价公式

$$V_0 = \Delta S_0 + e^{-rT}(V_T^u - \Delta S_T^u) \tag{2.1.3}$$

例 2.1 假设一单位的股票现价为 40 美元, 一年以后股票价格可能为 45 美元或者 35 美元. 如果一年后相应的期权的价格为 $V_1^u = 5$ 美元和 $V_1^d = 0$ 美元. 即期一年期无风险利率为 5%. 求 $t = 0$ 时该期权的价格.

解 根据已知条件和 (2.1.2) 式可知, $\Delta = \dfrac{5-0}{45-35} = \dfrac{1}{2}$. 再由 (2.1.3) 式, 得到在 $t = 0$ 时该期权的价格为

$$V_0 = \frac{1}{2} \times 40 + e^{-0.05}\left(5 - \frac{1}{2} \times 45\right) = 3.33(\text{美元})$$

2.1.2 复制投资组合

2.1.1 节利用单期二叉树模型给出了二叉树期权的定价公式. 本节将介绍另外一种方法 —— 复制方法, 也同样可以得到期权的定价公式.

定义 2.1.1 假设金融市场 $\mathcal{M}$ 由风险资产 (如股票)S 和无风险资产 (如债券)B 组成, 如果存在一个投资组合

$$\Phi = \alpha S + \beta B$$

(其中 α, β 是常数) 使得当 $t = T$ 时, 投资组合 Φ 的价值与期权 V 的价值相同, 即

$$V_T = \alpha S_T + \beta B_T$$

那么 Φ 称为是期权 V 的**复制**(replicating).

也可以说, 如果 Φ 是一个自融资的投资策略, 使得 Φ 在 T 时刻的财富 $V_T(\Phi)$ 与期权 V 的价值相同, 即

$$V_T(\Phi) = V_T$$

则称 Φ 是期权 V 的复制策略, 财富 $V_T(\Phi)$ 称为期权 V 的复制过程. 在金融市场 $\mathcal{M}$ 中, 如果对每个期权 V, 至少存在一个投资策略 Φ 使得 $V_T(\Phi) = V_T$, 则称该市场 $\mathcal{M}$ 是完备的, 这时也称期权 V 在该市场 $\mathcal{M}$ 中是**可得到的**(或**可达的**)(attainable). 如果 Φ 和 Ψ 都是期权 V 的复制策略, 且对任何 $t \leqslant T$, 有

$$V_t(\Phi) = V_t(\Psi)$$

成立, 则称期权 V 在市场 $\mathcal{M}$ 中被唯一复制.

为什么要求期权 V 在市场 $\mathcal{M}$ 中被唯一复制呢? 因为复制策略的初始值将被用来作为期权的价格, 复制过程就是实现这个价格的过程. 如果有不同的复制策略, 那么实现这个价格的成本就不会相同, 所以期权的价格也就不再唯一了, 这是我们不希望得到的结论. 一般地, 可以证明下面的结果.

定理 2.1.1 假设市场 $\mathcal{M}$ 是无套利的, 则对任何可得到的期权 V 在该市场 $\mathcal{M}$ 中都能被唯一复制.

证明 假设可得到的期权 V 在该市场 $\mathcal{M}$ 中有两个自融资的复制策略 $\boldsymbol{\Phi}$ 和 $\boldsymbol{\Psi}$ 使得在 T 时刻, 有
$$V_T(\boldsymbol{\Phi}) = V_T(\boldsymbol{\Psi}) = V_T$$

采用反证法. 如果 $V_0(\boldsymbol{\Phi}) \neq V_0(\boldsymbol{\Psi})$, 不失一般性, 假设 $P(V_0(\boldsymbol{\Phi}) > V_0(\boldsymbol{\Psi})) = 1$. 按照下面的定义构造一个新的初始值为零的自融资投资策略. 对任意的 $0 < k \leqslant n$, 定义投资策略 $\boldsymbol{\eta}$ 为

$$\eta_k^0 = \psi_k^0 - \phi_k^0$$
$$\eta_k^1 = \psi_k^1 - \phi_k^1$$
$$\vdots$$
$$\eta_k^{n-1} = \psi_k^{n-1} - \phi_k^{n-1}$$
$$\eta_k^n = \psi_k^n - \phi_k^n + \frac{V_0(\boldsymbol{\Phi}) - V_0(\boldsymbol{\Psi})}{S_0^n}$$

因为 $\boldsymbol{\Phi}$ 和 $\boldsymbol{\Psi}$ 都是自融资的投资策略, 而

$$\boldsymbol{\eta} - (\boldsymbol{\Psi} - \boldsymbol{\Phi}) = \left(0, 0, \cdots, 0, \frac{V_0(\boldsymbol{\Phi}) - V_0(\boldsymbol{\Psi})}{S_0^n}\right)$$

是一个常数向量, 根据定理 1.2.2 可知, 它是一个自融资的投资策略, 从而再根据定理 1.2.3 可知, $\boldsymbol{\eta}$ 也是自融资的投资策略. 另一方面,

$$V_0(\boldsymbol{\eta}) = V_0(\boldsymbol{\Psi}) - V_0(\boldsymbol{\Phi}) + \frac{V_0(\boldsymbol{\Phi}) - V_0(\boldsymbol{\Psi})}{S_0^n} \cdot S_0^n = 0$$

即 $P(V_0(\boldsymbol{\eta}) = 0) = 1$, 且由于 $V_0(\boldsymbol{\Phi}) > V_0(\boldsymbol{\Psi})$, 所以在 T 时刻有

$$V_T(\boldsymbol{\eta}) = V_T(\boldsymbol{\Psi}) - V_T(\boldsymbol{\Phi}) + \frac{V_0(\boldsymbol{\Phi}) - V_0(\boldsymbol{\Psi})}{S_0^n} S_T^n = \frac{V_0(\boldsymbol{\Phi}) - V_0(\boldsymbol{\Psi})}{S_0^n} S_T^n > 0$$

根据定义 1.2.3, $\boldsymbol{\eta}$ 是一个套利的自融资投资策略, 与无套利的假设矛盾. 但是, 如果 $V_0(\boldsymbol{\Phi}) = V_0(\boldsymbol{\Psi})$, 那么一定存在时间 ℓ, 使得对任何 $k < \ell, V_k(\boldsymbol{\Phi}) = V_k(\boldsymbol{\Psi})$; 但是对 ℓ, 有 $V_\ell(\boldsymbol{\Phi}) \neq V_\ell(\boldsymbol{\Psi})$. 不失一般性, 再次假定 $V_\ell(\boldsymbol{\Phi}) > V_\ell(\boldsymbol{\Psi})$, 并对所有的 $k < \ell$,

定义 $\eta_k = 0$, 但对 $k \geqslant \ell$, 定义新的投资策略 $\boldsymbol{\eta}$ 为

$$\eta_k^0 = \psi_k^0 - \phi_k^0$$
$$\eta_k^1 = \psi_k^1 - \phi_k^1$$
$$\vdots$$
$$\eta_k^{n-1} = \psi_k^{n-1} - \phi_k^{n-1}$$
$$\eta_k^n = \psi_k^n - \phi_k^n + \frac{V_\ell(\boldsymbol{\Phi}) - V_\ell(\boldsymbol{\Psi})}{S_\ell^n}$$

同前面证明一样可验证 $\boldsymbol{\eta}$ 是一个自融资投资策略, 且有

$$V_0(\boldsymbol{\eta}) = 0, \quad V_T(\boldsymbol{\eta}) > 0$$

从而说明 $\boldsymbol{\eta}$ 是一个套利的自融资投资策略, 这又与无套利的假设矛盾. 由此证明了对任何可得到的期权 V 在该市场 $\mathcal{M}$ 中都能被唯一复制.

下面利用复制方法, 导出二叉树期权的定价公式. 不失一般性, 假设无风险资产为债券, 并设它在 $t = 0$ 时的值为 1. 根据定义 2.1.1 可知, 投资组合 Φ 在 $t = 0$ 时的价值为

$$\Phi_0 = \alpha S_0 + \beta \tag{2.1.4}$$

假设无风险利率为 r, 按连续复利计算, 则在 $t = T$ 时刻, 当股票价格上涨时, 有

$$\Phi_T^u = \alpha S_T^u + \beta e^{rT}$$

当股票价格下降时, 有

$$\Phi_T^d = \alpha S_T^d + \beta e^{rT}$$

另一方面, 根据定义 2.1.1, 在 $t = T$ 时, 投资组合 Φ 的价值与期权 V 的价值相同, 所以有下列等式成立

$$\alpha S_T^u + \beta e^{rT} = V_T^u \tag{2.1.5}$$

$$\alpha S_T^d + \beta e^{rT} = V_T^d \tag{2.1.6}$$

联立 (2.1.5) 和 (2.1.6) 式, 得到

$$\alpha = \frac{V_T^u - V_T^d}{S_T^u - S_T^d}$$

$$\beta = e^{-rT}(V_T^u - \alpha S_T^u)$$

将 β 代入到 (2.1.4) 式中, 得到

$$V_0 = \alpha S_0 + e^{-rT}(V_T^u - \alpha S_T^u)$$

这与 (2.1.3) 式实质上是一样的. 进一步, 如果将 α 的具体表达式代入到上式中, 经过整理后得到

$$V_0 = e^{-rT}\left[\frac{e^{rT}S_0 - S_T^d}{S_T^u - S_T^d}V_T^u + \frac{S_T^u - e^{rT}S_0}{S_T^u - S_T^d}V_T^d\right] \tag{2.1.7}$$

(2.1.7) 式中 V_T^u 和 V_T^d 的系数有特殊的含义. 令 V_T^u 的系数为

$$q = \frac{e^{rT}S_0 - S_T^d}{S_T^u - S_T^d} \tag{2.1.8}$$

则 V_T^d 的系数就是

$$1 - q = \frac{S_T^u - e^{rT}S_0}{S_T^u - S_T^d} \tag{2.1.9}$$

这样, (2.1.7) 式就可以写为

$$V_0 = e^{-rT}\left[qV_T^u + (1-q)V_T^d\right] \tag{2.1.10}$$

这里的 q 就是 2.1.3 节将要介绍的**风险中性概率**Q(risk-neutral probability).

2.1.3 风险中性概率

设样本空间 Ω 是非空集合, $\mathcal{F}$ 是 Ω 的子集构成的集合. 令 $\mathbf{R} = (-\infty, \infty)$. 如果在可测空间 $(\Omega, \mathcal{F})$ 上定义一个函数为

$$X : \Omega \to \mathbf{R}$$

使得对任意的 $x \in \mathbf{R}$, 有

$$\{\omega \in \Omega | X(\omega) \leqslant x\} \in \mathcal{F}$$

则称函数 X 是关于 $\mathcal{F}$ (或 Ω 上) 的可测函数. 特别地, 概率空间 $(\Omega, \mathcal{F}, P)$ 上定义的可测函数 $X = X(\omega)$ 称为随机变量. 随机变量按取值情形可分为两大类: 离散型随机变量和连续型随机变量. 对连续型随机变量将在第 3 章再加以讨论.

若随机变量 X 的取值 $(x_1, x_2, \cdots)$ 的个数是有限个或可列个, 且分布率为

$$p_k = P(X = x_k) \geqslant 0, \quad \sum_{k=1}^{\infty} p_k = 1$$

则随机变量 X 称为离散型随机变量. 离散型随机变量 X 的分布函数定义为

$$F_X(x) = \sum_{x_k \leqslant x} p_k, \quad x \in \mathbf{R}$$

以下介绍两个重要的离散型分布.

(i) **二项分布** 设 $n \in \mathbf{N} = \{0, 1, \cdots\}, p \in (0, 1)$, 如果 X 的分布为

$$P(X = k) = \binom{n}{k} p^k (1-p)^{n-k}, \quad k = 0, 1, \cdots, n$$

则称随机变量 X 服从参数为 (n, p) 的二项分布 $B(n, p)$.

(ii) **泊松分布** 设 $\lambda > 0$, 如果 X 的分布为

$$P(X = k) = e^{-\lambda} \frac{\lambda^k}{k!}, \quad k = 1, 2, \cdots$$

则称随机变量 X 服从参数为 λ 的泊松分布 $P(\lambda)$.

离散型随机变量 X 的数学期望定义为

$$\mathbb{E}[X] = \sum_{k=1}^{\infty} x_k p_k$$

方差 σ^2 定义为

$$\sigma^2 = \mathrm{Var}(X) = \mathbb{E}\left[(X - \mathbb{E}[X])^2\right]$$

由期望的定义易得

$$\mathrm{Var}(X) = \mathbb{E}[X^2] - (\mathbb{E}[X])^2$$

设 X, Y 为离散型随机变量, 对一切使 $P(Y = y) > 0$ 成立的 y, 当 $Y = y$ 时, 随机变量 X 的条件分布函数定义为

$$F(x|y) = P(X \leqslant x | Y = y) = \frac{P(X \leqslant x, Y = y)}{P(Y = y)}, \quad \forall x \in \mathbf{R}$$

如果随机变量 X 可能的取值为 $x_1, x_2, \cdots$, 那么离散型随机变量条件期望的定义为

$$\mathbb{E}[X | Y = y] = \sum_{i=1}^{\infty} x_i P(X = x_i | Y = y)$$

连续型随机变量条件期望的定义将在第 3 章给出.

(2.1.10) 式表明期权的现值是由对未来期权价值的平均值贴现得到的. 实际上, 根据无套利原理, 可以证明 (2.1.8) 式中的 q 满足

$$0 \leqslant q \leqslant 1$$

事实上, 如果 $q < 0$, 由 (2.1.8) 式可知 $e^{rT} S_0 < S_T^d$. 这说明即使在股票未来表现最差的情况下, 其收益也比在市场上投资 S_0 美元所获得的收益 $e^{rT} S_0$ 要高, 这将被认为是稳赚不赔的投资. 显然这种好事在现实世界里是不可能存在的. 另一方面,

如果 $q > 1$, 则由 (2.1.9) 式可知 $e^{rT}S_0 > S_T^u$. 这种情况也是不存在的. 因为在这种情况下, 即使股票的未来价值达到最佳值 S_T^u, 也低于在市场上直接投资 S_0 美元所获得的收益, 所以没有任何理由买入这样的股票. 因此, 只有 $0 \leqslant q \leqslant 1$ 才是合理的. 这样我们可以将 q 作为概率来看待.

定义 2.1.2 由 (2.1.8) 式定义的新概率测度 Q 称为**风险中性概率**或**风险中性测度**.

通过无套利原理已经证明了 $0 \leqslant q \leqslant 1$, 因此有时也称 Q 为无套利定价概率. 进一步, (2.1.10) 式可以写为

$$V_0 = e^{-rT}\mathbb{E}^Q[V_T] \tag{2.1.11}$$

此式表明在风险中性测度 Q 下, 期权价格的现值等于到期日的期权价格期望的贴现值, 其中 e^{-rT} 为贴现因子. (2.1.11) 式称为风险中性定价公式.

定义 2.1.3 设 S 为某一个风险资产, B 为某一个无风险资产, $\dfrac{S_t}{B_t}$ 称为在 t 时刻风险资产 S 的**贴现价格**(discounted price), 或称为**相对价格**(related price).

B 是无风险资产, $B_T = e^{rT}B_0$. 因此 (2.1.11) 式可改写为

$$\frac{V_0}{B_0} = \mathbb{E}^Q\left[\frac{V_T}{B_T}\right] \tag{2.1.12}$$

(2.1.12) 式表明在风险中性测度 Q 下, 期权的贴现价格的现值等于到期日期权贴现价格的期望值.

下面进一步考察风险中性测度 Q 的意义. 考虑最简单的单期投资: 在 $t = 0$ 时刻买入一股股票. 此时 V_0 的价值就是 S_0, 根据 (2.1.11) 式, 有

$$S_0 = e^{-rT}\mathbb{E}^Q[S_T] = e^{-rT}\left[qS_T^u + (1-q)S_T^d\right]$$

于是, 由 (2.1.8) 式, 经过简单计算, 得到

$$\begin{aligned}\mathbb{E}^Q\left[\frac{S_T}{B_T}\right] &= \frac{e^{-rT}}{B_0}[qS_T^u + (1-q)S_T^d] \\ &= \frac{e^{-rT}}{B_0}\left(\frac{e^{rT}S_0 - S_T^d}{S_T^u - S_T^d}S_T^u + \frac{S_T^u - e^{rT}S_0}{S_T^u - S_T^d}S_T^d\right) \\ &= \frac{S_0}{B_0}\end{aligned}$$

即

$$\frac{\mathbb{E}^Q(S_T) - S_0}{S_0} = \frac{\frac{B_T}{B_0}S_0 - S_0}{S_0} = \frac{B_T - B_0}{B_0}$$

这表明在风险中性测度 Q 下, 风险资产 S 在 $t = T$ 时刻的期望回报与无风险资产的回报相同. 因此把具有这个性质的金融市场就称为**风险中性世界**(risk-neutral world). 在这样的世界里, 所有投资者对风险不再要求补偿, 所有股票的预期收益率都是无风险利率 r. 从而, 在风险中性测度意义下由 (2.1.10) 或 (2.1.11) 式给出的期权价格也称为风险中性价格.

在风险中性世界里, 股票的预期收益率可以看成是无风险利率. 为了进一步研究风险中性测度 Q 的意义, 对应于股票上升和下降的两种状态, 分别用 u 和 d 两个参数来对应股票价格的波动率, 即 u 表示上升幅度和 d 表示下降幅度, 其中 $u > 1$ 和 $0 < d < 1$ 且不失一般性设 $ud = 1$. 于是, 在单期二叉树模型下, 在到期日 $t = T$ 时的股票价格可能为 $S_T^u = uS_0$ 或者 $S_T^d = dS_0$. 现假定在现实世界中, 市场概率测度为 P, 股票的预期收益率为 μ 和波动率为 σ, 且股票价格上升的概率为 p. 在风险中性世界中, 股票价格上升的概率设为 Q(其值为 q)(图 2.2).

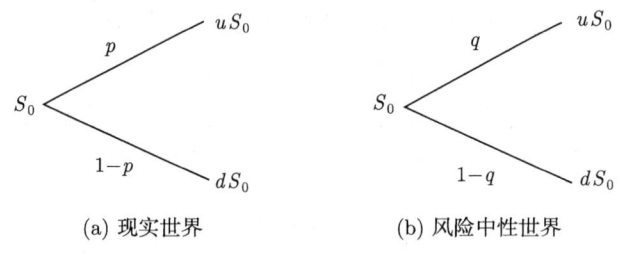

(a) 现实世界 (b) 风险中性世界

图 2.2 两种情况下股票价格变动的二叉树图形

可以进一步分析, 在现实世界中, 如何选择市场概率测度为 P 以及上升幅度 u 和下降幅度 d 呢? 同理, 在风险中性世界中, 如何选择风险中性概率测度 Q 以及上升幅度 u 和下降幅度 d 呢?

不失一般性, 假设股票的有效期为 Δt, 股价 S 为随机变量. 易知, 在现实世界中, 股票的预期收益率 μ 表示经过时间 Δt 股价的平均变化幅度. 于是, 可以假设

$$\mathbb{E}^{\mathrm{P}}\left[\frac{S}{S_0}\right] = e^{\mu \Delta t} \tag{2.1.13}$$

波动率 σ 反映的是相对收益率的不确定性. 可以假设它决定了方差, 即

$$\mathbb{E}^{\mathrm{P}}\left[\left(\frac{S}{S_0} - e^{\mu \Delta t}\right)^2\right] = \sigma^2 \Delta t \tag{2.1.14}$$

利用二项式分布的结论, 如果随机变量 X 的均值为

$$\mu = \mathbb{E}[X] = pa + (1-p)b$$

那么, 方差 σ^2 为

$$\sigma^2 = \mathbb{E}[(X-\mu)^2] = p(1-p)(a-b)^2$$

将这两个公式用于图 2.2(a) 中的股价二叉树中, 并根据假设 (2.1.13) 和 (2.1.14) 式, 得到

$$puS_0 + (1-p)dS_0 = S_0 e^{\mu \Delta t} \tag{2.1.15}$$

$$pu^2 + (1-p)d^2 - [pu + (1-p)d]^2 = \sigma^2 \Delta t \tag{2.1.16}$$

于是, 由 (2.1.15) 式求得

$$p = \frac{e^{\mu \Delta t} - d}{u - d} \tag{2.1.17}$$

再将 (2.1.17) 式代入到 (2.1.16) 式中, 得

$$e^{\mu \Delta t}(u+d) - ud - e^{2\mu \Delta t} = \sigma^2 \Delta t \tag{2.1.18}$$

利用 e^x 的级数展开式并忽略 Δt 的高阶无穷小, 并注意到 $ud = 1$, 则 (2.1.18) 式的一个解为

$$u = e^{\sigma \sqrt{\Delta t}}, \quad d = e^{-\sigma \sqrt{\Delta t}}$$

另一方面, 在风险中性世界中, 股票的预期收益率应等于无风险利率 r, 于是股票价格的期望值应为 $S_0 e^{r \Delta t}$. 如果上升的概率为 q, 那么根据图 2.2(b), 当风险资产的有效期为 Δt 时, 类似于 (2.1.15) 和 (2.1.18) 式, 便得到在风险中性世界中预期股票价格及其收益的方差所满足的表达式分别为

$$quS_0 + (1-q)dS_0 = S_0 e^{r \Delta t} \tag{2.1.19}$$

$$e^{r \Delta t}(u+d) - ud - e^{2r \Delta t} = \sigma^2 \Delta t \tag{2.1.20}$$

根据 (2.1.19) 式, 立即得到风险中性测度 Q 的另一个表达式为

$$q = \frac{e^{r \Delta t} - d}{u - d} \tag{2.1.21}$$

同理, 易知 (2.1.20) 式的一个解仍为 $u = e^{\sigma \sqrt{\Delta t}}$ 和 $d = e^{-\sigma \sqrt{\Delta t}}$. 比较 (2.1.17) 和 (2.1.21) 式以及 (2.1.18) 和 (2.1.20) 式可知, 从现实世界转换到风险中性世界的时候, 测度从 P 转换成了测度 Q, 从而导致股票的预期收益率 (也称漂移率) 相应地发生了变化, 即从漂移率 μ 变为无风险利率 r; 但是波动率 σ 仍然保持不变. 这种从一个风险偏好的世界转换到另外一个风险偏好的世界, 称为测度变换. 人们往往将风险中性测度 Q 称为与测度 P 等价的**鞅测度**(martingale measure). 关于测度变换的概念将在 3.5 节中再加以讨论.

这里的所谓 "等价" 是由下面定义给出的. 设 Ω 为全集, $\mathcal{F}$ 为 Ω 的子集族.

定义 2.1.4 相同可测空间 $(\Omega, \mathcal{F})$ 上的概率测度 P 与概率测度 Q 等价当且仅当对任意的事件 (集合) $\mathcal{A} \in \mathcal{F}$, 有

$$P(\mathcal{A}) = 0 \Leftrightarrow Q(\mathcal{A}) = 0$$

或

$$P(\Omega) = 1 \Leftrightarrow Q(\Omega) = 1$$

换句话说, 这两个等价的测度对个别事件的概率值可能不同, 但对必然事件或不可能事件它们的概率值总是一致的.

什么是 "鞅" (martingale)?

鞅原指一类 18 世纪流行于法国的投注策略, 称为加倍赌注法. 所以它最早起源于对公平赌博过程的数学描述. 在现代概率论中, 鞅为满足如下条件的随机过程: 已知过程在过去某一时刻 s 以及之前所有时刻的观测值, 那么过程在未来某一时刻 t 的观测值的条件期望等于过去某一时刻 s 的观测值. 例如, 用 $X(t)$ 表示某一赌徒在公平赌博中 t 时刻所拥有的本金, 那么 $X = \{X(t), t > 0\}$ 为鞅, 也就是说无论该赌徒在 s 时刻以后的赌博中如何利用他在 s 时刻之前所取得的赌博经验, 他所能期望在将来 t 时刻拥有的本金只能是 $X(s)$, 这正是 "公平性" 的体现. 鞅的基本概念来自于法国概率学家莱维 (P.P.Levy), 1939 年, 莱维首次采用了鞅这个名称. 但真正把鞅理论发扬光大的则是美国数学家杜布 (J.L.Doob), 他对鞅理论系统地进行了研究并使它成为研究随机过程的一个有力工具. 鞅在 20 世纪 70 年代末期被引入金融经济学中用来描述资产的价格运动过程. 现在鞅论已在金融经济学的很多领域特别是金融数学中有广泛的应用.

为了给出鞅的定义. 需要给出域流的定义. 设 $(\Omega, \mathcal{F}, P)$ 为概率空间, 如果 $\mathcal{F}_k \subseteq \mathcal{F}_{k+1} \subseteq \cdots \subseteq \mathcal{F}$, 称集合 $\{\mathcal{F}_k\}_{k \geqslant 0}$ 为一个 σ-**域流**(filtration)(或简称为域流). $(\Omega, \mathcal{F}, \{\mathcal{F}_k\}_{k \geqslant 0}, P)$ 称为**带域流的概率空间**(filtered probability space), 有时直接简写为 $(\Omega, \{\mathcal{F}_k\}_{k \geqslant 0}, P)$.

定义 2.1.5 设 $(\Omega, \mathcal{F}, P)$ 是给定的概率空间, T 为一时间指标集, 对任意 $t \in T$, 都有存在 $(\Omega, \mathcal{F}, P)$ 上的一族随机变量 $X(\omega, t)(\omega \in \Omega)$ 与它对应, 则称依赖于 t 的一族随机变量 $\{X(\omega, t) : t \in T\}$ 为随机过程, 简记为 $\{X_t(\omega)\}$, $\{X_t\}$ 或 $\{X(t)\}$.

随机过程 $\{X(\omega, t) : \omega \in \Omega, t \in T\}$ 是时间参数 t 和样本点 ω 的二元函数. 对给定的时间 $t_0 \in T$, $X(\omega, t_0)$ 是概率空间 $(\Omega, \mathcal{F}, P)$ 上的随机变量. 对固定的样本点 $\omega_0 \in \Omega$, $\{X(\omega_0, t)\}$ 是定义在 T 上的实函数, 此时称它为随机过程对应于 ω_0 的一个样本函数 (或样本轨道). 如果对任意的 $t_0 \in T$, X_k 是离散型随机变量, 且时间集是连续的, 则 $\{X_k\}_{k \geqslant 0}$ 为离散型随机过程.

定义 2.1.6 设 $\{X_k\}_{k \geqslant 0}$ 为离散型随机过程, 如果对于每个 k, 是 $\mathcal{F}_k$-可测的,

则称 X_k 关于域流 $\mathcal{F}_k$ 是适应的. 进一步地, 如果对所有的 $k \geqslant 1$, X_k 是 $\mathcal{F}_{k-1}$-可测的, 则称 $\{X_k\}_{k \geqslant 1}$ 关于域流 $\mathcal{F}_k$ 是**可预见的**(predictable)(**或可料的**).

下面给出离散时间鞅的数学定义. 连续时间鞅的数学定义将在第 3 章给出.

定义 2.1.7 如果一个离散型随机过程 $\{X_k\}_{k \geqslant 0}$ 关于域流 $\{\mathcal{F}_k\}_{k \geqslant 0}$ 是适应的, 且满足以下条件:

(1) $\mathbb{E}[|X_k|] < \infty$,

(2) $\mathbb{E}[X_{k+1}|\mathcal{F}_k] = X_k$,

则称 $\{X_k\}_{k \geqslant 0}$ 为一个鞅过程或鞅. 也就是说, 已知此刻以及之前的所有观察值, 下一时刻的期望观察值等于此刻的值, 则称这一随机过程 (即随机变量序列) 是离散时间鞅.

前面已经证明, 在风险中性测度 Q 的意义下, 期权的贴现价格的现值等于到期日期权贴现价格的期望值. 利用鞅的术语, 可以说, 期权的贴现价格过程是鞅, 即

$$\left(\frac{V}{B}\right)_{t_k} = \mathbb{E}^{\mathbb{Q}}\left[\left(\frac{V}{B}\right)_{t_{k+1}} \bigg| \sigma(V_0, \cdots, V_{t_k})\right] \quad (0 \leqslant k \leqslant n)$$

这里 $\sigma(V_0, \cdots, V_{t_k})$ 表示 $V_0, \cdots, V_{t_k}$ 所有可能发生的信息, 即域流. 同理, 实际上, 前面已经证明了股票的贴现价格过程也是鞅. 这是很正常的现象. 事实上, 可以给出更一般的结论.

设 $\boldsymbol{S}^* = \boldsymbol{S}B^{-1} = (1, S^1 B^{-1}, \cdots, S^n B^{-1})$ 为标的资产 $\boldsymbol{S}$ 的贴现价格, 其中第一个分量 $S^0 = B$ 表示无风险资产. 由 (1.2.3) 式可知, 对于任意的 $k \in \{1, 2, \cdots, n\}$ 和贴现价格 $\boldsymbol{S}^*$, 自融资投资策略 $\boldsymbol{\Phi}$ 的相应财富过程为

$$V_k^*(\boldsymbol{\Phi}) = V_0^*(\boldsymbol{\Phi}) + \sum_{i=0}^{k-1} \boldsymbol{\Phi}_i \cdot (\boldsymbol{S}_{i+1}^* - \boldsymbol{S}_i^*)$$

定理 2.1.2 假设 $(\Omega, \{\mathcal{F}_k\}_{k \geqslant 0}, \mathrm{P})$ 为一个带域流的概率空间, 过程 $\{X_k\}_{k \geqslant 0}$ 关于域流 $\mathcal{F}_k$ ($k \geqslant 0$) 是适应的, 且 $\{\boldsymbol{\Phi}_k\}_{k \geqslant 1}$ 关于域流 $\mathcal{F}_k$ ($k \geqslant 1$) 是可料的. 定义随机过程

$$Z_k = Z_0 + \sum_{i=0}^{k-1} \boldsymbol{\Phi}_{i+1} \cdot (X_{i+1} - X_i)$$

其中 Z_0 是一个常数.

如果 $\{X_k\}_{k \geqslant 0}$ 在测度 P 下关于域流 $\{\mathcal{F}_k\}_{k \geqslant 0}$ 是一个鞅, 那么 $\{Z_k\}_{k \geqslant 0}$ 在测度 P 下关于域流 $\{\mathcal{F}_k\}_{k \geqslant 0}$ 也是一个鞅.

证明 利用条件期望得到

$$\begin{aligned}
\mathbb{E}[Z_{k+1}|\mathcal{F}_k] - Z_k &= \mathbb{E}[Z_{k+1} - Z_k|\mathcal{F}_k] \\
&= \mathbb{E}[\boldsymbol{\Phi}_{k+1}(X_{k+1} - X_k)|\mathcal{F}_k] \\
&= \boldsymbol{\Phi}_{k+1}\mathbb{E}[(X_{k+1} - X_k)|\mathcal{F}_k] \\
&= \boldsymbol{\Phi}_{k+1}(\mathbb{E}[X_{k+1}|\mathcal{F}_k] - X_k) \\
&= 0
\end{aligned}$$

附注 如果 $\{\boldsymbol{\Psi}_k\}_{k\geqslant 0}$ 关于域流 $\{\mathcal{F}_k\}_{k\geqslant 0}$ 是相适应的, 则由 $\boldsymbol{\Phi}_k = \boldsymbol{\Psi}_{k-1}$ 定义的过程 $\{\boldsymbol{\Phi}_k\}_{k\geqslant 1}$ 是可料的. 因此对于一个与 $\{\mathcal{F}_k\}_{k\geqslant 0}$ 相适应的过程 $\{\boldsymbol{\Psi}_k\}_{k\geqslant 0}$, 如果 $\{X_k\}_{k\geqslant 0}$ 在测度 P 下关于域流 $\mathcal{F}_k$ 是一个鞅, 那么

$$Z_k = Z_0 + \sum_{i=0}^{k-1} \boldsymbol{\Psi}_i \cdot (X_{i+1} - X_i)$$

在测度 P 下关于域流 $\mathcal{F}_k$ 也是一个鞅.

由前面的讨论可知在鞅的框架下给一个期权定价相当于取一个期望. 但是只有当构造一个对冲组合时套利价格才有意义. 为了把期权的贴现价格转换成一个对冲组合, 需要下面定理 2.1.2 的逆命题.

定理 2.1.3 (二项式表示定理) 假设测度 Q 使得贴现的价格过程 $\{S_k^*\}_{k\geqslant 0}$ 关于域流 $\{\mathcal{F}_k\}_{k\geqslant 0}$ 是一个鞅. 如果 $\{V_k^*\}_{k\geqslant 0}$ 在测度 Q 下关于域流 $\{\mathcal{F}_k\}_{k\geqslant 0}$ 是另一个鞅, 那么存在一个关于 $\{\mathcal{F}_k\}_{k\geqslant 0}$ 是可料的过程 $\{\boldsymbol{\Phi}_k\}_{k\geqslant 1}$ 使得

$$V_k^* = V_0^* + \sum_{i=0}^{k-1} \boldsymbol{\Phi}_{i+1} \cdot (\boldsymbol{S}_{i+1}^* - \boldsymbol{S}_i^*) \tag{2.1.22}$$

证明 考虑二叉树上的一个单时段 $[t_i, t_{i+1}]$. 为了简便, 记

$$\Delta V_i^* = V_{i+1}^* - V_i^*, \quad \Delta \boldsymbol{S}_i^* = \boldsymbol{S}_{i+1}^* - \boldsymbol{S}_i^*$$

在 $t_i = i\Delta t$ 时刻给定它们的值, 则 V_{i+1}^* 和 $\boldsymbol{S}_{i+1}^*$ 都可取两个可能的值中的一个, 这两个可能的值分别记作 $\{V_{i+1}^*(u), V_{i+1}^*(d)\}$ 和 $\{\boldsymbol{S}_{i+1}^*(u), \boldsymbol{S}_{i+1}^*(d)\}$.

记 $\Delta V_i^* = \boldsymbol{\Phi}_{i+1} \cdot \Delta \boldsymbol{S}_i^* + k_{i+1}$, 其中 $\boldsymbol{\Phi}_{i+1}$ 和 k_{i+1} 在 $i\Delta t$ 时刻都是已知的. 换句话说要求 $\boldsymbol{\Phi}_{i+1}$ 和 k_{i+1} 使得

$$V_{i+1}^*(u) - V_i^* = \boldsymbol{\Phi}_{i+1} \cdot \left(\boldsymbol{S}_{i+1}^*(u) - \boldsymbol{S}_i^*\right) + k_{i+1}$$

且

$$V_{i+1}^*(d) - V_i^* = \boldsymbol{\Phi}_{i+1} \cdot \left(\boldsymbol{S}_{i+1}^*(d) - \boldsymbol{S}_i^*\right) + k_{i+1}$$

解得

$$\Phi_{i+1} = \frac{V_{i+1}^*(u) - V_{i+1}^*(d)}{S_{i+1}^*(u) - S_{i+1}^*(d)}$$

且 $k_{i+1} = V_{i+1}^*(u) - V_i^* - \Phi_{i+1} \cdot (S_{i+1}^*(u) - S_i^*)$，它们在 $i\Delta t$ 时刻都是已知的.

由于 $\{V_i^*\}_{i \geqslant 0}$ 和 $\{S_i^*\}_{i \geqslant 0}$ 都是鞅，因此

$$\mathbb{E}[\Delta V_i^* | \mathcal{F}_i] = \mathbb{E}[V_{i+1}^* - V_i^* | \mathcal{F}_i] = 0 = \mathbb{E}[\Delta S_i^* | \mathcal{F}_i]$$

由上可知 $k_{i+1} = 0$. 换句话说

$$\Delta V_i^* = \Phi_{i+1} \cdot \Delta S_i^*$$

其中 Φ_{i+1} 在 $i\Delta t$ 时刻是已知的. 对上式两边求和就可知 (2.1.22) 式成立.

根据定理 2.1.3 可知，如果 $\{V_i^*\}_{i \geqslant 0}$ 是期权的贴现值，那么当构造复制的投资组合时使得一个可料的过程 $\{\Phi_i\}_{i \geqslant 1}$ 作为持有的股票份额而出现. 反过来，如果给定 $\{\Phi_i\}_{i \geqslant 1}$，是否可以构造一个自融资的复制投资组合呢？回答是肯定的. 构造策略如下.

在 $i\Delta t$ (即 t_i) 时刻，购买一份由 Φ_{i+1} 份额股票和 $V_i^* - \Phi_{i+1} \cdot S_i^*$ 份额无风险资产 (如债券) B_i 构成的投资组合.

于是，在 $i\Delta t$ 时刻，该投资组合的价值为

$$\Phi_{i+1} \cdot S_i + \left(V_i^* - \Phi_{i+1} \cdot \frac{S_i}{B_i}\right) B_i = V_i^* B_i = V_i$$

根据定理 2.1.3，在 $(i+1)\Delta t$ 时刻该投资组合的价值为

$$\begin{aligned}
&\Phi_{i+1} \cdot S_{i+1} + \left(V_i^* - \Phi_{i+1} \cdot \frac{S_i}{B_i}\right) B_{i+1} \\
&= B_{i+1} \left(\Phi_{i+1} \cdot \left(\frac{S_{i+1}}{B_{i+1}} - \frac{S_i}{B_i}\right) + V_i^*\right) \\
&= V_{i+1}^* B_{i+1} \\
&= V_{i+1}
\end{aligned}$$

这足以说明在 $(i+1)\Delta t$ 时刻构造了一个新的复制投资组合. 而且在到期日 $T = n\Delta t$ 时刻恰好有与期权的价值相等的资金.

进一步来讨论风险中性测度和市场无套利之间的关系. 如果风险资产的有效期或到期日为 T, 由 (2.1.21) 式可以得到风险中性测度为

$$q = \frac{e^{rT} - d}{u - d}$$

和

$$1 - q = \frac{u - e^{rT}}{u - d}$$

注意到 $0 < q < 1$. 因此, 有

$$d < e^{rT} < u \tag{2.1.23}$$

由 (2.1.10) 式可以得到欧式期权的定价公式为

$$\begin{aligned}V_0 &= e^{-rT}\left[\frac{e^{rT}-d}{u-d}V_T^u + \frac{u-e^{rT}}{u-d}V_T^d\right]\\ &= e^{-rT}\mathbb{E}^Q[V_T]\end{aligned}$$

(2.1.23) 式与风险中性测度的关系十分密切. 事实上, 正因为有了 (2.1.23) 式, 从而存在风险中性测度 Q 以及风险中性的期权定价公式. 下面这个定理将说明 (2.1.23) 式本质上体现了市场无套利原理.

定理 2.1.4 市场 $\mathcal{M}$ 是无套利的充要条件是 (2.1.23) 式成立.

证明 首先假设如果市场 $\mathcal{M}$ 是无套利的, 证明 (2.1.23) 式成立.
若不然, 如果 $e^{rT} \geqslant u$. 在 t 时刻, 构造一个投资组合

$$\Phi_t = -S_t + \frac{S_0}{B_0}B_t$$

那么, 在 $t = 0$ 和 $t = T$ 时投资组合的值为

$$\begin{cases}\Phi_0 = -S_0 + \dfrac{S_0}{B_0}B_0 = 0\\ \Phi_T = -S_T + \dfrac{S_0}{B_0}B_T\end{cases} \tag{2.1.24}$$

这里 Φ_T 是随机变量, 它有两个可能值: Φ_T^u 和 Φ_T^d. 当 $S_T = S_T^u = uS_0$ 时,

$$\Phi_T^u = -uS_0 + \frac{S_0}{B_0}e^{rT}B_0 = (e^{rT} - u)S_0 \geqslant 0$$

当 $S_T = S_T^d = dS_0$ 时,

$$\Phi_T^d = -dS_0 + \frac{S_0}{B_0}e^{rT}B_0 = (e^{rT} - d)S_0 > 0$$

故对于投资组合 Φ_t 无论那种情况都有

$$P(\Phi_T \geqslant 0) = 1 \tag{2.1.25}$$

且

$$P(\Phi_T > 0) = P(S_T = S_T^d) > 0 \tag{2.1.26}$$

(2.1.25) 和 (2.1.26) 式表明, 投资组合 Φ_t 存在套利机会, 这与假设矛盾.

同理可以证明, 如果 $e^{rT} \leqslant d$, 也将推出矛盾. 现在假设 (2.1.23) 式成立, 证明市场 $\mathcal{M}$ 是无套利的. 在 t 时刻, 构造投资组合

$$\mathbf{\Phi}_t = \alpha S_t + \beta B_t$$

只需证明, 如果

$$\mathrm{P}(V_0(\mathbf{\Phi}) = \mathbf{\Phi}_0 = \alpha S_0 + \beta B_0 = 0) = 1 \tag{2.1.27}$$

以及

$$\mathrm{P}(V_T(\mathbf{\Phi}) = \mathbf{\Phi}_T = \alpha S_T + \beta B_T \geqslant 0) = 1 \tag{2.1.28}$$

那么则必有

$$\mathrm{P}(V_T(\mathbf{\Phi}) = \mathbf{\Phi}_T = \alpha S_T + \beta B_T = 0) = 1$$

即

$$\mathbf{\Phi}_T = \alpha S_T + \beta B_T = 0 \tag{2.1.29}$$

成立. 事实上, 根据 (2.1.23) 式, 可以定义风险中性概率 Q:

$$\begin{cases} q_u = \mathrm{Q}(S_T = S_T^u) = \dfrac{e^{rT} - d}{u - d} \\ q_d = \mathrm{Q}(S_T = S_T^d) = \dfrac{u - e^{rT}}{u - d} \end{cases} \tag{2.1.30}$$

由 (2.1.23) 式, 可知

$$0 < q_u, q_d < 1$$

且

$$q_u + q_d = 1$$

考虑随机变量 $\mathbf{\Phi}_T$ 的数学期望

$$\mathbb{E}^{\mathrm{Q}}[\mathbf{\Phi}_T] = q_u \mathbf{\Phi}_T^u + q_d \mathbf{\Phi}_T^d$$

根据风险中性概率 Q 的定义, 由 (2.1.30) 和 (2.1.27) 式, 得到

$$\begin{aligned}\mathbb{E}^{\mathrm{Q}}[\mathbf{\Phi}_T] &= \frac{e^{rT} - d}{u - d}(\alpha u S_0 + \beta e^{rT} B_0) + \frac{u - e^{rT}}{u - d}(\alpha d S_0 + \beta e^{rT} B_0) \\ &= e^{rT}(\alpha S_0 + \beta B_0) = e^{rT}\mathbf{\Phi}_0 = 0\end{aligned}$$

即

$$q_u \mathbf{\Phi}_T^u + q_d \mathbf{\Phi}_T^d = 0 \tag{2.1.31}$$

根据 (2.1.28) 式, 故知

$$\mathbf{\Phi}_T^u \geqslant 0, \quad \mathbf{\Phi}_T^d \geqslant 0 \tag{2.1.32}$$

因此, 由 (2.1.31) 和 (2.1.32) 式推得

$$\Phi_T^u = \Phi_T^d = 0$$

这表明

$$P(\Phi_T > 0) = 0$$

从而 (2.1.29) 式成立, 于是根据定义 1.2.3 可知, 市场 $\mathcal{M}$ 是无套利的.

更一般地, 根据 (2.1.12) 式, 可以给出下面的结论.

定理 2.1.5 如果市场 $\mathcal{M}$ 是无套利的, 那么存在由 (2.1.30) 式定义的风险中性测度 Q, 使得

$$\frac{V_0}{B_0} = \begin{cases} \mathbb{E}^Q\left[\dfrac{(S_T - X)^+}{B_T}\right], & \text{看涨期权} \\ \mathbb{E}^Q\left[\dfrac{(X - S_T)^+}{B_T}\right], & \text{看跌期权} \end{cases}$$

下面讨论无套利原理与存在等价鞅测度之间的关系. 事实上, 无套利原理与存在等价鞅测度 (即风险中性测度) 之间存在着等价关系, 人们把它称为**风险资产价格基本定理** (fundamental theorem of asset pricing). 不妨假设标的资产价格的运行以二叉树方式进行.

定理 2.1.6 (风险资产价格基本定理)　*存在等价鞅测度的充分必要条件是市场 $\mathcal{M}$ 无套利.*

证明　充分性由定理 2.1.5 可以直接得到.

现证明其必要性. 即如果市场 $\mathcal{M}$ 存在等价鞅测度, 那么市场是无套利的.

设 Φ 是任意一个投资组合, 如果

$$P(\Phi_0 = 0) = 1 \tag{2.1.33}$$

且存在 $t^* > 0$, 使得

$$P(\Phi_{t^*} \geqslant 0) = 1 \tag{2.1.34}$$

实际上, 要证市场是无套利的, 只需证明

$$P(\Phi_{t^*} > 0) = 0$$

即可, 这里 P 是市场客观测度.

事实上, 设 Q 是与 P 等价的鞅测度, 则必有

$$\left(\frac{\Phi}{B}\right)_0 = \mathbb{E}^Q\left[\left(\frac{\Phi}{B}\right)_{t^*}\right]$$

其中 B 是无风险资产. 从而由 (2.1.33) 式得

$$\mathbb{E}^Q[\Phi_{t^*}] = \frac{B_{t^*}}{B_0}\Phi_0 = 0 \qquad (2.1.35)$$

由于测度 P 与 Q 等价, 由 (2.1.34),

$$Q(\Phi_{t^*} \geqslant 0) = 1 \qquad (2.1.36)$$

那么由 (2.1.35) 和 (2.1.36) 式, 得到

$$Q(\Phi_{t^*} = 0) = 1$$

即

$$Q(\Phi_{t^*} > 0) = 0$$

由于测度 P 和 Q 等价, 所以有

$$P(\Phi_{t^*} > 0) = 0$$

从而定理的必要性获证.

2.2 多期二叉树模型

本节将单期二叉树模型扩展到多期二叉树模型. 首先从两期的二叉树模型开始. 容易看到由单期模型向多期模型的扩展, 不过是单期模型的多次应用. 首先假设股票不支付红利. 每个单期股票的上升幅度为 u 和下降幅度为 d. 以欧式期权为例, 推导出它的 n 期二叉树期权的定价公式. 将期权的有效区间 $[0,T]$ 分为 n 个相等的子区间

$$0 = t_0 < t_1 < \cdots < t_n = T$$

其中 $t_i = i\Delta t\,(0 \leqslant i \leqslant n)$, $\Delta t = \dfrac{T}{n}$. 在每个区间 $[t_i, t_{i+1}]$ $(0 \leqslant i \leqslant n-1)$ 上, 假设股票价格 S 的演化过程适合单期二叉树模型, 那么 S 作为一个随机变量, 它在整个时段 $[0,T]$ 中的演化构成一个多期二叉树图形 (图 2.3).

如果在初始时刻股票价格设为 $S = S_0$, 那么它在 $t = T$ 时刻, S_T 有可能取到 $n+1$ 个值. 在跨越的 n 期中, 股票价格要么上升, 要么下降. 以 i 表示上升的次数, 则下降的次数为 $n-i$. 那么在 $t = t_n = T$ 时刻, 股票价格的所有可能取值为

$$S_i^n = S_0 u^i d^{n-i}, \quad 0 \leqslant i \leqslant n$$

由 (2.1.30) 式, 定义风险中性测度 Q 为

$$q_u = \frac{e^{r\Delta t} - d}{u - d} \triangleq q, \quad q_d = \frac{u - e^{r\Delta t}}{u - d} \triangleq 1 - q$$

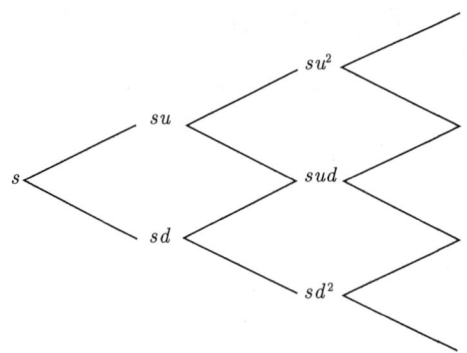

图 2.3 股票价格变动的多期二叉树图形

于是,在 n 次二项步骤后,i 次上升和 $n-i$ 次下降的风险中性概率为 $C_n^i q^i (1-q)^{n-i}$,其中 $C_n^i = \dfrac{n!}{i!(n-i)!}$ 表示在跨越的 n 期中 i 次上升的组合系数. 相应的欧式看涨期权最终收益是 $\max(S_0 u^i d^{n-i} - X, 0)$. 因此,$n$ 期二叉树模型的欧式看涨期权的定价公式为

$$c_0 = e^{-rT} \sum_{i=0}^{n} \left[C_n^i q^i (1-q)^{n-i} \max(S_0 u^i d^{n-i} - X, 0) \right] \tag{2.2.1}$$

定义 h 为满足 $S_0 u^h d^{n-h} \geqslant X$ 的最小非负整数,即 $h \geqslant \ln\left(\dfrac{X}{S_0 d^n}\right) / \ln\left(\dfrac{u}{d}\right)$. 从而,我们得到

$$\max(S_0 u^i d^{n-i} - X, 0) = \begin{cases} 0, & i < h \\ S_0 u^i d^{n-i} - X, & i \geqslant h \end{cases} \tag{2.2.2}$$

从 (2.2.2) 式中看到为使欧式看涨期权在到期日处于实值状态,整数 h 给出了在多期二叉树过程中股票价格所需要上升次数的最小数目. 因此,根据 (2.2.1) 式可知,欧式看涨期权的定价公式可简化为

$$c_0 = S_0 e^{-rT} \sum_{i=h}^{n} C_n^i q^i (1-q)^{n-i} u^i d^{n-i} - X e^{-rT} \sum_{i=h}^{n} C_n^i q^i (1-q)^{n-i} \tag{2.2.3}$$

(2.2.3) 式中的最后一项可以认为是在风险中性测度下,持有者在到期日获得的贴现因子为 e^{-nrT} 的收益的期望值,且 $\sum_{i=h}^{n} C_n^i q^i (1-q)^{n-i}$ 可以看成是欧式看涨期权在到期日处于实值的风险中性概率,定义该值为函数

$$\Phi(n, h, q) = \sum_{i=h}^{n} C_n^i q^i (1-q)^{n-i} \tag{2.2.4}$$

$\Phi(n, h, q)$ 给出了在 n 次二叉树试验中至少有 h 次成功的概率,其中 q 表示在每次试验中成功的概率. 此外,如果记 $\hat{q} = uqe^{-r\Delta t}$ 和 $1 - \hat{q} = d(1-q)e^{-r\Delta t}$,那么对于

n 期二叉树模型的欧式看涨期权定价公式可以表达为

$$c_0 = S_0 \Phi(n, h, \hat{q}) - X e^{-rT} \Phi(n, h, q) \tag{2.2.5}$$

(2.2.5) 式中第一项给出了欧式看涨期权在到期日处于实值时股票价格的贴现期望值, 第二项给出了通过实施看涨期权后期望成本的现值, 这里的期望值是在风险中性测度下取的.

对于 n 期二叉树模型, 根据 (1.3.1) 式, 在 $t = 0$ 时刻欧式期权的看涨-看跌期权的平价公式为

$$c_0 + X e^{-rT} = p_0 + S_0 \tag{2.2.6}$$

因此, 将 (2.2.5) 式代入到 (2.2.6) 式, 得到

$$\begin{aligned} p_0 &= c_0 + X e^{-rT} - S_0 \\ &= S_0 (\Phi(n, h, \hat{q}) - 1) + X e^{-rT} (1 - \Phi(n, h, q)) \end{aligned}$$

于是, 根据函数 Φ 的定义 (2.2.4), 得到

$$\begin{aligned} 1 - \Phi(n, h, q) &= \Phi(n, 0, q) - \Phi(n, h, q) \\ &= \Psi(n, h, q) \end{aligned}$$

其中

$$\Psi(n, h, q) = \sum_{i=0}^{h-1} \mathrm{C}_n^i q^i (1-q)^{n-i} \tag{2.2.7}$$

从而, **欧式看跌期权的定价公式**可以表示为

$$p_0 = X e^{-rT} \Psi(n, h, q) - S_0 \Psi(n, h, \hat{q})$$

2.3 欧式期权定价的二叉树方法

股票支付**红利**(dividend) 有两种方式: 每年在规定时间支付红利和按一定比率连续支付红利. 本节中只讨论在连续支付红利下欧式期权的二叉树定价公式.

假设无风险利率为 r, 股票连续支付的红利率为 η. 于是, 对于连续支付红利的股票, 由于价格上升所带来的收益率应该为 $r - \eta$. 因此, 股票在 $[t, t + \Delta t]$ 区间上的期望值为 $S_0 e^{(r-\eta)\Delta t}$. 这样在风险中性假设下, 有

$$\hat{q}_u u S_0 + \hat{q}_d d S_0 = S_0 e^{(r-\eta)\Delta t}$$

即

$$\hat{q}_u u + \hat{q}_d d = e^{(r-\eta)\Delta t}$$

其中
$$\hat{q}_u = \frac{e^{(r-\eta)\Delta t} - d}{u-d}, \quad \hat{q}_d = \frac{u - e^{(r-\eta)\Delta t}}{u-d} \tag{2.3.1}$$

假设
$$d < e^{(r-\eta)\Delta t} < u$$

那么由 (2.3.1) 式定义了一个风险中性测度 $\hat{Q}$, 满足
$$0 < \hat{q}_u, \hat{q}_d < 1$$

和
$$\hat{q}_u + \hat{q}_d = 1$$

类似于 2.2 节, 我们就得到连续支付红利的 n 期二叉树模型的欧式看涨期权的定价公式为
$$c_0 = S_0 e^{-\eta T} \Phi(n, h, \hat{q}') - X e^{-rT} \Phi(n, h, \hat{q})$$

这里 Φ 的定义见 (2.2.4) 式,
$$\hat{q} = \hat{q}_u = \frac{e^{(r-\eta)\Delta t} - d}{u-d}$$
$$\hat{q}' = u\hat{q}e^{-(r-\eta)\Delta t}$$

同理可以得到连续支付红利的 n 期二叉树模型的欧式看跌期权的定价公式为
$$p_0 = X e^{-rT} \Psi(n, h, \hat{q}) - S_0 e^{-\eta T} \Psi(n, h, \hat{q}')$$

这里 Ψ 的定义见 (2.2.7) 式.

下面用实例说明怎样利用二叉树方法对欧式期权进行定价.

例 2.2 假设某个股票的当前价格是 60 美元, 到期时间为 9 个月, 股票价格每 3 个月上升或下降幅度为 10%, 无风险利率为 5%. 求一个敲定价格为 58 美元时的欧式看涨期权的价格.

解 根据题目假设可以知道: $S_0 = 60$, $u = 1.1$, $d = 0.9$, $X = 58$, $r = 0.05$. 由此可以画出股票价格的二叉树图形 (图 2.4).

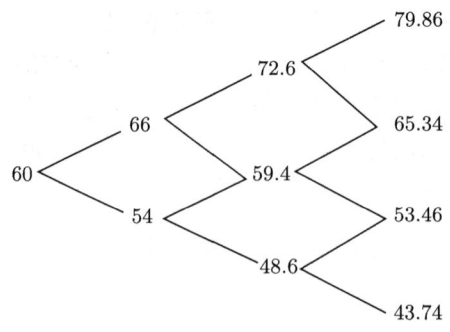

图 2.4 股票价格的二叉树图

设 $t = 1/4 = 0.25$ 表示一期即 3 个月的时间. 因此, 由 (2.1.30) 式求得风险中性概率为

$$q = \frac{e^{rt} - d}{u - d} = \frac{e^{0.05 \times 0.25} - 0.9}{1.1 - 0.9} = 0.5625.$$

由于在到期日期权的内在价值分别为: $c_{uuu} = 21.86$, $c_{uud} = 7.34$, $c_{udd} = 0$ 和 $c_{ddd} = 0$. 于是, 根据 (2.1.10) 式, 计算在 6 个月时 3 个节点的看涨期权价格分别为

$$c_{uu} = e^{-rt}[qc_{uuu} + (1-q)c_{uud}]$$
$$= e^{-0.05 \times 0.25}(0.5625 \times 21.86 + 0.4375 \times 7.34) = 15.31$$

$$c_{ud} = e^{-rt}[qc_{uud} + (1-q)c_{udd}]$$
$$= e^{-0.05 \times 0.25}(0.5625 \times 7.34 + 0.4375 \times 0) = 4.08$$

$$c_{dd} = e^{-rt}[qc_{udd} + (1-q)c_{ddd}]$$
$$= e^{-0.05 \times 0.25}(0.5625 \times 0 + 0.4375 \times 0) = 0$$

同理, 可以计算 3 个月时 2 个节点的看涨期权的价格分别为

$$c_u = e^{-rT}[qc_{uu} + (1-q)c_{ud}]$$
$$= e^{-0.05 \times 0.25}(0.5625 \times 15.31 + 0.4375 \times 4.08) = 10.27$$

$$c_d = e^{-rT}[qc_{ud} + (1-q)c_{dd}]$$
$$= e^{-0.05 \times 0.25}(0.5625 \times 4.08 + 0.4375 \times 0) = 2.27$$

最后, 得到 $t = 0$ 时刻欧式看涨期权的价格为

$$c_0 = e^{-rT}[qc_u + (1-q)c_d]$$
$$= e^{-0.05 \times 0.25}(0.5625 \times 10.27 + 0.4375 \times 2.27) = 6.68(美元)$$

2.4 美式期权定价的二叉树方法

美式和欧式期权在到期日的价格是相同的. 不同的是, 美式期权的定价过程要求在到期前每一个离散时间节点上判断提前执行是否最优, 由此计算出对应的期权价格. 所以对于美式期权, 利用二叉树方法就是要在每一个节点上, 比较在当前时刻是提前执行期权还是继续持有到下一个时刻再执行, 显然应选择其中较大者作为该节点的期权价格.

假设股票价格经历了 n 个时间步的运行到达期权到期日, 且每一个时间步长为 $\Delta t = \frac{T}{n}$. 若股票的初始价格为 S_0, 且每经过一个时间步, 股价或向上增加到当

前价格的 u 倍, 或向下下降到当前价格的 d 倍. 则在第 $k(1 \leqslant k \leqslant n)$ 个时间步后, 二叉树上产生 $k+1$ 个节点. 与前面记号类似, 用

$$S_i^k = S_0 u^i d^{k-i} \quad (1 \leqslant k \leqslant n, i = 0, 1, \cdots, k)$$

表示 (i,k) 处的股票价格. 由定理 1.3.10 可知, 在每一个节点 S_i^k 上, 对美式看涨期权应有

$$C_i^k = C(S_i^k, t_k) \geqslant (S_i^k - X)^+$$

对看跌期权应有

$$P_i^k = P(S_i^k, t_k) \geqslant (X - S_i^k)^+$$

因此对于美式期权的定价 (以看跌期权为例), 它的反向归纳过程为

当 $k = n$ 时

$$P_i^n = (X - S_i^n)^+, \quad i = 0, 1, \cdots, n$$

当 $k = n-1$ 时

$$P_i^{n-1} = \max(e^{-r\Delta t}[qP_{i+1}^n + (1-q)P_i^n], (X - S_i^{n-1})^+), \quad i = 0, 1, \cdots, n-1$$

其中

$$q = \frac{e^{r\Delta t} - d}{u - d}$$

为风险中性概率 (见 (2.1.30) 式). 一般地, 如果给定 $P_i^{n-h}(0 \leqslant i \leqslant n-h, 1 \leqslant h \leqslant n)$, 那么

$$P_i^{n-h-1} = \max(e^{-r\Delta t}[qP_{i+1}^{n-h} + (1-q)P_i^{n-h}], (X - S_i^{n-h-1})^+), \quad 0 \leqslant i \leqslant n-h-1$$

也就是在每一步计算 $e^{-r\Delta t}[qP_i^{n-h} + (1-q)P_{i+1}^{n-h}]$ 以后, 必须与当时的收益函数 $(X - S_i^{n-h-1})^+$ 相比较, 取其中较大者作为美式看跌期权 P_i^{n-h-1} 的价格, 以此类推, 直到求出在 $t = 0$ 时刻的美式看跌期权的价格 P_0.

下面用实例说明怎样利用二叉树方法对美式期权进行定价.

例 2.3 假设某个股票的当前价格是 50 美元, 到期时间为 $T = 3$, 股票价格每期上升或下降幅度为 10%, 无风险利率为 5%. 求一个敲定价格为 48 美元时的美式看跌期权的价格.

解 根据题目假设可以知道: $S_0 = 50$, $u = 1.1$, $d = 0.9$, $X = 48$, $r = 0.05$ 和 $T = 3$. 由此可以画出股票价格的二叉树图形 (图 2.5).

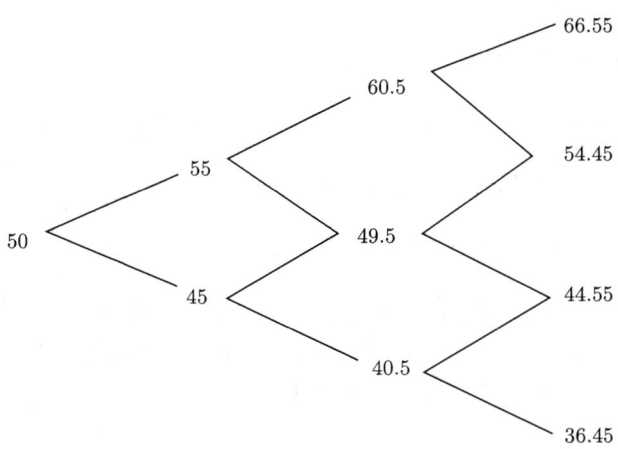

图 2.5 股票价格的二叉树图

先根据 (2.1.30) 式得到单期 ($t=1$) 风险中性概率为

$$q = \frac{e^{rt}-d}{u-d} = \frac{e^{0.05\times 1}-0.9}{1.1-0.9} = 0.75$$

再根据题意可知在到期日 $T=3$ 时, 美式看跌期权的内在价值分别为: $P_{uuu}=0$, $P_{uud}=0$, $P_{udd}=3.45$ 和 $P_{ddd}=11.55$. 于是, 根据 (2.1.10) 式, 得到看跌期权在 $t=2$ 时 3 个节点的持有价值分别为

$$P_{uu} = e^{-rt}[qP_{uuu}+(1-q)P_{uud}]$$
$$= e^{-0.05\times 1}[0.75\times 0+(1-0.75)\times 0]=0$$

$$P_{ud} = e^{-rt}[qP_{uud}+(1-q)P_{udd}]$$
$$= e^{-0.05\times 1}[0.75\times 0+(1-0.75)\times 3.45]=0.86$$

$$P_{dd} = e^{-rt}[qP_{udd}+(1-q)P_{ddd}]$$
$$= e^{-0.05\times 1}[0.75\times 3.45+(1-0.75)\times 11.55]=5.48$$

同时, 在 $t=2$ 时如果实施看跌期权, 那么 3 个节点的实施价值分别为: $0,0,7.5$. 比较持有价值和实施价值, 其中较大者则为在 $t=2$ 时 3 个节点看跌期权的实际价值, 即分别为 $0, 0.86, 7.5$(图 2.6).

同理, 根据 $t=2$ 时看跌期权的实际价值, 可以计算看跌期权在 $t=1$ 时 2 个节点 P_u 和 P_d 的持有价值分别为

$$P_u = e^{-rt}[qP_{uu} + (1-q)P_{ud}]$$
$$= e^{-0.05 \times 1}[0.75 \times 0 + (1-0.75) \times 0.86] = 0.22$$
$$P_d = e^{-rt}[qP_{ud} + (1-q)P_{dd}]$$
$$= e^{-0.05 \times 1}[0.75 \times 0.86 + (1-0.75) \times 7.5] = 2.52$$

在 $t=1$ 时 2 个节点的实施价值分别为 0 和 3. 比较持有价值和实施价值, 其中较大者即 0.22 和 3 为在 $t=1$ 时 2 个节点看跌期权的实际价值 (图 2.6).

最后, 得到 $t=0$ 时美式看跌期权的价格为
$$P_0 = e^{-rt}[qP_u + (1-q)P_d]$$
$$= e^{-0.05 \times 1}[0.75 \times 0.22 + (1-0.75) \times 3] = 0.92(美元)$$

由于在 $t=0$ 时美式看跌期权的实施价值为 0, 所以, 在 $t=0$ 时该美式看跌期权的价格为 0.92 美元 (图 2.6).

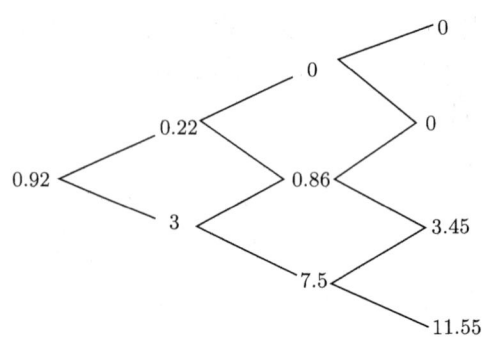

图 2.6 美式看跌期权的实际价格

2.5 奇异期权定价的二叉树方法

本节利用二叉树方法对三类奇异期权, 即障碍期权、回望期权和亚式期权进行定价. 首先来看障碍期权. 障碍期权是一种弱路径依赖期权, 虽然它们的回报和价值要受到资产到期前所遵循的路径的影响, 但它对路径的依赖是较弱的. 因为只需要知道障碍水平是否被触及, 而不需要知道关于路径的其他任何信息. 障碍期权有敲出和敲入两种情况. 如果敲定价格和到期日相同, 那么敲出期权加上敲入期权就等于标准期权, 利用这个关系, 只需要知道一种障碍期权的价格就可以知道另外一

个障碍期权的价格. 所以, 障碍期权的价格比标准欧式期权的价格要便宜. 下面先以欧式敲出障碍看涨期权为例, 说明如何利用二叉树方法确定其价格.

2.5.1 障碍期权

例 2.4 假设某个股票的当前价格是 50 美元, 到期时间为 $T = 3$, 股票价格每期上升或下降幅度为 10%, 无风险利率为 5%. 设置向下敲出的障碍水平为跌破 48 美元. 求一个敲定价格为 52 美元时的欧式看涨期权的价格.

解 根据题目假设可以知道: $S_0 = 50$, $u = 1.1$, $d = 0.9$, $X = 52$, $r = 0.05$ 和 $T = 3$. 由此可以画出股票价格的二叉树图形, 并在价格为 48 美元处画一条线作为障碍水平 (图 2.7).

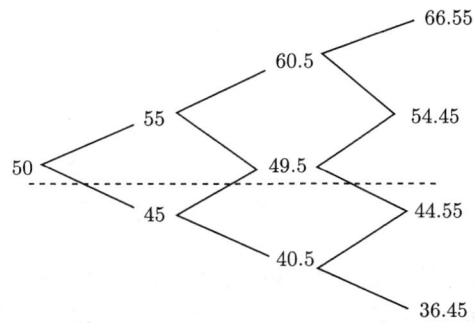

图 2.7 股票价格的二叉树图

先根据 (2.1.30) 式求出单期 ($t = 1$) 风险中性概率为

$$q = \frac{e^{rt} - d}{u - d} = \frac{e^{0.05 \times 1} - 0.9}{1.1 - 0.9} = 0.75$$

再计算出各个节点期权的价格. 根据题意, 注意到在障碍水平下方的节点期权价值为 0. 所以, 在到期日 $T = 3$ 时欧式看涨期权的期权价值分别为: $c_{uuu} = 14.55$, $c_{uud} = 2.45$, $c_{udd} = 0$ 和 $c_{ddd} = 0$ (图 2.8). 于是, 根据 (2.1.10) 式, 可以得到看涨期权在 $t = 2$ 时 3 个节点的持有价值分别为

$$c_{uu} = e^{-rt}[qc_{uuu} + (1-q)c_{uud}]$$
$$= e^{-0.05 \times 1}[0.75 \times 14.55 + (1 - 0.75) \times 2.45] = 10.94$$

$$c_{ud} = e^{-rt}[qc_{uud} + (1-q)c_{udd}]$$
$$= e^{-0.05 \times 1}[0.75 \times 2.45 + (1 - 0.75) \times 0] = 1.75$$

$$c_{dd} = 0$$

同理，可以计算出看涨期权在 $t=1$ 时 2 个节点 c_u 和 c_d 的价值分别为：$c_u = 8.22$ 和 $c_d = 0$. 最后，得到 $t=0$ 时刻欧式敲出障碍看涨期权的价格为 (图 2.8)

$$c_0 = e^{-rt}[qc_u + (1-q)c_d]$$
$$= e^{-0.05\times 1}[0.75\times 8.22 + (1-0.75)\times 0] = 5.86(美元)$$

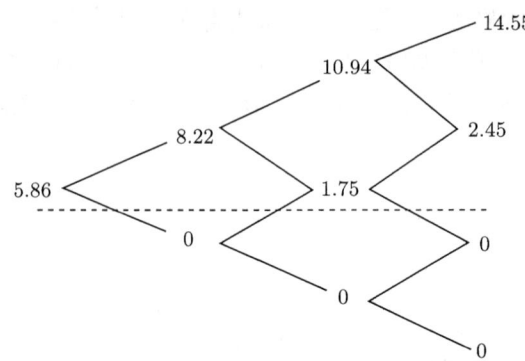

图 2.8 敲出障碍看涨期权价格的二叉树图

下面用另一种方法计算欧式敲出障碍看涨期权的当前价格. 用记号 uuu 表示三次上升的路径，其他记号意义相同. 从二叉树图形可以看出欧式敲出障碍看涨期权的价格取决于 uuu, uud 和 udu 等三条路径. 分别计算出这三条路径的概率

$$Q[uuu] = q^3 = (0.75)^3 = 0.42$$
$$Q[uud] = Q[udu] = 2q^2(1-q) = 2(0.75)^2(0.25) = 0.28$$

所以，欧式敲出障碍看涨期权的当前价格为

$$c_0 = e^{-0.05\times 3}(0.42\times 14.55 + 0.28\times 2.45) = 5.86(美元)$$

值得注意的是，路径计算法在期数和路径较少的情况下是简单易行的，但如果期数较大，如 n 期，就有 2^n 条路径需要计算，这时困难很大，因为要将生效的期权从失效的期权中分离出来将是一件很费力的事情.

2.5.2 回望期权

下面再利用二叉树方法讨论如何确定回望期权的价格. 回望期权就是在期权到期日持有人可以"回望"期权的有效期内标的资产价格演化的整个历程，所以它是一种强路径依赖型期权，它的敲定价格依赖于整个"回望期"内标的资产的价格. 回望期权可分为**具有浮动敲定价格**(lookback options with a floating strike price) 和**具有固定敲定价格**(lookback options with a fixed strike price) 的回望期权两大类. 具

有浮动敲定价格的回望期权是选取最低 (高) 的标的资产价格作为敲定价格, 所以它在到期日 $t=T$ 的收益为

$$\text{收益} = S_T - \min_{0 \leqslant t \leqslant T} S_t \quad (\text{看涨期权})$$

或

$$\text{收益} = \max_{0 \leqslant t \leqslant T} S_t - S_T \quad (\text{看跌期权})$$

具有固定敲定价格的回望期权在到期日 $t=T$ 的收益为

$$\text{收益} = \left(\max_{0 \leqslant t \leqslant T} S_t - X \right)^+ \quad (\text{看涨期权})$$

或

$$\text{收益} = \left(X - \min_{0 \leqslant t \leqslant T} S_t \right)^+ \quad (\text{看跌期权})$$

回望期权的收益往往要远大于标准期权的收益, 但价格也比标准期权的价格要贵得多. 例如, 对具有浮动敲定价格的回望看涨期权一旦有效期内的标的资产的最低价是在到期日达到, 这时期权将一文不值, 这种情况的出现将导致期权持有人花去了昂贵的期权费而一无所获. 尽管如此, 回望期权对投资者来说还是具有很大的吸引力. 因为购买回望期权的投资者希望股市有较大的波动, 这样期权收益函数中的最大最小值才能充分发挥出来, 从而给投资者带来更大的收益. 下面以具有浮动敲定价格的回望期权为例, 分析如何利用二叉树方法确定其价格. 对于具有固定敲定价格的回望期权由于在金融市场上实际意义比较小, 因此这里不予讨论.

设 $J_{i,j}^k (j \in I_i^k)(1 \leqslant k \leqslant n)$ 表示在 t_k 时刻当标的资产价格为 S_i^k 时路径变量的所有可能取值, I_i^k 是相应于 S_i^k 路径变量的时间指标集合.

如果在 $t=t_k$ 时刻, $S_i^k, J_{i,j}^k$ 已知, 那么在 $t=t_{k+1}$ 时刻, 它们的可能变化如何? 为了看到由此引起的 $J_{i,j}^k$ 的变化, 为确定起见, 以最大值为例考察. 记

$$J_{i,j}^k = \max_{1 \leqslant \ell \leqslant k} S_{i_\ell}^\ell$$

假设股票价格从 $t=0$ 时刻 S_0 到 $t=t_k$ 时刻 S_i^k 的演变历程为 $\{S_0, S_{i_1}^1, \cdots, S_{i_{k-1}}^{k-1}, S_i^k\}$.

由于在 $[t_k, t_{k+1}]$ 上, 股票价格从 S_i^k 变到 S_{i+1}^{k+1} 或 S_i^{k+1}, 路径变量 $J_{i,j}^k$ 相应地变到 J_{i+1,j_u}^{k+1} 或 J_{i,j_d}^{k+1}, 故对于每一个单时段–双状态模型为图 2.9.

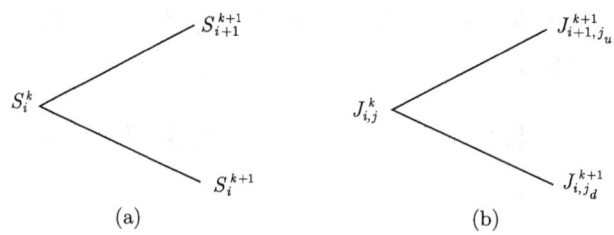

图 2.9 股票价格和路径变量演变的二叉树图

图 2.9 中 $S_{i+1}^{k+1} = S_i^k u$ 和 $S_i^{k+1} = S_i^k d$, $J_{i+1,j_u}^{k+1} = \max(J_{i,j}^k, S_{i+1}^{k+1})$ 和 $J_{i,j_d}^{k+1} = J_{i,j}^k$. 当然值得注意的是, 由于变量 $J_{i,j}^k$ 形成的二叉树过程具有与路径有关的特点, 所以对应于每一个 S_i^k, 尽管其中分量可能有重叠情况, 但与它相应的路径变量 $\vec{J}_i^k = \{J_{i,\ell}^k\}_{\ell \in I_i^k}$ 一般是一个 2^{k-1} 维向量.

相应的期权价格演变的二叉树图为图 2.10.

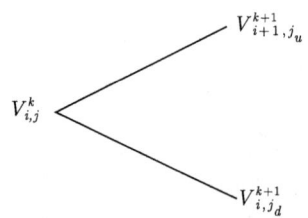

图 2.10 期权价格演变的二叉树图

图 2.10 中

$$\begin{cases} V_{i+1,j_u}^{k+1} = V(S_{i+1}^{k+1}, J_{i+1,j_u}^{k+1}, t_{k+1}) \\ V_{i,j_d}^{k+1} = V(S_i^{k+1}, J_{i,j_d}^{k+1}, t_{k+1}) \\ V_{i,j}^k = V(S_i^k, J_{i,j}^k, t_k) \end{cases}$$

利用 Δ- 对冲的思想, 构造与方程 (2.1.1) 类似的无风险投资组合, 从而在 $[t_k, t_{k+1}]$ 上得到

$$V_{i,j}^k = e^{-r\Delta t}[qV_{i+1,j_u}^{k+1} + (1-q)V_{i,j_d}^{k+1}] \tag{2.5.1}$$

其中

$$q = \frac{e^{r\Delta t} - d}{u - d}, \quad 1 - q = \frac{u - e^{r\Delta t}}{u - d}$$

二叉树算法的具体步骤 在计算期权价格之前, 首先要形成关于股票价格 S 以及相应的路径变量的二叉树图形, 其中特别要求出关于每一个股票价格 S_i^k 与其相应的路径向量 $\vec{J}_i^k$, 并求出它的每一个分量 $J_{i,j}^k$ 以及与它相应的 J_{i+1,j_u}^{k+1} 和 J_{i,j_d}^{k+1} 的对应数量.

在 $t = t_n = T$ 时刻根据已给的收益函数, $\{V_{i,j}^n\}_{j \in I_i^n}$ ($0 \leqslant i \leqslant n$) 为已知. 再根据下列步骤求出 $\{V_{i,j}^{n-1}\}_{j \in I_i^{n-1}}$ ($0 \leqslant i \leqslant n-1$):

第一步 对于在 $t = t_{n-1}$, $S = S_i^{n-1}$ 上每一个路径有关指标 $j \in I_i^{n-1}$, 在 $t = t_n$, $S = S_{i+1}^n$ 与 $S = S_i^n$ 所对应的路径向量 $\vec{J}_{i+1}^n$ 与 $\vec{J}_i^n$ 中, 找到指标 $j_u \in I_{i+1}^n$ 和 $j_d \in I_i^n$.

第二步 在 $\{V_{i+1,j}^n\}_{j \in I_{i+1}^n}$ 和 $\{V_{i,j}^n\}_{j \in I_i^n}$ 中找到相应于指标为 j_u, j_d 的分量 J_{i+1,j_u}^n 和 J_{i,j_d}^n, 并算出相应的定价 V_{i+1,j_u}^n 与 V_{i,j_d}^n.

第三步 利用 (2.5.1) 式求出 $V_{i,j}^{n-1}$.

然后利用反向归纳法, 求出所有节点的期权价格, 最终求出 $t = 0$ 时刻的期权价格 V_0.

需要说明的是尽管上述算法并不复杂, 但计算量还是非常大的. 因为在每一个节点 S_i^k 都对应一个 2^{k-1} 维的向量 $\vec{J}_i^k$, 对于每一个向量 $\vec{J}_i^k$ 必须求出它的分量以及与 $\vec{J}_{i+1}^{k+1}$ 和 $\vec{J}_i^{k+1}$ 的分量之间的对应数据. 所以当 k 比较大时, 需要的计算量是惊人的. 所以给出一些有效的修正算法是十分必要的, 在这里我们就不再加以讨论.

例 2.5 假设某个股票的当前价格是 25 美元, 到期时间为 $T = 3$, 股票价格每期上升或下降幅度为 15%, 单期无风险利率为 5%. 求一个具有浮动敲定价格的欧式回望看涨期权的价格.

解 根据题目假设可以知道: $S_0 = 25$, $u = 1.15$, $d = 0.85$, $r = 0.05$ 和 $T = 3$. 由此可以画出股票价格的二叉树图形 (图 2.11).

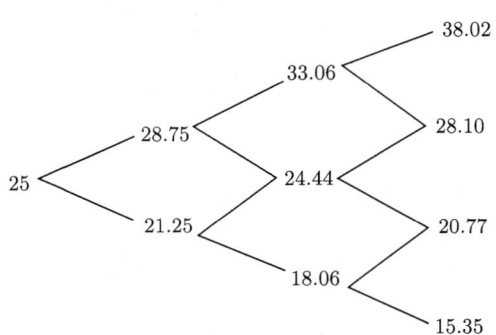

图 2.11 股票价格演变的二叉树图

先根据 (2.1.30) 式得到单期 ($t = 1$) 风险中性概率为

$$q = \frac{e^{rt} - d}{u - d} = \frac{e^{0.05 \times 1} - 0.85}{1.15 - 0.85} = \frac{2}{3}$$

再计算各个节点路径变量的值和期权价格. 在到期日 $T = 3$ 时, 最上方的第一个节点只有一条路径 uuu, 其路径变量的最小值为 25, 于是得到该节点的期权价格为 $c_{uuu} = \max(38.02 - 25, 0) = 13.02$; 在第二个节点, 分别对应三条路径 uud, udu

和 duu, 路径变量的最小值分别为 25, 24.44 和 21.25, 故该节点的期权价格分别为 $c_{uud} = 3.10, c_{udu} = 3.66$ 和 $c_{duu} = 6.85$; 同理, 第三个节点对应的三条路径分别是 udd, dud 和 ddu, 其路径变量的最小值分别为 20.77, 20.77 和 18.06, 因此求得该节点的期权价格分别为 $c_{udd} = c_{dud} = 0$ 和 $c_{ddu} = 2.71$; 最下方的节点对应一条路径 ddd, 它的路径变量的最小值为 15.35, 故该节点的期权价格为 $c_{ddd} = 0$ (图 2.12).

在 $t = 2$ 时, 根据 (2.5.1) 式和 q 的值分别求得 3 个节点的期权价格为

$$c_{uu} = e^{-rt}[qc_{uuu} + (1-q)c_{uud}]$$
$$= e^{-0.05 \times 1}\left(\frac{2}{3} \times 13.02 + \frac{1}{3} \times 3.10\right) = 9.25$$
$$c_{ud} = e^{-rt}[qc_{udu} + (1-q)c_{udd}]$$
$$= e^{-0.05 \times 1}\left(\frac{2}{3} \times 3.66 + \frac{1}{3} \times 0\right) = 2.33$$
$$c_{du} = e^{-rt}[qc_{duu} + (1-q)c_{dud}]$$
$$= e^{-0.05 \times 1}\left(\frac{2}{3} \times 6.85 + \frac{1}{3} \times 0\right) = 4.35$$
$$c_{dd} = e^{-rt}[qc_{ddu} + (1-q)c_{ddd}]$$
$$= e^{-0.05 \times 1}\left(\frac{2}{3} \times 2.71 + \frac{1}{3} \times 0\right) = 1.72$$

需要注意的是在中间的节点有两个值 c_{ud} 和 c_{du}. 同理, 在 $t = 1$ 时, 分别求得 2 个节点的期权价格为

$$c_u = e^{-rt}[qc_{uu} + (1-q)c_{ud}]$$
$$= e^{-0.05 \times 1}\left(\frac{2}{3} \times 9.25 + \frac{1}{3} \times 2.33\right) = 6.61$$
$$c_d = e^{-rt}[qc_{du} + (1-q)c_{dd}]$$
$$= e^{-0.05 \times 1}\left(\frac{2}{3} \times 4.35 + \frac{1}{3} \times 1.72\right) = 3.31$$

最后, 得到 $t = 0$ 时刻具有浮动敲定价格欧式回望看涨期权的价格为 (图 2.12)

$$c_0 = e^{-rt}[qc_u + (1-q)c_d]$$
$$= e^{-0.05 \times 1}\left(\frac{2}{3} \times 6.61 + \frac{1}{3} \times 3.31\right) = 5.25(美元).$$

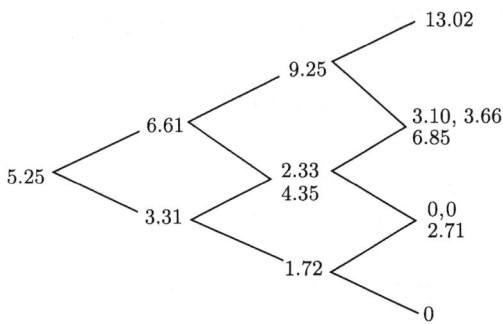

图 2.12 具有浮动敲定价格欧式回望看涨期权价格的二叉树图

2.5.3 亚式期权

亚式期权也是一种强路径依赖型期权, 它的收益依赖于标的资产价格在期权有效期内的平均值, 这里所谓的平均值有两个意义: 算术平均和几何平均, 与之相应的就有**算术平均亚式期权**和**几何平均亚式期权**. 标的资产平均价格的波动率一般总是小于标的资产单个价格系列的波动率, 因此亚式期权的期权价格一般总是小于相应的标准期权的期权价格.

与回望期权类似的是亚式期权在到期日的收益也可以考虑两种不同类型.

(1) **固定敲定价格**(以看涨期权为例):

$$\text{收益} = (J_T - X)^+$$

(2) **浮动敲定价格**(以看涨期权为例):

$$\text{收益} = (S_T - J_T)^+$$

因此与之相应的亚式期权也可分为: **具有固定敲定价格的亚式期权**(Asian options with fixed strike price) 和**具有浮动敲定价格的亚式期权** (Asian options with floating strike price).

利用二叉树方法求亚式期权的价格步骤与求回望期权的价格是完全类似的. 不同的只是路径变量的取法不一样. 对于算术平均亚式期权, 它的路径变量在 $t = t_k$ 时刻为

$$J_{i,j}^k = \frac{1}{k} \sum_{\ell=1}^{k} S_{i_\ell}^\ell, \quad S_{i_k}^k = S_i^k$$

在 $t = t_{k+1}$ 时刻变为

$$J_{i,j_u}^{k+1} = \frac{1}{k+1} \left(\sum_{\ell=1}^{k} S_{i_\ell}^\ell + S_{i+1}^{k+1} \right) = \frac{k}{k+1} J_{i,j}^k + \frac{1}{k+1} S_{i+1}^{k+1}$$

$$J_{i,j_d}^{k+1} = \frac{1}{k+1} \left(\sum_{\ell=1}^{k} S_{i_\ell}^\ell + S_i^{k+1} \right) = \frac{k}{k+1} J_{i,j}^k + \frac{1}{k+1} S_i^{k+1}$$

对于几何平均亚式期权, 它的路径变量在 $t = t_n$ 时刻为

$$J_{i,j}^k = \left(\prod_{\ell=1}^k S_{i_\ell}^\ell\right)^{1/k}$$

在 $t = t_{k+1}$ 时刻变为

$$J_{i+1,j_u}^{k+1} = \left(J_{i,j}^k\right)^{\frac{k}{k+1}} \left(S_{i+1}^{k+1}\right)^{\frac{1}{k+1}}$$

$$J_{i,j_d}^{k+1} = \left(J_{i,j}^k\right)^{\frac{k}{k+1}} \left(S_i^{k+1}\right)^{\frac{1}{k+1}}$$

例 2.6 假设某个股票的当前价格是 25 美元, 到期时间为 $T = 3$, 股票价格每期上升或下降幅度为 15%, 单期无风险利率为 5%. 求一个具有固定敲定价格 $X = 25$ 美元时的美式算术平均亚式看跌期权的价格.

解 根据题目假设可以知道: $S_0 = 25$, $u = 1.15$, $d = 0.85$, $r = 0.05$, $X = 25$ 和 $T = 3$. 由此可以画出股票价格的二叉树图形 (图 2.11). 由例 2.5 可知风险中性概率为 $q = \dfrac{2}{3}$. 下面分别计算各个节点路径变量的值和期权价格.

在到期日 $T = 3$ 时, 最上方的第一个节点只有一条路径 uuu, 其路径变量的取值为 $(28.75 + 33.06 + 38.02) \div 3 = 33.28$, 于是得到该节点的看跌期权价格为 $P_{uuu} = \max(25 - 33.28, 0) = 0$; 同理可知, 在第二个节点, 分别对应三条路径 uud, udu 和 duu, 其路径变量算术平均值分别为 29.97, 27.10 和 24.60, 故该节点的看跌期权价格分别为 $P_{uud} = P_{udu} = 0$ 和 $P_{duu} = 0.40$; 在第三个节点对应的三条路径分别是 udd, dud 和 ddu, 其路径变量的取值分别为 24.65, 22.15 和 20.03, 因此求得该节点的看跌期权价格分别为 $P_{udd} = 0.35$, $P_{dud} = 2.85$ 和 $P_{ddu} = 4.97$; 最下方的节点对应一条路径 ddd, 它的路径变量的取值为 18.22, 故该节点的看跌期权价格为 $P_{ddd} = 6.78$ (图 2.13).

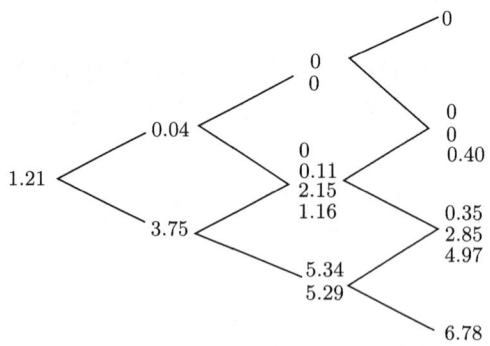

图 2.13 具有固定敲定价格美式算术平均亚式看跌期权价格的二叉树图

在 $t = 2$ 时, 根据 (2.5.1) 式和 q 的值分别求得 3 个节点的期权价格的持有价值分别为

$$P_{uu} = e^{-rt}[qP_{uuu} + (1-q)P_{uud}]$$
$$= e^{-0.05 \times 1}\left(\frac{2}{3} \times 0 + \frac{1}{3} \times 0\right) = 0$$
$$P_{ud} = e^{-rt}[qP_{udu} + (1-q)P_{udd}]$$
$$= e^{-0.05 \times 1}\left(\frac{2}{3} \times 0 + \frac{1}{3} \times 0.35\right) = 0.11$$
$$P_{du} = e^{-rt}[qP_{duu} + (1-q)P_{dud}]$$
$$= e^{-0.05 \times 1}\left(\frac{2}{3} \times 0.40 + \frac{1}{3} \times 2.85\right) = 1.16$$
$$P_{dd} = e^{-rt}[qP_{ddu} + (1-q)P_{ddd}]$$
$$= e^{-0.05 \times 1}\left(\frac{2}{3} \times 4.97 + \frac{1}{3} \times 6.78\right) = 5.29$$

需要注意的是在中间的节点有两个值 P_{ud} 和 P_{du}. 美式期权可以提前实施, 因此在 $t=2$ 时如果实施看跌期权, 3 个节点的路径变量的取值分别为 30.91, 26.60 和 22.85, 19.66, 因此这 3 个节点的实施价值分别为: 0, 0 和 2.15, 5.34. 比较持有价值和实施价值, 其中较大者则为在 $t=2$ 时 3 个节点看跌期权的实际价值, 因为, $0 < 0.11$, $1.16 < 2.15$ 和 $5.29 < 5.34$, 所以这 3 个节点的实际价值分别取为 0, 0.11 和 2.15, 5.34. 同理, 在 $t=1$ 时, 分别求得 2 个节点的期权价格的持有价值分别为

$$P_u = e^{-rt}[qP_{uu} + (1-q)P_{ud}]$$
$$= e^{-0.05 \times 1}\left(\frac{2}{3} \times 0 + \frac{1}{3} \times 0.11\right) = 0.04$$
$$P_d = e^{-rt}[qP_{du} + (1-q)P_{dd}]$$
$$= e^{-0.05 \times 1}\left(\frac{2}{3} \times 2.15 + \frac{1}{3} \times 5.34\right) = 3.05$$

如果在 $t=2$ 时实施看跌期权, 2 个节点的路径变量的取值分别为 28.75 和 21.25. 因此这 2 个节点的实施价值分别为 0 和 3.75. 比较持有价值和实施价值, 其中较大者则为在 $t=1$ 时 2 个节点看跌期权的实际价值, 因为 $0 < 0.04$, $3.05 < 3.75$, 所以这 2 个节点的实际价值分别取为 0.04 和 3.75. 最后得到 $t=0$ 时刻具有固定敲定价格美式算术平均亚式看跌期权的价格为 (图 2.13)

$$P_0 = e^{-rt}[qP_u + (1-q)P_d]$$
$$= e^{-0.05 \times 1}\left(\frac{2}{3} \times 0.04 + \frac{1}{3} \times 3.75\right) = 1.21(美元)$$

习题 2

2.1 假设某个股票的当前价格是 100 美元, 一年后, 它的价值可能是 110 美元或者 90 美元. 如果一年后相应的衍生产品的价格为 $V_1^u = 10$ 美元和 $V_1^d = 0$ 美元. 即一年期无风险利率为 5%. 求 $t = 0$ 时该衍生产品的价格.

2.2 考虑两个日期 T_1, T_2 且 $T_1 < T_2$. 一张**远期启动期权**(forward start option) 是这样一份合约: 在没有额外费用的情形下, 持有人在 T_1 时刻拥有一份到期日为 T_2 敲定价为 S_{T_1} (在 T_1 时刻的股票价格) 的期权. 假定股票的价格遵循一个两时段的二叉树模型, S_0 为股票的现价, 每期上升幅度 u 和下降幅度 d 满足

$$d < \min(e^{rT_1}, e^{r(T_2-T_1)}) \leqslant \max(e^{rT_1}, e^{r(T_2-T_1)}) < u$$

其中 r 为无风险利率. 求这样一份期权在 $t = 0$ 时刻的价格.

2.3 如果持有者在到期日 T 时刻的收益为 $N\mathbf{1}_{\{S_T > X\}}$, 其中 N 是某些预先规定的现金和, 这样的期权称为**现金或无值期权**(cash-or-nothing option). 假定资产价格遵循二叉树模型且市场无套利, 上升幅度为 u 和下降幅度为 d, 若 Δt 表示时间步长, r 为无风险利率. 求 n 期现金期权 $t = 0$ 时刻的价格 (也可以用和的形式写出结果).

2.4 假设在单期二叉树模型中, 无风险利率为 r, 到期日为 T, 上升幅度为 u 和下降幅度为 d, 且满足 $u > d > e^{rT}$. 证明一个投资者通过借入现金并尽可能多地购买资产和在一个时期后卖出资产并还回贷款, 他就能锁定一个无风险收益. 而当 $e^{rT} > u > d$ 时, 为了获得套利, 他应该采用什么样的相应策略?

2.5 假设某个股票的当前价格是 50 美元, 一年后, 它的价值可能是 55 美元或者 40 美元, 无风险利率为 4%. 求一个敲定价格为 45 美元时的欧式看跌期权的价格.

2.6 假设某个股票的当前价格是 50 美元, 到期时间为 $T = 3$, 股票价格每期上升或下降幅度为 10%, 单期无风险利率为 5%. 求一个敲定价格为 52 美元时的欧式看涨期权的价格.

2.7 假设某个股票的当前价格是 25 美元, 到期时间为 $T = 3$, 股票价格每期上升或下降幅度为 15%, 短期无风险利率为 5%. 求一个敲定价格为 25 美元时的美式看跌期权的价格.

2.8 假设某个股票的当前价格是 50 美元, 到期时间为 $T = 3$, 股票价格每期上升或下降幅度为 10%, 短期无风险利率为 5%. 设置向上敲出的障碍水平为跌破 52 美元. 求一个敲定价格为 52 美元时的欧式看跌期权的价格.

2.9 假设某个股票的当前价格是 30 美元, 到期时间为 $T=3$, 股票价格每期上升或下降幅度为 10%, 短期无风险利率为 5%. 求一个具有浮动敲定价格的欧式回望看跌期权的价格.

2.10 假设某个股票的当前价格是 25 美元, 到期时间为 $T=3$, 股票价格每期上升或下降幅度为 15%, 单期无风险利率为 5%. 求一个具有固定敲定价格 $X=25$ 美元时的美式算术平均亚式看涨期权的价格.

第 3 章 随机积分与布朗运动

第 2 章主要讨论的是期权定价的离散模型. 然而, 离散模型仅是对股票市场实际运行方式的一个粗略的模拟. 一个好的模型将能给出股票在任意时刻的价格. 早在 1900 年路易斯·巴切利尔 (Louis Bachelier) 在他的博士论文《投机的理论》(*The Theory of Speculation*) 中首次提出了布朗运动作为股票价格变动的模型并第一个系统地研究了期权定价的理论. 直到现在布朗运动仍然是构造连续时间市场模型的基础. 所以本章主要介绍随机游动、条件期望与鞅、几何布朗运动、随机积分以及 Itô 公式和 Girsanov 定理.

3.1 随机游动

随机游动考察的是质点在数轴上的随机运动. 设 x 轴上的一个质点, 假设它只能处于整数点, 在时刻 $t=0$ 时, 它位于初始位置 a (整数), 以后每隔单位时间, 它总是受到一个外力的随机作用, 使位置发生变化, 分别以概率 p 及概率 $q=1-p$ 向正的或负 (即向左或向右) 的方向移动一个单位. 我们所关心的是质点在时刻 $t=n$ 时的位置, 用这种方法描述的质点运动称为离散随机游动, 有时也称为简单随机游动. 如果 $p=q=\dfrac{1}{2}$, 则称为对称随机游动.

为了简单起见, 可以用更形象的语言描述这种离散随机游动. 设一个质点在时刻 0 位于原点. 在时刻 1 时, 以概率 p 向右移动一步到达位置 1, 以概率 q 向左移动一步到达位置 -1. 在时刻 2, 又从当前的位置, 以概率 p 向右移动一步; 以概率 q 向左移动一步. 这样一直继续下去. 如果用 $X_i(i \geqslant 1)$ 表示质点在时刻 i 分别向左或向右移动, 则 X_i 是一个取值为 1 或 -1 的独立随机变量, 记

$$X_i = \begin{cases} 1, & \text{第 } i \text{ 次质点向右移动} \\ -1, & \text{第 } i \text{ 次质点向左移动} \end{cases}$$

且 $X_i\,(i \geqslant 1)$ 是独立的, 其分布为

$$P(X_i = 1) = p, \quad P(X_i = -1) = q$$

其中 $p+q=1$, p 和 q 与 i 无关. 用 M_n 表示质点在时刻 n 的位置, 定义

$$M_0 = 0, \quad M_n = X_1 + X_2 + \cdots + X_n = \sum_{i=1}^{n} X_i \quad (n \geqslant 1) \tag{3.1.1}$$

则 $\{M_n;\ n \geqslant 0\}$ 就是简单随机游动. 图 3.1 给出了该质点的一条路径, 称为样本轨道.

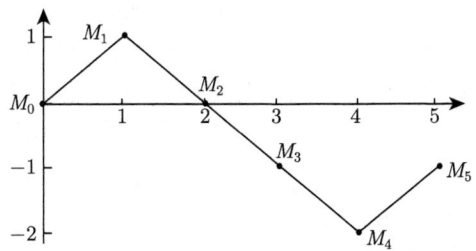

图 3.1 随机游动的前五步

类似地, 也可以定义从任意点 a 出发的简单随机游动: $M_n^a = a + M_n$. 它是有实际意义的. 例如, 若 X_n 表示一赌徒在第 n 局赌博中的收益, $X_n = 1$ 表示赢得 1 元, $X_n = -1$ 表示输掉 1 元, 那么 $M_0 = a$ 就是赌徒的初始资本, 而 M_n^a 是他第 n 局后的资本. 简单随机游动有广泛的实际背景, 可以作为物理、化学、生物、交通、金融和日常生活中许多问题的数学模型.

X_i 的期望值是
$$\mathbb{E}[X_i] = p - q, \quad i = 1, 2, \cdots, n$$
因此
$$\mathbb{E}[M_n] = \mathbb{E}\left[\sum_{i=1}^{n} X_i\right] = \sum_{i=1}^{n} \mathbb{E}[X_i] = (p-q)n$$
因为 X_i 是相互独立的, 所以有
$$\mathrm{Var}(M_n) = n\,\mathrm{Var}(X_i)$$
而 X_i 的方差为
$$\mathrm{Var}(X_i) = \mathbb{E}[X_i^2] - (\mathbb{E}[X_i])^2 = (p+q) - (p-q)^2 = 4pq$$
所以
$$\mathrm{Var}(M_n) = 4pqn$$

特别地, 如果取 $p = q = 1/2$, 则 $\{M_n;\ n \geqslant 0\}$ 为对称随机游动, 那么根据上面的计算可知对称随机游动的期望 $\mathbb{E}[M_n] = 0$ 和方差 $\mathrm{Var}(M_n) = n$. 称 $M_{n+1} - M_n$ 是离散随机游动模型的一个增量.

3.2 条件期望与鞅

在概率论中,随机变量表述的是在每次试验的结果中,以一定的概率取某个事先未知,但确定的数值. 例如, 随机投掷一枚硬币, 可能的结果有正面向上或反面向上两种情况发生. 若定义 X 为投掷一枚硬币时出现向上的面, 则 X 就是一个随机变量, 当出现正面向上时, X 取值为 1; 当出现反面向上时, X 取值为 0. 然而, 在实际生活中, 有些随机现象要涉及随时间 t 而变化的随机变量. 例如, 股票价格和汇率就是随时间 t 随机变化的. 这种随时间 t 变化的随机变量称为随机过程. 随机过程整个学科的理论基础是由柯尔莫戈洛夫 (A.N.Kolmogorov) 和杜布奠定的. 这一学科最早源于对物理学的研究, 如吉布斯 (J. W. Gibbs)、玻尔兹曼 (L.E. Boltzmann)、庞加莱 (J. H. Poincaré) 等对统计力学的研究, 以及后来爱因斯坦 (A. Einstein)、维纳 (N. Wiener)、莱维等对布朗运动的开创性工作.

设 $(\Omega, \mathcal{F}, P)$ 为概率空间. 对于随机变量 X, 如果存在定义在 $\mathbf{R}$ 上的非负可积函数 $f_X(x)$, 使对任意的 $x \in \mathbf{R}$, 其分布函数可表示为

$$F_X(x) = P(X \leqslant x) = P(\{\omega : X(\omega) \leqslant x\}) = \int_{-\infty}^{x} f_X(u) du, \quad x \in \mathbf{R}$$

且

$$\int_{-\infty}^{+\infty} f_X(u) du = 1$$

则称 X 为连续型随机变量, 且称 $f_X(x)$ 为随机变量 X 的分布密度函数或者概率密度函数. 正态分布模型是概率论中最重要的连续型分布模型之一. 如果连续型随机变量 X 的分布密度函数为

$$f_X(x) = \frac{1}{\sqrt{2\pi\sigma^2}} \exp\left(-\frac{(x-\mu)^2}{2\sigma^2}\right) \tag{3.2.1}$$

其中 $x, \mu \in \mathbf{R}$ 和 $\sigma^2 > 0$, 则称 X 服从漂移率参数为 μ 和方差参数为 σ^2 的正态分布, 记为 $X \sim N(\mu, \sigma^2)$. 特别是, 当 $\mu = 0$ 和 $\sigma = 1$ 时, 称 X 服从标准正态分布, 记为 $X \sim N(0,1)$.

设 T 为指标集, 对任意的 $t \in T$, $X(t)$ 是连续型随机变量, 且时间集也是连续的, 则称 $\{X(t)\}_{t \in T}$ 为连续型随机过程.

连续型随机过程 $\{X(t)\}_{t \in T}$ 的数学期望定义为

$$\mathbb{E}[X(t)] = \int_{-\infty}^{\infty} x \, dF(x)$$

其中 $F(x)$ 为随机过程 $X(t)$ 的分布函数. 方差定义为

$$\mathrm{Var}(X(t)) = \mathbb{E}[(X(t) - \mathbb{E}[X(t)])^2], \quad t \in T$$

定义 3.2.1 如果概率空间 $(\Omega, \mathcal{F}, P)$ 的子 σ-代数的集合 $\mathcal{F}_t$ 满足: 对任意 $s < t$, 都有 $\mathcal{F}_s \subset \mathcal{F}_t$, 那么称该 σ-代数的集合 $\mathcal{F}_t$ 为一个 σ-**域流**(简称为域流).

四元组 $(\Omega, \mathcal{F}, \{\mathcal{F}_t\}_{t \geqslant 0}, P)$ 称为**带域流的概率空间**, 有时直接简记为

$$(\Omega, \{\mathcal{F}_t\}_{t \geqslant 0}, P)$$

定义 3.2.2 设 $\{X(t)\}_{t \in T}$ 为连续型随机过程, 若对任意的正整数 n 及 $t_1, t_2, \cdots, t_n \in T$, 且 $t_1 < t_2 < \cdots < t_{n-1} < t_n$, 随机变量的增量

$$X(t_2) - X(t_1), X(t_3) - X(t_2), \cdots, X(t_n) - X(t_{n-1})$$

是互相独立的, 则称 $\{X(t)\}_{t \in T}$ 是独立增量过程.

设 $\{X(t)\}_{t \in T}$ 是独立增量过程, 若对任意的 $t, t+\tau \in T$, 增量 $X(t+\tau) - X(t)$ 的概率分布只依赖于 τ 而与 t 无关, 则称随机过程 $\{X(t)\}_{t \in T}$ 为齐次的或时齐的, 也就是说, 若 $X(t)$ 是齐次的, 则其增量所服从的分布与时间起点无关. 如果只要时间间隔 τ 相同, 那么增量服从的分布也相同, 则称此过程具有平稳性. 具有独立增量和平稳增量的随机过程 $\{X(t)\}_{t \in T}$ 称为独立平稳增量过程. 例如, 因为简单随机游动 M_n 是一个独立同分布随机变量的总和过程, 所以它是独立增量过程; 另一方面, M_n 在任意时间区间中位置变化的分布只依赖于区间的长度, 即有平稳增量, 所以简单随机游动 M_n 就是一个独立平稳增量过程.

定义 3.2.3 设 $\{\mathcal{F}_t\}_{t \geqslant 0}$ 为一个域流和 $\{X(t): 0 \leqslant t < \infty\}$ 为一个随机过程, 如果对每一个 $X(t)$ 都是 $\mathcal{F}_t$-可测的, 那么称 $X(t)$ 适应于域流 $\mathcal{F}_t$.

下面讨论条件期望的定义. 首先从条件概率的定义出发引出条件期望的定义. 对于概率空间 $(\Omega, \mathcal{F}, P)$, $A, B \in \mathcal{F}$ 为两个随机事件, 当已知 B 发生时, 事件 A 发生的条件概率为

$$P(A|B) = \frac{P(AB)}{P(B)}$$

其中 $P(B) > 0$. 条件概率 $P(\cdot|B)$ 仍然是可测空间 $(\Omega, \mathcal{F})$ 上的概率测度. 设 X 为可积的随机变量. 自然地, 称

$$\mathbb{E}[X|B] = \int_\Omega x dP(\omega|B)$$

为 X 关于条件概率 $P(\cdot|B)$ 的**条件期望**(conditional expectation). 容易证明

$$\mathbb{E}[X|B] = \frac{1}{P(B)} \int_\Omega x dP \qquad (3.2.2)$$

事实上, 当 $X(\omega) = \mathbf{1}_A(\omega)$ (A 的示性函数) 时, 由定义可知 (3.2.2) 式左边就是 $P(A|B)$, 而右边恰是 $P(AB)/P(B)$, 从而 (3.2.2) 式成立. 当 X 为简单函数时, 它可以分解成形式

$$X(\omega) = \sum_{j=1}^{n} a_j \mathbf{1}_{B_j}(\omega),$$

其中 $\{B_1, \cdots, B_n\}$ 关于每个 $B_j \in \mathcal{F}$ 是 Ω 的有限划分, 易知此时 (3.2.2) 式也是成立的. 再利用积分的单调收敛定理可知, (3.2.2) 式对非负可测函数成立. 因此 (3.2.2) 式对一般的可测函数也是成立的.

另一方面, 从条件分布的角度出发, 条件分布的数学期望就称为条件期望. 设 X, Y 为连续型随机变量, 对一切使 $f_Y(y) > 0$ 成立的 y, 当 $Y = y$ 时, 随机变量 X 的条件概率密度定义为

$$f(x|y) = \frac{f_{(X,Y)}(x,y)}{f_Y(y)}, \quad \forall x \in \mathbf{R}$$

给定 $Y = y$ 时, 连续型随机变量 X 的条件分布函数定义为

$$F(x|y) = \mathrm{P}(X \leqslant x | Y = y) = \int_{-\infty}^{x} f(x|y) dx, \quad \forall x \in \mathbf{R}$$

于是, 连续型条件期望的定义为

$$\mathbb{E}[X|Y=y] = \int_{-\infty}^{+\infty} x dF(x|y) = \int_{-\infty}^{+\infty} x f(x|y) dx$$

借助测度论这一数学工具, 可以给出随机变量在给定 σ-代数下条件期望的一般性定义 —— 公理化定义.

现设 $\mathcal{G} = \{B_n, n \geqslant 1\}$ 关于每个 $B_i \in \mathcal{F}$ 是 Ω 的可测划分, $\mathcal{G}$ 是 $\mathcal{F}$ 的一个子 σ-代数, 则由 (3.2.2) 式可知

$$\mathbb{E}[X|\mathcal{G}] = \sum_{i=1}^{\infty} \frac{1}{\mathrm{P}(B_n)} \int_{B_n} x \, d\mathrm{P} \cdot \mathbf{1}_{B_n}(\omega)$$

为随机变量 X 关于 σ-代数 $\mathcal{G}$ 的条件期望. 更一般地, 有下面的定义.

定义 3.2.4 设 $(\Omega, \mathcal{F}, \mathrm{P})$ 为概率空间, $\mathcal{G}$ 是 $\mathcal{F}$ 的子 σ-代数, X 是一个随机变量. 如果存在一个 $\mathcal{G}$-可测的随机变量 Y, 使得对任意的 $A \in \mathcal{G}$, 有

$$\int_A Y(\omega) d\mathrm{P}(\omega) = \int_A X(\omega) d\mathrm{P}(\omega)$$

称 Y 为 X 关于 $\mathcal{G}$ 的条件期望, 记为

$$\mathbb{E}[X|\mathcal{G}] = Y$$

由定义可以看出条件期望 $\mathbb{E}[X|\mathcal{G}]$ 实际上是随机变量 X 在 $\mathcal{G}$ 的每个可测子集上按概率测度的平均 (称为平滑性). 条件期望有下面四个重要的性质.

(i) 如果 $\mathcal{G}$ 是一个仅包含空集 $\varnothing$ 和全集 Ω 的 σ-代数, 则有

$$\mathbb{E}[X|\mathcal{G}] = \mathbb{E}[X]$$

(ii) 设 $(\Omega, \mathcal{F}, \mathrm{P})$ 是一个概率空间, 如果 $\mathcal{G} = \mathcal{F}$, 则有

$$\mathbb{E}[X|\mathcal{G}] = X$$

(iii) (**迭代期望法则**(iterative eapectation law)) 设 $\mathcal{G}_1$ 和 $\mathcal{G}_2$ 都是 $\mathcal{F}$ 的子 σ-代数, 且满足 $\mathcal{G}_1 \subset \mathcal{G}_2$. 如果 X 是 $\mathcal{F}$-可测的, 则有

$$\mathbb{E}[\mathbb{E}[X|\mathcal{G}_2]|\mathcal{G}_1] = \mathbb{E}[X|\mathcal{G}_1] \tag{3.2.3}$$

特别地, 有

$$\mathbb{E}[\mathbb{E}[X|\mathcal{F}]] = \mathbb{E}[X] \tag{3.2.4}$$

(iv) 设 $\mathcal{G}$ 是 $\mathcal{F}$ 的子 σ-代数. 如果 X 是 $\mathcal{F}$-可测的, Y 是 $\mathcal{G}$-可测的, 且 X 和 XY 分别可积, 则有

$$\mathbb{E}[XY|\mathcal{G}] = Y\mathbb{E}[X|\mathcal{G}]$$

性质 (i) 和 (ii) 是明显的. 只证性质 (iii) 成立. 事实上, 设 $B \in \mathcal{G}_1$, 则

$$\int_B \mathbb{E}[\mathbb{E}[X|\mathcal{G}_2]|\mathcal{G}_1] d\mathrm{P} = \int_B \mathbb{E}[X|\mathcal{G}_2] d\mathrm{P}$$
$$= \int_B X d\mathrm{P}$$

因此 (3.2.3) 式成立. 显然, 当 $\mathcal{G}_1 = \mathcal{G}_2 = \mathcal{F}$ 时, (3.2.4) 式成立. (3.2.4) 式称为全数学期望公式.

第 2 章已经介绍了鞅的概念, 并给出了离散时间鞅的数学定义, 在期权定价理论中风险中性定价方法与鞅理论有密切的关系, 而且证明了在金融市场模型中不存在套利机会的充要条件是存在由资产价格过程的鞅性质构造的风险中性定价测度即等价鞅测度. 必须强调的是鞅的定义与域流和条件概率有关. 所以, 这里进一步给出连续时间鞅的定义.

定义 3.2.5 如果随机过程 $\{X(t)\}_{t\geqslant 0}$ 对域流 $\{\mathcal{F}_t\}_{t\geqslant 0}$ 是适应的, 且满足以下条件, 则称 $\{X(t)\}_{t\geqslant 0}$ 是一个 (连续时间) 鞅过程或鞅:

(i) 对任意的 $0 \leqslant t < \infty$, 有 $\mathbb{E}[|X(t)|] < \infty$;

(ii) 对任意的 $0 \leqslant s < t < \infty$, 有 $\mathbb{E}[X(t)|\mathcal{F}_s] = X(s)$.

为了构造鞅, 下面的结论是很重要的.

定理 3.2.1 对任意的 $t \in (0, T)$, $\mathcal{F}_t$ 是域流, $X \in \mathcal{F}_T$, 同时有 $E[|X|] < \infty$, 那么下式给出的随机过程

$$X(t) = \mathbb{E}[X|\mathcal{F}_t]$$

是一个适应于域流 $\mathcal{F}_t$ 的鞅.

证明 因为
$$|X(t)| = |\mathbb{E}[X|\mathcal{F}_t]| \leqslant \mathbb{E}[|X||\mathcal{F}_t]$$

同时利用迭代期望性质, 有
$$\mathbb{E}[|X(t)|] \leqslant \mathbb{E}[\mathbb{E}[|X||\mathcal{F}_t]]$$
$$= \mathbb{E}[|X|] < \infty$$

于是, 再利用迭代期望性质, 有
$$\mathbb{E}[X(t)|\mathcal{F}_s] = \mathbb{E}[\mathbb{E}[X|\mathcal{F}_t]|\mathcal{F}_s]$$
$$= \mathbb{E}[X|\mathcal{F}_s]$$
$$= X(s)$$

所以 $X(t)$ 是鞅.

定理 3.2.1 说明任意以随机变量为条件的条件期望可以构成鞅.

3.3 几何布朗运动

3.3.1 布朗运动

布朗运动(Brownian motion) 是指一个小粒子在液体或气体中无休止和不规则的随机运动, 它是由英国植物学家布朗 (Robert Brown) 在 1827 年用显微镜观察悬浮在水中的花粉时发现的现象. 这种现象被解释为粒子与周围介质中分子不停地碰撞. 对于布朗运动, 许多学者进行过长期的研究. 1905 年, 爱因斯坦首次给出了这种运动的物理解释. 1918 年, 美国数学家维纳发表了一系列文章, 运用数学理论严格地描述了布朗运动, 并建立了布朗运动的数学模型和分析了它的特征. 如今, 布朗运动的模型及其推广形式在许多领域得到了广泛的应用, 几乎涵盖了自然科学和社会科学的一切领域. 特别是在金融学领域中, 布朗运动的理论可以对期权定价等问题加以描述. 布朗运动是一种正态分布的独立增量连续随机过程. 所以, 与布朗运动有关的随机过程称为**布朗过程**(Brown process) 或**维纳过程**(Wiener process).

设 $\{M_n;\ n \geqslant 0\}$ 为对称随机游动, 根据概率论中的中心极限定理, 当 $n \to \infty$ 时, 随机变量 $M_n/\sqrt{n}$ 的分布函数将趋向于标准正态分布. 因此, 令

$$W(t) = \lim_{n \to \infty} \frac{1}{\sqrt{n}} M_{[nt]} = \lim_{n \to \infty} \frac{\sqrt{t}}{\sqrt{nt}} M_{[nt]}$$

这里 $[nt]$ 表示不超过 nt 的最大整数. 于是, 容易看到 $W(t)$ 服从方差为 t 的正态

分布, 即 $W(t) \sim N(0,t)$. 另外, 当 $s < t$ 时, 有

$$\sum_{i=ns+1}^{nt} X_i \quad 与 \quad \sum_{i=1}^{ns} X_i$$

是互相独立的, 且

$$W(t) - W(s) = \lim_{n \to \infty} \sum_{i=ns+1}^{nt} \frac{X_i}{\sqrt{n}}$$

所以, $W(t) - W(s)$ 与 $W(s)$ 也是互相独立的.

下面给出布朗运动的正式定义.

定义 3.3.1 具有以下性质的随机过程 $\{W(t); t \geqslant 0\}$ 称为布朗运动:

(i) **轨线连续** $W(0) = 0$ 和 $W(t)$ 是 t 的连续函数;

(ii) **增量正态分布** 对每个 $t > s$, 有 $W(t) - W(s) \sim N(0, t-s)$;

(iii) **增量独立** 对每个 $t_1 < t_2 < \cdots < t_n$, 增量

$$W(t_2) - W(t_1), \cdots, W(t_n) - W(t_{n-1})$$

是互相独立的随机变量.

布朗运动有两个主要的性质:

(a) $\mathbb{E}[W^2(t)] = \mathrm{Var}(W(t)) + \mathbb{E}[W(t)]^2 = t$;

(b) $\mathbb{E}[W(t)W(s)] = \min(t, s)$.

性质 (a) 直接从定义中可以看出. 为了证明性质 (b) 中的结果, 不失一般性, 假设 $t > s$, 考虑

$$\begin{aligned}\mathbb{E}[W(t)W(s)] &= \mathbb{E}[(W(t) - W(s))W(s) + W^2(s)] \\ &= \mathbb{E}[(W(t) - W(s))W(s)] + \mathbb{E}[W^2(s)]\end{aligned}$$

由于 $W(t) - W(s)$ 和 $W(s)$ 是独立的, 并且 $W(t) - W(s)$ 和 $W(s)$ 的期望值为 0, 所以

$$\mathbb{E}[W(t)W(s)] = \mathbb{E}[W^2(s)] = s = \min(t, s)$$

定义 3.3.1 中给出的布朗运动的定义一般称为**标准布朗运动** (standard Brown motion) 或**标准布朗过程** (standard Brown process), 有时也称为**标准维纳过程** (standard Wiener process). 与之对应的是**带有漂移率的布朗运动** (Brown motion with drift). 如果在定义 3.3.1 中, 关于增量正态分布改为以下形式:

对每个 $s, t \geqslant 0$, 有 $W(t+s) - W(s) \sim N(\mu t, \sigma^2 t)$

那么定义 3.3.1 就是带有漂移率的布朗运动的定义, 其中 μ 表示漂移率参数和 σ 表示波动率参数. 后面如果不特别指出, 一般所说的布朗运动总是指标准布朗运动.

标准布朗运动 $\{W(t); t \geqslant 0\}$ 的概率分布为

$$\begin{aligned}P(W(t) \leqslant w | W(t_0) = w_0) &= P(W(t) - W(t_0) \leqslant w - w_0) \\ &= \frac{1}{\sqrt{2\pi(t-t_0)}} \int_{-\infty}^{w-w_0} \exp\left(-\frac{x^2}{2(t-t_0)}\right) dx \\ &= N\left(\frac{w-w_0}{\sqrt{t-t_0}}\right)\end{aligned}$$

其中

$$N(x) = \frac{1}{\sqrt{2\pi}} \int_{-\infty}^{x} e^{-t^2/2} \, dt$$

是累积正态分布函数. 期望为 0 和方差为 1 的标准正态随机变量的密度函数为

$$n(x) = \frac{1}{\sqrt{2\pi}} e^{-x^2/2}$$

定理 3.3.1 布朗运动是鞅.

证明 设 $\mathcal{F}_t$ 是域流, 对 $0 \leqslant s \leqslant t$, 有

$$\begin{aligned}\mathbb{E}[W(t)|\mathcal{F}_s] &= \mathbb{E}[(W(t) - W(s)) + W(s)|\mathcal{F}_s] \\ &= \mathbb{E}[W(t) - W(s)|\mathcal{F}_s] + \mathbb{E}[W(s)|\mathcal{F}_s] \\ &= \mathbb{E}[W(t) - W(s)] + W(s) \\ &= W(s)\end{aligned}$$

3.3.2 几何布朗运动

尽管在 1900 年巴切利尔就首次用布朗运动刻画股票价格的运动过程, 即股价 $S(t)$ 适合

$$dS(t) = \sigma \, dW(t) \tag{3.3.1}$$

这里 $W(t)$ 是标准布朗运动. 但是这里用布朗运动建立的股票价格 $S(t)$ 运动的模型存在两个明显的缺陷, 例如, 由 (3.3.1) 式给出的股价可能出现负值, 这是不切实际的; 其次假定无论初始价格为何值, 固定时间长度的价格差具有相同的正态分布, 这个假设显然不太合理, 如一支股票从 20 元跌到 15 元的概率一般不会与另一支股票在相同时间内从 10 元跌到 5 元的概率相同. 而且由巴切利尔给出的定价公式得到的期权价格可以超出当日的股价, 这显然也是不对的.

斯普瑞克 (C. Sprenkle) 在 1961 年和萨缪尔森 (P. Samuelson) 在 1964 年分别对股价 $S(t)$ 的模型进行了改进, 他们以股票价格的回报来代替 $dS(t)$, 即假设股价 $S(t)$ 适合几何布朗运动 (见下面的定义 3.3.2)

$$\frac{dS(t)}{S(t)} = \mu dt + \sigma\, dW(t) \tag{3.3.2}$$

现在一般称 (3.3.2) 式为萨缪尔森股票价格模型. 由下面的 Itô 公式, (3.3.2) 式可以改写为

$$d\ln S(t) = \left(\mu - \frac{\sigma^2}{2}\right) dt + \sigma dW(t) \tag{3.3.3}$$

在 (3.3.3) 式中, 显然 $\ln S(t)$ 可以为负, 但作为股价 $S(t)$ 本身恒为正.

下面给出几何布朗运动的定义.

定义 3.3.2 设 $W(t)$ 是一个漂移率为 $\mu \geqslant 0$ 和方差为 σ^2 的布朗运动, 即 $W(t) \sim N(\mu t, \sigma^2 t)$, 那么

$$G(t) = e^{W(t)}, \quad t \geqslant 0$$

称为几何布朗运动 (Geometric Brown motion).

显然, $G(t)$ 的取值是非负的. $W(t) = \ln G(t)$ 是一个布朗过程, 由布朗运动的定义, 我们推得 $\ln \frac{G(t)}{G(0)}$ 服从均值为 μt 和方差为 $\sigma^2 t$ 的正态分布. 按通常的习惯, $\frac{G(t)}{G(0)}$ 称为对数正态分布. 因为 $X(t) \sim N(\mu t, \sigma^2 t)$, 由正态分布的密度函数, 容易推导出 $\frac{G(t)}{G(0)}$ 的密度函数为

$$f_G(g,t) = \frac{1}{g\sqrt{2\pi\sigma^2 t}} \exp\left(-\frac{(\ln g - \mu t)^2}{2\sigma^2 t}\right) \tag{3.3.4}$$

一般地, 当 $W(t) \sim N(\mu t, \sigma^2 t)$ 时, 则由 (3.3.4) 式可以证明 $G(t)$ 的均值为 $\mathbb{E}[G(t)] = \exp\left(\mu t + \frac{\sigma^2 t}{2}\right)$ 和方差为 $\operatorname{Var}(G(t)) = \exp(2\mu t + \sigma^2 t)[\exp(\sigma^2 t) - 1]$.

事实上, 在 $G(0) = g_0$ 的条件下, $G(t)$ 的均值为

$$\begin{aligned}
&\mathbb{E}[G(t)|G(0) = g_0] \\
=& g_0 \int_{-\infty}^{\infty} g f_G(g,t) dg \\
=& g_0 \int_{-\infty}^{\infty} \frac{e^x}{\sqrt{2\pi\sigma^2 t}} \exp\left(-\frac{(x-\mu t)^2}{2\sigma^2 t}\right) dx \\
=& g_0 \int_{-\infty}^{\infty} \frac{1}{\sqrt{2\pi\sigma^2 t}} \exp\left(-\frac{[x-(\mu t + \sigma^2 t)]^2 - 2\mu t\sigma^2 t - \sigma^4 t^2}{2\sigma^2 t}\right) dx
\end{aligned}$$

$$=g_0 \exp\left(\mu t + \frac{\sigma^2 t}{2}\right) \tag{3.3.5}$$

类似地, 在 $G(0) = g_0$ 的条件下, $G(t)$ 的方差为

$$\begin{aligned}
&\mathrm{Var}(G(t)|G(0)=g_0) \\
&= g_0^2 \int_{-\infty}^{\infty} g^2 f_G(g,t)\, dg - \left[g_0 \exp\left(\mu t + \frac{\sigma^2 t}{2}\right)\right]^2 \\
&= g_0^2 \left\{ \int_{-\infty}^{\infty} \frac{1}{\sqrt{2\pi\sigma^2 t}} \exp\left(-\frac{[x-(\mu t + 2\sigma^2 t)]^2 - 4\mu t\sigma^2 t - 4\sigma^4 t^2}{2\sigma^2 t}\right) dx \right. \\
&\qquad\quad \left. - \left[\exp\left(\mu t + \frac{\sigma^2 t}{2}\right)\right]^2 \right\} \\
&= g_0^2 \exp(2\mu t + \sigma^2 t)[\exp(\sigma^2 t) - 1]
\end{aligned}$$

给出离散时间集 $t_1 < t_2 < \cdots < t_n$, 连续的比率 $G(t_2)/G(t_1), \cdots, G(t_n)/G(t_{n-1})$ 是独立随机变量, 也就是说, 在非重叠时间区间, 比率的改变是独立的.

在金融市场中, 常用布朗运动来研究股票价格的波动问题. 我们感兴趣的是股票价格随时间演化的过程. 设 $S(t)(0 \leqslant t < +\infty)$ 表示股票在 t 时刻的价格, $S(0) = S_0$ 表示股票在初始时刻的价格. 对任意的 $t, s \in [0, +\infty)$, 股票价格比的随机变量 $\dfrac{S(t+s)}{S(s)}$ 独立于 s 时刻及此前的所有价格, 且 $\ln\left(\dfrac{S(t+s)}{S(s)}\right) \sim N(\mu t, \sigma^2 t)$, 也就是说, 股票价格的演化作为一个连续型随机变量, 它的对数是用布朗运动来刻画的. 根据定义 3.3.2 可知, 此时股票价格 $S(t)$ 服从漂移率参数为 μ 和波动率参数为 σ 的几何布朗运动. 而且, 影响股票未来价格的走势只是现在的价格, 而与历史价格无关. 根据 (3.3.5) 式可知

$$\mathbb{E}[S(t)] = S_0 \exp\left(\mu t + \frac{\sigma^2 t}{2}\right) \tag{3.3.6}$$

(3.3.6) 式表明, 在几何布朗运动模型下, 股票价格的期望价格增长率为 $\mu + \dfrac{\sigma^2}{2}$. 2.1 节介绍了单期二叉树模型. 在该模型中, 设 Δt 表示时间的增量, 并假设在每个 Δt 时间单位内, 股票价格以概率 q 上升到 uS_0 (u 表示上升幅度), 或者以概率 $1-q$ 下降到 dS_0 (d 表示下降幅度). 下面证明几何布朗运动就是二叉树模型的极限, 即在风险中性测度 (或等价鞅测度) 下, 股票价格的二叉树模型的极限 (即连续模型) 遵循几何布朗运动.

事实上, 根据 2.1.3 节中的结论, 上升幅度 u 和下降幅度 d 分别可以取为

$$u = e^{\sigma\sqrt{\Delta t}}, \quad d = e^{-\sigma\sqrt{\Delta t}} \tag{3.3.7}$$

又根据 (3.3.6) 式可得

$$quS_0 + (1-q)dS_0 = S_0 e^{(\mu+\frac{\sigma^2}{2})\Delta t}$$

从上式解得股票价格上升的概率为

$$q = \frac{e^{(\mu+\frac{\sigma^2}{2})\Delta t} - d}{u - d} \qquad (3.3.8)$$

联立 (3.3.7) 和 (3.3.8) 式, 利用 e^x 的级数展开式并忽略 Δt 的高阶无穷小, 则 (3.3.8) 式可以写为

$$q = \frac{1}{2}\left(1 + \frac{\mu}{\sigma}\sqrt{\Delta t}\right) \qquad (3.3.9)$$

下面证明当 Δt 取得越来越小时, 股票价格的变化就越来越频繁, 相应的股价集合就近似为一个几何布朗运动.

假设股票价格只在 Δt 的整数倍时刻发生变化, 且变化只有两种可能: 上涨和下跌. 首先定义随机变量 Y_i, 若在时刻 $i\Delta t$ 价格上涨, 则令 $Y_i = 1$, 否则令 $Y_i = 0$. 股票价格在前 n 次变化过程中上涨的次数为 $\sum_{i=1}^{n} Y_i$, 下跌的次数为 $n - \sum_{i=1}^{n} Y_i$, 故在时刻 $n\Delta t$ 的股票价格 $S(n\Delta t)$ 可以表示为

$$S(n\Delta t) = S_0 u^{\sum_{i=1}^{n} Y_i} d^{n - \sum_{i=1}^{n} Y_i}$$

即

$$S(n\Delta t) = d^n S_0 \left(\frac{u}{d}\right)^{\sum_{i=1}^{n} Y_i}$$

令 $t = n\Delta t$, 则上式可改写为

$$\frac{S(t)}{S_0} = d^{t/\Delta t} \left(\frac{u}{d}\right)^{\sum_{i=1}^{t/\Delta t} Y_i}$$

两边取对数, 并利用 (3.3.7) 式, 得

$$\ln\left(\frac{S(t)}{S_0}\right) = \frac{t}{\Delta t}\ln d + \ln\left(\frac{u}{d}\right)\sum_{i=1}^{t/\Delta t} Y_i$$

$$= -\frac{t\sigma}{\sqrt{\Delta t}} + 2\sigma\sqrt{\Delta t}\sum_{i=1}^{t/\Delta t} Y_i$$

让单位时间越来越小, 当 $\Delta t \to 0$ 时, 由中心极限定理可知, 上述和式 $\sum_{i=1}^{t/\Delta t} Y_i$ (可看作独立同分布的随机变量之和) 趋近于正态随机变量, 故 $\ln(S(t)/S_0)$ 趋近于正态

随机变量, 且由 (3.3.9) 式得

$$\mathbb{E}\left[\ln\left(\frac{S(t)}{S_0}\right)\right] = -\frac{t\sigma}{\sqrt{\Delta t}} + 2\sigma\sqrt{\Delta t}\sum_{i=1}^{t/\Delta t}\mathbb{E}[Y_i]$$
$$= -\frac{t\sigma}{\sqrt{\Delta t}} + 2\sigma\sqrt{\Delta t}\frac{t}{\Delta t}q$$
$$= -\frac{t\sigma}{\sqrt{\Delta t}} + \frac{t\sigma}{\sqrt{\Delta t}}\left(1 + \frac{\mu}{\sigma}\sqrt{\Delta t}\right)$$
$$= \mu t$$

同理, 由 $\{Y_i\}_{i\geqslant 1}$ 的独立性及 $\Delta t \to 0$, 有

$$\mathrm{Var}\left(\ln\left(\frac{S(t)}{S_0}\right)\right) = 4\sigma^2\Delta t\sum_{i=1}^{t/\Delta t}\mathrm{Var}(Y_i)$$
$$= 4\sigma^2 tq(1-q)$$
$$\longrightarrow \sigma^2 t$$

于是, 证明了当 $\Delta t \to 0$ 时, $\ln\dfrac{S(t)}{S_0}$ 就变成均值为 μt 和方差为 $\sigma^2 t$ 的正态随机变量. 又因为前后价格的变化是独立的且每次改变时都以同样概率增减, 故 $\dfrac{S(t+s)}{S(s)}$ 独立于时刻 s 及此前的所有价格. 所以当 $\Delta t \to 0$ 时, 该模型确实变成了一个几何布朗运动.

由此可见, 几何布朗运动模型确实克服了巴切利尔布朗运动模型 (见 (3.3.1) 式) 的两个缺陷. 首先股价的对数服从正态分布, 则股票价格非负; 其次由于它要求的是一定时间段内的价格比率具有相同的分布, 这个要求假定在相等的时间段内, 价格变化相同百分比的概率不依赖于当前价格的高低, 这种假设更加合理.

虽然几何布朗运动在金融领域中有着许多重要的应用, 但同时也看到, 当漂移率参数 μ 和波动率参数 σ 一旦确定后, 预测未来价格唯一需要的信息只是股票的当前价格, 而与历史价格提供的信息无关, 这说明几何布朗运动也存在着一定的局限性.

根据前面证明的结论, 可以直接假设股票价格过程 $\{S(t), t \geqslant 0\}$ 服从漂移率为 μ 和波动率为 σ 的几何布朗运动. 而且将时间区间 $[0, t]$ 进行 n 等分, 每个小区间长为 $\Delta t = \dfrac{t}{n}$. 定理 2.1.2 中已经证明了如果市场是无套利的, 那么在每个长为 Δt 的小区间中风险中性概率为

$$q_u = \frac{e^{r\Delta t} - d}{u - d}$$

其中 r 为无风险利率. 利用 (3.3.7) 式和 e^x 的展开式, 可得

$$q_u = \frac{r\Delta t + \sigma\sqrt{\Delta t} - \frac{1}{2}\sigma^2\Delta t}{2\sigma\sqrt{\Delta t}}$$
$$= \frac{1}{2} + \frac{r\sqrt{\Delta t}}{2\sigma} - \frac{\sigma\sqrt{\Delta t}}{4}$$
$$= \frac{1}{2}\left(1 + \frac{r - \frac{1}{2}\sigma^2}{\sigma}\sqrt{\Delta t}\right)$$

将这里的风险中性概率 q_u 与 (3.3.9) 式中的股票价格上升概率 $q = \frac{1}{2}\left(1 + \frac{\mu}{\sigma}\sqrt{\Delta t}\right)$ 进行比较可知, 如果市场不存在套利机会, 就必须有

$$\mu = r - \frac{1}{2}\sigma^2$$

这就说明如果股票价格 $S(t)$ 服从漂移率参数为 μ 和波动率参数为 σ 的几何布朗运动, 那么唯一能使购买的股票价格是公平 (即市场无套利) 的概率分布是漂移率参数为 $\mu = r - \frac{1}{2}\sigma^2$ 和波动率参数为 σ 的几何布朗运动的分布. 于是, 我们得到风险中性测度 Q 下, 股票价格的运行规律为

$$\ln\frac{S(t)}{S_0} = \left(r - \frac{\sigma^2}{2}\right)t + \sigma W(t)$$

即

$$S(t) = S_0 e^{(r - \frac{\sigma^2}{2})t + \sigma W(t)} \tag{3.3.10}$$

其中 $S_0 = S(0)$.

3.4 随机积分

从上面已经知道布朗过程是离散随机游动模型的连续极限. 直观上, 虽然可以看到布朗过程刻画的粒子运动的每一条轨线是连续的, 然而它是非光滑的, 即它是一条处处不可微的轨线. 事实上, 通过证明布朗过程二次变差的有限性就能证明它是不可微的. 下面给出一个随机过程的二次变差的定义.

3.4.1 二次变差

定义 3.4.1 设 $f(t)$ 是一个定义在 $[0, T]$ 上的函数. Π 是 $[0, T]$ 的一个划分:

$$0 = t_0 < t_1 < \cdots < t_n = T$$

则相应于划分 Π, $f(t)$ 的二次变差定义为

$$Q_\Pi = [f,f](T) = \sum_{i=0}^{n-1}[f(t_{i+1}) - f(t_i)]^2$$

假设函数 $f(t)$ 具有一阶连续导数, 则当 $\lambda = \max\limits_{0\leqslant i \leqslant n-1}|t_{i+1} - t_i| \to 0$ 时, 有

$$\lim_{\lambda \to 0} Q_\Pi = 0 \tag{3.4.1}$$

事实上

$$\lim_{\lambda \to 0} Q_\Pi = \lim_{\lambda \to 0} \sum_{i=0}^{n-1} |f'(\xi_{i+1})|^2 (t_{i+1} - t_i)^2$$
$$\leqslant \lim_{\lambda \to 0} \lambda \sum_{i=0}^{n-1} |f'(\xi_{i+1})|^2 (t_{i+1} - t_i) = 0$$

(3.4.1) 式说明对可微函数, 它的二次变差为零.

现在考察相应于划分 Π 的布朗运动 $W(t)$ 的二次变差 Q_Π 为

$$Q_\Pi = [W,W](T) = \sum_{i=0}^{n-1}[W(t_{i+1}) - W(t_i)]^2$$

因此有下面的结论.

定理 3.4.1 对于区间 $[0,T]$ 上的任意划分 Π, 记 $\Delta t_i = t_{i+1} - t_i$. 布朗运动 $W(t)$ 的二次变差 Q_Π 当 $\lambda \to 0$ 时存在极限 (均方意义下):

$$\lim_{\lambda \to 0} Q_\Pi = T \tag{3.4.2}$$

证明 为了证明 (3.4.2) 式, 只需要证明

$$\lim_{\lambda \to 0} \mathbb{E}[Q_\Pi] = T \quad \text{和} \quad \lim_{\lambda \to 0} \text{Var}(Q_\Pi - T) = 0. \tag{3.4.3}$$

事实上, 因为 Q_Π 是随机变量, 所以根据布朗运动及其二次变差的定义, 有

$$\mathbb{E}[Q_\Pi] = \sum_{i=0}^{n-1} \mathbb{E}[(W(t_{i+1}) - W(t_i))^2]$$
$$= \sum_{i=0}^{n-1} \text{Var}(W(t_{i+1}) - W(t_i))$$
$$= \sum_{i=0}^{n-1} (t_{i+1} - t_i)$$
$$= t_n - t_0 = T$$

因此在 (3.4.3) 式中的第一个式子成立. 其次, 考虑

$$\mathrm{Var}(Q_\Pi - T) = \mathbb{E}\left[\sum_{i=0}^{n-1}\sum_{\ell=0}^{n-1}\{[W(t_{i+1})-W(t_i)]^2-\Delta t_i\}\right.$$
$$\left. \cdot \{[W(t_{\ell+1})-W(t_\ell)]^2-\Delta t_\ell\}\right]$$

由于增量 $W(t_{i+1}) - W(t_i)$ $(i = 0, 1, \cdots, n-1)$ 是独立的, 所以在上面的级数中仅当 $i = \ell$ 时对应的项存在. 因此有

$$\mathrm{Var}(Q_\Pi - T) = \mathbb{E}\left[\sum_{i=0}^{n-1}\{[W(t_{i+1})-W(t_i)]^2-\Delta t_i\}^2\right]$$
$$= \sum_{i=0}^{n-1}\Big(\mathbb{E}\left[\{W(t_{i+1})-W(t_i)\}^4\right]$$
$$-2\Delta t_i \sum_{i=0}^{n-1}\mathbb{E}\left[\{W(t_{i+1})-W(t_i)\}^2\right] + \Delta t_i^2\Big)$$

因为 $W(t_{i+1}) - W(t_i) \sim N(0, \Delta t_i)$, 所以它的四阶矩可以表成以下的积分 (习题 3.3)

$$\mathbb{E}[\{W(t_{i+1})-W(t_i)\}^4] = \int_{-\infty}^{+\infty} y^4 \frac{1}{\sqrt{2\pi(\Delta t_i)}} e^{-\frac{y^2}{2(\Delta t_i)}} dy = 3\Delta t_i^2$$

于是

$$\mathrm{Var}(Q_\Pi - T) = \sum_{i=0}^{n-1}[3\Delta t_i^2 - 2\Delta t_i^2 + \Delta t_i^2] = 2\sum_{i=0}^{n-1}\Delta t_i^2$$

故

$$0 \leqslant \lim_{\lambda \to 0}\mathrm{Var}(Q_\Pi - T) \leqslant 2\lim_{\lambda \to 0}\lambda \sum_{i=0}^{n-1}\Delta t_i = 0$$

因此方程 (3.4.3) 中的第二个式子成立.

附注 (1) 一般地, 对于任意时间区间 $[\tau_1, \tau_2] \subset [0, T]$, $\Pi(\tau_1, \tau_2)$ 为区间 $[\tau_1, \tau_2]$ 的任意划分, 那么方差为 σ^2 的布朗运动的二次变差为

$$\lim_{\lambda \to 0} Q_\Pi(\tau_1, \tau_2) = \sigma^2(\tau_2 - \tau_1)$$

特别地, 对于标准布朗运动有

$$\lim_{\lambda \to 0} Q_\Pi(\tau_1, \tau_2) = \tau_2 - \tau_1$$

根据 (3.4.1) 式知道可微函数的二次变差为零, 所以由定理 3.4.1 可以直接得到以下结论.

布朗运动 $W(t)$ 作为粒子的随机游动,它的轨线处处连续但处处不可微.

(2) 如果记 $dW(t) = W(t+dt) - W(t)$,令 $dt \to 0$ (即 $\lambda \to 0$),那么由定理 3.4.1 证明中的计算过程可以推导出

$$\mathbb{E}[dW(t)^2] = dt \quad \text{和} \quad \text{Var}(dW(t)^2) = 2dt^2$$

因为 dt^2 是一个高阶无穷小量,所以可以说随机变量 $dW(t)^2$ 是在**均方意义**(mean square sense)下收敛到确定量 dt,故今后可以近似地认为

$$dW(t)^2 = dt$$

(3) 布朗运动是一个连续的随机过程,而且它的初始值为零,另一方面布朗运动又是一个鞅,它在任意时刻 $t(t \geq 0)$ 的二次变差为 t. 下面不加证明的给出 Lévy 定理说明这些性质也完全刻画了布朗运动.

定理 3.4.2(Lévy 定理) 如果 $W(t)$ 是一个初值为零的鞅,有连续路径且在任意时刻 $t(t \geq 0)$ 的二次变差均为 t,那么 $W(t)$ 是一个布朗运动.

定理 3.4.2 可以看成是布朗运动的 Lévy 刻画,其证明参见文献 Karatzas 和 Shreve (1991) 中定理 3.3.16.

3.4.2 Itô 积分

设 $f(t)$ 是 t 的任意函数,$W(t)$ 为标准布朗运动. 我们需要定义区间 $[0,T]$ 上的随机积分

$$\int_0^T f(t)\, dW(t) \tag{3.4.4}$$

一般地,在通常的 Riemann-Stieltjes 意义下的定义是

$$\int_0^T f(t)\, dW(t) = \lim_{n \to \infty} \sum_{i=0}^{n-1} f(\xi_i)[W(t_{i+1}) - W(t_i)] \tag{3.4.5}$$

其中区间分点 $0 = t_0 < t_1 < \cdots < t_n = T$ 形成区间 $[0,T]$ 的一个划分,且 ξ_i 是 t_i 与 t_{i+1} 之间某个任意值. 根据二次变差的定义可知,极限是在均方意义下取的. 不幸的是,这里的极限依赖于如何选取中间值. 例如,假设取 $f(t) = W(t)$ 和对于所有的 $i(i = 0, 1, \cdots, n-1)$,取 $\xi_i = \alpha t_{i+1} + (1-\alpha)t_i, 0 < \alpha < 1$. 那么根据布朗运动的性质和 (3.4.5) 式,有

$$\mathbb{E}\left[\sum_{i=0}^{n-1} W(\xi_i)(W(t_{i+1}) - W(t_i))\right]$$

$$= \sum_{i=0}^{n-1} \mathbb{E}\left[W(\xi_i)W(t_{i+1}) - W(\xi_i)W(t_i)\right]$$

$$= \sum_{i=0}^{n-1}[\min(\xi_i, t_{i+1}) - \min(\xi_i, t_i)]$$

$$= \sum_{i=0}^{n-1}(\xi_i - t_i) = \alpha \sum_{i=0}^{n-1}(t_{i+1} - t_i) = \alpha T$$

因此在 $[t_i, t_{i+1}](i = 0, 1, \cdots, n-1)$ 中, 随机积分的期望值依赖于中间点 ξ_i 的选取, 之所以产生这种原因是由于布朗运动路径关于时间的不可微性.

如果一个函数在 t 时刻的价值是由直到 t 之前 $W(t)$ 的路径历史所决定的, 那么该函数称为关于布朗运动 $W(t)$ 是**不可测的**(或称为**不可料的**)(non-anticipative). 在金融市场中, 因为投资者在决定自己的投资策略时, 对风险资产未来价格的走向是难以预料的, 所以投资者总是在资产价格波动之前作出投资决定的, 投资者的这种行为自然是不可测的.

因此, 为了定义随机积分 (3.4.4) 式, Itô 采用以下方法来克服布朗运动路径的不可微性. 先对于简单被积函数定义 Itô 积分, 再通过简单被积函数积分的极限推广到非简单被积函数的情形.

定义 3.4.2 设 $f(t)$ 是一个定义在 $[0, T]$ 上的函数. Π 是 $[0, T]$ 的一个划分:

$$0 = t_0 < t_1 < \cdots < t_n = T$$

如果 $f(t)$ 在每个子区间 $[t_i, t_{i+1}](i = 0, 1, \cdots, n-1)$ 中是常量, 通常取 $f(t) = f(t_i)$(区间的左端点的值), 则称 $f(t)$ 为定义在 $[0, T]$ 上的简单函数.

在金融市场中, 简单函数 $f(t)$ 作为一个随机过程被称为简单过程, 它与布朗运动 $W(t)$ 可以按照下面方式相互作用.

假设 $W(t)$ $(0 \leqslant t \leqslant T)$ 表示每份风险资产在时刻 t 的价格, $f(t) > 0(< 0)$ 表示在 t 时刻买进 (或卖出) 该风险资产的份额 (即头寸). 如果每个交易只在时刻 $t = t_i (i = 0, 1, \cdots, n-1)$ (区间的左端点) 进行, 则在每个时刻 t 所获的收益 (或损失) 为

$$I(t) = f(t_0)[W(t) - W(t_0)] = f(0)W(t), \quad 0 = t_0 \leqslant t \leqslant t_1$$
$$I(t) = f(0)W(t_1) + f(t_1)[W(t) - W(t_1)], \quad t_1 \leqslant t \leqslant t_2$$
$$I(t) = f(0)W(t_1) + f(t_1)[W(t_2) - W(t_1)] + f(t_2)[W(t) - W(t_2)], \quad t_2 \leqslant t \leqslant t_3$$

等等. 一般地, 如果 $t_k \leqslant t \leqslant t_{k+1}$ $(k = 0, 1, \cdots, n-1)$, 则在每个时刻 t 所获的总收益 (或损失) 为

$$I(t) = \sum_{i=0}^{k-1} f(t_i)[W(t_{i+1}) - W(t_i)] + f(t_k)[W(t) - W(t_k)] \tag{3.4.6}$$

(3.4.6) 式中过程 $I(t)$ 就是简单过程 $f(t)$ 的 Itô 积分, 记为

$$I(t) = \int_0^t f(u)dW(u)$$

特别地, 如果取 $t = t_n = T$, 则给出了区间 $[0,T]$ 上 (3.4.4) 式中随机积分的定义. 作为上面叙述的总结, 下面正式给出 Itô 积分的定义.

定义 3.4.3 设 $f(t)$ 是一个定义在 $[0,T]$ 上不可测的随机过程, Π 是 $[0,T]$ 的一个划分:

$$0 = t_0 < t_1 < \cdots < t_n = T$$

令 $\lambda = \max\limits_{0 \leqslant i \leqslant n-1}(t_{i+1} - t_i)$, 则当 $\lambda \to 0$ (或 $n \to \infty$) 时, 和式

$$\sum_{i=0}^{n-1} f(t_i)[W(t_{i+1}) - W(t_i)]$$

存在与划分 Π 无关且在均方意义下取得唯一极限, 则称这个极限值为 $f(t)$ 的 Itô 积分, 记作

$$\int_0^T f(t)dW(t) = \lim_{\lambda \to 0} \sum_{i=0}^{n-1} f(t_i)[W(t_{i+1}) - W(t_i)] \tag{3.4.7}$$

为了进一步理解 Itô 积分的定义, 给出下面的例子.

例 3.1 设 $W(t)(t \geqslant 0)$ 为标准布朗运动. 证明

$$\int_0^T W(t)dW(t) = \frac{1}{2}W^2(T) - \frac{T}{2} \tag{3.4.8}$$

证明 根据 Itô 积分定义中的 (3.4.7) 式和定理 3.4.1, 有

$$\int_0^T W(t)\,dW(t)$$
$$= \lim_{n \to \infty} \sum_{i=0}^{n-1} W(t_i)[W(t_{i+1}) - W(t_i)]$$
$$= \lim_{n \to \infty} \frac{1}{2} \sum_{i=0}^{n-1} \left(\{W(t_i) + [W(t_{i+1}) - W(t_i)]\}^2 - W^2(t_i) - [W(t_{i+1}) - W(t_i)]^2 \right)$$
$$= \frac{1}{2} \lim_{n \to \infty} [W^2(t_n) - W^2(t_0)] - \frac{1}{2} \lim_{n \to \infty} \sum_{i=0}^{n-1} [W(t_{i+1}) - W(t_i)]^2$$
$$= \frac{W^2(T)}{2} - \frac{T}{2}$$

从而 (3.4.8) 式成立.

如果把 (3.4.8) 式积分上限 T 用变量上限 t 来代替, 重写 (3.4.8) 式中的结论为

$$2\int_0^t W(u)\,dW(u) + \int_0^t du = \int_0^t \frac{d}{du}W^2(u)\,du$$

或者写为微分形式

$$2W(t)dW(t) + dt = dW^2(t)$$

不像通常的微分法则, 这里多了一个额外的项 dt. 这表明复合函数微分的法则在 Itô 积分中相应地发生了变化. 它是由布朗过程二次变差的有限性引起的. 因此, 有必要推广新的微分法则来处理随机 (复合) 函数微分的计算.

对于一般的函数 $f(t)(t \geqslant 0)$, 它可以随时间连续变化, 也可以有跳跃. 同样可以定义它的 Itô 积分 $\int_0^t f(u)\,dW(u)$.

假设 $f(t)(t \geqslant 0)$ 是适应域流 $\{\mathcal{F}_t\}_{t\geqslant 0}$ 的随机过程, 且满足平方可积条件

$$\mathbb{E}\left[\int_0^T f^2(t)dt\right] < \infty \tag{3.4.9}$$

对任意的 $t \geqslant 0$, 选取简单函数序列 $\{f_n(t)\}$, 则当 $n \to \infty$ 时, 按下列意义

$$\lim_{n\to\infty}\mathbb{E}\left[\int_0^T |f_n(t) - f(t)|^2 dt\right] = 0$$

收敛于连续函数 $f(t)$. 于是, 一般连续函数 $f(t)$ 的 Itô 积分定义为

$$\int_0^t f(u)\,dW(u) = \lim_{n\to\infty}\int_0^t f_n(u)\,dW(u), \quad 0 \leqslant t \leqslant T \tag{3.4.10}$$

无论 $f(t)$ 是简单过程还是一般连续随机过程, Itô 积分都有下面性质, 这里不加证明地列出 (Shreve, 2010).

定理 3.4.3 设 T 是正数, 对 $0 \leqslant t \leqslant T$, $f(t)$ 是简单过程或满足 (3.4.9) 式的适应域流 $\mathcal{F}_t$ 的随机过程, 则 Itô 积分 $I(t) = \int_0^t f(u)\,dW(u)$ 具有以下性质:

(i) **连续性** 作为积分上限 t 的函数, $I(t)$ 是路径连续的;

(ii) **适应性** 对每个 t, $I(t)$ 是 $\mathcal{F}_t$- 可测的;

(iii) **线性性** 如果 $J(t) = \int_0^t g(u)dW(u)$, 则 $I(t) \pm J(t) = \int_0^t (f(u) \pm g(u))dW(u)$; 对任意常数 c, $cI(t) = \int_0^t cf(u)\,dW(u)$;

(iv) **鞅性质** $I(t)$ 是鞅;

(v) **Itô 等距** $\mathbb{E}[I^2(t)] = \mathbb{E}\left[\int_0^t f^2(u)\,du\right]$;

(vi) **二次变差** $[I,I](t) = \int_0^t f^2(u)\,du$.

作为一个应用, 现在说明为什么必须有

$$\int_0^t W(u)\,dW(u) = \frac{W^2(t)}{2} - \frac{t}{2}, \quad t \geqslant 0 \tag{3.4.11}$$

成立. 根据定理 3.4.2 中的性质 (iv) 可知 $\int_0^t W(u)\,dW(u)$ 是鞅, 因而具有常数期望, 它在 $t=0$ 时期望恒为 0. 另一方面, 因为 $\mathbb{E}[dW(t)^2] = dt$, 如果 (3.4.11) 式中没有 $\dfrac{t}{2}$ 这一项, $\int_0^t W(u)\,dW(u)$ 就无法成为鞅.

3.5 Itô 公式和 Girsanov 定理

3.5.1 Itô 公式

现在考虑对 $f(t, W(t))$ 进行微分, 这里 $f(t, x)$ 是可微函数, $W(t)$ 是布朗运动. 由于布朗运动是不可微的, 所以通常微积分中复合函数的链式法则不成立. Itô 公式是金融数学中的一个重要的基本工具. 首先给出关于布朗运动的 Itô 公式.

1. 布朗运动的 Itô 公式

定理 3.5.1 对每个 $t \geqslant 0$, 设函数 $f(t,x)$ 的偏导数 $f_t(t,x)$, $f_x(t,x)$ 和 $f_{xx}(t,x)$ 都有定义并且连续, $W(t)$ 是布朗运动, 则对任意 $T > 0$ 有

$$\begin{aligned} f(t, W(T)) = &f(0, W(0)) + \int_0^T f_t(t, W(t))\,dt + \int_0^T f_x(t, W(t))\,dW(t) \\ &+ \frac{1}{2}\int_0^T f_{xx}(t, W(t))\,[dW(t)]^2 \end{aligned} \tag{3.5.1}$$

或写成微分形式

$$\begin{aligned} df(t, W(t)) &= f_t(t, W(t))\,dt + f_x(t, W(t))\,dW(t) + \frac{1}{2}f_{xx}(t, W(t))\,dt \\ &= \left(f_t(t, W(t)) + \frac{1}{2}f_{xx}(t, W(t))\right)\,dt + f_x(t, W(t))\,dW(t) \end{aligned} \tag{3.5.2}$$

Itô 公式的严格证明要求相当高的数学技巧 (Hull and White, 1990), 因此下面仅给出了一个证明的思路. 利用泰勒级数将 $df(t, W(t))$ 展开到二阶项如下

$$df(t, W(t)) = f_t(t, W(t))dt + f_x(t, W(t))dW(t) + \frac{1}{2}f_{xx}(t, W(t))[dW(t)]^2 + O(|dW(t)|dt)$$

注意到 $[dW(t)]^2 = dt$ 和 $dW(t)dt = 0$. 因此不计高阶无穷小量, 可知 (3.5.2) 式成立.

下面将 Itô 公式推广到比布朗运动更为一般的随机过程. 为此, 需要给出 Itô 过程 (Itô process) 的定义.

2. Itô 过程的 Itô 公式

定义 3.5.1 对每个 $t \geqslant 0$, 设 $W(t)$ 是布朗运动, $\mathcal{F}_t$ 是相应的域流, $\mu(t)$ 和 $\sigma(t)$ 是适应 $\mathcal{F}_t$ 的随机过程, 且对所有的 $T > 0$ 满足

$$\int_0^T |\mu(t)|\, dt < \infty, \quad \int_0^T \sigma^2(t)\, dt < \infty$$

那么由下式定义的过程 $X(t)$:

$$X(t) = X(0) + \int_0^t \mu(s)\, ds + \int_0^t \sigma(s)\, dW(s) \tag{3.5.3}$$

称为一个 Itô 过程. (3.5.3) 式的微分形式为

$$dX(t) = \mu(t)\, dt + \sigma(t)\, dW(t)$$

于是类似于定理 3.5.1, 可以给出关于 Itô 过程的 Itô 公式.

定理 3.5.2 对 $t \geqslant 0$, 设 $X(t)$ 是 Itô 过程, 函数 $f(t,x)$ 的偏导数 $f_t(t,x)$, $f_x(t,x)$ 和 $f_{xx}(t,x)$ 都有定义并且连续, $W(t)$ 是布朗运动, 则对任意 $T > 0$ 有

$$\begin{aligned}f(T, X(T)) =& f(0, X(0)) + \int_0^T f_t(t, X(t))\, dt + \int_0^T f_x(t, X(t))\, dX(t) \\&+ \frac{1}{2} \int_0^T f_{xx}(t, X(t))[dX(t)]^2 \\=& f(0, X(0)) + \int_0^T f_t(t, X(t))\, dt + \int_0^T \sigma(t) f_x(t, X(t))\, dW(t) \\&+ \int_0^T \mu(t) f_x(t, X(t))\, dt + \frac{1}{2} \int_0^T \sigma^2(t) f_{xx}(t, X(t))\, dt\end{aligned}$$

或写成微分形式

$$\begin{aligned}df(t, X(t)) =& f_t(t, X(t))\, dt + f_x(t, X(t))\, dX(t) + \frac{1}{2} f_{xx}(t, X(t))\, [dX(t)]^2 \\=& \left[f_t(t, X(t)) + \mu(t) f_x(t, X(t)) + \frac{\sigma^2(t)}{2} f_{xx}(t, X(t)) \right] dt \\&+ \sigma(t) f_x(t, X(t)) dW(t)\end{aligned}$$

利用 Itô 公式可以求解一些简单的随机微分方程, 其中最有用的就是几何布朗运动.

例 3.2 求解下面几何布朗运动模型

$$\frac{dS(t)}{S(t)} = r\, dt + \sigma\, dW(t) \tag{3.5.4}$$

其中 $S(0) = S_0$, r 和 σ 为常数, $W(t)$ 为标准布朗运动.

解 为了求解这个方程, 利用 Itô 公式, 对 $\ln S(t)$ 求微分, 得

$$\begin{aligned}d\ln S(t) &= \frac{1}{S(t)}\, dS(t) - \frac{1}{2S^2(t)}\, [dS(t)]^2\\ &= r\, dt + \sigma\, dW(t) - \frac{1}{2}\sigma^2\, dt\\ &= \left(r - \frac{1}{2}\sigma^2\right) dt + \sigma\, dW(t)\end{aligned}$$

两边从 0 到 t 积分, 即得

$$\ln S(t) = \ln S_0 + \left(r - \frac{1}{2}\sigma^2\right) t + \sigma W(t) \tag{3.5.5}$$

于是, (3.5.4) 式的解为

$$S(t) = S_0 e^{(r - \frac{\sigma^2}{2})t + \sigma W(t)}$$

这正是 (3.3.10) 式. 由此可知 (3.3.10) 定义的 $S(t)$ 是随机微分方程 (3.5.4) 的解. 由 (3.5.5) 式, 可知 $\ln\dfrac{S(t)}{S_0}$ 是一个期望和方差分别为 $\left(r - \dfrac{\sigma^2}{2}\right) t$ 和 $\sigma^2 t$ 的正态随机变量, 这与 3.3 节中的结论是一致的. 所以, 在风险中性概率 Q 下, (3.3.2) 式萨缪尔森股票价格模型中的漂移率 μ 可以直接写为 r, 即股价运行规律遵循 (3.5.4) 式.

例 3.3 求解下面 Vasicek 随机利率模型

$$dr(t) = (\alpha - \beta r(t))\, dt + \sigma\, dW(t) \tag{3.5.6}$$

其中 α, β 和 σ 均为常数, $W(t)$ 为标准布朗运动.

解 为了求解这个方程, 利用 (3.5.6) 式, 考虑

$$\begin{aligned}d(e^{\beta t} r(t)) &= \beta e^{\beta t} r(t)\, dt + e^{\beta t}\, dr(t)\\ &= \beta e^{\beta t} r(t)\, dt + e^{\beta t}(\alpha - \beta r(t))\, dt + \sigma e^{\beta t}\, dW(t)\\ &= \alpha e^{\beta t}\, dt + \sigma e^{\beta t}\, dW(t)\end{aligned}$$

两边从 0 到 t 积分, 得

$$e^{\beta t} r(t) = r(0) + \int_0^t \alpha e^{\beta s}\, ds + \int_0^t \sigma e^{\beta s}\, dW(s)$$

$$=r(0)+\frac{\alpha}{\beta}(e^{\beta t}-1)+\int_0^t \sigma e^{\beta s}\,dW(s)$$

于是, 得到 (3.5.6) 式的解为

$$r(t)=e^{-\beta t}r(0)+\frac{\alpha}{\beta}(1-e^{-\beta t})+\int_0^t \sigma e^{\beta(s-t)}\,dW(s) \tag{3.5.7}$$

因为 Itô 积分 $\int_0^t \sigma e^{\beta(s-t)}\,dW(s)$ 服从正态分布, 所以 (3.5.7) 式中的 $r(t)$ 必然也服从正态分布, 故根据布朗运动的定义可得

$$\mathbb{E}[r(t)]=e^{-\beta t}r(0)+\frac{\alpha}{\beta}(1-e^{-\beta t})$$

$$\mathrm{Var}[r(t)]=\int_0^t \sigma^2 e^{2\beta(s-t)}\,ds=\frac{\sigma^2}{2\beta}(1-e^{-2\beta t})$$

3. 高维形式的 Itô 公式

下面给出 Itô 过程高维形式的 Itô 公式.

定理 3.5.3 假设 $f(t,x_1,\cdots,x_n)$ 是一个多维的二次连续可微函数, 随机过程 Y_n 定义为

$$Y_n=f(t,X_1,\cdots,X_n)$$

其中过程 $X_j(t)$ 服从 Itô 过程

$$dX_j(t)=\mu_j(t)\,dt+\sigma_j(t)\,dW_j(t),\quad j=1,2,\cdots,n \tag{3.5.8}$$

假设标准布朗过程 $W_j(t)$ 和 $W_k(t)$ 是相关的, 相关系数为 ρ_{jk}, 即 $dW_j\,dW_k=\rho_{jk}\,dt$, 则有下面高维形式的 Itô 公式:

$$\begin{aligned}dY_n=&\left[\frac{\partial f}{\partial t}(t,X_1,\cdots,X_n)+\sum_{j=1}^n \mu_j(t)\frac{\partial f}{\partial x_j}(t,X_1,\cdots,X_n)\right.\\ &\left.+\frac{1}{2}\sum_{j=1}^n\sum_{k=1}^n \sigma_j(t)\sigma_k(t)\rho_{jk}\frac{\partial^2 f}{\partial x_j \partial x_k}(t,X_1,\cdots,X_n)\right]dt\\ &+\sum_{j=1}^n \sigma_j(t)\frac{\partial f}{\partial x_j}(t,X_1,\cdots,X_n)\,dW_j(t)\end{aligned} \tag{3.5.9}$$

证明的大致思路与定理 3.5.1 是类似的. 将 ΔY_n 展开到 ΔX_j 的二阶项

$$\Delta Y_n=\frac{\partial f}{\partial t}(t,X_1,\cdots,X_n)\,\Delta t+\sum_{j=1}^n \frac{\partial f}{\partial x_j}(t,X_1,\cdots,X_n)\,\Delta X_j$$

$$+ \frac{1}{2}\sum_{j=1}^{n}\sum_{k=1}^{n}\frac{\partial^2 f}{\partial x_j \partial x_k}(t,X_1,\cdots,X_n)\,\Delta X_j\,\Delta X_k$$
$$+ O(\Delta t \Delta X_j) + O(\Delta t^2)$$

当极限 $\Delta X_j \to 0, j = 1, 2, \cdots, n$ 和 $\Delta t \to 0$ 时, 忽略了在 $O(\Delta t \Delta X_j)$ 和 $O(\Delta t^2)$ 中的高阶无穷小部分. 注意到 $dX_j\,dX_k = \sigma_j(t)\sigma_k(t)\rho_{jk}\,dt$, 再利用条件 (3.5.8) 式, 即可知 (3.5.9) 式成立.

下面给出二维形式的 Itô 公式.

推论 3.5.1 设函数 $f(t,x,y)$ 对所有变量的偏导数存在且连续, 对 $t \geqslant 0$, $X(t)$ 和 $Y(t)$ 是两个 Itô 过程, 则二维形式的 Itô 公式为

$$df(t,X,Y) = f_t\,dt + f_x\,dX + f_y\,dY + \frac{1}{2}f_{xx}\,[dX]^2 + f_{xy}\,dX\,dY + \frac{1}{2}f_{yy}\,[dY]^2 \quad (3.5.10)$$

作为 (3.5.10) 式的一个直接应用, 下面给出 Itô 乘积法则.

推论 3.5.2(Itô 乘积法则) 设对 $t \geqslant 0$, $X(t)$ 和 $Y(t)$ 是两个 Itô 过程, 则有

$$d(X(t)Y(t)) = X(t)\,dY(t) + Y(t)\,dX(t) + dX(t)dY(t) \quad (3.5.11)$$

证明 在 (3.5.10) 式中, 令 $f(t,x,y) = xy$, 则有 $f_t = 0$, $f_x = y$, $f_y = x$, $f_{xx} = f_{yy} = 0$, $f_{xy} = 1$, 即知 (3.5.11) 式成立.

3.5.2 风险的市场价格

2.1.3 节曾经提到过测度变换. 当市场从现实世界转换到风险中性世界的时候, 市场测度从 P 转换成了风险中性测度 Q, 导致了股票的预期收益率 (也称漂移率) μ 相应地发生变化, 而波动率 σ 仍然保持不变. 为了更深入地了解测度变换, 下面介绍**风险的市场价格** (market price of risk).

设 $W(t)$ 是布朗运动, S_1 和 S_2 是两个不同的股票 (实际上也可以是任何两个不同的衍生产品), 满足下面随机微分方程

$$dS_1 = \mu_1 S_1\,dt + \sigma_1 S_1\,dW(t)$$

和

$$dS_2 = \mu_2 S_2\,dt + \sigma_2 S_2\,dW(t)$$

在 t 时刻, 构造一个自融资的投资组合

$$V = \alpha S_1 + \beta S_2 \quad (3.5.12)$$

即 (α, β) 是一个自融资的投资策略, 使得在 $(t, t+dt)$ 时段内, 该组合 V 是无风险的. 因此, 有

$$dV = \alpha\,dS_1 + \beta\,dS_2$$

$$=(\alpha\mu_1 S_1 + \beta\mu_2 S_2)\,dt + (\alpha\sigma_1 S_1 + \beta\sigma_2 S_2)\,dW(t) \tag{3.5.13}$$

自融资保证了该投资组合没有任何盈亏的不确定性, 该组合的变化来自于其中资产价格的变化, 而不依赖于资产拥有的份额 α 和 β 的变化. 故在 (3.5.13) 式中消去随机项, 得到

$$\alpha\sigma_1 S_1 + \beta\sigma_2 S_2 = 0 \tag{3.5.14}$$

令

$$\alpha = \frac{\tilde{\alpha}V}{S_1}, \quad \beta = \frac{\tilde{\beta}V}{S_2}$$

则由 (3.5.12) 和 (3.5.14) 式, 得到

$$\begin{cases} \tilde{\alpha} + \tilde{\beta} = 1 \\ \tilde{\alpha}\sigma_1 + \tilde{\beta}\sigma_2 = 0 \end{cases} \tag{3.5.15}$$

解得

$$\tilde{\alpha} = \frac{-\sigma_2}{\sigma_1 - \sigma_2}, \quad \tilde{\beta} = \frac{\sigma_1}{\sigma_1 - \sigma_2} \tag{3.5.16}$$

由于 V 是无风险的投资组合, 所以根据 (3.5.13) 式, 可得

$$dV = (\tilde{\alpha}\mu_1 + \tilde{\beta}\mu_2)V\,dt = rV\,dt$$

再根据 (3.5.15) 式, 得

$$\tilde{\alpha}\mu_1 + \tilde{\beta}\mu_2 = r = r\tilde{\alpha} + r\tilde{\beta}$$

整理得

$$\tilde{\alpha}(\mu_1 - r) = -\tilde{\beta}(\mu_2 - r) \tag{3.5.17}$$

联立 (3.5.16) 和 (3.5.17) 式, 有

$$\frac{\mu_1 - r}{\sigma_1} = \frac{\mu_2 - r}{\sigma_2}$$

于是得出结论: 股票预期收益率 μ 和无风险利率 r 之差与股价波动率的比率是一个常数, 称这个常数

$$\lambda = \frac{\mu - r}{\sigma}$$

为风险的市场价格, 它实际上就是单位风险 (关于无风险利率) 的超额回报率. 因为 $\mu - r$ 的差给出了一个资产超出无风险投资收益的部分, 自然要承担风险, 而风险可以用波动率来刻画, 更高的波动率会带来更高的风险, 所以 $(\mu - r)/\sigma$ 就给出了单位波动率下超出无风险投资的收益. 这就是 λ 被称为风险的市场价格的原因. 风险的市场价格体现了市场对风险的好恶. 如果风险的市场价格 $\lambda > 0$, 则 $\mu > r$, 表

明如果投资者冒了风险 σ, 那么他希望平均回报率要高于无风险利率, 高出的量以系数 λ 与 σ 成正比. 在风险厌恶心态下, 期权持有者对于到期日正好得到低回报甚至零回报的坏处会故意放大; 相反对于到期日正好得到高回报的好处会故意打个折扣. 如果不把 "折扣" 打在回报的效用之上, 而是打在概率上, 便导致了概率测度的变换. 而且在一个完备的金融市场中, 每一个可交易的资产都应有相同的风险市场价格, 否则市场将存在套利机会. 这也就是在第 2 章中曾经讨论过一旦市场测度从 P 转换成了等价鞅测度 Q 时, 便将投资者带到了风险中性世界, 而存在等价鞅测度的充分必要条件是市场无套利.

3.5.3 Girsanov 定理

在风险中性测度即等价鞅测度下, 标的资产贴现价格是一个鞅. 期权的有效价值常常需要将带有漂移项的标的价格过程变换成鞅, 但需要在不同的测度下. 变换能通过利用 Girsanov 定理有效地实行. Girsanov 定理是在 Itô 过程中实现测度变换的一个有用工具. 在定理开始之前, 先讨论与在两个等价概率测度之间转换有关的 **Radon-Nikodym 导数**.

定义 3.5.2 设 $(\Omega, \mathcal{F})$ 为一可测空间, P, Q 是可测空间上的两个测度. 如果存在一个非负可测函数 f 满足

$$Q(A) = \int_A f(\omega)\, dP(\omega), \quad A \in \mathcal{F}$$

或

$$\left.\frac{dQ}{dP}\right|_{\mathcal{F}} = f(t)$$

则称 Q 关于 P 是绝对连续的, f 称为 Q 关于 P 的密度或称为 Q 关于 P 的 Radon-Nikodym 导数. 如果 P 关于 Q 是绝对连续的, 且 Q 关于 P 也是绝对连续的, 则称 P 与 Q 是等价的概率测度.

设 X 为概率空间 $(\Omega, \mathcal{F}, P)$ 中的随机变量, 且 $X \sim N(0, 1)$, 即在测度 P 下 X 的密度函数为

$$n(x) = \frac{1}{\sqrt{2\pi}} \exp\left(-\frac{x^2}{2}\right)$$

先定义一个测度变换, 即 Radon-Nikodym 导数为

$$\frac{dQ}{dP} = \exp\left(-\frac{\theta^2}{2} - \theta X\right)$$

其中 θ 为常数. 下证 Q 是 P 的等价概率测度.

事实上, 有

$$Q(\Omega) = \int_\Omega \exp\left(-\frac{\theta^2}{2} - \theta X\right) dP$$

$$\begin{aligned}
&= \int_{-\infty}^{\infty} \exp\left(-\frac{\theta^2}{2} - \theta x\right) \frac{1}{\sqrt{2\pi}} \exp\left(-\frac{x^2}{2}\right) dx \\
&= \frac{1}{\sqrt{2\pi}} \int_{-\infty}^{\infty} \exp\left(-\frac{\theta^2}{2} - \theta x - \frac{x^2}{2}\right) dx \\
&= \frac{1}{\sqrt{2\pi}} \int_{-\infty}^{\infty} \exp\left(-\frac{(x+\theta)^2}{2}\right) dx \\
&= \frac{1}{\sqrt{2\pi}} \int_{-\infty}^{\infty} \exp\left(-\frac{x^2}{2}\right) dx \\
&= 1
\end{aligned}$$

于是根据定义 2.1.4 可知, Q 是 P 的等价概率测度. 现在概率空间 $(\Omega, \mathcal{F}, Q)$ 中定义一个带漂移项 θ 的新的随机变量 Y 为

$$Y = X + \theta$$

下面证明在新的测度 Q 下, 仍然有 $Y \sim N(0, 1)$. 计算过程如下:

$$\begin{aligned}
Q(Y < y) &= Q(X < y - \theta) \\
&= \mathbb{E}^Q \left[\mathbf{1}_{X < y - \theta}\right] \\
&= \mathbb{E}^P \left[\mathbf{1}_{X < y - \theta} \exp\left(-\frac{\theta^2}{2} - \theta X\right)\right] \\
&= \frac{1}{\sqrt{2\pi}} \int_{-\infty}^{y-\theta} \exp\left(-\frac{\theta^2}{2} - \theta x\right) \exp\left(-\frac{x^2}{2}\right) dx \\
&= \frac{1}{\sqrt{2\pi}} \int_{-\infty}^{y-\theta} \exp\left(-\frac{(x+\theta)^2}{2}\right) dx \\
&= \frac{1}{\sqrt{2\pi}} \int_{-\infty}^{y} \exp\left(-\frac{z^2}{2}\right) dz
\end{aligned}$$

于是证明了 Y 在新的测度 Q 下仍服从标准正态分布.

推广到布朗运动, 就有下面的 Girsanov 定理.

定理 3.5.4(Girsanov 定理) 假设 $\{W(t)\}_{t \geqslant 0}$ 是概率空间 $(\Omega, \mathcal{F}, P)$ 上的布朗运动 (称为 P-布朗运动), $\{\mathcal{F}_t\}_{t \geqslant 0}$ 是相应的域流, 且 $\{\theta(t)\}_{t \geqslant 0}$ 是一个 $\mathcal{F}_t$-适应过程, 它满足 Novikov 条件:

$$\mathbb{E}\left[\exp\left(\frac{1}{2} \int_0^T \theta^2(t) \, dt\right)\right] < \infty$$

对 $0 \leqslant t \leqslant T$, 定义 Itô 过程

$$\widetilde{W}(t) = \int_0^t \theta(s) \, ds + W(t) \tag{3.5.18}$$

和函数
$$Z(t) = \exp\left(-\int_0^t \theta(s)\ dW(s) - \frac{1}{2}\int_0^t \theta^2(s)\ ds\right) \tag{3.5.19}$$

并定义一个新的测度 $\widetilde{P}$, 使得
$$Z(t) = \left.\frac{d\widetilde{P}}{dP}\right|_{\mathcal{F}_t} = \mathbb{E}^P[Z(T)|\mathcal{F}_t] \tag{3.5.20}$$

则在新测度 $\widetilde{P}$ 下, Itô 过程 $\{\widetilde{W}(t)\}_{t\geqslant 0}$ 仍是一个 $\widetilde{P}$-布朗运动.

证明 首先验证函数 $Z(t)$ 在测度 P 下是一个鞅. 令
$$X(t) = -\int_0^t \theta(s)\ dW(s) - \frac{1}{2}\int_0^t \theta^2(s)\ ds$$

以及 $f(x) = e^x$, 则由 (3.5.19) 式可知 $Z(t) = f(X(t))$, 利用 Itô 公式对 $Z(t)$ 求微分, 得

$$\begin{aligned}
dZ(t) &= df(X(t)) \\
&= f'(X(t))\ dX(t) + \frac{1}{2}f''(X(t))\ dX(t)dX(t) \\
&= \exp(X(t))\ dX(t) + \frac{1}{2}\exp(X(t))\theta^2(t)\ dt \\
&= -\theta(t)\exp(X(t))\ dW(t) \\
&= -\theta(t)Z(t)\ dW(t)
\end{aligned} \tag{3.5.21}$$

因此, 根据关于 Itô 积分性质的定理 3.4.3 中的性质 (iv) 可知, 作为 Itô 积分函数 $Z(t)$ 是鞅, 且有

$$\widetilde{P}(\Omega) = \int_\Omega Z(\omega)\ dP(\omega) = \mathbb{E}^P[Z(T)] = Z(0) = 1$$

故 $\widetilde{P}$ 是概率测度. 下面再证 $Z(t)\widetilde{W}(t)$ 在测度 P 下也是一个鞅. 事实上, 由 (3.5.18) 式得
$$d\widetilde{W}(t) = \theta(t)\ dt + dW(t)$$

利用 Itô 乘积法则的 (3.5.11) 和 (3.5.21) 式, 得

$$\begin{aligned}
d(Z(t)\widetilde{W}(t)) &= \widetilde{W}(t)\ dZ(t) + Z(t)\ d\widetilde{W}(t) + d\widetilde{W}(t)\ dZ(t) \\
&= -\widetilde{W}(t)\theta(t)Z(t)\ dW(t) + Z(t)[\theta(t)\ dt + dW(t)] \\
&\quad - [\theta(t)\ dt + dW(t)]\theta(t)Z(t)\ dW(t) \\
&= [1 - \widetilde{W}(t)\theta(t)]Z(t)\ dW(t)
\end{aligned}$$

式中略去了关于 dt 的高阶无穷小量. 与 (3.5.21) 式中的结论一样, Itô 积分的性质说明 $Z(t)\widetilde{W}(t)$ 在测度 P 下也是一个鞅. 最后证明在新测度 $\widetilde{P}$ 下, Itô 过程 $\{\widetilde{W}(t)\}_{t\geqslant 0}$ 是一个 $\widetilde{P}$-布朗运动. 为此, 应用 Lévy 定理 (定理 3.4.2). 计算 $\widetilde{W}(t)$ 的二次变差:

$$d\widetilde{W}(t)d\widetilde{W}(t) = [\theta(t)\,dt + dW(t)]^2 = dW(t)dW(t) = t$$

为了证明 $\widetilde{W}(t)$ 在 $\widetilde{P}$ 下是一个鞅, 先证下面的结论.

对任何 $\mathcal{F}_T$-可测的随机变量 X, 以及 $0 \leqslant s \leqslant t \leqslant T$, 有

$$\mathbb{E}^{\widetilde{P}}[X|\mathcal{F}_s] = \frac{1}{Z(s)}\mathbb{E}^{P}[XZ(t)|\mathcal{F}_s] \tag{3.5.22}$$

为此取任意的 $A \in \mathcal{F}_t$, 利用迭代期望法则, 得到

$$\int_A X\,d\widetilde{P} = \int_A XZ(T)\,dP$$
$$= \mathbb{E}^{P}[\mathbf{1}_A XZ(T)]$$
$$= \mathbb{E}^{P}[\mathbb{E}^{P}[\mathbf{1}_A XZ(T)|\mathcal{F}_t]]$$
$$= \mathbb{E}^{P}[\mathbf{1}_A XZ(t)]$$
$$= \int_A XZ(t)\,dP$$

同理, 对同样的 $A \in \mathcal{F}_t$, 利用迭代期望法则, 得到

$$\int_A \frac{1}{Z(s)}\mathbb{E}^{P}[XZ(t)|\mathcal{F}_s]\,d\widetilde{P} = \int_A \frac{1}{Z(s)}\mathbb{E}^{P}[XZ(t)|\mathcal{F}_s]Z(T)\,dP$$
$$= \mathbb{E}^{P}\left[\mathbf{1}_A \frac{1}{Z(s)}\mathbb{E}^{P}[XZ(t)|\mathcal{F}_s]Z(T)\right]$$
$$= \mathbb{E}^{P}\left[\mathbb{E}^{P}\left[\mathbf{1}_A \frac{1}{Z(s)}\mathbb{E}^{P}[XZ(t)|\mathcal{F}_s]Z(T)\Big|\mathcal{F}_s\right]\right]$$
$$= \mathbb{E}^{P}\left[\mathbf{1}_A \frac{1}{Z(s)}Z(s)\mathbb{E}^{P}\left[XZ(t)\Big|\mathcal{F}_s\right]\right]$$
$$= \mathbb{E}^{P}\left[\mathbb{E}^{P}\left[\mathbf{1}_A XZ(t)\Big|\mathcal{F}_s\right]\right]$$
$$= \mathbb{E}^{P}[\mathbf{1}_A XZ(T)]$$
$$= \int_A XZ(t)\,dP$$

这表明

$$\int_A X\,d\widetilde{P} = \int_A \frac{1}{Z(s)}\mathbb{E}^{P}[XZ(t)|\mathcal{F}_s]\,d\widetilde{P}$$

即 (3.5.22) 式成立. 在 (3.5.22) 式中令 $X = \widetilde{W}(t)$, 利用前面证明的结论可知, $Z(t)\widetilde{W}(t)$ 在测度 P 下是一个鞅, 故有

$$\mathbb{E}^{\widetilde{P}}[\widetilde{W}(t)|\mathcal{F}_s] = \frac{1}{Z(s)}\mathbb{E}^{P}[\widetilde{W}(t)Z(t)|\mathcal{F}_s] = \frac{1}{Z(s)}\widetilde{W}(s)Z(s) = \widetilde{W}(s)$$

这说明 $\widetilde{W}(t)$ 在 $\widetilde{P}$ 下是鞅. 由 Lévy 定理可知, $\widetilde{W}(t)$ 是一个 $\widetilde{P}$- 布朗运动.

作为一个应用, 利用 Girsanov 定理讨论风险的市场价格在从市场实际测度转换到风险中性测度中所起到的作用. 设在金融市场模型 $\mathcal{M}$ 中, 可交易标的资产由风险资产 $S(t)$ 和无风险资产 $B(t)$ 组成, 它们的价格过程在实际概率测度 P 下分别满足

$$\frac{dS(t)}{S(t)} = \mu \, dt + \sigma \, dW(t) \qquad (3.5.23)$$
$$dB(t) = rB(t) \, dt$$

其中 $W(t)$ 是 P-布朗运动. 假设取无风险资产 $B(t)$ 作为计价单位, 且根据 $S^*(t) = S(t)/B(t)$ 来定义贴现风险资产的价格. 根据 Itô 公式, 贴现价格过程 $S^*(t)$ 变为

$$\frac{dS^*(t)}{S^*(t)} = (\mu - r)dt + \sigma \, dW(t)$$

我们希望能够找到等价鞅测度 Q 使得贴现的资产价格 $S^*(t)$ 是一个 Q-鞅. 根据 Girsanov 定理, 在 Radon-Nikodym 导数中, 假设取 $\theta(t)$ 就是风险的市场价格, 即

$$\theta(t) = \frac{\mu - r}{\sigma}$$

那么 $\widetilde{W}(t)$ 在概率测度 Q 下是一个布朗运动, 并且

$$d\widetilde{W}(t) = dW(t) + \frac{\mu - r}{\sigma} dt \qquad (3.5.24)$$

在 Q-测度下, $S^*(t)$ 的价格过程现在变为

$$\frac{dS^*(t)}{S^*(t)} = \sigma \, d\widetilde{W}(t)$$

因为 $\widetilde{W}(t)$ 是 Q-布朗运动, 所以 $S^*(t)$ 在测度 Q 下是一个鞅. 将 (3.5.24) 式代入到 (3.5.23) 式中可知, 在 Q- 测度下资产价格 $S(t)$ 满足

$$\frac{dS(t)}{S(t)} = r \, dt + \sigma \, d\widetilde{W}(t)$$

其中漂移率 μ 等于无风险利率 r. 可见, 当无风险资产 $B(t)$ 作为计价单位时, 市场实际测度 P 转换成为相应的等价鞅测度 Q, 即风险中性测度 Q, 且在风险中性测度 Q 下, $S(t)$ 的漂移率由原来的 μ 变成了无风险利率 r, 这与前面 3.3.2 节和例 3.1 中讨论过的结论是一致的.

根据风险中性定价公式 (2.1.11), 期权在 t 时刻的价格为

$$V(S, t) = e^{-r(T-t)} \mathbb{E}^Q[V_T | \mathcal{F}_t]$$

其中 $\mathbb{E}^Q$ 是在风险中性测度 Q 下关于域流 $\mathcal{F}_t$ 当 $S(t) = S$ 时的条件期望.

最后,不加证明地给出鞅表示定理.

定理 3.5.5(鞅表示定理)　假设 $\{W(t)\}_{t \geqslant 0}$ 是概率空间 $(\Omega, \mathcal{F}, P)$ 上的布朗运动,$\{\mathcal{F}_t\}_{t \geqslant 0}$ 是相应的域流,$M(t)$ 为此域流对应的平方可积鞅,则存在一个适应过程 $\{\theta(t)\}_{t \geqslant 0}$ 使得

$$M(t) = M_0 + \int_0^t \theta(s)\, dW(s)$$

详细证明参见严加安 (2012) 的著作.

附注　在鞅表示定理中,$M(t)$ 为域流 $\{\mathcal{F}_t\}_{t \geqslant 0}$ 对应的平方可积鞅是指,对任意的 t,$M(t)$ 是 $\mathcal{F}_t$-可测的,且对 $0 \leqslant s < t \leqslant T$,有 $\mathbb{E}[M(t)|\mathcal{F}_s] = M(s)$ 和 $\mathbb{E}[|M(t)|^2] < \infty$.

习题 3

3.1　假设 $\{W(t)\}_{t \geqslant 0}$ 是标准布朗运动,证明下面定义的过程

$$X_1(t) = kW(t/k^2), \quad k > 0$$

$$X_2(t) = \begin{cases} tW\left(\dfrac{1}{t}\right), & t > 0 \\ 0, & t = 0 \end{cases}$$

和

$$X_3(t) = W(t + h) - W(h), \quad h > 0$$

也是一个布朗运动.

3.2　假设 $\{W(t)\}_{t \geqslant 0}$ 是标准布朗运动,对任何正整数 n,证明

$$\int_{t_0}^{t_1} W(t)^n\, dW(t) = \frac{1}{n+1}[W(t_1)^{n+1} - W(t_0)^{n+1}] - \frac{n}{2}\int_{t_0}^{t_1} W(t)^{n-1}\, dt$$

3.3　如果 $\{W(t)\}_{t \geqslant 0}$ 是标准布朗运动,证明 $\mathbb{E}[W^4(t)] = 3t^2$.

3.4　假设 $\{W(t)\}_{t \geqslant 0}$ 是标准布朗运动,证明

$$\sigma \int_t^T [W(u) - W(t)]\, du$$

的期望值为零,方差为 $\sigma^2(T-t)^3/3$.

3.5 假设 $\{W(t)\}_{t\geqslant 0}$ 是标准布朗运动, 定义

$$\beta_k(t) = \mathbb{E}[W^k(t)], \quad k = 0, 1, \cdots, t \geqslant 0$$

利用 Itô 公式证明

$$\beta_k(t) = \frac{1}{2}k(k-1)\int_0^t \beta_{k-2}(s)\, ds, \quad k \geqslant 2$$

并由此推出 $\mathbb{E}[W^4(t)]$ 的值.

3.6 如果 $\{W(t)\}_{t\geqslant 0}$ 是概率测度 P 下的标准布朗运动, $\{\mathcal{F}_t\}_{t\geqslant 0}$ 是与它相适应的域流. 证明: 在概率测度 P 下 $W^2(t) - t$ 是一个鞅.

3.7 设 $\{W(t)\}_{t\geqslant 0}$ 是标准布朗运动, 利用 Itô 公式证明:

$$\int_0^t W^2(s)\, dW(s) = \frac{1}{3}W^3(t) - \int_0^t W(s)\, ds$$

3.8 如果 $\{W(t)\}_{t\geqslant 0}$ 是概率测度 P 下的标准布朗运动, 定义 $Z(t) = \exp(\alpha W(t))$. 利用 Itô 公式写出 $Z(t)$ 满足的随机微分方程, 然后求出 $m(t) \triangleq \mathbb{E}[Z_t]$ 满足的 (确定的) 常微分方程, 并通过求解该方程证明

$$\mathbb{E}[\exp(\alpha W(t))] = \exp\left(\frac{\alpha^2}{2}t\right)$$

3.9 如果 $\{W(t)\}_{t\geqslant 0}$ 是标准布朗运动, 过程 $\{X(t)\}_{t\geqslant 0}$ 定义为

$$X(t) = X(0) + \mu \int_0^t X(s)\, ds + \sigma \int_0^t dW(s), \quad 0 \leqslant t \leqslant T$$

其中 μ 和 σ 为常数. 该方程通常称为 Langevin 方程. 当初始值 $X(0)$ 为常量时, 称它为 Ornstein-Uhlenbeck 过程. 上式可以等价地写为

$$dX(t) = \mu X(t)\, dt + \sigma\, dW(t)$$

求解该方程, 并求 $X(t)$ 的期望和方差.

3.10 利率的 Black-Karasinski 模型是

$$dr(t) = \sigma(t)r(t)dW(t) + \left(\theta(t) + \frac{1}{2}\sigma^2(t) - \alpha(t)\ln r(t)\right)r(t)\, dt$$

这里 $\{W(t)\}_{t\geqslant 0}$ 是标准布朗运动, $\sigma(t), \theta(t)$ 和 $\alpha(t)$ 是时间的确定函数, 特殊情况下, σ, θ 和 α 是常数, 求 $r(t)$, 使得它是 $\int_0^t e^{\alpha s}\, dW(s)$ 的函数.

3.11 设股价过程 $S(t)$ 服从几何布朗运动

$$\frac{dS(t)}{S(t)} = \mu\, dt + \sigma\, dW(t)$$

其中 $W(t)$ 是一个在概率测度 P 下的布朗运动. 利用指定的 Radon-Nikodym 导数 $\dfrac{d\widetilde{P}}{dP}$, 求一个新测度 $\widetilde{P}$ 使得 $S(t)$ 在新测度 $\widetilde{P}$ 下遵循

$$\frac{dS(t)}{S(t)} = \mu' \, dt + \sigma \, d\widetilde{W}(t)$$

其中 $\widetilde{W}(t)$ 是一个 $\widetilde{P}$-布朗运动, μ' 是新的漂移率.

第 4 章 期权定价的连续模型

从第 1 章的金融产品介绍中可以知道,期权是一种特殊的金融衍生产品,从字面上看,"期"是未来的意思,"权"是权利的意思,期权是指一种能在未来某特定时间以特定价格买入或卖出一定数量标的资产的权利. 期权不是免费的,买方需向卖方支付一定的期权费,于是便产生了期权定价的问题.

早在公元前 1200 年,古希腊和古腓尼基国的贸易中就已经出现了期权交易的雏形,期权的思想萌芽也可以追溯到公元前 1800 年的《汉穆拉比法典》. 最早研究期权定价理论的是法国数学家兼经济学家巴切利尔,在他的博士论文《投机的理论》中,他首次用布朗运动来描述股票价格的变化,并提出了一个股票期权定价公式,但是他的公式是建立在一些不现实的假设之上的,如利率为零,股票价格可以为负等. 1964 年,著名经济学家萨缪尔森对巴切利尔的模型进行了修正,以股票的回报代替原模型中的股票价格,这个修正的模型克服了原模型中股票价格可能出现负值的不合理情况,但他提出的定价公式中有两个量依赖于投资人的个人偏好,因此虽然这个定价公式很漂亮,但在实际交易中它是不能应用的. 直到 1973 年,随着 Black 和 Scholes 合著的一篇载于《政治经济学杂志》的论文《期权定价和公司负债》的发表,期权定价问题有了重大突破. 他们利用套利理论和随机分析中的 Itô 公式证明了股票期权价格过程可表示成股票价格和时间 t 的二元函数 $V(S,t)$,其中 V 满足一个抛物型的偏微分方程,并由此导出了一个期权定价公式,即著名的 Black-Scholes 公式. 这个公式的创新之处在于不依赖于投资人的偏好,它把所有投资人引向一个风险中性世界. 随后,Merton 在《合理的期权定价理论》一文中对 Black-Scholes 模型和定价公式进行了推广和完善,并将他们利用期权来估价公司负债的思想发展成为所谓的"未定权益分析". 由他们三人共同开创的期权定价理论给整个现代金融市场的理论带来了一场革命,被誉为"华尔街的第二次革命". 由于他们的杰出成就,1997 年,Merton 和 Scholes 荣获诺贝尔经济学奖,Black 在 1995 年去世未能得奖.

本书的第 2 章介绍了期权定价的离散模型,本章将介绍期权定价的连续模型,主要介绍著名的 Black-Scholes 公式、推广的 Black-Scholes 模型、有交易成本的欧式期权定价公式、永久美式期权的定价模型以及参数与风险管理.

4.1 Black-Scholes 公式

4.1.1 Black-Scholes 方程

下面给出 Black-Scholes 期权定价模型的基本假设.

(i) 股票价格服从几何布朗运动

$$dS_t = \mu S_t dt + \sigma S_t dW_t \tag{4.1.1}$$

其中股票期望收益率 μ 和波动率 σ 均为常数, W_t 是标准布朗运动;

(ii) 无交易费用和税收;

(iii) 无风险利率 r 为常数, 且股票不支付股息;

(iv) 投资者可按无风险利率任意地借入或贷出, 无卖空限制;

(v) 市场无套利机会.

用 S 表示股票的现价, X 表示期权的敲定价格, T 表示期权的到期日, t 表示当前时刻, V 表示期权的价格, 且设 $V_t = V(S_t, t)$. 接下来推导著名的 Black-Scholes 方程.

假设金融市场 $\mathcal{M}$ 上有两类资产: 无风险资产和风险资产, 其中无风险资产 $B_t = B(t)$ (比如债券) 满足

$$dB_t = rB_t dt. \tag{4.1.2}$$

风险资产 $S_t = S(t)$ (如股票) 的演化过程满足 (4.1.1) 式.

假设 h_t^1 表示 t 时刻投资在股票 S 上的金额, h_t^2 表示 t 时刻投资在期权 V 上的金额. 于是, 在 t 时刻总资产 Π_t 的投资组合满足

$$\Pi_t = h_t^1 + h_t^2, \tag{4.1.3}$$

因此在 $t + dt$ 时刻, 该投资组合的收益是

$$d\Pi_t = \frac{h_t^1}{S_t} dS_t + \frac{h_t^2}{V_t} dV_t \tag{4.1.4}$$

这代表金钱市场的一种自融资交易策略, 其中 $\dfrac{dS_t}{S_t}$ 和 $\dfrac{dV_t}{V_t}$ 分别表示股票和期权在时段 $(t, t+dt)$ 的回报.

由 Itô 公式知

$$\begin{aligned}
dV_t &= \left(\frac{\partial V}{\partial t} + \frac{1}{2}\sigma^2 S^2 \frac{\partial^2 V}{\partial S^2} \right) dt + \frac{\partial V}{\partial S} dS \\
&= \left(\frac{\partial V}{\partial t} + \frac{1}{2}\sigma^2 S^2 \frac{\partial^2 V}{\partial S^2} + \mu S \frac{\partial V}{\partial S} \right) dt + \sigma S \frac{\partial V}{\partial S} dW_t
\end{aligned}$$

为了方便, 记 $\mu_t^\Pi V_t = \dfrac{\partial V}{\partial t} + \dfrac{1}{2}\sigma^2 S^2 \dfrac{\partial^2 V}{\partial S^2} + \mu S \dfrac{\partial V}{\partial S}$, $\sigma_t^\Pi V_t = \sigma S \dfrac{\partial V}{\partial S}$.

从而, 由 (4.1.1) 和 (4.1.4) 式, 得到

$$d\Pi_t = h_t^1(\mu dt + \sigma dW_t) + h_t^2(\mu_t^\Pi dt + \sigma_t^\Pi dW_t)$$
$$= (\mu h_t^1 + \mu_t^\Pi h_t^2)dt + (\sigma h_t^1 + \sigma_t^\Pi h_t^2)dW_t$$

选取适当的 h_t^1 和 h_t^2 使投资组合 Π_t 是无风险的, 则上式中的随机项 dW_t 的系数应为 0, 即 $\sigma h_t^1 + \sigma_t^\Pi h_t^2 = 0$, 再由 (4.1.3) 式, 得到

$$d\Pi_t = (\mu h_t^1 + \mu_t^\Pi h_t^2)dt = \Pi_t \left(\dfrac{\mu h_t^1 + \mu_t^\Pi h_t^2}{h_t^1 + h_t^2} \right) dt$$

因为市场无套利, 所以必须有

$$u_t^1 \mu + u_t^2 \mu_t^\Pi = r \tag{4.1.5}$$

这里, $u_t^1 = \dfrac{h_t^1}{h_t^1 + h_t^2}$, $u_t^2 = \dfrac{h_t^2}{h_t^1 + h_t^2}$.

于是, 有

$$\begin{cases} u_t^1 + u_t^2 = 1 \\ u_t^1 \mu + u_t^2 \mu_t^\Pi = r \\ u_t^1 \sigma + u_t^2 \sigma_t^\Pi = 0 \end{cases}$$

从而, 得到

$$u_t^1 = \dfrac{\sigma_t^\Pi}{\sigma_t^\Pi - \sigma}, \quad u_t^2 = \dfrac{-\sigma}{\sigma_t^\Pi - \sigma}$$

将它们代入 (4.1.5) 式, 有

$$\dfrac{\sigma_t^\Pi}{\sigma_t^\Pi - \sigma}\mu + \dfrac{-\sigma}{\sigma_t^\Pi - \sigma}\mu_t^\Pi = r$$

整理得

$$\sigma_t^\Pi \mu - \sigma \mu_t^\Pi = r(\sigma_t^\Pi - \sigma)$$

再将前面 μ_t^Π 和 σ_t^Π 的具体表达式代入到上式, 得到

$$\sigma S \dfrac{\partial V}{\partial S} \dfrac{\mu}{V} - \dfrac{\sigma}{V}\left(\dfrac{\partial V}{\partial t} + \dfrac{1}{2}\sigma^2 S^2 \dfrac{\partial^2 V}{\partial S^2} + \mu S \dfrac{\partial V}{\partial S} \right) = r\left(\sigma S \dfrac{\partial V}{\partial S} \dfrac{1}{V} - \sigma \right)$$

整理得

$$\dfrac{\partial V}{\partial t} + \dfrac{1}{2}\sigma^2 S^2 \dfrac{\partial^2 V}{\partial S^2} + rS\dfrac{\partial V}{\partial S} - rV = 0 \tag{4.1.6}$$

此式即为 **Black-Scholes 方程**.

值得注意的是, 方程 (4.1.6) 中并不包含股票期望收益率 μ, 即期权的价值与资产价值增长的快慢是独立的. 代替 μ 出现的是无风险利率 r, 这说明 Black-Scholes 方程把人们引入一个风险中性世界, 它的定价理论不依赖每个投资人的偏好以及对未来风险资产的期望值.

4.1.2 Black-Scholes 公式: 偏微分方程方法

本节将采用偏微分方程的方法推导出 Black-Scholes 公式. 欧式期权满足如下定解问题:

$$\begin{cases} \dfrac{\partial V}{\partial t} + \dfrac{1}{2}\sigma^2 S^2 \dfrac{\partial^2 V}{\partial S^2} + rS\dfrac{\partial V}{\partial S} - rV = 0, \quad 0 \leqslant S < \infty, 0 \leqslant t < T \\ V(S,T) = \begin{cases} (S-X)^+, & \text{看涨期权} \\ (X-S)^+, & \text{看跌期权} \end{cases} \end{cases} \quad (4.1.7)$$

作自变量变换, 令 $x = \ln S$, $\tau = T - t$, 则上面的变系数倒向方程的定解问题转化为常系数正向的抛物型偏微分方程的 Cauchy 问题 (初值问题):

$$\begin{cases} \dfrac{\partial V}{\partial \tau} - \dfrac{1}{2}\sigma^2 \dfrac{\partial^2 V}{\partial x^2} - \left(r - \dfrac{\sigma^2}{2}\right)\dfrac{\partial V}{\partial x} + rV = 0, \quad -\infty < x < \infty, 0 < \tau \leqslant T \\ u(x,0) = \begin{cases} (e^x - X)^+, & \text{看涨期权} \\ (X - e^x)^+, & \text{看跌期权} \end{cases} \end{cases} \quad (4.1.8)$$

接下来以欧式看涨期权为例求解上述偏微分方程. 令 $V = ue^{\alpha\tau + \beta x}$, 则 (4.1.8) 式变为

$$\frac{\partial u}{\partial \tau} - \frac{\sigma^2}{2}\frac{\partial^2 u}{\partial x^2} - \left(\beta\sigma^2 + r - \frac{\sigma^2}{2}\right)\frac{\partial u}{\partial x} + \left[r - \beta\left(r - \frac{\sigma^2}{2}\right) - \frac{\sigma^2}{2}\beta^2 + \alpha\right]u = 0$$

选取

$$\alpha = -r - \frac{1}{2\sigma^2}\left(r - \frac{\sigma^2}{2}\right)^2, \quad \beta = \frac{1}{2} - \frac{r}{\sigma^2}$$

则 (4.1.8) 式进一步变为标准的热传导方程的 Cauchy 问题:

$$\begin{cases} \dfrac{\partial u}{\partial \tau} - \dfrac{\sigma^2}{2}\dfrac{\partial^2 u}{\partial x^2} = 0 \\ u(x,0) = e^{-\beta x}(e^x - X)^+ \end{cases} \quad (4.1.9)$$

根据偏微分方程的知识可知, 如下热传导方程

$$\begin{cases} \dfrac{\partial u}{\partial t} = a^2 \dfrac{\partial^2 u}{\partial x^2} \\ u(x,0) = \Phi(x) \end{cases}$$

其通解为 (泊松公式)

$$u(x,t) = \frac{1}{2a\sqrt{\pi t}} \int_{-\infty}^{\infty} e^{-\frac{(x-\xi)^2}{4a^2 t}} \Phi(\xi) \, d\xi \tag{4.1.10}$$

由泊松公式知, (4.1.9) 式的解为

$$\begin{aligned} u(x,\tau) &= \frac{1}{\sigma\sqrt{2\pi\tau}} \int_{-\infty}^{\infty} e^{-\frac{(x-\xi)^2}{2\sigma^2\tau}} [e^{-\beta\xi}(e^{\xi} - X)^+] \, d\xi \\ &= \frac{1}{\sigma\sqrt{2\pi\tau}} \int_{\ln X}^{\infty} e^{-\frac{(x-\xi)^2}{2\sigma^2\tau}} (e^{(1-\beta)\xi} - Xe^{-\beta\xi}) \, d\xi \end{aligned}$$

代回原变量, 得到

$$\begin{aligned} V(x,\tau) &= e^{\alpha\tau + \beta x} u(x,\tau) \\ &= e^{-r\tau - \frac{1}{2\sigma^2}(r - \frac{\sigma^2}{2})^2 \tau - \frac{1}{\sigma^2}(r - \frac{\sigma^2}{2})x} u(x,\tau) \\ &= I_1 - I_2 \end{aligned}$$

$$\begin{aligned} I_1 &= \frac{e^{-r\tau}}{\sigma\sqrt{2\pi\tau}} \int_{\ln X}^{\infty} \exp\left\{ -\frac{1}{2\sigma^2\tau} \left[(x-\xi)^2 + 2(x-\xi)\left(r - \frac{\sigma^2}{2}\right)\tau \right.\right.\\ &\qquad\qquad\left.\left. + \left(r - \frac{\sigma^2}{2}\right)^2 \tau^2 \right] + \xi \right\} d\xi \\ &= \frac{e^{-r\tau}}{\sigma\sqrt{2\pi\tau}} \int_{\ln X}^{\infty} \exp\left\{ -\frac{1}{2\sigma^2\tau} \left[x - \xi + \left(r - \frac{\sigma^2}{2}\right)\tau \right]^2 + \xi \right\} d\xi \\ &= \frac{e^x}{\sigma\sqrt{2\pi\tau}} \int_{-\infty}^{x - \ln X + (r - \frac{\sigma^2}{2})\tau} e^{-\frac{(\eta + \sigma^2\tau)^2}{2\sigma^2\tau}} d\eta \quad \left(\eta = x - \xi + \left(r - \frac{\sigma^2}{2}\right)\tau\right) \\ &= e^x N\left(\frac{x - \ln X + (r + \frac{\sigma^2}{2})\tau}{\sigma\sqrt{\tau}} \right) \quad \left(\lambda = \frac{\eta + \sigma^2\tau}{\sigma\sqrt{\tau}}\right) \end{aligned}$$

这里, $N(x)$ 是标准正态分布的累计分布函数, $N(x) = \frac{1}{\sqrt{2\pi}} \int_{-\infty}^{x} e^{-\frac{\lambda^2}{2}} d\lambda$.

$$\begin{aligned} I_2 &= \frac{Xe^{-r\tau}}{\sigma\sqrt{2\pi\tau}} \int_{\ln X}^{\infty} \exp\left\{ -\frac{1}{2\sigma^2\tau} \left[x - \xi + \left(r - \frac{\sigma^2}{2}\right)\tau \right]^2 \right\} d\xi \\ &= \frac{Xe^{-r\tau}}{\sigma\sqrt{2\pi\tau}} \int_{-\infty}^{x - \ln X + (r - \frac{\sigma^2}{2})\tau} e^{-\frac{\eta^2}{2\sigma^2\tau}} d\eta \quad \left(\eta = x - \xi + \left(r - \frac{\sigma^2}{2}\right)\tau\right) \\ &= Xe^{-r\tau} N\left(\frac{x - \ln X + (r - \frac{\sigma^2}{2})\tau}{\sigma\sqrt{\tau}} \right) \quad \left(\lambda = \frac{\eta}{\sigma\sqrt{\tau}}\right) \end{aligned}$$

代回原变量, 得出欧式看涨期权的定价公式为

$$V(S,t) = SN(d_1) - Xe^{-r(T-t)}N(d_2) \tag{4.1.11}$$

其中,

$$d_1 = \frac{\ln\dfrac{S}{X} + \left(r + \dfrac{\sigma^2}{2}\right)(T-t)}{\sigma\sqrt{T-t}}$$
$$d_2 = d_1 - \sigma\sqrt{T-t}$$

(4.1.11) 式被称为 **Black-Scholes 公式**. 同理, 可得出欧式看跌期权的定价公式为

$$V(S,t) = Xe^{-r(T-t)}N(-d_2) - SN(-d_1) \tag{4.1.12}$$

4.1.3 Black-Scholes 公式: 概率论方法

本节将采用微积分和概率论的知识推导出经典的 Black-Scholes 公式, 对于那些没有学过偏微分方程课程的学生, 此方法更易于理解.

设 $(\Omega, \mathcal{F}, P)$ 为概率空间和 W_t 为标准布朗运动, 股票价格 S_t 服从几何布朗运动

$$\begin{aligned}
dS_t &= \mu S_t dt + \sigma S_t dW_t \\
&= S_t[rdt + (\mu-r)dt] + \sigma S_t dW_t \\
&= rS_t dt + \sigma S_t\left(\frac{\mu-r}{\sigma}dt + dW_t\right) \\
&= rS_t dt + \sigma S_t d\widetilde{W_t}
\end{aligned}$$

其中 $d\widetilde{W_t} = \theta dt + dW_t$, $\theta = \dfrac{\mu-r}{\sigma}$.

由第 3 章 Girsanov 定理知, 在测度变换

$$\frac{dQ}{dP} = Z_T, \quad Z_t = \exp\left\{-\int_0^t \theta d\widetilde{W_\tau} - \frac{1}{2}\int_0^t \theta^2 \, d\tau\right\}$$

下, $\widetilde{W_t}$ 是概率测度 Q 下的布朗运动, 贴现的股票价格 $e^{-rt}S_t$ 是一个 Q-鞅. 也就是说利用 Girsanov 定理, 构造了一个等价于 P 的概率测度 Q, 且等价鞅测度 Q 是一个风险中性测度.

从上面的推导可知, 在无套利的假设条件下, 存在风险中性测度. 接下来将推导欧式看涨期权的风险中性价格. 在风险中性测度 Q 下, 股票价格 S_t 满足以下随机微分方程:

$$dS_t = rS_t dt + \sigma S_t d\widetilde{W_t} \tag{4.1.13}$$

欧式看涨期权在到期日的收益函数为 $(S_T - X)^+$, 则欧式看涨期权的风险中性价格为

$$V(S,t) = e^{-r(T-t)}\mathbb{E}^{\mathbb{Q}}[(S_T - X)^+ | S_t = S] \tag{4.1.14}$$

由 Itô 公式知

$$d(\ln S) = \frac{1}{2}\sigma^2 S^2 \left(-\frac{1}{S^2}\right) dt + \frac{1}{S}dS$$

上式两边从 t 到 T 积分, 整理得

$$\begin{aligned}S_T &= S\exp\left\{\left(r - \frac{\sigma^2}{2}\right)(T-t) + \sigma(\widetilde{W}_T - \widetilde{W}_t)\right\} \\ &= S\exp\left\{\left(r - \frac{\sigma^2}{2}\right)\tau + \sigma\sqrt{\tau}Z_\tau\right\}\end{aligned}$$

这里 $\tau = T - t$, $Z_\tau = \dfrac{\widetilde{W}_T - \widetilde{W}_t}{\sqrt{\tau}}$, Z_τ 服从标准正态分布, 即 $Z_\tau \sim N(0,1)$.

$$\begin{aligned}V(S,t) &= e^{-r(T-t)}\mathbb{E}^{\mathbb{Q}}[(S_T - X)^+ | S_t = S] \\ &= e^{-r(T-t)}\int_{-\infty}^{\infty}(Se^{(r-\frac{\sigma^2}{2})(T-t)+\sigma z\sqrt{T-t}} - X)^+ f_z(z)\,dz \\ &= e^{-r(T-t)}\int_{z_0}^{\infty}(Se^{(r-\frac{\sigma^2}{2})(T-t)+\sigma z\sqrt{T-t}} - X) f_z(z)\,dz \\ &= I_1 - I_2\end{aligned}$$

这里, $f_z(z) = \dfrac{1}{\sqrt{2\pi}}e^{-\frac{z^2}{2}}$, $z_0 = \dfrac{\ln\frac{X}{S} - (r - \frac{\sigma^2}{2})(T-t)}{\sigma\sqrt{T-t}}$.

$$\begin{aligned}I_1 &= Se^{-r(T-t)}\int_{z_0}^{\infty} e^{(r-\frac{\sigma^2}{2})(T-t)+\sigma z\sqrt{T-t}} f_z(z)\,dz \\ &= \frac{S}{\sqrt{2\pi}}e^{-r(T-t)}\int_{z_0}^{\infty} e^{(r-\frac{\sigma^2}{2})(T-t)+\sigma z\sqrt{T-t}-\frac{z^2}{2}}\,dz \\ &= \frac{S}{\sqrt{2\pi}}\int_{z_0}^{\infty} e^{-\frac{1}{2}(z-\sigma\sqrt{T-t})^2}\,dz \\ &= \frac{S}{\sqrt{2\pi}}\int_{z_0-\sigma\sqrt{T-t}}^{\infty} e^{-\frac{1}{2}\tilde{z}^2}\,d\tilde{z} \quad (\tilde{z} = z - \sigma\sqrt{T-t}) \\ &= SN(-z_0 + \sigma\sqrt{T-t})\end{aligned}$$

这里, $N(x) = \dfrac{1}{\sqrt{2\pi}}\int_{-\infty}^{x} e^{-\frac{\lambda^2}{2}}d\lambda$.

$$\begin{aligned}I_2 &= Xe^{-r(T-t)}\int_{z_0}^{\infty} f_z(z)\,dz \\ &= Xe^{-r(T-t)}N(-z_0)\end{aligned}$$

从而得到欧式看涨期权的定价公式为

$$V(S,t) = SN(d_1) - Xe^{-r(T-t)}N(d_2) \tag{4.1.15}$$

其中,

$$d_1 = -z_0 + \sigma\sqrt{T-t} = \frac{\ln\dfrac{S}{X} + \left(r + \dfrac{\sigma^2}{2}\right)(T-t)}{\sigma\sqrt{T-t}}$$
$$d_2 = -z_0 = d_1 - \sigma\sqrt{T-t}$$

同理, 可得出欧式看跌期权的定价公式为

$$V(S,t) = Xe^{-r(T-t)}N(-d_2) - SN(-d_1) \tag{4.1.16}$$

4.2　推广的 Black-Scholes 模型

1973 年, 美国金融学家 Black 和 Scholes 在有效市场和股价满足几何布朗运动等假设条件下推出了著名的 Black-Scholes 期权定价公式. 但在现实市场中, 这些假设往往并不满足. 为了更加符合实际, 有必要进一步修改 Black-Scholes 期权定价模型的基本假设. 1973 年, Merton 导出了支付红利的欧式期权定价公式, 以及无风险利率变动情况下的欧式期权定价公式. 1976 年, Merton 导出了跳–扩散情况下的欧式期权定价公式. 1985 年, H.E.Leland 研究了有交易费用的欧式期权定价问题. 自 1987 年开始, J.Hull 等一批学者研究了随机波动率情况下的欧式期权定价问题. 对 Black-Scholes 模型的修正, 时至今日还在不断深入.

我们不可能列出所有的 Black-Scholes 修正模型, 感兴趣的读者可以参阅相关的文献书籍. 本节将前面的基本假设中 (iii) 修改为支付红利的情况, 且红利率为 $q(t)$, 无风险利率为 $r(t)$, 波动率为 $\sigma(t)$ 和预期收益率为 $\mu(t)$, 它们均为时间 t 的函数. 在其他假设不变的情况下, 推导欧式期权的定价公式.

股价 S_t 遵循几何布朗运动

$$dS_t = \mu(t)S_t dt + \sigma(t)S_t\, dW_t \tag{4.2.1}$$

接下来利用 Δ-对冲技巧推导其定价方程. 在 t 时刻构造投资组合 Π 为: 买入一份期权合约, 卖出数量为 Δ 的股票, 则

$$\Pi_t = V_t - \Delta_t S_t$$

选取 Δ, 使得投资组合 Π 是无风险的, 即

$$\Pi_{t+dt} - \Pi_t = r_t \Pi_t\, dt$$

利用 Itô 公式, 有

$$\begin{aligned}d\Pi &= \Pi_{t+dt} - \Pi_t \\ &= V_{t+dt} - \Delta_t(S_{t+dt} + q_t S_t dt) - V_t + \Delta_t S_t \\ &= dV_t - \Delta_t \, dS_t - \Delta_t q_t S_t \, dt \\ &= \left(\frac{\partial V}{\partial t} + \frac{1}{2}\sigma^2(t)S_t^2 \frac{\partial^2 V}{\partial S^2}\right) dt + \frac{\partial V}{\partial S} \, dS_t - \Delta_t \, dS_t - \Delta_t q_t S_t \, dt \\ &= r_t(V_t - \Delta_t S_t) \, dt\end{aligned}$$

选取 $\Delta_t = \dfrac{\partial V}{\partial S}$, 整理得

$$\frac{\partial V}{\partial t} + \frac{1}{2}\sigma^2(t)S^2 \frac{\partial^2 V}{\partial S^2} + (r(t) - q(t))S\frac{\partial V}{\partial S} - r(t)V = 0 \tag{4.2.2}$$

这就是**有红利的欧式期权定价的 Black-Scholes 方程**.

下面以看涨期权 $c(S,t)$ 为例研究有红利的欧式期权的定价问题. 它满足以下偏微分方程:

$$\begin{cases}\dfrac{\partial c}{\partial t} + \dfrac{1}{2}\sigma^2(t)S^2 \dfrac{\partial^2 c}{\partial S^2} + (r(t) - q(t))S\dfrac{\partial c}{\partial S} - r(t)c = 0 & (0 \leqslant S < \infty, 0 \leqslant t \leqslant T) \\ c(S,T) = (S - X)^+\end{cases}$$

令 $u = ce^{\beta(t)}, x = Se^{\alpha(t)}$, 其中 $\alpha(t) = \displaystyle\int_t^T [r(\nu) - q(\nu)] \, d\nu$, $\beta(t) = \displaystyle\int_t^T r(\nu)d\nu$, 则有

$$\begin{cases}\dfrac{\partial u}{\partial t} + \dfrac{1}{2}\sigma^2(t)x^2 \dfrac{\partial^2 u}{\partial x^2} = 0 \\ u(x,T) = (x - X)^+\end{cases}$$

再令 $\tau = \displaystyle\int_0^t \sigma^2(\omega) \, d\omega$, 则有

$$\begin{cases}\dfrac{\partial u}{\partial \tau} + \dfrac{1}{2}x^2 \dfrac{\partial^2 u}{\partial x^2} = 0 \\ u(x,\widetilde{T}) = (x - X)^+\end{cases}$$

其中 $\widetilde{T} = \displaystyle\int_0^T \sigma^2(\omega) \, d\omega$.

运用 Black-Scholes 公式 (4.1.15)(其中 $\sigma = 1, r = 0, T = \widetilde{T}, t = \tau, S = x$), 得到

$$u(x,\tau) = xN(d_1) - XN(d_2)$$

其中,
$$d_1 = \frac{\ln\frac{x}{X} + \frac{1}{2}(\widetilde{T} - \tau)}{\sqrt{\widetilde{T} - \tau}}, \quad d_2 = d_1 - \sqrt{\widetilde{T} - \tau}$$

代回原变量得出**有红利的欧式看涨期权的定价公式**为

$$c(S,t) = Se^{-\int_t^T q(\nu)d\nu}N(d_1) - Xe^{-\int_t^T r(\nu)\,d\nu}N(d_2) \tag{4.2.3}$$

其中

$$d_1 = \frac{\ln\frac{S}{X} + \int_t^T [r(\nu) - q(\nu) + \frac{1}{2}\sigma^2(\nu)]\,d\nu}{\sqrt{\int_t^T \sigma^2(\nu)\,d\nu}} \quad d_2 = d_1 - \sqrt{\int_t^T \sigma^2(\nu)\,d\nu}$$

同理可得到**有红利的欧式看跌期权** $p(S,t)$ **的定价公式**为

$$p(S,t) = Xe^{-\int_t^T r(\nu)\,d\nu}N(-d_2) - Se^{-\int_t^T q(\nu)\,d\nu}N(-d_1) \tag{4.2.4}$$

有红利的欧式期权看涨–看跌平价公式为

$$c(S,t) + Xe^{-\int_t^T r(\nu)\,d\nu} = p(S,t) + Se^{-\int_t^T q(\nu)\,d\nu} \tag{4.2.5}$$

4.3 有交易成本的欧式期权定价公式

Black-Scholes 模型假设无交易成本且波动率 σ, 红利率 q 和无风险利率 r 都是固定不变的. 然而, 在现实世界中, 投资者将面临不可忽视的交易成本, 而且 σ, q 和 r 受多种因素的影响, 很难保持不变. 本节既考虑波动率 σ, 红利率 q, 无风险利率 r 均为时间 t 的已知函数, 又考虑带有交易成本的情况, 推出在此条件下的欧式期权的 Black-Scholes 定价方程, 再利用偏微分方程的知识得出欧式看涨期权和看跌期权的定价公式, 并进一步得到它们的平价公式.

假设股票价格 S 遵循几何布朗运动:

$$dS_t = \mu(t)S_t dt + \sigma(t)S_t dW_t \tag{4.3.1}$$

这里 W_t 是一个标准布朗运动, $dW = \phi\sqrt{dt}$, ϕ 服从标准正态分布. 根据 Itô 公式, $V(S,t)$ 遵循如下的随机过程:

$$dV = \left(\mu(t)S\frac{\partial V}{\partial S} + \frac{1}{2}\sigma^2(t)S^2\frac{\partial^2 V}{\partial S^2} + \frac{\partial V}{\partial t}\right)dt + \sigma(t)S\frac{\partial V}{\partial S}dW \tag{4.3.2}$$

(4.3.1) 和 (4.3.2) 式的离散形式分别为

$$\delta S = \mu(t)S\delta t + \sigma(t)S\delta W \tag{4.3.3}$$

$$\delta V = \left(\mu(t)S\frac{\partial V}{\partial S} + \frac{1}{2}\sigma^2(t)S^2\frac{\partial^2 V}{\partial S^2} + \frac{\partial V}{\partial t}\right)\delta t + \sigma(t)S\frac{\partial V}{\partial S}\delta W \tag{4.3.4}$$

其中 $\delta S = S_{t+\delta t} - S_t$, $\delta W = W_{t+\delta t} - W_t$ 和 $\delta V = V_{t+\delta t} - V_t$ 分别为股价 S, W 和期权 V 在短时间段 δt 内的变化量.

构造投资组合 Π 为: 买入一份期权合约, 卖出数量为 Δ 的股票. 则

$$\Pi = V - \Delta S$$

选取 $\Delta = \dfrac{\partial V}{\partial S}(S,t)$.

交易成本可看作是投资者因买卖股票而产生的直接费用, 一般由股票多头支付, 并通常以交易额的固定比例 M 来表示. 若股票头寸发生了 ω 份额的变化, 即购买 ($\omega > 0$) 或出售 ($\omega < 0$) 价值为 $|\omega|S$ 的股票头寸, 则产生的交易成本为 $MS|\omega|$. 由 (4.3.3) 和 (4.3.4) 式得

$$\begin{aligned}\delta \Pi =& \delta V - \Delta \delta S - \Delta q(t)S\delta t \\ =& \left(\mu(t)S\frac{\partial V}{\partial S} + \frac{1}{2}\sigma^2(t)S^2\frac{\partial^2 V}{\partial S^2} + \frac{\partial V}{\partial t}\right)\delta t + \sigma(t)S\frac{\partial V}{\partial S}\delta W \\ & - \left(\mu(t)S\frac{\partial V}{\partial S}\delta t + \sigma(t)S\frac{\partial V}{\partial S}\delta W + MS|\omega|\right) - q(t)S\frac{\partial V}{\partial S}\delta t \\ =& \left(\frac{\partial V}{\partial t} + \frac{1}{2}\sigma^2(t)S^2\frac{\partial^2 V}{\partial S^2} - q(t)S\frac{\partial V}{\partial S}\right)\delta t - MS|\omega| \end{aligned} \tag{4.3.5}$$

(4.3.5) 式因保值调整策略而产生的交易份额 ω 为

$$\omega = \frac{\partial V}{\partial S}(S+\delta S, t+\delta t) - \frac{\partial V}{\partial S}(S,t) \tag{4.3.6}$$

由泰勒展式, (4.3.6) 式变为

$$\begin{aligned}\omega =& \frac{\partial V}{\partial S}(S+\delta S, t+\delta t) - \frac{\partial V}{\partial S}(S,t) \\ =& \delta S \frac{\partial^2 V}{\partial S^2}(S,t) + \delta t \frac{\partial^2 V}{\partial S \partial t}(S,t) + \cdots \\ =& \left(\mu(t)S\delta t + \sigma(t)S\delta W\right)\frac{\partial^2 V}{\partial S^2}(S,t) + \delta t \frac{\partial^2 V}{\partial S \partial t}(S,t) + \cdots \\ =& \left(\mu(t)S\delta t + \sigma(t)S\phi\sqrt{\delta t}\right)\frac{\partial^2 V}{\partial S^2}(S,t) + \delta t \frac{\partial^2 V}{\partial S \partial t}(S,t) + \cdots \\ =& \sigma(t)S\phi\sqrt{\delta t}\frac{\partial^2 V}{\partial S^2} + \mu(t)S\frac{\partial^2 V}{\partial S^2}\delta t + \frac{\partial^2 V}{\partial S \partial t}\delta t + \cdots \end{aligned}$$

忽略关于 $\sqrt{\delta t}$ 的高阶小项,只保留 $\sqrt{\delta t}$ 项,有

$$\omega \cong \sigma(t) S \phi \frac{\partial^2 V}{\partial S^2} \sqrt{\delta t}, \quad \phi \sim N(0,1)$$

因此交易成本 $MS|\omega|$ 的数学期望为

$$\begin{aligned}
\mathbb{E}[MS|\omega|] &= \frac{1}{\sqrt{2\pi}} \int_{-\infty}^{\infty} MS^2 \sigma(t) \sqrt{\delta t} \left|\frac{\partial^2 V}{\partial S^2}\right| |x| e^{-\frac{x^2}{2}} \, dx \\
&= \frac{2}{\sqrt{2\pi}} MS^2 \sigma(t) \sqrt{\delta t} \left|\frac{\partial^2 V}{\partial S^2}\right| \int_0^{\infty} x e^{-\frac{x^2}{2}} \, dx \\
&= \sqrt{\frac{2}{\pi}} MS^2 \sigma(t) \sqrt{\delta t} \left|\frac{\partial^2 V}{\partial S^2}\right| \\
&\cong MS^2 \sigma(t) \sqrt{\delta t} \left|\frac{\partial^2 V}{\partial S^2}\right|
\end{aligned} \quad (4.3.7)$$

将 (4.3.7) 式代入 (4.3.5) 式得

$$\mathbb{E}[\delta \Pi] = \left(\frac{\partial V}{\partial t} + \frac{1}{2} \sigma^2(t) S^2 \frac{\partial^2 V}{\partial S^2} - q(t) S \frac{\partial V}{\partial S} - MS^2 \sigma(t) \sqrt{\frac{1}{\delta t}} \left|\frac{\partial^2 V}{\partial S^2}\right| \right) \delta t$$

根据无套利原理和 $\mathbb{E}[\delta \Pi] = r(t) \Pi \delta t = r(t) \left(V - S \frac{\partial V}{\partial S} \right) \delta t$,得

$$\frac{\partial V}{\partial t} + \frac{1}{2} \sigma^2(t) S^2 \frac{\partial^2 V}{\partial S^2} - MS^2 \sigma(t) \sqrt{\frac{1}{\delta t}} \left|\frac{\partial^2 V}{\partial S^2}\right| + (r(t) - q(t)) S \frac{\partial V}{\partial S} - r(t) V = 0$$

$\frac{\partial^2 V}{\partial S^2}$ 又称为 γ 保值因子,对欧式期权多头而言,γ 值始终为正,而对空头方 γ 因子大小与多头方相同,但符号相反,即 γ 值始终为负.

因此,欧式期权多头的定价方程为

$$\frac{\partial V}{\partial t} + \frac{1}{2} \left(\sigma^2(t) - 2M\sigma(t) \sqrt{\frac{1}{\delta t}} \right) S^2 \frac{\partial^2 V}{\partial S^2} + (r(t) - q(t)) S \frac{\partial V}{\partial S} - r(t) V = 0 \quad (4.3.8)$$

欧式期权空头的定价方程为

$$\frac{\partial V}{\partial t} + \frac{1}{2} \left(\sigma^2(t) + 2M\sigma(t) \sqrt{\frac{1}{\delta t}} \right) S^2 \frac{\partial^2 V}{\partial S^2} + (r(t) - q(t)) S \frac{\partial V}{\partial S} - r(t) V = 0 \quad (4.3.9)$$

定理 4.3.1 欧式看涨期权多头的定价公式为

$$c(S,t) = S e^{-\int_t^T q(\nu) d\nu} N(d_1) - X e^{-\int_t^T r(\nu) d\nu} N(d_2). \quad (4.3.10)$$

其中,
$$d_1 = \frac{\ln\frac{S}{X} + \int_t^T \left[r(\nu) - q(\nu) + \frac{1}{2}\sigma_L^2(\nu)\right] d\nu}{\sqrt{\int_t^T \sigma_L^2(\nu)d\nu}}, \quad d_2 = d_1 - \sqrt{\int_t^T \sigma_L^2(\nu) d\nu}$$

$$N(x) = \frac{1}{\sqrt{2\pi}} \int_{-\infty}^x e^{-\frac{\omega^2}{2}} d\omega, \quad \sigma_L^2(t) = \sigma^2(t) - 2M\sigma(t)\sqrt{\frac{1}{\delta t}}$$

证明 欧式看涨期权多头价值 $c(S,t)$ 满足以下偏微分方程:

$$\begin{cases} \frac{\partial c}{\partial t} + \frac{1}{2}\left(\sigma^2(t) - 2M\sigma(t)\sqrt{\frac{1}{\delta t}}\right)S^2\frac{\partial^2 c}{\partial S^2} + (r(t)-q(t))S\frac{\partial c}{\partial S} - r(t)c = 0 \\ \qquad\qquad\qquad\qquad (0 \leqslant S < \infty, 0 \leqslant t \leqslant T) \\ c(S,T) = (S-X)^+ \end{cases} \quad (4.3.11)$$

作变换, 令
$$\begin{cases} \sigma_L^2(t) = \sigma^2(t) - 2M\sigma(t)\sqrt{\frac{1}{\delta t}} \\ S = Xe^{x-A(t)} \\ \tau = \rho(t) \\ c(S,t) = Xe^{-B(t)}u(x,\tau) \end{cases}$$

其中,
$$A(t) = \int_t^T \left[r(\nu) - q(\nu) - \frac{1}{2}\sigma_L^2(\nu)\right] d\nu, 即 dA(t) = \left[\frac{1}{2}\sigma_L^2(t) + q(t) - r(t)\right] dt$$

$$B(t) = \int_t^T r(\nu)d\nu, 即 dB(t) = -r(t)dt$$

$$\rho(t) = \int_t^T \frac{1}{2}\sigma_L^2(\nu) d\nu, 即 \quad d\rho(t) = -\frac{1}{2}\sigma_L^2(t)dt$$

易知 $x = \ln\frac{S}{X} + A(t), \frac{\partial x}{\partial t} = \frac{dA(t)}{dt}, \frac{\partial x}{\partial S} = \frac{1}{S}$. 故

$$\frac{\partial c}{\partial t} = Xe^{-B(t)}\left(\frac{\partial u}{\partial x}\frac{dA(t)}{dt} + \frac{\partial u}{\partial \tau}\frac{d\rho(t)}{dt} - u\frac{dB(t)}{dt}\right)$$

$$\frac{\partial c}{\partial S} = \frac{X}{S}e^{-B(t)}\frac{\partial u}{\partial x}$$

$$\frac{\partial^2 c}{\partial S^2} = \frac{X}{S^2}e^{-B(t)}\left(\frac{\partial^2 u}{\partial x^2} - \frac{\partial u}{\partial x}\right)$$

将它们代入 (4.3.11) 式,得

$$\begin{cases} \dfrac{\partial^2 u}{\partial x^2} = \dfrac{\partial u}{\partial \tau} & (-\infty < x < +\infty, \tau \geqslant 0) \\ u(x,0) = (e^x - 1)^+ \end{cases}$$

由 Poisson 公式得

$$u(x,\tau) = \frac{1}{2\sqrt{\pi\tau}} \int_{-\infty}^{+\infty} (e^\xi - 1)^+ e^{-\frac{(x-\xi)^2}{4\tau}} \, d\xi$$

代回原变量 $c(S,t)$ 得

$$\begin{aligned} c(S,t) &= Xe^{-B(t)} u(x,\tau) \\ &= Xe^{-B(t)} \frac{1}{2\sqrt{\pi\tau}} \int_0^{+\infty} (e^\xi - 1) e^{-\frac{(x-\xi)^2}{4\tau}} \, d\xi \\ &= e^{-B(t)} \frac{1}{2\sqrt{\pi\rho(t)}} \int_X^{+\infty} (S' - X) e^{-\frac{[\ln S' - (\ln S + A(t))]^2}{4\rho(t)}} \, \frac{dS'}{S'} \\ &= \frac{e^{-B(t)}}{2\sqrt{\pi\rho(t)}} \int_X^{+\infty} e^{-\frac{[\ln S' - (\ln S + A(t))]^2}{4\rho(t)}} \, dS' \\ &\quad - \frac{Xe^{-B(t)}}{2\sqrt{\pi\rho(t)}} \int_X^{+\infty} e^{-\frac{[\ln S' - (\ln S + A(t))]^2}{4\rho(t)}} \, \frac{dS'}{S'} \\ &= I_1 + I_2 \end{aligned}$$

其中,$S' = Xe^\xi$,$d\xi = \dfrac{dS'}{S'}$.

化简 I_1:令 $y = \dfrac{\ln S' - (\ln S + A(t))}{\sqrt{2\rho(t)}}$,则 $dS' = \sqrt{2\rho(t)}S'\,dy$,那么,

$$\begin{aligned} I_1 &= \frac{e^{-B(t)}}{\sqrt{2\pi}} \int_{\frac{\ln X - (\ln S + A(t))}{\sqrt{2\rho(t)}}}^{\infty} e^{-\frac{y^2}{2}} S' \, dy \\ &= Se^{A(t)-B(t)+\rho(t)} \frac{1}{\sqrt{2\pi}} \int_{\frac{\ln X - (\ln S + A(t))}{\sqrt{2\rho(t)}}}^{\infty} e^{-\frac{(y-\sqrt{2\rho(t)})^2}{2}} \, dy \end{aligned}$$

再令 $\theta = -y + \sqrt{2\rho(t)}$,则 $dy = -d\theta$. 那么,

$$I_1 = Se^{A(t)-B(t)+\rho(t)} \frac{1}{\sqrt{2\pi}} \int_{-\infty}^{-\frac{\ln X - (\ln S + A(t))}{\sqrt{2\rho(t)}} + \sqrt{2\rho(t)}} e^{-\frac{\theta^2}{2}} \, d\theta$$

化简 I_2:令 $y = \dfrac{\ln S' - (\ln S + A(t))}{\sqrt{2\rho(t)}}$,则 $dS' = \sqrt{2\rho(t)}S'dy$. 那么,

$$I_2 = \frac{Xe^{-B(t)}}{\sqrt{2\pi}} \int_{\frac{\ln X - (\ln S + A(t))}{\sqrt{2\rho(t)}}}^{\infty} e^{-\frac{y^2}{2}} \, dy$$

$$= \frac{Xe^{-B(t)}}{\sqrt{2\pi}} \int_{-\infty}^{-\frac{\ln X - (\ln S + A(t))}{\sqrt{2\rho(t)}}} e^{-\frac{z^2}{2}} \, dz$$

所以,

$$c(S,t) = e^{-B(t)}[Se^{A(t)+\rho(t)}N(d_1) - XN(d_2)]$$

其中,

$$d_1 = -\frac{\ln X - (\ln S + A(t))}{\sqrt{2\rho(t)}} + \sqrt{2\rho(t)},$$

$$d_2 = d_1 - \sqrt{2\rho(t)}, \quad N(x) = \frac{1}{\sqrt{2\pi}} \int_{-\infty}^{x} e^{-\frac{\omega^2}{2}} \, d\omega$$

将 $A(t), B(t), \rho(t)$ 的具体表达式代入上式化简得

$$c(S,t) = Se^{-\int_t^T q(\nu)d\nu}N(d_1) - Xe^{-\int_t^T r(\nu)d\nu}N(d_2)$$

其中,

$$d_1 = \frac{\ln\frac{S}{X} + \int_t^T \left[r(\nu) - q(\nu) + \frac{1}{2}\sigma_L^2(\nu)\right] d\nu}{\sqrt{\int_t^T \sigma_L^2(\nu) \, d\nu}}, \quad d_2 = d_1 - \sqrt{\int_t^T \sigma_L^2(\nu) \, d\nu}$$

推论 4.3.1 欧式看跌期权多头的定价公式为

$$p(S,t) = Xe^{-\int_t^T r(\nu)d\nu}N(-d_2) - Se^{-\int_t^T q(\nu) \, d\nu}N(-d_1) \qquad (4.3.12)$$

其中,

$$d_1 = \frac{\ln\frac{S}{X} + \int_t^T \left[r(\nu) - q(\nu) + \frac{1}{2}\sigma_L^2(\nu)\right] d\nu}{\sqrt{\int_t^T \sigma_L^2(\nu) \, d\nu}}, \quad d_2 = d_1 - \sqrt{\int_t^T \sigma_L^2(\nu) \, d\nu}$$

$$N(x) = \frac{1}{\sqrt{2\pi}} \int_{-\infty}^{x} e^{-\frac{\omega^2}{2}} \, d\omega, \quad \sigma_L^2(t) = \sigma^2(t) - 2M\sigma(t)\sqrt{\frac{1}{\delta t}}$$

定理 4.3.2 欧式看涨期权空头的定价公式为

$$c(S,t) = Se^{-\int_t^T q(\nu)d\nu}N(\hat{d}_1) - Xe^{-\int_t^T r(\nu)d\nu}N(\hat{d}_2) \qquad (4.3.13)$$

其中,

$$\hat{d}_1 = \frac{\ln\dfrac{S}{X} + \int_t^T \left[r(\nu) - q(\nu) + \dfrac{1}{2}\sigma_s^{\,2}(\nu)\right] d\nu}{\sqrt{\int_t^T \sigma_s^{\,2}(\nu) d\nu}}, \quad \hat{d}_2 = \hat{d}_1 - \sqrt{\int_t^T \sigma_s^{\,2}(\nu)\, d\nu}$$

$$N(x) = \frac{1}{\sqrt{2\pi}} \int_{-\infty}^x e^{-\frac{\omega^2}{2}} d\omega, \quad \sigma_s^{\,2}(t) = \sigma^2(t) + 2M\sigma(t)\sqrt{\frac{1}{\delta t}}$$

证明过程类似定理 4.3.1.

推论 4.3.2 欧式看跌期权空头的定价公式为

$$p(S,t) = Xe^{-\int_t^T r(\nu)d\nu} N(-\hat{d}_2) - Se^{-\int_t^T q(\nu)d\nu} N(-\hat{d}_1) \tag{4.3.14}$$

其中,

$$\hat{d}_1 = \frac{\ln\dfrac{S}{X} + \int_t^T \left[r(\nu) - q(\nu) + \dfrac{1}{2}\sigma_s^{\,2}(\nu)\right] d\nu}{\sqrt{\int_t^T \sigma_s^{\,2}(\nu)\, d\nu}}, \quad \hat{d}_2 = \hat{d}_1 - \sqrt{\int_t^T \sigma_s^{\,2}(\nu)\, d\nu}$$

$$N(x) = \frac{1}{\sqrt{2\pi}} \int_{-\infty}^x e^{-\frac{\omega^2}{2}}\, d\omega, \quad \sigma_s^{\,2}(t) = \sigma^2(t) + 2M\sigma(t)\sqrt{\frac{1}{\delta t}}$$

定理 4.3.3 设 $c(S,t), p(S,t)$ 分别为具有相同敲定价格 X, 到期日 T 的有交易成本的欧式看涨期权多头与欧式看跌期权多头的价格, 则看涨期权与看跌期权的平价公式为

$$c(S,t) + Xe^{-\int_t^T r(\nu)\, d\nu} = p(S,t) + Se^{-\int_t^T q(\nu)\, d\nu} \tag{4.3.15}$$

证明 设 $W = c - p$, 则

$$\begin{cases} \dfrac{\partial W}{\partial t} + \dfrac{1}{2}\sigma_L^2(t)S^2\dfrac{\partial^2 W}{\partial S^2} + (r(t)-q(t))S\dfrac{\partial W}{\partial S} - r(t)W = 0 \\ W(S,T) = S - X \end{cases} \tag{4.3.16}$$

令

$$W = a(t)S - b(t)X \tag{4.3.17}$$

将 (4.3.17) 式代入 (4.3.16) 式, 得

$$a'(t)S - b'(t)X + (r(t)-q(t))Sa(t) - r(t)(a(t)S - b(t)X) = 0$$

选取 $a(t), b(t)$ 使得

$$\begin{cases} a'(t) + (r(t) - q(t))a(t) - r(t)a(t) = 0 \\ b'(t) - b(t)r(t) = 0 \\ a(T) = b(T) = 1 \end{cases}$$

解得 $a(t) = e^{-\int_t^T q(\nu) \, d\nu}, b(t) = e^{-\int_t^T r(\nu) \, d\nu}$，将它们代入 (4.3.17) 式，从而得证.

定理 4.3.4 设 $c(S,t), p(S,t)$ 分别为具有相同敲定价格 X，到期日 T 的有交易成本的欧式看涨期权空头与欧式看跌期权空头的价格，则看涨期权与看跌期权的平价公式为

$$c(S,t) + Xe^{-\int_t^T r(\nu) \, d\nu} = p(S,t) + Se^{-\int_t^T q(\nu) \, d\nu}$$

从上面两个定理可以看出无论是欧式期权多头还是欧式期权空头，它们的平价公式是完全一样的.

当交易成本为零 ($M=0$) 时，方程 (4.3.8) 和 (4.3.9) 即为有红利的 Black-Scholes 模型，这说明有红利的 Black-Scholes 模型是方程 (4.3.8) 和 (4.3.9) 的特例.

4.4 永久美式期权

欧式期权只允许期权持有者在到期日实施期权，美式期权允许其持有者在有效期内的任意时刻实施期权. 美式期权赋予持有者更多的权利，持有者可以自由选择实施期权的时间，因此美式期权的价格比欧式期权的价格要贵得多. 美式期权的定价问题可转化为自由边界问题，也可看成是一个变分不等式问题. 欧式期权的价格可由 Black-Scholes 公式得出，而美式期权的价格往往没有显式表达式. 本节将介绍一种最简单的美式期权——**永久美式期权**(perpetual American option) 的定价问题.

永久美式期权是一种没有终止日期的美式期权，其到期日 $T = +\infty$，即持有者可以在任何时刻实施期权. 对具有相同敲定价格 X 的美式期权而言，永久美式期权的价格最贵，这是因为它没有终止日期，它涵盖了一切具有终止日期的美式期权的获利机会. 所以永久美式期权的价格与时间无关，只与标的资产如股票价格有关，故假设永久美式期权的价格为 $V = V(S)$. 永久美式期权的价格不会低于收益函数，即

$$V(S) \geqslant (S - X)^+, \quad \text{看涨期权}$$

$$V(S) \geqslant (X - S)^+, \quad \text{看跌期权}$$

对于美式期权的持有者，必须考虑的问题是：何时实施期权能获得最大的收益？这便涉及自由边界问题，它是一条需要确定的交界线，把区域 $\{0 \leqslant S < \infty\}$ 分成了

两部分, 一部分是**持有区域** (contimuation region)Σ_1, 另一部分是**终止区域**(stopping region) Σ_2, 这条自由边界被称为**最佳实施边界**(optimal exercise boundary). 对于美式看涨期权来说, 在持有区域 Σ_1 内,$V(S) > (S - X)^+$, 持有者应该继续持有期权, 不宜实施; 在终止区域 Σ_2 内,$V(S) = (S - X)^+$, 持有者应该立即实施期权, 不宜继续持有.

由于提前实施条款对于不付红利的美式看涨期权是没有意义的, 故以支付红利的永久美式看涨期权为例, 建立其定价模型. 当 S 充分大时, 永久美式看涨期权应立即实施, 即 $S \in \Sigma_2$; 当 $S \leqslant X$ 时, 收益为零, 应继续持有, 即 $S \in \Sigma_1$. 因此, 存在 $S_0 \in (X, \infty)$, 使得

$$\Sigma_1 = \{0 \leqslant S < S_0\}$$

$$\Sigma_2 = \{S_0 \leqslant S < \infty\}$$

这里 S_0 为最佳实施边界.

假设股票价格 S 遵循几何布朗运动:

$$dS_t = (r - q)S_t dt + \sigma S_t dW_t \tag{4.4.1}$$

其中无风险利率 r、红利率 q 和波动率 σ 均为常数.

类似于 4.2 节, 应用 Δ-对冲原理, 由 Itô 公式, 推得支付红利的永久美式看涨期权 $V(S)$ 适合下面的定解问题:

$$\begin{cases} \mathcal{L}V = \dfrac{\sigma^2}{2}S^2\dfrac{d^2V}{dS^2} + (r-q)S\dfrac{dV}{dS} - rV = 0 \quad (0 < S < S_0) & (4.4.2) \\ V(S_0) = S_0 - X & (4.4.3) \\ V'(S_0) = 1 & (4.4.4) \\ V(0) = 0 & (4.4.5) \end{cases}$$

这是一个自由边界问题, 求解方程的解 $V(S)$ 和最佳实施边界 S_0 是同时进行的, 它们相互关联. 当永久美式期权价格在通过最佳实施边界 $S = S_0$ 时, 函数 V 及其一阶微商都是连续的.

定理 4.4.1 支付红利的永久美式看涨期权的定解问题 (4.4.2)~(4.4.5)的解为

$$V = \frac{1}{\lambda_+}\left(\frac{X}{1 - 1/\lambda_+}\right)^{1-\lambda_+} S^{\lambda_+} \tag{4.4.6}$$

其中

$$S_0 = \frac{X}{1 - 1/\lambda_+}$$

和
$$\lambda_+ = \frac{-r+q+\frac{\sigma^2}{2}+\sqrt{\left(r-q-\frac{\sigma^2}{2}\right)^2+2\sigma^2 r}}{\sigma^2}$$

证明 取 $V = S^\lambda$ 代入 (4.4.2) 式, 得到 λ 适合的特征方程:

$$\frac{\sigma^2}{2}\lambda(\lambda-1) + (r-q)\lambda - r = 0$$

它有两个根

$$\lambda = \lambda_\pm = \frac{-r+q+\frac{\sigma^2}{2}\pm\sqrt{\left(r-q-\frac{\sigma^2}{2}\right)^2+2\sigma^2 r}}{\sigma^2}$$

易见

$$\lambda_- < 0 < \lambda_+$$

故方程有通解

$$V(S) = AS^{\lambda_+} + BS^{\lambda_-} \tag{4.4.7}$$

由边界条件 (4.4.5) 知

$$B = 0$$

由自由边界条件 (4.4.3) 和 (4.4.4) 式得

$$AS_0^{\lambda_+} = S_0 - X$$

$$\lambda_+ AS_0^{\lambda_+ - 1} = 1$$

解得

$$A = \frac{1}{\lambda_+}\left(\frac{X}{1/\lambda_+}\right)^{1-\lambda_+}$$

$$S_0 = \frac{X}{1/\lambda_+}$$

代入 (4.4.7) 式得

$$V = \frac{1}{\lambda_+}\left(\frac{X}{1-1/\lambda_+}\right)^{1-\lambda_+} S^{\lambda_+}$$

对于支付红利的永久美式看跌期权, 持有区域 $\Sigma_1 = \{S_0 \leqslant S < \infty\}$, 终止区域 $\Sigma_2 = \{0 \leqslant S < S_0\}$, S_0 是最佳实施边界, $S_0 \in (0, X)$. 永久美式看跌期权价格

$V = V(S)$ 适合定解问题：

$$\begin{cases} \dfrac{\sigma^2}{2}S^2\dfrac{d^2V}{dS^2} + (r-q)S\dfrac{dV}{dS} - rV = 0 \quad (S_0 < S < \infty) \\ V(S_0) = X - S_0 \\ V'(S_0) = -1 \\ V(\infty) = 0 \end{cases} \quad (4.4.8)$$

类似定理 4.4.1 的证明，读者可以自行推出支付红利的永久美式看跌期权的定价公式和最佳实施边界 S_0 (姜礼尚, 2008).

永久美式期权的定价问题除了可以转化为自由边界问题之外，还可以看成是一个变分不等式问题 (姜礼尚, 2008).

$$\begin{cases} \min(-\mathcal{L}V, V - g(S)) = 0 \\ V|_{t=T} = g(S) \end{cases} \quad (4.4.9)$$

这里，

$$g(S) = \begin{cases} (S-X)^+, & \text{看涨期权} \\ (X-S)^+, & \text{看跌期权} \end{cases}$$

4.5 障 碍 期 权

障碍期权是一种**路径依赖期权**(path-dependent options)，它的最终收益依赖于标的资产变动的路径，当原生资产价格触及规定的障碍时，期权合约生效或失效. 自 20 世纪 60 年代末，市场上出现**障碍期权**(barrier options) 交易后，障碍期权的发展便一发不可收. 据统计，1992 年以来，障碍期权的规模以每年两倍的速度增加. 到目前为止，障碍期权的种类已超过数十种，主要包括：**欧式障碍期权**(European barrier options)、**美式障碍期权**(American barrier options)、**双障碍期权**(double barrier options)、**彩虹障碍期权**(rainbow barrier options)、**部分障碍期权**(partial barrier options)、**阶梯期权**(step options)、**巴拉期权**(Parasian options)、**巴黎期权**(Parisian options) 等. 本节主要介绍欧式障碍期权、双障碍期权与彩虹障碍期权的定价问题.

4.5.1 欧式障碍期权

障碍期权分为两大类：敲出期权 (knock-out options) 和敲入期权 (knock-in options). 敲出期权是指当原生资产价格触及规定的障碍 B 时，期权合约失效. 如果在期权有效期内原生资产价格大于障碍值，则称其为下降敲出期权 (down-and-out options)；如果在期权有效期内原生资产价格小于障碍值，则称其为上升敲出期权 (up-and-out options). 敲入期权是指当原生资产价格触及规定的障碍时，期权合约生效，同样它也分为下降敲入期权 (down-and-in options) 和上升敲入期权 (up-and-in options). 每一类期权都可分为看涨和看跌期权，因此可将欧式障碍期权细分为八类：下降敲出看涨期权、下降敲出看跌期权、上升敲出看涨期权、上升敲出看跌期权、下降敲入看涨期权、下降敲入看跌期权、上升敲入看涨期权和上升敲入看跌期权. 它们的最终收益如表 4.1 所示.

表 4.1 障碍期权的最终收益

	call	put
down-and-out	$(S_T - X)^+ I_{\{S_t > B, t \in [0,T]\}}$	$(X - S_T)^+ I_{\{S_t > B, t \in [0,T]\}}$
up-and-out	$(S_T - X)^+ I_{\{S_t < B, t \in [0,T]\}}$	$(X - S_T)^+ I_{\{S_t < B, t \in [0,T]\}}$
down-and-in	$(S_T - X)^+ [1 - I_{\{S_t > B, t \in [0,T]\}}]$	$(X - S_T)^+ [1 - I_{\{S_t > B, t \in [0,T]\}}]$
up-and-in	$(S_T - X)^+ [1 - I_{\{S_t < B, t \in [0,T]\}}]$	$(X - S_T)^+ [1 - I_{\{S_t < B, t \in [0,T]\}}]$

从表 4.1 中的最终收益函数不难看出：敲出期权的收益 + 敲入期权的收益 = 标准欧式期权的收益，因此有

$$\begin{aligned} V_v(S,t) &= V_{\text{up-and-out}}(S,t) + V_{\text{up-and-in}}(S,t) \\ &= V_{\text{down-and-out}}(S,t) + V_{\text{down-and-in}}(S,t) \end{aligned} \quad (4.5.1)$$

这个关系式将在后面推导看涨–看跌平价公式及障碍期权定价公式时用到.

障碍期权的价格比标准欧式期权便宜，这是因为投资者放弃了 $S < B$ 或 $S > B$ 时的期权收益，因此障碍期权受到市场的青睐.

障碍期权的定价问题可归结为一个求解抛物型偏微分方程的混合问题.

所有的障碍期权都满足 Black-Scholes 方程：

$$\frac{\partial V}{\partial t} + \frac{1}{2}\sigma^2 S^2 \frac{\partial^2 V}{\partial S^2} + (r-q)S\frac{\partial V}{\partial S} - rV = 0$$

定解区域："上升" $D = \{(S,t) | 0 \leqslant S \leqslant B, 0 \leqslant t \leqslant T\}$；"下降" $D = \{(S,t) | B \leqslant S < \infty, 0 \leqslant t \leqslant T\}$.

终值条件：

$$\begin{cases} (S_T - X)^+, & B \leqslant S < \infty, \quad \text{下降敲出看涨期权} \\ (X - S_T)^+, & B \leqslant S < \infty, \quad \text{下降敲出看跌期权} \\ (S_T - X)^+, & 0 \leqslant S \leqslant B, \quad \text{上升敲出看涨期权} \\ (X - S_T)^+, & 0 \leqslant S \leqslant B, \quad \text{上升敲出看跌期权} \\ 0, & B \leqslant S < \infty, \quad \text{下降敲入看涨期权} \\ 0, & B \leqslant S < \infty, \quad \text{下降敲入看跌期权} \\ 0, & 0 \leqslant S \leqslant B, \quad \text{上升敲入看涨期权} \\ 0, & 0 \leqslant S \leqslant B, \quad \text{上升敲入看跌期权} \end{cases}$$

边界条件:"敲出" $V(B,t) = 0$; "敲入" $V(B,t) = V_v(B,t)$.

下面将具体求解出八种欧式障碍期权的定价公式与看涨-看跌平价公式.

定理 4.5.1 上升敲出看涨期权的定价公式为

$$c_{\text{up-and-out}}(S,t)$$
$$= Se^{-q(T-t)}\left[\left(N(d_1) - N(d_5)\right) - \left(\frac{S}{B}\right)^{-\frac{2}{\sigma^2}(r-q)-1}\left(N(d_3) - N(d_7)\right)\right]$$
$$- Xe^{-r(T-t)}\left[\left(N(d_2) - N(d_6)\right) - \left(\frac{S}{B}\right)^{-\frac{2}{\sigma^2}(r-q)+1}\left(N(d_4) - N(d_8)\right)\right] \quad (4.5.2)$$

其中,

$$d_1 = \frac{-\ln\frac{S}{B} - \left(r - q + \frac{\sigma^2}{2}\right)(T-t)}{\sigma\sqrt{T-t}}, \quad d_2 = d_1 + \sigma\sqrt{T-t}$$

$$d_3 = \frac{\ln\frac{S}{B} - \left(r - q + \frac{\sigma^2}{2}\right)(T-t)}{\sigma\sqrt{T-t}}, \quad d_4 = d_3 + \sigma\sqrt{T-t}$$

$$d_5 = \frac{\ln\frac{X}{S} - \left(r - q + \frac{\sigma^2}{2}\right)(T-t)}{\sigma\sqrt{T-t}}, \quad d_6 = d_5 + \sigma\sqrt{T-t}$$

$$d_7 = \frac{\ln\frac{SX}{B^2} - \left(r - q + \frac{\sigma^2}{2}\right)(T-t)}{\sigma\sqrt{T-t}}, \quad d_8 = d_7 + \sigma\sqrt{T-t}$$

证明 上升敲出看涨期权满足以下偏微分方程:

$$\begin{cases} \dfrac{\partial c}{\partial t} + \dfrac{1}{2}\sigma^2 S^2 \dfrac{\partial^2 c}{\partial S^2} + (r-q)S\dfrac{\partial c}{\partial S} - rc = 0 & (0 \leqslant S < B, 0 \leqslant t \leqslant T) \\ c(S,T) = (S-X)^+ & (0 \leqslant S < B) \\ c(B,t) = 0 & (0 \leqslant t \leqslant T) \end{cases} \quad (4.5.3)$$

令 $x = \ln\dfrac{S}{B} < 0, c = Bu$, 则有

$$\begin{cases} \dfrac{\partial u}{\partial t} + \dfrac{1}{2}\sigma^2 \dfrac{\partial^2 u}{\partial x^2} + \left(r - q - \dfrac{1}{2}\sigma^2\right)\dfrac{\partial u}{\partial x} - ru = 0 & (x \leqslant 0, 0 \leqslant t \leqslant T) \\ u(x,T) = \left(e^x - \dfrac{X}{B}\right)^+ & (x \leqslant 0) \\ u(0,t) = 0 & (0 \leqslant t \leqslant T) \end{cases}$$

再令 $u = e^{\alpha x + \beta(T-t)}W$,其中 $\alpha = -\dfrac{1}{\sigma^2}\left(r - q - \dfrac{\sigma^2}{2}\right)$,$\beta = -r - \dfrac{1}{2\sigma^2}\left(r - q - \dfrac{\sigma^2}{2}\right)^2$,有

$$\begin{cases} \dfrac{\partial W}{\partial t} + \dfrac{1}{2}\sigma^2 \dfrac{\partial^2 W}{\partial x^2} = 0 & (x \leqslant 0, 0 \leqslant t \leqslant T) \\ W(x,T) = e^{-\alpha x}\left(e^x - \dfrac{X}{B}\right)^+ & (x \leqslant 0) \\ W(0,t) = 0 & (0 \leqslant t \leqslant T) \end{cases}$$

利用奇延拓法求解此方程,定义

$$\Phi(x) = \begin{cases} -e^{\alpha x}\left(e^{-x} - \dfrac{X}{B}\right)^+, & x > 0 \\ e^{-\alpha x}\left(e^x - \dfrac{X}{B}\right)^+, & x < 0 \end{cases}$$

易见 $\Phi(-x) = -\Phi(x)$,即 $\Phi(x)$ 为奇函数,在 $\{x \in \mathbf{R}, 0 \leqslant t \leqslant T\}$ 上考虑 Cauchy 问题:

$$\begin{cases} \dfrac{\partial W}{\partial t} + \dfrac{1}{2}\sigma^2 \dfrac{\partial^2 W}{\partial x^2} = 0 & (x \in \mathbf{R}, 0 \leqslant t \leqslant T) \\ W(x,T) = \Phi(x) & (x \in \mathbf{R}) \end{cases}$$

由 Poisson 公式得

$$\begin{aligned} W(x,t) &= \dfrac{1}{\sigma\sqrt{2\pi(T-t)}} \int_{-\infty}^{\infty} e^{-\frac{(x-\xi)^2}{2\sigma^2(T-t)}} \Phi(\xi) d\xi \\ &= \dfrac{1}{\sigma\sqrt{2\pi(T-t)}} \int_{-\infty}^{0} \left[e^{-\frac{(x-\xi)^2}{2\sigma^2(T-t)}} - e^{-\frac{(x+\xi)^2}{2\sigma^2(T-t)}}\right] e^{-\alpha\xi}\left(e^\xi - \dfrac{X}{B}\right)^+ d\xi \end{aligned}$$

代回到函数 $u(x,t)$,得

$$\begin{aligned} u(x,t) &= e^{\alpha x + \beta(T-t)} W \\ &= \dfrac{e^{\alpha x + \beta(T-t)}}{\sigma\sqrt{2\pi(T-t)}} \int_{\ln\frac{X}{B}}^{0} \left[e^{-\frac{(x-\xi)^2}{2\sigma^2(T-t)}} - e^{-\frac{(x+\xi)^2}{2\sigma^2(T-t)}}\right] e^{-\alpha\xi}\left(e^\xi - \dfrac{X}{B}\right) d\xi \\ &= \dfrac{e^{\alpha x + \beta(T-t)}}{\sigma\sqrt{2\pi(T-t)}} \int_{-\infty}^{0} \left[e^{-\frac{(x-\xi)^2}{2\sigma^2(T-t)}} - e^{-\frac{(x+\xi)^2}{2\sigma^2(T-t)}}\right] e^{-\alpha\xi}\left(e^\xi - \dfrac{X}{B}\right) d\xi \\ &\quad - \dfrac{e^{\alpha x + \beta(T-t)}}{\sigma\sqrt{2\pi(T-t)}} \int_{-\infty}^{\ln\frac{X}{B}} \left[e^{-\frac{(x-\xi)^2}{2\sigma^2(T-t)}} - e^{-\frac{(x+\xi)^2}{2\sigma^2(T-t)}}\right] e^{-\alpha\xi}\left(e^\xi - \dfrac{X}{B}\right) d\xi \\ &= I_1 - I_2 \end{aligned}$$

$$I_1 = \frac{e^{-r(T-t)}}{\sigma\sqrt{2\pi(T-t)}} \int_{-\infty}^{0} e^{-\frac{\left[(x-\xi)+\left(r-q-\frac{\sigma^2}{2}\right)(T-t)\right]^2}{2\sigma^2(T-t)}} \left(e^\xi - \frac{X}{B}\right) d\xi$$

$$- \frac{e^{-r(T-t)-\frac{2}{\sigma^2}(r-q-\frac{\sigma^2}{2})x}}{\sigma\sqrt{2\pi(T-t)}} \int_{-\infty}^{0} e^{-\frac{\left[(x+\xi)-\left(r-q-\frac{\sigma^2}{2}\right)(T-t)\right]^2}{2\sigma^2(T-t)}} \left(e^\xi - \frac{X}{B}\right) d\xi$$

$$= \frac{e^{-r(T-t)}}{\sigma\sqrt{2\pi(T-t)}} \int_{-\infty}^{0} e^{-\frac{\left[(x-\xi)+\left(r-q-\frac{\sigma^2}{2}\right)(T-t)\right]^2}{2\sigma^2(T-t)}} e^\xi d\xi$$

$$- \frac{Xe^{-r(T-t)}}{B\sigma\sqrt{2\pi(T-t)}} \int_{-\infty}^{0} e^{-\frac{\left[(x-\xi)+\left(r-q-\frac{\sigma^2}{2}\right)(T-t)\right]^2}{2\sigma^2(T-t)}} d\xi$$

$$- \frac{e^{-r(T-t)-\frac{2}{\sigma^2}(r-q-\frac{\sigma^2}{2})x}}{\sigma\sqrt{2\pi(T-t)}} \int_{-\infty}^{0} e^{-\frac{\left[(x+\xi)-\left(r-q-\frac{\sigma^2}{2}\right)(T-t)\right]^2}{2\sigma^2(T-t)}} e^\xi d\xi$$

$$+ \frac{Xe^{-r(T-t)-\frac{2}{\sigma^2}\left(r-q-\frac{\sigma^2}{2}\right)x}}{B\sigma\sqrt{2\pi(T-t)}} \int_{-\infty}^{0} e^{-\frac{\left[(x+\xi)-\left(r-q-\frac{\sigma^2}{2}\right)(T-t)\right]^2}{2\sigma^2(T-t)}} d\xi$$

化简得

$$I_1 = \frac{e^x e^{-q(T-t)}}{\sqrt{2\pi}} \int_{-\infty}^{\frac{-x-\left(r-q+\frac{\sigma^2}{2}\right)(T-t)}{\sigma\sqrt{T-t}}} e^{-\frac{\theta^2}{2}} d\theta$$

$$- \frac{Xe^{-r(T-t)}}{B\sqrt{2\pi}} \int_{-\infty}^{\frac{-x-\left(r-q-\frac{\sigma^2}{2}\right)(T-t)}{\sigma\sqrt{T-t}}} e^{-\frac{\theta^2}{2}} d\theta$$

$$- \frac{e^{-\frac{2}{\sigma^2}(r-q)x} e^{-q(T-t)}}{\sqrt{2\pi}} \int_{-\infty}^{\frac{x-\left(r-q+\frac{\sigma^2}{2}\right)(T-t)}{\sigma\sqrt{T-t}}} e^{-\frac{\theta^2}{2}} d\theta$$

$$+ \frac{Xe^{-r(T-t)-\left[\frac{2}{\sigma^2}(r-q)-1\right]x}}{B\sqrt{2\pi}} \int_{-\infty}^{\frac{x-\left(r-q-\frac{\sigma^2}{2}\right)(T-t)}{\sigma\sqrt{T-t}}} e^{-\frac{\theta^2}{2}} d\theta$$

$$I_2 = \frac{e^{-r(T-t)}}{\sigma\sqrt{2\pi(T-t)}} \int_{-\infty}^{\ln\frac{X}{B}} e^{-\frac{\left[(x-\xi)+\left(r-q-\frac{\sigma^2}{2}\right)(T-t)\right]^2}{2\sigma^2(T-t)}} \left(e^\xi - \frac{X}{B}\right) d\xi$$

$$- \frac{e^{-r(T-t)-\frac{2}{\sigma^2}(r-q-\frac{\sigma^2}{2})x}}{\sigma\sqrt{2\pi(T-t)}} \int_{-\infty}^{\ln\frac{X}{B}} e^{-\frac{\left[(x+\xi)-\left(r-q-\frac{\sigma^2}{2}\right)(T-t)\right]^2}{2\sigma^2(T-t)}} \left(e^\xi - \frac{X}{B}\right) d\xi$$

$$= \frac{e^{-r(T-t)}}{\sigma\sqrt{2\pi(T-t)}} \int_{-\infty}^{\ln\frac{X}{B}} e^{-\frac{\left[(x-\xi)+\left(r-q-\frac{\sigma^2}{2}\right)(T-t)\right]^2}{2\sigma^2(T-t)}} e^\xi d\xi$$

$$- \frac{Xe^{-r(T-t)}}{B\sigma\sqrt{2\pi(T-t)}} \int_{-\infty}^{\ln\frac{X}{B}} e^{-\frac{\left[(x-\xi)+\left(r-q-\frac{\sigma^2}{2}\right)(T-t)\right]^2}{2\sigma^2(T-t)}} d\xi$$

$$-\frac{e^{-r(T-t)-\frac{2}{\sigma^2}\left(r-q-\frac{\sigma^2}{2}\right)x}}{\sigma\sqrt{2\pi(T-t)}}\int_{-\infty}^{\ln\frac{X}{B}}e^{-\frac{\left[(x+\xi)-\left(r-q-\frac{\sigma^2}{2}\right)(T-t)\right]^2}{2\sigma^2(T-t)}}e^{\xi}d\xi$$

$$+\frac{Xe^{-r(T-t)-\frac{2}{\sigma^2}\left(r-q-\frac{\sigma^2}{2}\right)x}}{B\sigma\sqrt{2\pi(T-t)}}\int_{-\infty}^{\ln\frac{X}{B}}e^{-\frac{\left[(x+\xi)-\left(r-q-\frac{\sigma^2}{2}\right)(T-t)\right]^2}{2\sigma^2(T-t)}}d\xi$$

化简得

$$I_2 = \frac{e^x e^{-q(T-t)}}{\sqrt{2\pi}}\int_{-\infty}^{\frac{-x+\ln\frac{X}{B}-\left(r-q+\frac{\sigma^2}{2}\right)(T-t)}{\sigma\sqrt{T-t}}}e^{-\frac{\theta^2}{2}}d\theta$$

$$-\frac{Xe^{-r(T-t)}}{B\sqrt{2\pi}}\int_{-\infty}^{\frac{-x+\ln\frac{X}{B}-\left(r-q-\frac{\sigma^2}{2}\right)(T-t)}{\sigma\sqrt{T-t}}}e^{-\frac{\theta^2}{2}}d\theta$$

$$-\frac{e^{-\frac{2}{\sigma^2}(r-q)x}e^{-q(T-t)}}{\sqrt{2\pi}}\int_{-\infty}^{\frac{x+\ln\frac{X}{B}-\left(r-q+\frac{\sigma^2}{2}\right)(T-t)}{\sigma\sqrt{T-t}}}e^{-\frac{\theta^2}{2}}d\theta$$

$$+\frac{Xe^{-r(T-t)-\left[\frac{2}{\sigma^2}(r-q)-1\right]x}}{B\sqrt{2\pi}}\int_{-\infty}^{\frac{x+\ln\frac{X}{B}-\left(r-q-\frac{\sigma^2}{2}\right)(T-t)}{\sigma\sqrt{T-t}}}e^{-\frac{\theta^2}{2}}d\theta$$

代回原变量得

$$\begin{aligned}c(S,t) &= Bu = B(I_1 - I_2)\\
&= Se^{-q(T-t)}N(d_1) - Xe^{-r(T-t)}N(d_2)\\
&\quad - Be^{-q(T-t)}\left(\frac{S}{B}\right)^{-\frac{2}{\sigma^2}(r-q)}N(d_3) + Xe^{-r(T-t)}\left(\frac{S}{B}\right)^{-\frac{2}{\sigma^2}(r-q)+1}N(d_4)\\
&\quad - Se^{-q(T-t)}N(d_5) + Xe^{-r(T-t)}N(d_6)\\
&\quad + Be^{-q(T-t)}\left(\frac{S}{B}\right)^{-\frac{2}{\sigma^2}(r-q)}N(d_7) - Xe^{-r(T-t)}\left(\frac{S}{B}\right)^{-\frac{2}{\sigma^2}(r-q)+1}N(d_8)\\
&= Se^{-q(T-t)}\left[(N(d_1) - N(d_5)) - \left(\frac{S}{B}\right)^{-\frac{2}{\sigma^2}(r-q)-1}(N(d_3) - N(d_7))\right]\\
&\quad - Xe^{-r(T-t)}\left[(N(d_2) - N(d_6)) - \left(\frac{S}{B}\right)^{-\frac{2}{\sigma^2}(r-q)+1}(N(d_4) - N(d_8))\right]\end{aligned}$$

其中,

$$d_1 = \frac{-\ln\frac{S}{B} - \left(r-q+\frac{\sigma^2}{2}\right)(T-t)}{\sigma\sqrt{T-t}}, \quad d_2 = d_1 + \sigma\sqrt{T-t}$$

$$d_3 = \frac{\ln\frac{S}{B} - \left(r-q+\frac{\sigma^2}{2}\right)(T-t)}{\sigma\sqrt{T-t}}, \quad d_4 = d_3 + \sigma\sqrt{T-t}$$

$$d_5 = \frac{\ln\frac{X}{S} - \left(r - q + \frac{\sigma^2}{2}\right)(T-t)}{\sigma\sqrt{T-t}}, \quad d_6 = d_5 + \sigma\sqrt{T-t}$$

$$d_7 = \frac{\ln\frac{SX}{B^2} - \left(r - q + \frac{\sigma^2}{2}\right)(T-t)}{\sigma\sqrt{T-t}}, \quad d_8 = d_7 + \sigma\sqrt{T-t}$$

定理 4.5.2 下降敲出看涨期权的定价公式为

$$\begin{aligned}c_{\text{down-and-out}}(S,t) =& Se^{-q(T-t)}\left[N(-d_5) - \left(\frac{S}{B}\right)^{-\frac{2}{\sigma^2}(r-q)-1} N(-d_7)\right] \\ & - Xe^{-r(T-t)}\left[N(-d_6) - \left(\frac{S}{B}\right)^{-\frac{2}{\sigma^2}(r-q)+1} N(-d_8)\right]\end{aligned} \quad (4.5.4)$$

证明过程类似于定理 4.5.1.

定理 4.5.3 上升敲入看涨期权的定价公式为

$$\begin{aligned}c_{\text{up-and-in}}(S,t) =& Se^{-q(T-t)}\left[N(-d_1) + \left(\frac{S}{B}\right)^{-\frac{2}{\sigma^2}(r-q)-1}\left(N(d_3) - N(d_7)\right)\right] \\ & - Xe^{-r(T-t)}\left[N(-d_2) + \left(\frac{S}{B}\right)^{-\frac{2}{\sigma^2}(r-q)+1}\left(N(d_4) - N(d_8)\right)\right]\end{aligned}$$
$$(4.5.5)$$

证明 由 (4.5.1) 和 (4.5.2) 式知

$$\begin{aligned}c_{\text{up-and-in}}(S,t) =& c_v(S,t) - c_{\text{up-and-out}}(S,t) \\ =& Se^{-q(T-t)}N(-d_5) - Xe^{-r(T-t)}N(-d_6) \\ & - Se^{-q(T-t)}\left[\left(N(d_1) - N(d_5)\right) - \left(\frac{S}{B}\right)^{-\frac{2}{\sigma^2}(r-q)-1}\left(N(d_3) - N(d_7)\right)\right] \\ & + Xe^{-r(T-t)}\left[\left(N(d_2) - N(d_6)\right) - \left(\frac{S}{B}\right)^{-\frac{2}{\sigma^2}(r-q)+1}\left(N(d_4) - N(d_8)\right)\right] \\ =& Se^{-q(T-t)}\left[N(-d_1) + \left(\frac{S}{B}\right)^{-\frac{2}{\sigma^2}(r-q)-1}\left(N(d_3) - N(d_7)\right)\right] \\ & - Xe^{-r(T-t)}\left[N(-d_2) + \left(\frac{S}{B}\right)^{-\frac{2}{\sigma^2}(r-q)+1}\left(N(d_4) - N(d_8)\right)\right]\end{aligned}$$

定理 4.5.4 下降敲入看涨期权的定价公式为

$$\begin{aligned}c_{\text{down-and-in}}(S,t) =& Se^{-q(T-t)}\left(\frac{S}{B}\right)^{-\frac{2}{\sigma^2}(r-q)-1} N(-d_7) \\ & - Xe^{-r(T-t)}\left(\frac{S}{B}\right)^{-\frac{2}{\sigma^2}(r-q)+1} N(-d_8)\end{aligned} \quad (4.5.6)$$

证明 由 (4.5.1) 式知

$$c_{\text{down-and-in}}(S,t) = c_v(S,t) - c_{\text{down-and-out}}(S,t)$$

再由 (4.5.4) 式易得结论.

定理 4.5.5 上升敲出期权的看涨–看跌平价公式为

$$\begin{aligned}&p_{\text{up-and-out}}(S,t) + Se^{-q(T-t)}N(d_1)\\&= c_{\text{up-and-out}}(S,t) + Xe^{-r(T-t)}N(d_2)\\&\quad + \left(\frac{S}{B}\right)^{-\frac{2}{\sigma^2}(r-q)+1}\left[\frac{B^2}{S}e^{-q(T-t)}N(d_3) - Xe^{-r(T-t)}N(d_4)\right]\end{aligned} \quad (4.5.7)$$

证明 令 $H = c - p$, 则 H 满足偏微分方程:

$$\begin{cases}\dfrac{\partial H}{\partial t} + \dfrac{1}{2}\sigma^2 S^2 \dfrac{\partial^2 H}{\partial S^2} + (r-q)S\dfrac{\partial H}{\partial S} - rH = 0 & (0 \leqslant S < B, 0 \leqslant t \leqslant T)\\ H(S,T) = S - X & (0 \leqslant S < B)\\ H(B,t) = 0 & (0 \leqslant t \leqslant T)\end{cases}$$

求解此方程的过程类似于方程 (4.5.3) 的求解过程, 解得

$$\begin{aligned}H(S,t) =& Se^{-q(T-t)}N(d_1) - Xe^{-r(T-t)}N(d_2)\\ &- Be^{-q(T-t)}\left(\frac{S}{B}\right)^{-\frac{2}{\sigma^2}(r-q)}N(d_3) + Xe^{-r(T-t)}\left(\frac{S}{B}\right)^{-\frac{2}{\sigma^2}(r-q)+1}N(d_4)\end{aligned}$$

从而定理得证.

定理 4.5.6 下降敲出期权的看涨–看跌平价公式为

$$\begin{aligned}&p_{\text{down-and-out}}(S,t) + Se^{-q(T-t)}N(-d_1)\\&= c_{\text{down-and-out}}(S,t) + Xe^{-r(T-t)}N(-d_2)\\&\quad + \left(\frac{S}{B}\right)^{-\frac{2}{\sigma^2}(r-q)+1}\left[\frac{B^2}{S}e^{-q(T-t)}N(-d_3) - Xe^{-r(T-t)}N(-d_4)\right]\end{aligned} \quad (4.5.8)$$

证明过程类似于定理 4.5.5.

定理 4.5.7 上升敲入期权的看涨–看跌平价公式为

$$\begin{aligned}&p_{\text{up-and-in}}(S,t) + Se^{-q(T-t)}N(-d_1) = c_{\text{up-and-in}}(S,t) + Xe^{-r(T-t)}N(-d_2)\\&\quad - \left(\frac{S}{B}\right)^{-\frac{2}{\sigma^2}(r-q)+1}\left[\frac{B^2}{S}e^{-q(T-t)}N(d_3) - Xe^{-r(T-t)}N(d_4)\right]\end{aligned} \quad (4.5.9)$$

证明 由 (4.5.1) 式知 $V_v(S,t) = V_{\text{up-and-out}}(S,t) + V_{\text{up-and-in}}(S,t)$. 所以,

$$p_{\text{up-and-out}}(S,t) = p_v(S,t) - p_{\text{up-and-in}}(S,t)$$
$$c_{\text{up-and-out}}(S,t) = c_v(S,t) - c_{\text{up-and-in}}(S,t)$$

又因为 $p_v(S,t) + Se^{-q(T-t)} = c_v(S,t) + Xe^{-r(T-t)}$(这是欧式期权的看涨–看跌平价公式). 将以上三式代入 (4.5.7) 得

$$p_v(S,t) - p_{\text{up-and-in}}(S,t) + Se^{-q(T-t)}N(d_1)$$
$$= c_v(S,t) - c_{\text{up-and-in}}(S,t) + Xe^{-r(T-t)}N(d_2)$$
$$+ \left(\frac{S}{B}\right)^{-\frac{2}{\sigma^2}(r-q)+1} \left[\frac{B^2}{S}e^{-q(T-t)}N(d_3) - Xe^{-r(T-t)}N(d_4)\right]$$

整理得

$$p_{\text{up-and-in}}(S,t) + Se^{-q(T-t)}N(-d_1)$$
$$= c_{\text{up-and-in}}(S,t) + Xe^{-r(T-t)}N(-d_2)$$
$$- \left(\frac{S}{B}\right)^{-\frac{2}{\sigma^2}(r-q)+1} \left[\frac{B^2}{S}e^{-q(T-t)}N(d_3) - Xe^{-r(T-t)}N(d_4)\right]$$

定理 4.5.8 下降敲入期权的看涨–看跌平价公式为

$$p_{\text{down-and-in}}(S,t) + Se^{-q(T-t)}N(d_1)$$
$$= c_{\text{down-and-in}}(S,t) + Xe^{-r(T-t)}N(d_2)$$
$$- \left(\frac{S}{B}\right)^{-\frac{2}{\sigma^2}(r-q)+1} \left[\frac{B^2}{S}e^{-q(T-t)}N(-d_3) - Xe^{-r(T-t)}N(-d_4)\right] \quad (4.5.10)$$

证明方法类似于定理 4.5.7.

定理 4.5.9 上升敲出看跌期权的定价公式为

$$p_{\text{up-and-out}}(S,t) = Xe^{-r(T-t)}\left[N(d_6) - \left(\frac{S}{B}\right)^{-\frac{2}{\sigma^2}(r-q)+1} N(d_8)\right]$$
$$- Se^{-q(T-t)}\left[N(d_5) - \left(\frac{S}{B}\right)^{-\frac{2}{\sigma^2}(r-q)-1} N(d_7)\right] \quad (4.5.11)$$

证明 由 (4.5.2) 和 (4.5.7) 式即可得证.

定理 4.5.10 下降敲出看跌期权的定价公式为

$$p_{\text{down-and-out}}(S,t) = Xe^{-r(T-t)}\bigg[\big(N(d_6) - N(d_2)\big)$$
$$- \left(\frac{S}{B}\right)^{-\frac{2}{\sigma^2}(r-q)+1}\big(N(d_8) - N(d_4)\big)\bigg]$$

$$-Se^{-q(T-t)}\left[\left(N(d_5)-N(d_1)\right)-\left(\frac{S}{B}\right)^{-\frac{2}{\sigma^2}(r-q)-1}\left(N(d_7)-N(d_3)\right)\right] \quad (4.5.12)$$

证明 由 (4.5.4) 和 (4.5.8) 式即可得证.

定理 4.5.11 上升敲入看跌期权的定价公式为

$$p_{\text{up-and-in}}(S,t)=Xe^{-r(T-t)}\left(\frac{S}{B}\right)^{-\frac{2}{\sigma^2}(r-q)+1}N(d_8)$$
$$-Se^{-q(T-t)}\left(\frac{S}{B}\right)^{-\frac{2}{\sigma^2}(r-q)-1}N(d_7) \quad (4.5.13)$$

证明 由 (4.5.5) 和 (4.5.9) 式即可得证.

定理 4.5.12 下降敲入看跌期权的定价公式为

$$p_{\text{down-and-in}}(S,t)=Xe^{-r(T-t)}\left[N(d_2)-\left(\frac{S}{B}\right)^{-\frac{2}{\sigma^2}(r-q)+1}\left(N(d_4)-N(d_8)\right)\right]$$
$$-Se^{-q(T-t)}\left[N(d_1)-\left(\frac{S}{B}\right)^{-\frac{2}{\sigma^2}(r-q)-1}\left(N(d_3)-N(d_7)\right)\right]$$
$$(4.5.14)$$

证明 由 (4.5.6) 和 (4.5.10) 式即可得证.

至此, 八种欧式障碍期权的定价公式及四个看涨–看跌平价公式已全部求出.

4.5.2 双障碍期权

双障碍期权是指拥有两个障碍——上障碍 U 和下障碍 L 的一种特殊的期权. 本节根据初始股票价格 S_0 的位置将十种双障碍期权划分为两大类讨论. 得出上升敲入双障碍期权、上升敲出双障碍期权、下降敲入双障碍期权和下降敲出双障碍期权是由两个单障碍期权组合而成, 从而这些期权的定价问题便转化为两个单障碍期权的定价问题; 并得出下降敲入但上升敲出双障碍期权、上升敲入但下降敲出双障碍期权、下降敲出但上升敲入双障碍期权和上升敲出但下降敲入双障碍期权是由一份单障碍期权和一份双边敲出双障碍期权组合而成的, 从而这些期权的定价问题便转化为对单障碍期权和双边敲出双障碍期权的定价. 本节并未直接求解这十种双障碍期权的定价方程, 而是将双障碍期权的定价问题转换为已经熟知的单障碍期权的定价问题, 从而大大简化问题.

1. 股票价格不在两个障碍之间

考虑初始股票价格 S_0 不位于两个障碍之间的情况. 这种情况下, 可细分为四种双障碍期权 (图 4.1), 下面将逐一研究这它们的定价问题.

定义 4.5.1 上升敲入期权 ($S_0<L<U$) 是指如果股票价格 S 在期权有效

期内未达到下障碍 L, 则期权价值为 0; 如果股票价格 S 在期权有效期内触及下障碍 L 但未触及上障碍 U, 则期权的最终收益为 $f_1(S_T)$; 如果股票价格 S 在到期日前触及上障碍 U, 则期权的最终收益为 $f_2(S_T)$, 即

$$V(S,T) = \begin{cases} 0, & S_t < L \text{对所有} t \in [0,T] \\ f_1(S_T), & L \leqslant S_t < U \text{对一些} t \in [0,T] \text{且} S_t < U \text{对所有} t \in [0,T] \\ f_2(S_T), & S_t \geqslant U \text{对一些} t \in [0,T] \end{cases}$$

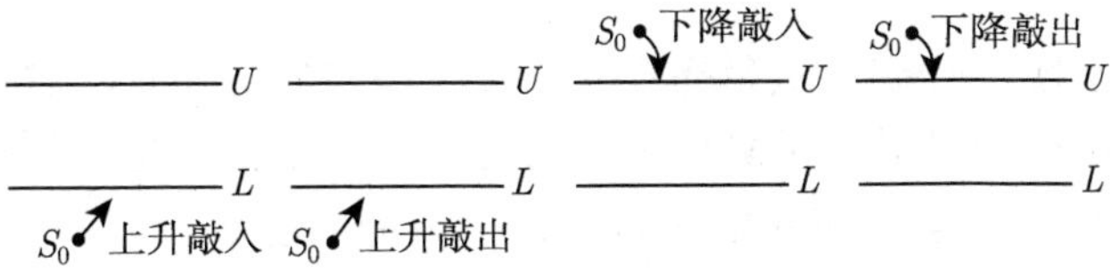

图 4.1 初始股票价格 S_0 不在两个障碍之间

定义 4.5.2 上升敲出期权 ($S_0 < L < U$) 是指如果股票价格 S 在期权有效期内未达到下障碍 L, 则期权的最终收益为 $f_1(S_T)$; 如果 S 在到期日前触及下障碍 L 但未触及上障碍 U, 则期权的最终收益为 $f_2(S_T)$; 如果 S 在到期日前触及上障碍 U, 则期权价值为 0, 即

$$V(S,T) = \begin{cases} f_1(S_T), & S_t < L \text{对所有} t \in [0,T] \\ f_2(S_T), & L \leqslant S_t < U \text{对一些} t \in [0,T] \text{且} S_t < U \text{对所有} t \in [0,T] \\ 0. & S_t \geqslant U \text{对一些} t \in [0,T] \end{cases}$$

定义 4.5.3 下降敲入期权 ($L < U < S_0$) 是指如果股票价格 S 在期权有效期内未达到上障碍 U, 则期权价值为 0; 如果股票价格 S 在期权有效期内触及上障碍 U 但未触及下障碍 L, 则期权的最终收益为 $f_1(S_T)$; 如果股票价格 S 在到期日前触及下障碍 L, 则期权的最终收益为 $f_2(S_T)$, 即

$$V(S,T) = \begin{cases} 0, & S_t > U \text{对所有} t \in [0,T] \\ f_1(S_T), & L < S_t \leqslant U \text{对一些} t \in [0,T] \text{且} S_t > L \text{对所有} t \in [0,T] \\ f_2(S_T). & S_t \leqslant L \text{对一些} t \in [0,T] \end{cases}$$

定义 4.5.4 下降敲出期权 ($L < U < S_0$) 是指如果股票价格 S 在期权有效期内未达到上障碍 U, 则期权的最终收益为 $f_1(S_T)$; 如果 S 在到期日前触及上障碍 U 但未触及下障碍 L, 则期权的最终收益为 $f_2(S_T)$; 如果股票价格 S 在到期日前触及下障碍 L, 则期权价值为 0, 即

$$V(S,T) = \begin{cases} f_1(S_T), & S_t > U \text{对所有} t \in [0,T] \\ f_2(S_T), & L < S_t \leqslant U \text{对一些} t \in [0,T] \text{且} S_t > L \text{对所有} t \in [0,T] \\ 0. & S_t \leqslant L \text{对一些} t \in [0,T] \end{cases}$$

下面对这四种双障碍期权进行定价.

(1) 上升敲入期权　构造两个上升敲入的单障碍期权 V_1 和 V_2:

$$V_1(S,T) = \begin{cases} 0, & S_t < L \text{对所有 } t \in [0,T] \\ f_1(S_T), & S_t \geqslant L \text{对一些 } t \in [0,T] \end{cases}$$

$$V_2(S,T) = \begin{cases} 0, & S_t < U \text{对所有 } t \in [0,T] \\ f_2(S_T) - f_1(S_T), & S_t \geqslant U \text{对一些 } t \in [0,T] \end{cases}$$

从表 4.2 中不难发现上升敲入双障碍期权 $V(S,t) = V_1(S,t) + V_2(S,t)$, 即上升敲入双障碍期权是由两个上升敲入单障碍期权组合而成, 从而可把上升敲入双障碍期权的定价问题转化为两个上升敲入单障碍期权的定价问题.

表 4.2　上升敲入期权

收益函数	$S_t < L$	$L \leqslant S_t < U$	$S_t \geqslant U$
$V_1(S,T)$	0	$f_1(S_T)$	$f_1(S_T)$
$V_2(S,T)$	0	0	$f_2(S_T) - f_1(S_T)$
$(V_1+V_2)(S,T)$	0	$f_1(S_T)$	$f_2(S_T)$
$V(S,T)$	0	$f_1(S_T)$	$f_2(S_T)$

(2) 上升敲出期权　同样的方法构造两个上升敲出单障碍期权 V_3 和 V_4:

$$V_3(S,T) = \begin{cases} f_1(S_T) - f_2(S_T), & S_t < L \text{对所有 } t \in [0,T] \\ 0, & S_t \geqslant L \text{对一些 } t \in [0,T] \end{cases}$$

$$V_4(S,T) = \begin{cases} f_2(S_T), & S_t < U \text{对所有 } t \in [0,T] \\ 0, & S_t \geqslant U \text{对一些 } t \in [0,T] \end{cases}$$

上升敲出双障碍期权 $V(S,t) = V_3(S,t) + V_4(S,t)$.

(3) 下降敲入期权　构造两个下降敲入单障碍期权 V_5 和 V_6:

$$V_5(S,T) = \begin{cases} 0, & S_t > U \text{对所有 } t \in [0,T] \\ f_1(S_T), & S_t \leqslant U \text{对一些 } t \in [0,T] \end{cases}$$

$$V_6(S,T) = \begin{cases} 0, & S_t > L \text{对所有 } t \in [0,T] \\ f_2(S_T) - f_1(S_T), & S_t \leqslant L \text{对一些 } t \in [0,T] \end{cases}$$

下降敲入双障碍期权 $V(S,t) = V_5(S,t) + V_6(S,t)$.

(4) 下降敲出期权　构造两个下降敲出单障碍期权 V_7 和 V_8:

$$V_7(S,T) = \begin{cases} f_1(S_T) - f_2(S_T), & S_t > U \text{对所有 } t \in [0,T] \\ 0, & S_t \leqslant U \text{对一些 } t \in [0,T] \end{cases}$$

$$V_8(S,T) = \begin{cases} f_2(S_T), & S_t > L \text{对所有 } t \in [0,T] \\ 0, & S_t \leq L \text{对一些 } t \in [0,T] \end{cases}$$

下降敲出双障碍期权 $V(S,t) = V_7(S,t) + V_8(S,t)$.

综上所述, 以上四种双障碍期权均是由两个单障碍期权组合而成的, 从而这些双障碍期权的定价问题便转化为两个单障碍期权的定价问题, 4.5.1 节给出了单障碍期权的定价公式, 因此双障碍期权的定价问题也就解决了.

2. 股票价格在两个障碍之间

考虑初始股票价格 S_0 位于两个障碍之间的情况. 在此情况下, 可细分为六种双障碍期权 (图 4.2), 下面将逐一研究它们的定价问题.

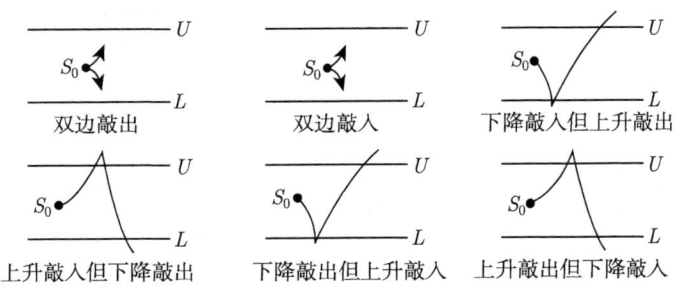

图 4.2 初始股票价格 S_0 在两个障碍之间

定义 4.5.5 双边敲出期权是指在期权有效期内原生资产价格 S 上涨超越 U 或下降跌破 L 时, 期权都作废.

定义 4.5.6 双边敲入期权是指在期权有效期内原生资产价格 S 上涨超越 U 或下降跌破 L 时, 期权均生效.

定义 4.5.7 下降敲入但上升敲出期权是指当原生资产价格 S 在期权有效期内首先下降触及下障碍 L 时, 一份普通欧式期权生效, 但在普通欧式期权生效后, 如果原生资产价格 S 上涨触及上障碍 U, 那么已经生效的普通欧式期权作废.

定义 4.5.8 上升敲入但下降敲出期权是指当原生资产价格 S 在期权有效期内首先上升触及上障碍 U 时, 一份普通欧式期权生效, 但在普通欧式期权生效后, 如果原生资产价格 S 下降触及下障碍 L, 那么已经生效的普通欧式期权作废.

定义 4.5.9 下降敲出但上升敲入期权是指下当原生资产价格 S 在期权有效期内首先下降触及下障碍 L 时, 期权作废, 但在期权作废后, 如果原生资产价格 S 上涨触及上障碍 U, 那么已经作废的期权重新生效.

定义 4.5.10 上升敲出但下降敲入期权是指当原生资产价格 S 在期权有效期内首先上升触及上障碍 U 时, 期权作废, 但在期权作废后, 如果原生资产价格 S 下降触及下障碍 L, 那么已经作废的期权重新生效.

下面对这六种双障碍期权进行定价.

定理 4.5.13 双边敲出看涨期权的定价公式为

$$V(S,t) = \left(\frac{S}{L}\right)^{\alpha} e^{\beta(T-t)} \sum_{n=1}^{\infty} \frac{2}{l} \int_{L}^{U} \left(\frac{S}{L}\right)^{-\alpha} \left(1 - \frac{X}{S}\right)^{+} \sin\left(\frac{n\pi}{l} \ln \frac{S}{L}\right) dS$$
$$\cdot \sin\left(\frac{n\pi}{l} \ln \frac{S}{L}\right) \cdot e^{-\frac{n^2\pi^2\sigma^2}{2l^2}(T-t)} \tag{4.5.15}$$

证明 双边敲出看涨期权满足以下问题

$$\begin{cases} \frac{\partial V}{\partial t} + \frac{1}{2}\sigma^2 S^2 \frac{\partial^2 V}{\partial S^2} + (r-q)S\frac{\partial V}{\partial S} - rV = 0 & (L < S < U, 0 \leqslant t \leqslant T) \\ V(S,T) = (S-X)^+ & (L < S < U) \\ V(L,t) = 0 & (0 \leqslant t \leqslant T) \\ V(U,t) = 0 & (0 \leqslant t \leqslant T) \end{cases}$$

令 $x = \ln\frac{S}{L}, V = Lu, l = \ln\frac{U}{L}$. 则有

$$\begin{cases} \frac{\partial u}{\partial t} + \frac{1}{2}\sigma^2 \frac{\partial^2 u}{\partial x^2} + \left(r-q-\frac{\sigma^2}{2}\right)\frac{\partial u}{\partial x} - ru = 0 & (0 < x < l, 0 \leqslant t \leqslant T) \\ u(x,T) = \left(e^x - \frac{X}{L}\right)^+ \\ u(0,t) = 0 \\ u(l,t) = 0 \end{cases}$$

再令 $u = e^{\alpha x + \beta(T-t)}W$, 其中 $\alpha = -\frac{1}{\sigma^2}\left(r-q-\frac{\sigma^2}{2}\right), \beta = -r - \frac{1}{2\sigma^2}\left(r-q-\frac{\sigma^2}{2}\right)^2$, 则有

$$\begin{cases} \frac{\partial W}{\partial t} + \frac{1}{2}\sigma^2 \frac{\partial^2 W}{\partial x^2} = 0 & (0 < x < l, 0 \leqslant t \leqslant T) \\ W(x,T) = e^{-\alpha x}\left(e^x - \frac{X}{L}\right)^+ \\ W(0,t) = 0 \\ W(l,t) = 0 \end{cases}$$

令 $\tau = (T-t)\frac{\sigma^2}{2}$, 则有

$$\begin{cases} \frac{\partial W}{\partial \tau} = \frac{\partial^2 W}{\partial x^2} & \left(0 < x < l, 0 \leqslant \tau \leqslant \frac{\sigma^2}{2}T\right) \\ W(x,0) = e^{-\alpha x}\left(e^x - \frac{X}{L}\right)^+ \\ W(0,\tau) = 0 \\ W(l,\tau) = 0 \end{cases}$$

利用分离变量法解此方程得

$$W(x,\tau) = \sum_{n=1}^{\infty} C e^{-\lambda_n \tau} \sin \frac{n\pi}{l} x$$

其中 $C = \dfrac{2}{l}\displaystyle\int_0^l \Phi(x)\sin\dfrac{n\pi}{l}x dx$, $\Phi(x) = e^{-\alpha x}\left(e^x - \dfrac{X}{L}\right)^+$, $\lambda_n = \left(\dfrac{n\pi}{l}\right)^2$. 代回原变量得

$$\begin{aligned}V(S,t) =& L e^{\alpha x + \beta(T-t)} W(x,t) \\ =& \left(\frac{S}{L}\right)^\alpha e^{\beta(T-t)} \sum_{n=1}^{\infty} \frac{2}{l} \int_L^U \left(\frac{S}{L}\right)^{-\alpha}\left(1 - \frac{X}{S}\right)^+ \sin\left(\frac{n\pi}{l}\ln\frac{S}{L}\right) dS \\ & \cdot \sin\left(\frac{n\pi}{l}\ln\frac{S}{L}\right)\cdot e^{-\frac{n^2\pi^2\sigma^2}{2l^2}(T-t)}\end{aligned}$$

定理 4.5.14 双边敲出看跌期权的定价公式为

$$\begin{aligned}V(S,t) =& \left(\frac{S}{L}\right)^\alpha e^{\beta(T-t)} \sum_{n=1}^{\infty} \frac{2}{l} \int_L^U \left(\frac{S}{L}\right)^{-\alpha}\left(\frac{X}{S} - 1\right)^+ \sin\left(\frac{n\pi}{l}\ln\frac{S}{L}\right) dS \\ & \cdot \sin\left(\frac{n\pi}{l}\ln\frac{S}{L}\right)\cdot e^{-\frac{n^2\pi^2\sigma^2}{2l^2}(T-t)}\end{aligned} \quad (4.5.16)$$

证明过程类似于定理 4.5.13 的证明.

定理 4.5.15 双边敲入看涨期权的定价公式为

$$\begin{aligned}V(S,t) =& S e^{-q(T-t)} N(\hat{d}_1) - X e^{-r(T-t)} N(\hat{d}_2) \\ & - \left(\frac{S}{L}\right)^\alpha e^{\beta(T-t)} \sum_{n=1}^{\infty} \frac{2}{l} \int_L^U \left(\frac{S}{L}\right)^{-\alpha}\left(1 - \frac{X}{S}\right)^+ \sin\left(\frac{n\pi}{l}\ln\frac{S}{L}\right) dS \\ & \cdot \sin\left(\frac{n\pi}{l}\ln\frac{S}{L}\right)\cdot e^{-\frac{n^2\pi^2\sigma^2}{2l^2}(T-t)}\end{aligned} \quad (4.5.17)$$

其中

$$\hat{d}_1 = \frac{\ln\dfrac{S}{X} + \left(r - q + \dfrac{\sigma^2}{2}\right)(T-t)}{\sigma\sqrt{T-t}}, \quad \hat{d}_2 = \hat{d}_1 - \sigma\sqrt{T-t}$$

证明 双边敲入看涨期权满足以下混合问题

$$\begin{cases} \dfrac{\partial V}{\partial t} + \dfrac{1}{2}\sigma^2 S^2 \dfrac{\partial^2 V}{\partial S^2} + (r-q)S\dfrac{\partial V}{\partial S} - rV = 0 & (L < S < U, 0 \leqslant t \leqslant T) \\ V(S,T) = 0 & (L < S < U) \\ V(L,t) = V_v(L,t) & (0 \leqslant t \leqslant T) \\ V(U,t) = V_v(U,t) & (0 \leqslant t \leqslant T) \end{cases} \quad (4.5.18)$$

其中 $V_v(S,t)$ 表示标准欧式看涨期权的价值,V_v 满足

$$\begin{cases} \dfrac{\partial V_v}{\partial t}+\dfrac{1}{2}\sigma^2 S^2\dfrac{\partial^2 V_v}{\partial S^2}+(r-q)S\dfrac{\partial V_v}{\partial S}-rV_v=0 & (0\leqslant S<\infty, 0\leqslant t\leqslant T),\\ V_v(S,T)=(S-X)^+ & \end{cases}$$
(4.5.19)

令 $V_1=V_v-V$. 由 (4.5.17) 和 (4.5.18) 式知 V_1 满足

$$\begin{cases} \dfrac{\partial V_1}{\partial t}+\dfrac{1}{2}\sigma^2 S^2\dfrac{\partial^2 V_1}{\partial S^2}+(r-q)S\dfrac{\partial V_1}{\partial S}-rV_1=0 & (L<S<U, 0\leqslant t\leqslant T)\\ V_1(S,T)=V_v(S,T)-V(S,T)=(S-X)^+ & (L<S<U)\\ V_1(L,t)=V_v(L,t)-V(L,t)=0 & (0\leqslant t\leqslant T)\\ V_1(U,t)=V_v(U,t)-V(U,t)=0 & (0\leqslant t\leqslant T) \end{cases}$$

从上面的方程容易看出,V_1 是一个双边敲出期权.

因此 $V_v(S,t)=V(S,t)+V_1(S,t)$, 即双边敲出期权的收益 + 双边敲入期权的收益 = 标准欧式期权的收益. 由此关系式和 (4.5.15) 式很容易得到双边敲入看涨期权的定价公式为

$$\begin{aligned}V(S,t)=&V_v(S,t)-V_1(S,t)\\ =&Se^{-q(T-t)}N(\hat{d}_1)-Xe^{-r(T-t)}N(\hat{d}_2)\\ &-\left(\dfrac{S}{L}\right)^\alpha e^{\beta(T-t)}\sum_{n=1}^\infty \dfrac{2}{l}\int_L^U \left(\dfrac{S}{L}\right)^{-\alpha}\left(1-\dfrac{X}{S}\right)^+\sin\left(\dfrac{n\pi}{l}\ln\dfrac{S}{L}\right)dS\\ &\cdot\sin\left(\dfrac{n\pi}{l}\ln\dfrac{S}{L}\right)\cdot e^{-\frac{n^2\pi^2\sigma^2}{2l^2}(T-t)}\end{aligned}$$

定理 4.5.16 双边敲入看跌期权的定价公式为

$$\begin{aligned}V(S,t)=&Xe^{-r(T-t)}N(-\hat{d}_2)-Se^{-q(T-t)}N(-\hat{d}_1)\\ &-\left(\dfrac{S}{L}\right)^\alpha e^{\beta(T-t)}\sum_{n=1}^\infty \dfrac{2}{l}\int_L^U \left(\dfrac{S}{L}\right)^{-\alpha}\left(\dfrac{X}{S}-1\right)^+\sin\left(\dfrac{n\pi}{l}\ln\dfrac{S}{L}\right)dS\\ &\cdot\sin\left(\dfrac{n\pi}{l}\ln\dfrac{S}{L}\right)\cdot e^{-\frac{n^2\pi^2\sigma^2}{2l^2}(T-t)}\end{aligned}$$
(4.5.20)

证明过程类似于定理 4.5.15 的证明.

定理 4.5.17 下降敲入但上升敲出期权是由一份上升敲出期权与一份双边敲出期权组合而成的.

证明 以下降敲入但上升敲出看涨期权为例, 原生资产价格运动可能呈现四种情况 (图 4.3).

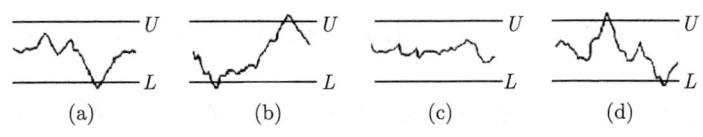

图 4.3 原生资产价格运动情况

$$\text{最终收益} c(S,T) = \begin{cases} (S-X)^+, & \text{第一种情况} \\ 0, & \text{第二种情况} \\ 0, & \text{第三种情况} \\ 0, & \text{第四种情况} \end{cases}$$

对于下降敲入但上升敲出的看涨期权，当 $S < L$ 时，上升敲出的看涨期权已经生效，当 $S > U$ 时，期权已经作废，这两种情况都不考虑，只考虑 $L < S < U$ 的情况，它的定价模型为

$$\begin{cases} \dfrac{\partial c}{\partial t} + \dfrac{1}{2}\sigma^2 S^2 \dfrac{\partial^2 c}{\partial S^2} + (r-q)S\dfrac{\partial c}{\partial S} - rc = 0 & (L < S < U, 0 \leqslant t \leqslant T) \\ c(S,T) = 0 & (L < S < U) \\ c(L,t) = c_1(L,t) & (0 \leqslant t \leqslant T) \\ c(U,t) = 0 & (0 \leqslant t \leqslant T) \end{cases}$$

其中 c_1 是以 U 为障碍的上升敲出看涨期权，c_1 满足

$$\begin{cases} \dfrac{\partial c_1}{\partial t} + \dfrac{1}{2}\sigma^2 S^2 \dfrac{\partial^2 c_1}{\partial S^2} + (r-q)S\dfrac{\partial c_1}{\partial S} - rc_1 = 0 & (0 \leqslant S \leqslant U, 0 \leqslant t \leqslant T) \\ c_1(S,T) = (S-X)^+ & (0 \leqslant S \leqslant U) \\ c_1(U,t) = 0 & (0 \leqslant t \leqslant T) \end{cases}$$

令 $c_2 = c_1 - c$. 则 c_2 满足

$$\begin{cases} \dfrac{\partial c_2}{\partial t} + \dfrac{1}{2}\sigma^2 S^2 \dfrac{\partial^2 c_2}{\partial S^2} + (r-q)S\dfrac{\partial c_2}{\partial S} - rc_2 = 0 & (L < S < U, 0 \leqslant t \leqslant T) \\ c_2(S,T) = c_1(S,T) - c(S,T) = (S-X)^+ & (L < S < U) \\ c(L,t) = c_1(L,t) - c(L,t) = 0 & (0 \leqslant t \leqslant T) \\ c_2(U,t) = c_1(U,t) - c(U,t) = 0 & (0 \leqslant t \leqslant T) \end{cases}$$

c_2 是一个双边敲出看涨期权，$c(S,t) = c_1(S,t) - c_2(S,t)$，即下降敲入但上升敲出看涨期权是由一份上升敲出看涨期权与一份双边敲出看涨期权组合而成，同理，下降敲入但上升敲出看跌期权是由一份上升敲出看跌期权与一份双边敲出看跌期权组合而成的，结论得证．

由定理 4.5.17，我们就将下降敲入但上升敲出期权的定价问题转化为对上升敲出期权和双边敲出期权的定价，4.5.1 节给出了上升敲出期权的定价公式，而双边敲出期权的定价公式上面已经给出，因而上升敲入但下降敲出期权的定价问题就解决了.

定理 4.5.18 上升敲入但下降敲出期权是由一份下降敲出期权与一份双边敲出期权组合而成的.

证明过程类似于定理 4.5.17 的证明. 4.5.1 节给出了下降敲出期权的定价公式，而双边敲出期权的定价公式上面已经给出，因而上升敲入但下降敲出期权的定价问题就解决了.

定理 4.5.19 下降敲出但上升敲入期权是由一份上升敲入期权与一份双边敲出期权组合而成的.

证明 以下降敲出但上升敲入看涨期权为例，原生资产价格运动可能呈现四种情况 (图 4.3).

$$\text{最终收益}\, c(S,T) = \begin{cases} 0, & \text{第一种情况} \\ (S-X)^+, & \text{第二种情况} \\ (S-X)^+, & \text{第三种情况} \\ (S-X)^+, & \text{第四种情况} \end{cases}$$

对于下降敲出但上升敲入的看涨期权，当 $S < L$ 时，上升敲入的看涨期权已经生效，当 $S > U$ 时，普通欧式看涨期权已经生效，这两种情况都不考虑，只考虑 $L < S < U$ 的情况，它的定价模型为

$$\begin{cases} \dfrac{\partial c}{\partial t} + \dfrac{1}{2}\sigma^2 S^2 \dfrac{\partial^2 c}{\partial S^2} + (r-q)S\dfrac{\partial c}{\partial S} - rc = 0 & (L < S < U, 0 \leqslant t \leqslant T) \\ c(S,T) = (S-X)^+ & (L < S < U) \\ c(L,t) = c_1(L,t) & (0 \leqslant t \leqslant T) \\ c(U,t) = c_v(U,t) & (0 \leqslant t \leqslant T) \end{cases}$$

其中 c_v 是普通欧式看涨期权，c_1 是以 U 为障碍的上升敲入看涨期权，c_1 满足

$$\begin{cases} \dfrac{\partial c_1}{\partial t} + \dfrac{1}{2}\sigma^2 S^2 \dfrac{\partial^2 c_1}{\partial S^2} + (r-q)S\dfrac{\partial c_1}{\partial S} - rc_1 = 0 & (0 \leqslant S \leqslant U, 0 \leqslant t \leqslant T) \\ c_1(S,T) = 0 & (0 \leqslant S \leqslant U) \\ c_1(U,t) = c_v(U,t) & (0 \leqslant t \leqslant T) \end{cases}$$

令 $c_2 = c - c_1$，则 c_2 满足以下方程：

$$\begin{cases} \dfrac{\partial c_2}{\partial t} + \dfrac{1}{2}\sigma^2 S^2 \dfrac{\partial^2 c_2}{\partial S^2} + (r-q)S\dfrac{\partial c_2}{\partial S} - rc_2 = 0 & (L < S < U, 0 \leqslant t \leqslant T) \\ c_2(S,T) = c(S,T) - c_1(S,T) = (S-X)^+ & (L < S < U) \\ c(L,t) = c(S,T) - c_1(L,t) = 0 & (0 \leqslant t \leqslant T) \\ c_2(U,t) = c(U,t) - c_1(U,t) = 0 & (0 \leqslant t \leqslant T) \end{cases}$$

c_2 是一个双边敲出看涨期权. $c(S,t) = c_1(S,t) + c_2(S,t)$, 即下降敲出但上升敲入看涨期权是由一份上升敲入看涨期权与一份双边敲出看涨期权组合而成的, 同理, 下降敲出但上升敲入看跌期权是由一份上升敲入看跌期权与一份双边敲出看跌期权组合而成的, 定理得证.

由定理 4.5.19, 我们就将下降敲出但上升敲入期权的定价问题转化为对上升敲入期权和双边敲出看期权的定价, 4.5.1 节给出了上升敲入期权的定价公式, 而双边敲出期权的定价公式上面已经给出, 因而下降敲出但上升敲入期权的定价问题就解决了.

定理 4.5.20 上升敲出但下降敲入期权是由一份下降敲入期权与一份双边敲出期权组合而成.

证明过程类似于定理 4.5.19 的证明. 4.5.1 节给出了下降敲入期权的定价公式, 而双边敲出期权的定价公式上面已经给出, 因而上升敲出但下降敲入期权的定价问题就解决了.

4.5.3 彩虹障碍期权

彩虹障碍期权(rainbow barrier options) 也称外部障碍期权, 它是多资产期权的一种, 其收益依赖于两个标的资产的价格: 障碍资产 S_1 和收益资产 S_2, 障碍资产 S_1 决定期权是否敲入或敲出, 收益资产 S_2 决定期权的收益. 对彩虹上升敲出看涨期权来说, 如果资产价格过程 S_1 没有达到障碍 B, 则在 T 时刻的收益为 $(S_{2T} - X)^+$. 本节研究彩虹障碍期权的定价问题, 给出八种彩虹障碍期权的定价公式及四个看涨-看跌平价公式.

障碍资产 S_1 和收益资产 S_2 满足:

$$\frac{dS_{1t}}{S_{1t}} = (r - q_1)dt + \sigma_1 dW_{1t}$$

$$\frac{dS_{2t}}{S_{2t}} = (r - q_2)dt + \rho\sigma_2 dW_{1t} + \sqrt{1-\rho^2}\sigma_2 dW_{2t}$$

其中 r 为无风险利率, q_i 是资产 $S_i(i=1,2)$ 的红利率, $\sigma_1 > 0, \sigma_2 > 0, \text{Cov}\left(\frac{dS_{1t}}{S_{1t}}, \frac{dS_{2t}}{S_{2t}}\right) = \sigma_{12}dt, \rho = \frac{\sigma_{12}}{\sigma_1\sigma_2}, \rho \in [-1,1], \{W_{1t}, t \in [0,T]\}$ 和 $\{W_{2t}, t \in [0,T]\}$ 是互相独立的标准布朗运动.

V 是 S_1, S_2 和 t 的函数: $V(S_1, S_2, t)$. 构造投资组合 Π:

$$\Pi = V - \Delta_1 S_1 - \Delta_2 S_2$$

由 Itô 公式, 得

$$dΠ = dV - \Delta_1 dS_1 - \Delta_2 dS_2 - \Delta_1 q_1 S_1 dt - \Delta_2 q_2 S_2 dt$$
$$= \left(\frac{\partial V}{\partial t} + \frac{1}{2}\sigma_1^2 S_1^2 \frac{\partial^2 V}{\partial S_1^2} + \rho\sigma_1\sigma_2 S_1 S_2 \frac{\partial^2 V}{\partial S_1 \partial S_2} + \frac{1}{2}\sigma_2^2 S_2^2 \frac{\partial^2 V}{\partial S_2^2}\right)dt$$
$$+ \frac{\partial V}{\partial S_1}dS_1 + \frac{\partial V}{\partial S_2}dS_2 - \Delta_1 dS_1 - \Delta_2 dS_2 - \Delta_1 q_1 S_1 dt - \Delta_2 q_2 S_2 dt \quad (4.5.21)$$

选取 $\Delta_i = \dfrac{\partial V}{\partial S_i}(i=1,2)$, 使得 Π 在 $(t, t+dt)$ 时间是无风险的, 即

$$dΠ = rΠdt = r(V - \Delta_1 S_1 - \Delta_2 S_2)dt \quad (4.5.22)$$

将 $\Delta_i = \dfrac{\partial V}{\partial S_i}(i=1,2)$ 代入 (4.5.21) 和 (4.5.22) 式, 并消去 dt, 得到

$$\frac{\partial V}{\partial t} + \frac{1}{2}\sigma_1^2 S_1^2 \frac{\partial^2 V}{\partial S_1^2} + \rho\sigma_1\sigma_2 S_1 S_2 \frac{\partial^2 V}{\partial S_1 \partial S_2}$$
$$+ \frac{1}{2}\sigma_2^2 S_2^2 \frac{\partial^2 V}{\partial S_2^2} + (r-q_1)S_1\frac{\partial V}{\partial S_1} + (r-q_2)S_2\frac{\partial V}{\partial S_2} - rV = 0$$

此方程即为彩虹障碍期权的定价方程.

下面具体求解出八种彩虹障碍期权的定价公式与看涨–看跌平价公式.

定理 4.5.21 彩虹上升敲出看涨期权的定价公式为

$$c_{\text{up-and-out}}(S_1, S_2, t) = \frac{B^{1-a-b} S_1^a S_2^b e^{c(T-t)}}{2\pi\sigma_1\sigma_2\tau\sqrt{1-\rho^2}} \int_{-\infty}^{0} d\xi_1 \int_{\ln\frac{X}{B}}^{\infty} \left[e^{-\frac{(\ln\frac{S_1}{B}-\xi_1)^2}{2\sigma_1^2\tau}} - e^{-\frac{(\ln\frac{S_1}{B}+\xi_1)^2}{2\sigma_1^2\tau}}\right]$$
$$\cdot e^{-a\xi_1-b\xi_2}\left(e^{\xi_2}-\frac{X}{B}\right)\cdot e^{-\frac{\left[\ln\frac{S_2}{B}-\xi_2-\frac{\rho\sigma_2(\ln\frac{S_1}{B}-\xi_1)}{\sigma_1}\right]^2}{2\sigma_2^2(1-\rho^2)\tau}} d\xi_2 \quad (4.5.23)$$

其中,

$$a = \frac{\left(r-q_1-\frac{\sigma_1^2}{2}\right)\sigma_2^2 - \left(r-q_2-\frac{\sigma_2^2}{2}\right)\rho\sigma_1\sigma_2}{(1-\rho^2)\sigma_1^2\sigma_2^2}$$

$$b = \frac{\left(r-q_2-\frac{\sigma_2^2}{2}\right)\sigma_1^2 - \left(r-q_1-\frac{\sigma_1^2}{2}\right)\rho\sigma_1\sigma_2}{(1-\rho^2)\sigma_1^2\sigma_2^2}$$

$$c = \frac{-\left(r-q_1-\frac{\sigma_1^2}{2}\right)^2\sigma_2^2 + 2\left(r-q_1-\frac{\sigma_1^2}{2}\right)\left(r-q_2-\frac{\sigma_2^2}{2}\right)\rho\sigma_1\sigma_2 - \left(r-q_2-\frac{\sigma_2^2}{2}\right)^2\sigma_1^2}{2(1-\rho^2)\sigma_1^2\sigma_2^2}$$

证明 彩虹上升敲出看涨期权的定价模型为

定解区域：$\{(S_1, S_2, t)|\ 0 \leqslant S_1 \leqslant B, 0 \leqslant S_2 < \infty, 0 \leqslant t \leqslant T\}$

$$\begin{cases} \dfrac{\partial c}{\partial t} + \dfrac{1}{2}\sigma_1^2 S_1^2 \dfrac{\partial^2 c}{\partial S_1^2} + \rho\sigma_1\sigma_2 S_1 S_2 \dfrac{\partial^2 c}{\partial S_1 \partial S_2} + \dfrac{1}{2}\sigma_2^2 S_2^2 \dfrac{\partial^2 c}{\partial S_2^2} \\ \qquad + (r-q_1)S_1 \dfrac{\partial c}{\partial S_1} + (r-q_2)S_2 \dfrac{\partial c}{\partial S_2} - rc = 0 \\ c(S_1, S_2, T) = (S_2 - X)^+ \\ c(B, S_2, t) = 0 \end{cases} \qquad (4.5.24)$$

令 $\tau = T - t$，则

$$\begin{cases} \dfrac{\partial c}{\partial \tau} = \dfrac{1}{2}\sigma_1^2 S_1^2 \dfrac{\partial^2 c}{\partial S_1^2} + \rho\sigma_1\sigma_2 S_1 S_2 \dfrac{\partial^2 c}{\partial S_1 \partial S_2} + \dfrac{1}{2}\sigma_2^2 S_2^2 \dfrac{\partial^2 c}{\partial S_2^2} \\ \qquad + (r-q_1)S_1 \dfrac{\partial c}{\partial S_1} + (r-q_2)S_2 \dfrac{\partial c}{\partial S_2} - rc \\ c(S_1, S_2, 0) = (S_2 - X)^+ \\ c(B, S_2, \tau) = 0 \end{cases}$$

再令 $x_1 = \ln \dfrac{S_1}{B}, x_2 = \ln \dfrac{S_2}{B}, c = Bu$，则得

定解区域：$\{(x_1, x_2, \tau)|\ -\infty < x_1 \leqslant 0, -\infty < x_2 < \infty, 0 \leqslant \tau \leqslant T\}$

$$\begin{cases} \dfrac{\partial u}{\partial \tau} = \dfrac{1}{2}\sigma_1^2 \dfrac{\partial^2 u}{\partial x_1^2} + \rho\sigma_1\sigma_2 \dfrac{\partial^2 u}{\partial x_1 \partial x_2} + \dfrac{1}{2}\sigma_2^2 \dfrac{\partial^2 u}{\partial x_2^2} + (r-q_1)\dfrac{\partial u}{\partial x_1} + (r-q_2)\dfrac{\partial u}{\partial x_2} - ru \\ u(x_1, x_2, 0) = \left(e^{x_2} - \dfrac{X}{B}\right)^+ \\ u(0, x_2, \tau) = 0 \end{cases}$$

令 $u = e^{ax_1 + bx_2 + c\tau} W$，其中

$$a = \dfrac{\left(r - q_1 - \dfrac{\sigma_1^2}{2}\right)\sigma_2^2 - \left(r - q_2 - \dfrac{\sigma_2^2}{2}\right)\rho\sigma_1\sigma_2}{(1-\rho^2)\sigma_1^2\sigma_2^2}$$

$$b = \dfrac{\left(r - q_2 - \dfrac{\sigma_2^2}{2}\right)\sigma_1^2 - \left(r - q_1 - \dfrac{\sigma_1^2}{2}\right)\rho\sigma_1\sigma_2}{(1-\rho^2)\sigma_1^2\sigma_2^2}$$

$$c = \dfrac{-\left(r - q_1 - \dfrac{\sigma_1^2}{2}\right)^2 \sigma_2^2 + 2\left(r - q_1 - \dfrac{\sigma_1^2}{2}\right)\left(r - q_2 - \dfrac{\sigma_2^2}{2}\right)\rho\sigma_1\sigma_2 - \left(r - q_2 - \dfrac{\sigma_2^2}{2}\right)^2 \sigma_1^2}{2(1-\rho^2)\sigma_1^2\sigma_2^2}$$

则方程变为

$$\begin{cases} \dfrac{\partial W}{\partial \tau} = \dfrac{1}{2}\sigma_1^2 \dfrac{\partial^2 W}{\partial x_1^2} + \rho\sigma_1\sigma_2 \dfrac{\partial^2 W}{\partial x_1 \partial x_2} + \dfrac{1}{2}\sigma_2^2 \dfrac{\partial^2 W}{\partial x_2^2} \quad (x_1 \leqslant 0, -\infty < x_2 < \infty, 0 \leqslant \tau \leqslant T) \\ W(x_1, x_2, 0) = e^{-ax_1-bx_2}\left(e^{x_2} - \dfrac{X}{B}\right)^+ = \phi(x_1, x_2) \\ W(0, x_2, \tau) = 0 \end{cases} \quad (4.5.25)$$

此方程不能利用延拓法求解, 因为找不到延拓到 $x_1 > 0$ 上的函数, 下面采用 Fourier 变换去求解. 对方程 (4.5.25) 关于变量 x_2 作 Fourier 变换得

$$\begin{cases} \dfrac{\partial \hat{W}}{\partial \tau} = \dfrac{\sigma_1^2}{2} \dfrac{\partial^2 \hat{W}}{\partial x_1^2} + i\lambda\rho\sigma_1\sigma_2 \dfrac{\partial \hat{W}}{\partial x_1} - \dfrac{\sigma_2^2\lambda^2}{2}\hat{W} \quad (x_1 \leqslant 0) \\ \hat{W}(x_1, \lambda, 0) = \hat{\phi}(x_1, \lambda) \\ \hat{W}(0, \lambda, \tau) = 0 \end{cases}$$

令 $\hat{W} = H e^{\alpha\tau + \beta x_1}$, 其中

$$\alpha = \dfrac{\sigma_1^2}{2}\beta^2 + i\lambda\rho\sigma_1\sigma_2\beta - \dfrac{\sigma_2^2\lambda^2}{2} = -\dfrac{\lambda^2\sigma_2^2(1-\rho^2)}{2}, \quad \beta = -\dfrac{i\lambda\rho\sigma_2}{\sigma_1}$$

则方程变为

$$\begin{cases} \dfrac{\partial H}{\partial \tau} = \dfrac{\sigma_1^2}{2} \dfrac{\partial^2 H}{\partial x_1^2} \quad (x_1 \leqslant 0) \\ H|_{\tau=0} = e^{-\beta x_1}\hat{\phi}(x_1, \lambda) \\ H|_{x_1=0} = 0 \end{cases} \quad (4.5.26)$$

利用镜像法求解方程 (4.5.26), 定义:

$$\Phi(x_1, \lambda) = \begin{cases} -e^{\beta x_1}\hat{\phi}(-x_1, \lambda), & x_1 > 0 \\ e^{-\beta x_1}\hat{\phi}(x_1, \lambda), & x_1 < 0 \end{cases}$$

在 $\{x_1 \in \mathbf{R}, 0 \leqslant \tau \leqslant T\}$ 上考虑 Cauchy 问题:

$$\begin{cases} \dfrac{\partial H}{\partial \tau} = \dfrac{\sigma_1^2}{2} \dfrac{\partial^2 H}{\partial x_1^2} \\ H|_{\tau=0} = \Phi(x_1, \lambda) \end{cases}$$

由 Poisson 公式得

$$\begin{aligned} H(x_1, \lambda, \tau) &= \dfrac{1}{\sigma_1\sqrt{2\pi\tau}} \int_{-\infty}^{\infty} e^{-\frac{(x_1-\xi_1)^2}{2\sigma_1^2\tau}} \Phi(\xi_1, \lambda) d\xi_1 \\ &= \dfrac{1}{\sigma_1\sqrt{2\pi\tau}} \int_{-\infty}^{0} \left[e^{-\frac{(x_1-\xi_1)^2}{2\sigma_1^2\tau}} - e^{-\frac{(x_1+\xi_1)^2}{2\sigma_1^2\tau}}\right] e^{-\beta\xi_1}\hat{\phi}(\xi_1, \lambda) d\xi_1 \end{aligned}$$

回到函数 $\hat{W}(x_1, \lambda, \tau)$, 得到

$$\hat{W}(x_1, \lambda, \tau) = e^{\alpha\tau + \beta x_1} \frac{1}{\sigma_1\sqrt{2\pi\tau}} \int_{-\infty}^{0} \left[e^{-\frac{(x_1-\xi_1)^2}{2\sigma_1^2\tau}} - e^{-\frac{(x_1+\xi_1)^2}{2\sigma_1^2\tau}} \right] e^{-\beta\xi_1} \hat{\phi}(\xi_1, \lambda) d\xi_1$$

对上式两边求反演, 得

$$W(x_1, \lambda, \tau) = \frac{1}{\sigma_1\sqrt{2\pi\tau}} \int_{-\infty}^{0} \left[e^{-\frac{(x_1-\xi_1)^2}{2\sigma_1^2\tau}} - e^{-\frac{(x_1+\xi_1)^2}{2\sigma_1^2\tau}} \right] \left(e^{\alpha\tau + \beta(x_1-\xi_1)} \hat{\phi}(\xi_1, \lambda) \right)^{\vee} d\xi_1 \tag{4.5.27}$$

$$e^{\alpha\tau + \beta(x_1-\xi_1)} = e^{-\frac{\sigma_2^2(1-\rho^2)}{2}\lambda^2\tau} \cdot e^{-\frac{i\rho\sigma_2(x_1-\xi_1)}{\sigma_1}\lambda}$$

设 $e^{-\frac{\sigma_2^2(1-\rho^2)}{2}\lambda^2\tau} = \left[f(x_2, \tau) \right]^{\wedge}$, 容易求得

$$f(x_2, \tau) = \frac{1}{\sigma_2\sqrt{(1-\rho^2)\tau}} e^{-\frac{x_2^2}{2\sigma_2^2(1-\rho^2)\tau}}$$

由 Fourier 变换的性质知

$$e^{-\frac{i\rho\sigma_2(x_1-\xi_1)}{\sigma_1}\lambda} \left[f(x_2, \tau) \right]^{\wedge} = \left[f\left(x_2 - \frac{\rho\sigma_2(x_1-\xi_1)}{\sigma_1}, \tau\right) \right]^{\wedge}$$

从而,

$$\left(e^{\alpha\tau + \beta(x_1-\xi_1)} \hat{\phi}(\xi_1, \lambda) \right)^{\vee} = \left[\left(f\left(x_2 - \frac{\rho\sigma_2(x_1-\xi_1)}{\sigma_1}, \tau\right) \right)^{\wedge} \cdot \hat{\phi} \right]^{\vee}$$

$$= \frac{1}{\sqrt{2\pi}} f\left(x_2 - \frac{\rho\sigma_2(x_1-\xi_1)}{\sigma_1}, \tau\right) * \phi(\xi_1, x_2)$$

$$= \frac{1}{\sigma_2\sqrt{2\pi(1-\rho^2)\tau}} \int_{-\infty}^{\infty} \phi(\xi_1, \xi_2) e^{-\frac{\left[x_2-\xi_2-\frac{\rho\sigma_2(x_1-\xi_1)}{\sigma_1}\right]^2}{2\sigma_2^2(1-\rho^2)\tau}} d\xi_2 \tag{4.5.28}$$

将 (4.5.28) 式代入 (4.5.27) 式得

$$W(x_1, x_2, \tau) = \frac{1}{2\pi\sigma_1\sigma_2\tau\sqrt{1-\rho^2}} \int_{-\infty}^{0} d\xi_1 \int_{-\infty}^{\infty} \left[e^{-\frac{(x_1-\xi_1)^2}{2\sigma_1^2\tau}} - e^{-\frac{(x_1+\xi_1)^2}{2\sigma_1^2\tau}} \right] \phi(\xi_1, \xi_2)$$

$$\cdot e^{-\frac{\left[x_2-\xi_2-\frac{\rho\sigma_2(x_1-\xi_1)}{\sigma_1}\right]^2}{2\sigma_2^2(1-\rho^2)\tau}} d\xi_2$$

回到函数 $u(x_1, x_2, \tau)$, 得到

$$u(x_1, x_2, \tau) = e^{ax_1 + bx_2 + c\tau} W$$

$$= \frac{e^{ax_1 + bx_2 + c\tau}}{2\pi\sigma_1\sigma_2\tau\sqrt{1-\rho^2}} \int_{-\infty}^{0} d\xi_1 \int_{\ln\frac{X}{B}}^{\infty} \left[e^{-\frac{(x_1-\xi_1)^2}{2\sigma_1^2\tau}} - e^{-\frac{(x_1+\xi_1)^2}{2\sigma_1^2\tau}} \right] e^{-a\xi_1 - b\xi_2}$$

$$\cdot \left(e^{\xi_2} - \frac{X}{B} \right) \cdot e^{-\frac{[x_2-\xi_2-\frac{\rho\sigma_2(x_1-\xi_1)}{\sigma_1}]^2}{2\sigma_2^2(1-\rho^2)\tau}} d\xi_2$$

代回原变量得

$$c(S_1,S_2,t) = \frac{B^{1-a-b}S_1^a S_2^b e^{c(T-t)}}{2\pi\sigma_1\sigma_2\tau\sqrt{1-\rho^2}} \int_{-\infty}^{0} d\xi_1 \int_{\ln\frac{X}{B}}^{\infty} \left[e^{-\frac{(\ln\frac{S_1}{B}-\xi_1)^2}{2\sigma_1^2\tau}} - e^{-\frac{(\ln\frac{S_1}{B}+\xi_1)^2}{2\sigma_1^2\tau}} \right]$$

$$\cdot e^{-a\xi_1-b\xi_2}\left(e^{\xi_2}-\frac{X}{B}\right)\cdot e^{-\frac{\left[\ln\frac{S_2}{B}-\xi_2-\frac{\rho\sigma_2(\ln\frac{S_1}{B}-\xi_1)}{\sigma_1}\right]^2}{2\sigma_2^2(1-\rho^2)\tau}} d\xi_2$$

定理 4.5.22 彩虹下降敲出看涨期权的定价公式为

$$c_{\text{down-and-out}}(S_1,S_2,t)$$
$$= \frac{B^{1-a-b}S_1^a S_2^b e^{c(T-t)}}{2\pi\sigma_1\sigma_2\tau\sqrt{1-\rho^2}} \cdot \int_{0}^{\infty} d\xi_1 \int_{\ln\frac{X}{B}}^{\infty} \left[e^{-\frac{(\ln\frac{S_1}{B}-\xi_1)^2}{2\sigma_1^2\tau}} - e^{-\frac{(\ln\frac{S_1}{B}+\xi_1)^2}{2\sigma_1^2\tau}} \right]$$

$$\cdot e^{-a\xi_1-b\xi_2}\left(e^{\xi_2}-\frac{X}{B}\right)\cdot e^{-\frac{\left[\ln\frac{S_2}{B}-\xi_2-\frac{\rho\sigma_2(\ln\frac{S_1}{B}-\xi_1)}{\sigma_1}\right]^2}{2\sigma_2^2(1-\rho^2)\tau}} d\xi_2 \tag{4.5.29}$$

证明过程类似于定理 4.5.21.

定理 4.5.23 彩虹上升敲入看涨期权的定价公式为

$$c_{\text{up-and-in}}(S_1,S_2,t) = S_2 e^{-q_2(T-t)} N\left(\frac{\ln\frac{S_2}{X}+\left(r-q_2+\frac{\sigma_2^2}{2}\right)(T-t)}{\sigma_2\sqrt{T-t}}\right)$$

$$-Xe^{-r(T-t)}N\left(\frac{\ln\frac{S_2}{X}+\left(r-q_2-\frac{\sigma_2^2}{2}\right)(T-t)}{\sigma_2\sqrt{T-t}}\right)$$

$$-\frac{B^{1-a-b}S_1^a S_2^b e^{c(T-t)}}{2\pi\sigma_1\sigma_2\tau\sqrt{1-\rho^2}} \int_{-\infty}^{0} d\xi_1 \int_{\ln\frac{X}{B}}^{\infty} \left[e^{-\frac{(\ln\frac{S_1}{B}-\xi_1)^2}{2\sigma_1^2\tau}} - e^{-\frac{(\ln\frac{S_1}{B}+\xi_1)^2}{2\sigma_1^2\tau}} \right]$$

$$\cdot e^{-a\xi_1-b\xi_2}\left(e^{\xi_2}-\frac{X}{B}\right)\cdot e^{-\frac{\left[\ln\frac{S_2}{B}-\xi_2-\frac{\rho\sigma_2(\ln\frac{S_1}{B}-\xi_1)}{\sigma_1}\right]^2}{2\sigma_2^2(1-\rho^2)\tau}} d\xi_2 \tag{4.5.30}$$

证明 彩虹上升敲入看涨期权的定价模型为

定解区域：$\{(S_1,S_2,t)|\ 0\leqslant S_1\leqslant B, 0\leqslant S_2<\infty, 0\leqslant t\leqslant T\}$

$$\begin{cases} \dfrac{\partial c}{\partial t}+\dfrac{1}{2}\sigma_1^2 S_1^2\dfrac{\partial^2 c}{\partial S_1^2}+\rho\sigma_1\sigma_2 S_1 S_2\dfrac{\partial^2 c}{\partial S_1\partial S_2}+\dfrac{1}{2}\sigma_2^2 S_2^2\dfrac{\partial^2 c}{\partial S_2^2} \\ \qquad +(r-q_1)S_1\dfrac{\partial c}{\partial S_1}+(r-q_2)S_2\dfrac{\partial c}{\partial S_2}-rc=0 \\ c(S_1,S_2,T)=0 \\ c(B,S_2,t)=c_v(S_2,t) \end{cases}$$

其中 $c_v(S_2,t)$ 为标准欧式看涨期权.

易知, 彩虹敲出期权的收益＋彩虹敲入期权的收益＝标准欧式期权的收益, 即:

$$\begin{aligned}V_v(S_2,t)=&V_{\text{up-and-out}}(S_1,S_2,t)+V_{\text{up-and-in}}(S_1,S_2,t)\\=&V_{\text{down-and-out}}(S_1,S_2,t)+V_{\text{down-and-in}}(S_1,S_2,t)\end{aligned} \quad (4.5.31)$$

由 (4.5.31) 和 (4.5.23) 式知

$$\begin{aligned}&c_{\text{up-and-in}}(S_1,S_2,t)\\=&c_v(S_2,t)-c_{\text{up-and-out}}(S_1,S_2,t)\\=&S_2e^{-q_2(T-t)}N\left(\frac{\ln\frac{S_2}{X}+\left(r-q_2+\frac{\sigma_2^2}{2}\right)(T-t)}{\sigma_2\sqrt{T-t}}\right)\\&-Xe^{-r(T-t)}N\left(\frac{\ln\frac{S_2}{X}+\left(r-q_2-\frac{\sigma_2^2}{2}\right)(T-t)}{\sigma_2\sqrt{T-t}}\right)\\&-\frac{B^{1-a-b}S_1^a S_2^b e^{c(T-t)}}{2\pi\sigma_1\sigma_2\tau\sqrt{1-\rho^2}}\int_{-\infty}^{0}d\xi_1\int_{\ln\frac{X}{B}}^{\infty}\left[e^{-\frac{(\ln\frac{S_1}{B}-\xi_1)^2}{2\sigma_1^2\tau}}-e^{-\frac{(\ln\frac{S_1}{B}+\xi_1)^2}{2\sigma_1^2\tau}}\right]\\&\cdot e^{-a\xi_1-b\xi_2}\left(e^{\xi_2}-\frac{X}{B}\right)\cdot e^{-\frac{[\ln\frac{S_2}{B}-\xi_2-\frac{\rho\sigma_2(\ln\frac{S_1}{B}-\xi_1)}{\sigma_1}]^2}{2\sigma_2^2(1-\rho^2)\tau}}d\xi_2\end{aligned}$$

定理 4.5.24 彩虹下降敲入看涨期权的定价公式为

$$\begin{aligned}c_{\text{down-and-in}}(S_1,S_2,t)=&S_2e^{-q_2(T-t)}N\left(\frac{\ln\frac{S_2}{X}+\left(r-q_2+\frac{\sigma_2^2}{2}\right)(T-t)}{\sigma_2\sqrt{T-t}}\right)\\&-Xe^{-r(T-t)}N\left(\frac{\ln\frac{S_2}{X}+\left(r-q_2-\frac{\sigma_2^2}{2}\right)(T-t)}{\sigma_2\sqrt{T-t}}\right)\\&-\frac{B^{1-a-b}S_1^a S_2^b e^{c(T-t)}}{2\pi\sigma_1\sigma_2\tau\sqrt{1-\rho^2}}\int_0^{\infty}d\xi_1\int_{\ln\frac{X}{B}}^{\infty}\left[e^{-\frac{(\ln\frac{S_1}{B}-\xi_1)^2}{2\sigma_1^2\tau}}-e^{-\frac{(\ln\frac{S_1}{B}+\xi_1)^2}{2\sigma_1^2\tau}}\right]\\&\cdot e^{-a\xi_1-b\xi_2}\left(e^{\xi_2}-\frac{X}{B}\right)\cdot e^{-\frac{[\ln\frac{S_2}{B}-\xi_2-\frac{\rho\sigma_2(\ln\frac{S_1}{B}-\xi_1)}{\sigma_1}]^2}{2\sigma_2^2(1-\rho^2)\tau}}d\xi_2\end{aligned} \quad (4.5.32)$$

证明 由 (4.5.31) 和 (4.5.29) 式即可得定理结论.

定理 4.5.25 上升敲出彩虹障碍期权的看涨-看跌平价公式为

$$c_{\text{up-and-out}}(S_1, S_2, t) = p_{\text{up-and-out}}(S_1, S_2, t) + \frac{B^{1-a-b} S_1^a S_2^b e^{c(T-t)}}{2\pi \sigma_1 \sigma_2 \tau \sqrt{1-\rho^2}}$$

$$\cdot \int_{-\infty}^{0} d\xi_1 \int_{-\infty}^{\infty} \left[e^{-\frac{(\ln \frac{S_1}{B} - \xi_1)^2}{2\sigma_1^2 \tau}} - e^{-\frac{(\ln \frac{S_1}{B} + \xi_1)^2}{2\sigma_1^2 \tau}} \right] \cdot e^{-a\xi_1 - b\xi_2} \left(e^{\xi_2} - \frac{X}{B} \right)$$

$$\cdot e^{-\frac{\left[\ln \frac{S_2}{B} - \xi_2 - \frac{\rho \sigma_2 (\ln \frac{S_1}{B} - \xi_1)}{\sigma_1} \right]^2}{2\sigma_2^2 (1-\rho^2) \tau}} d\xi_2 \tag{4.5.33}$$

证明 令 $u = c - p$,则 u 满足偏微分方程:

定解区域: $\{(S_1, S_2, t)| \ 0 \leqslant S_1 \leqslant B, 0 \leqslant S_2 < \infty, 0 \leqslant t \leqslant T\}$

$$\begin{cases} \dfrac{\partial u}{\partial t} + \dfrac{1}{2}\sigma_1^2 S_1^2 \dfrac{\partial^2 u}{\partial S_1^2} + \rho \sigma_1 \sigma_2 S_1 S_2 \dfrac{\partial^2 u}{\partial S_1 \partial S_2} + \dfrac{1}{2}\sigma_2^2 S_2^2 \dfrac{\partial^2 u}{\partial S_2^2} \\ \qquad + (r - q_1) S_1 \dfrac{\partial u}{\partial S_1} + (r - q_2) S_2 \dfrac{\partial u}{\partial S_2} - r u = 0 \\ u(S_1, S_2, T) = S_2 - X \\ u(B, S_2, t) = 0 \end{cases}$$

求此方程的过程类似于方程 (4.5.24) 的求解过程. 解得

$$u(S_1, S_2, t) = \frac{B^{1-a-b} S_1^a S_2^b e^{c(T-t)}}{2\pi \sigma_1 \sigma_2 \tau \sqrt{1-\rho^2}} \int_{-\infty}^{0} d\xi_1 \int_{-\infty}^{\infty} \left[e^{-\frac{(\ln \frac{S_1}{B} - \xi_1)^2}{2\sigma_1^2 \tau}} - e^{-\frac{(\ln \frac{S_1}{B} + \xi_1)^2}{2\sigma_1^2 \tau}} \right]$$

$$\cdot e^{-a\xi_1 - b\xi_2} \left(e^{\xi_2} - \frac{X}{B} \right) \cdot e^{-\frac{\left[\ln \frac{S_2}{B} - \xi_2 - \frac{\rho \sigma_2 (\ln \frac{S_1}{B} - \xi_1)}{\sigma_1} \right]^2}{2\sigma_2^2 (1-\rho^2) \tau}} d\xi_2$$

从而定理得证.

定理 4.5.26 下降敲出彩虹障碍期权的看涨-看跌平价公式为

$$c_{\text{down-and-out}}(S_1, S_2, t) = p_{\text{down-and-out}}(S_1, S_2, t) + \frac{B^{1-a-b} S_1^a S_2^b e^{c(T-t)}}{2\pi \sigma_1 \sigma_2 \tau \sqrt{1-\rho^2}}$$

$$\cdot \int_{0}^{\infty} d\xi_1 \int_{-\infty}^{\infty} \left[e^{-\frac{(\ln \frac{S_1}{B} - \xi_1)^2}{2\sigma_1^2 \tau}} - e^{-\frac{(\ln \frac{S_1}{B} + \xi_1)^2}{2\sigma_1^2 \tau}} \right] \cdot e^{-a\xi_1 - b\xi_2} \left(e^{\xi_2} - \frac{X}{B} \right)$$

$$\cdot e^{-\frac{\left[\ln \frac{S_2}{B} - \xi_2 - \frac{\rho \sigma_2 (\ln \frac{S_1}{B} - \xi_1)}{\sigma_1} \right]^2}{2\sigma_2^2 (1-\rho^2) \tau}} d\xi_2 \tag{4.5.34}$$

证明过程类似于定理 4.5.25 的证明.

定理 4.5.27 上升敲入彩虹障碍期权的看涨-看跌平价公式为

$$c_{\text{up-and-in}}(S_1, S_2, t) = p_{\text{up-and-in}}(S_1, S_2, t) - \frac{B^{1-a-b} S_1^a S_2^b e^{c(T-t)}}{2\pi \sigma_1 \sigma_2 \tau \sqrt{1-\rho^2}}$$

$$\cdot \int_{-\infty}^{0} d\xi_1 \int_{-\infty}^{\infty} \left[e^{-\frac{\left(\ln \frac{S_1}{B} - \xi_1\right)^2}{2\sigma_1^2 \tau}} - e^{-\frac{\left(\ln \frac{S_1}{B} + \xi_1\right)^2}{2\sigma_1^2 \tau}} \right] \cdot e^{-a\xi_1 - b\xi_2} \left(e^{\xi_2} - \frac{X}{B} \right)$$

$$\cdot e^{-\frac{\left[\ln \frac{S_2}{B} - \xi_2 - \frac{\rho \sigma_2 (\ln \frac{S_1}{B} - \xi_1)}{\sigma_1}\right]^2}{2\sigma_2^2(1-\rho^2)\tau}} d\xi_2 + S_2 e^{-q_2(T-t)} - X e^{-r(T-t)} \quad (4.5.35)$$

证明 由 (4.5.31) 式知

$$V_v(S_2, t) = V_{\text{up-and-out}}(S_1, S_2, t) + V_{\text{up-and-in}}(S_1, S_2, t)$$

所以，

$$p_{\text{up-and-out}}(S_1, S_2, t) = p_v(S_2, t) - p_{\text{up-and-in}}(S_1, S_2, t)$$

$$c_{\text{up-and-out}}(S_1, S_2, t) = c_v(S_2, t) - c_{\text{up-and-in}}(S_1, S_2, t)$$

又因为 $p_v(S_2, t) + S_2 e^{-q(T-t)} = c_v(S_2, t) + X e^{-r(T-t)}$. 将以上三式代入 (4.5.33) 式即可得定理结论.

定理 4.5.28 下降敲入彩虹障碍期权的看涨-看跌平价公式为

$$c_{\text{down-and-in}}(S_1, S_2, t) = p_{\text{down-and-in}}(S_1, S_2, t) - \frac{B^{1-a-b} S_1^a S_2^b e^{c(T-t)}}{2\pi \sigma_1 \sigma_2 \tau \sqrt{1-\rho^2}}$$

$$\cdot \int_{0}^{\infty} d\xi_1 \int_{-\infty}^{\infty} \left[e^{-\frac{(\ln \frac{S_1}{B} - \xi_1)^2}{2\sigma_1^2 \tau}} - e^{-\frac{(\ln \frac{S_1}{B} + \xi_1)^2}{2\sigma_1^2 \tau}} \right] \cdot e^{-a\xi_1 - b\xi_2} \left(e^{\xi_2} - \frac{X}{B} \right)$$

$$\cdot e^{-\frac{\left[\ln \frac{S_2}{B} - \xi_2 - \frac{\rho \sigma_2 (\ln \frac{S_1}{B} - \xi_1)}{\sigma_1}\right]^2}{2\sigma_2^2(1-\rho^2)\tau}} d\xi_2 + S_2 e^{-q_2(T-t)} - X e^{-r(T-t)} \quad (4.5.36)$$

证明过程类似于定理 4.5.27 的证明.

定理 4.5.29 彩虹上升敲出看跌期权的定价公式为

$$p_{\text{up-and-out}}(S_1, S_2, t)$$

$$= -\frac{B^{1-a-b} S_1^a S_2^b e^{c(T-t)}}{2\pi \sigma_1 \sigma_2 \tau \sqrt{1-\rho^2}} \int_{-\infty}^{0} d\xi_1 \int_{-\infty}^{\ln \frac{X}{B}} \left[e^{-\frac{(\ln \frac{S_1}{B} - \xi_1)^2}{2\sigma_1^2 \tau}} - e^{-\frac{(\ln \frac{S_1}{B} + \xi_1)^2}{2\sigma_1^2 \tau}} \right]$$

$$\cdot e^{-a\xi_1 - b\xi_2} \left(e^{\xi_2} - \frac{X}{B} \right) \cdot e^{-\frac{\left[\ln \frac{S_2}{B} - \xi_2 - \frac{\rho \sigma_2 (\ln \frac{S_1}{B} - \xi_1)}{\sigma_1}\right]^2}{2\sigma_2^2(1-\rho^2)\tau}} d\xi_2 \quad (4.5.37)$$

证明 由 (4.5.23) 和 (4.5.33) 式即可得到定理的结论.

定理 4.5.30 彩虹下降敲出看跌期权的定价公式为

$$
\begin{aligned}
& p_{\text{down-and-out}}(S_1, S_2, t) \\
&= -\frac{B^{1-a-b} S_1^a S_2^b e^{c(T-t)}}{2\pi \sigma_1 \sigma_2 \tau \sqrt{1-\rho^2}} \int_0^\infty d\xi_1 \int_{-\infty}^{\ln \frac{X}{B}} \left[e^{-\frac{(\ln \frac{S_1}{B} - \xi_1)^2}{2\sigma_1^2 \tau}} - e^{-\frac{(\ln \frac{S_1}{B} + \xi_1)^2}{2\sigma_1^2 \tau}} \right] \\
&\quad \cdot e^{-a\xi_1 - b\xi_2} \left(e^{\xi_2} - \frac{X}{B} \right) \cdot e^{-\frac{\left[\ln \frac{S_2}{B} - \xi_2 - \frac{\rho \sigma_2 (\ln \frac{S_1}{B} - \xi_1)}{\sigma_1}\right]^2}{2\sigma_2^2 (1-\rho^2) \tau}} d\xi_2
\end{aligned} \tag{4.5.38}
$$

证明 由 (4.5.29) 和 (4.5.34) 式即可得到定理的结论.

定理 4.5.31 彩虹上升敲入看跌期权的定价公式为

$$
\begin{aligned}
& p_{\text{up-and-in}}(S_1, S_2, t) \\
&= \frac{B^{1-a-b} S_1^a S_2^b e^{c(T-t)}}{2\pi \sigma_1 \sigma_2 \tau \sqrt{1-\rho^2}} \int_{-\infty}^0 d\xi_1 \int_{-\infty}^{\ln \frac{X}{B}} \left[e^{-\frac{(\ln \frac{S_1}{B} - \xi_1)^2}{2\sigma_1^2 \tau}} - e^{-\frac{(\ln \frac{S_1}{B} + \xi_1)^2}{2\sigma_1^2 \tau}} \right] \\
&\quad \cdot e^{-a\xi_1 - b\xi_2} \left(e^{\xi_2} - \frac{X}{B} \right) \cdot e^{-\frac{\left[\ln \frac{S_2}{B} - \xi_2 - \frac{\rho \sigma_2 (\ln \frac{S_1}{B} - \xi_1)}{\sigma_1}\right]^2}{2\sigma_2^2 (1-\rho^2) \tau}} d\xi_2 \\
&\quad - S_2 e^{-q_2(T-t)} N\left(-\frac{\ln \frac{S_2}{X} + \left(r - q_2 + \frac{\sigma_2^2}{2}\right)(T-t)}{\sigma_2 \sqrt{T-t}} \right) \\
&\quad + X e^{-r(T-t)} N\left(-\frac{\ln \frac{S_2}{X} + \left(r - q_2 - \frac{\sigma_2^2}{2}\right)(T-t)}{\sigma_2 \sqrt{T-t}} \right)
\end{aligned} \tag{4.5.39}
$$

证明 由 (4.5.30) 和 (4.5.35) 式即可得到定理的结论.

定理 4.5.32 彩虹下降敲入看跌期权的定价公式为

$$
\begin{aligned}
& p_{\text{down-and-in}}(S_1, S_2, t) \\
&= \frac{B^{1-a-b} S_1^a S_2^b e^{c(T-t)}}{2\pi \sigma_1 \sigma_2 \tau \sqrt{1-\rho^2}} \int_0^\infty d\xi_1 \int_{-\infty}^{\ln \frac{X}{B}} \left[e^{-\frac{(\ln \frac{S_1}{B} - \xi_1)^2}{2\sigma_1^2 \tau}} - e^{-\frac{(\ln \frac{S_1}{B} + \xi_1)^2}{2\sigma_1^2 \tau}} \right] \\
&\quad \cdot e^{-a\xi_1 - b\xi_2} \left(e^{\xi_2} - \frac{X}{B} \right) \cdot e^{-\frac{\left[\ln \frac{S_2}{B} - \xi_2 - \frac{\rho \sigma_2 (\ln \frac{S_1}{B} - \xi_1)}{\sigma_1}\right]^2}{2\sigma_2^2 (1-\rho^2) \tau}} d\xi_2
\end{aligned}
$$

$$-S_2 e^{-q_2(T-t)} N\left(-\frac{\ln\frac{S_2}{X} + \left(r - q_2 + \frac{\sigma_2^2}{2}\right)(T-t)}{\sigma_2\sqrt{T-t}}\right)$$

$$+ Xe^{-r(T-t)} N\left(-\frac{\ln\frac{S_2}{X} + \left(r - q_2 - \frac{\sigma_2^2}{2}\right)(T-t)}{\sigma_2\sqrt{T-t}}\right) \quad (4.5.40)$$

证明 由 (4.5.32) 和 (4.5.36) 式即可得到定理的结论.

至此已将八种彩虹障碍期权的定价公式和四个看涨-看跌平价公式全部求出.

4.6 参数与风险管理

本节将介绍一些希腊字母, 分析期权价格对其决定因素变动的敏感程度, 了解各因素对期权价格的影响程度. 对风险管理来说, 这些希腊字母参数具有重要的参考价值. 这些希腊字母包括 Delta(Δ), Gamma(Γ), Theta(Θ), Vega($\mathcal{V}$) 和 Rho(ρ).

1. Delta

Delta(Δ) 是期权价格 V 对其标的资产价格 S 变化的比率, 它是这些希腊字母中最重要的一个, 它表示标的资产价格的变动对期权价格的影响程度.

$$\Delta = \frac{\partial V}{\partial S}$$

由 4.1 节的内容知道, 欧式看涨期权的定价公式为

$$c(S,t) = SN(d_1) - Xe^{-r(T-t)}N(d_2)$$

通过直接计算, 不难求出

$$\frac{\partial c}{\partial S} = N(d_1)$$

由 4.1 节中 $N(d_1)$ 的定义知, $0 < N(d_1) < 1$, 即对于欧式看涨期权, $0 < \Delta < 1$. Δ 恒为正, 说明欧式看涨期权的价格关于标的资产的价格是单调递增的.

对于看跌期权, 其定价公式为

$$p(S,t) = Xe^{-r(T-t)}N(-d_2) - SN(-d_1)$$

通过直接计算, 不难求出

$$\frac{\partial p}{\partial S} = N(d_1) - 1$$

由 $N(d_1)$ 的定义知, $-1 < N(d_1) - 1 < 0$, 即对于欧式看跌期权, $-1 < \Delta < 0$. Δ 恒为负, 说明欧式看跌期权的价格关于标的资产的价格是单调递减的.

Delta(Δ) 的意义在于它是为了对冲期权而需要持有的股票数量. 实际上, 可以通过构造投资组合 $\Pi = V - \Delta S$ 来推导 Black-Scholes 方程. 对于看涨期权, Δ 恒为正, 如果买入了看涨期权, 就应该卖出股票来对冲; 如果卖出了看涨期权, 就应该买入股票来对冲. 对于看跌期权, Δ 恒为负, 如果买入了看跌期权, 就应该买入股票来对冲; 如果卖出了看跌期权, 就应该卖出股票来对冲.

2. Gamma

Gamma(Γ) 是 Δ 对于标的资产的变化率, 即 Gamma 是期权价格对标的资产价格的二次导数, 它反映了 Δ 相对标的资产价格变动的敏感性.

$$\Gamma = \frac{\partial \Delta}{\partial S} = \frac{\partial^2 V}{\partial S^2}$$

Gamma 可以解释成为保持 Δ 中性而需要进行调整的频率和数量的度量. Γ 越大, 表示 Δ 对于 S 的变化越敏感, 这意味着在对冲过程中买入或卖出股票越频繁; Γ 越小, 表示 Δ 对于 S 的变化越不敏感, 这意味着在对冲过程中买入或卖出股票越不频繁, 可以不急于调整.

理论上, 为了达到对冲的目的, 需要不断调整 Δ 的份额, 但在实际操作中这是不明智的, 因为每次调整必然支付一定交易费用. 因此在实际操作中需要恰当地估计调整 Δ 的频率. 而 Γ 的大小恰好地反映了这一点.

当期权处于实值状态时, 期权被执行的可能性很大, Δ 趋于稳定, Γ 的值随着时间逐步下降. 当期权处于虚值状态时, 期权不被执行的可能性很大, Δ 趋于稳定, Γ 的值随着时间逐步下降. 当期权处于平值状态时, Δ 非常不稳定, Γ 的值随着时间逐步上升.

对 4.1 节中欧式看涨期权 c 和看跌期权 p 的定价公式直接求导, 不难求出

$$\Gamma = \frac{\partial^2 c}{\partial S^2} = \frac{\partial^2 p}{\partial S^2} = \frac{\partial N(d_1)}{\partial S} = \frac{1}{\sqrt{2\pi}} \frac{1}{S\sigma\sqrt{T-t}} e^{-\frac{d_1^2}{2}} > 0$$

即看涨期权和看跌期权的 Γ 均恒为正, 说明 Δ 关于 S 单调递增, 期权价格关于 S 是凸的.

3. Theta

Theta(Θ) 是期权价格随时间的变化率.

$$\Theta = \frac{\partial V}{\partial t}$$

对 4.1 节中欧式看涨期权 c 和看跌期权 p 的定价公式直接求导, 不难求出

$$\frac{\partial c}{\partial t} = -rXe^{-r(T-t)}N(d_2) - \frac{\sigma S}{2\sqrt{T-t}}\frac{1}{\sqrt{2\pi}}e^{-\frac{d_1^2}{2}} < 0$$

$$\frac{\partial p}{\partial t} = rXe^{-r(T-t)}[1-N(d_2)] - \frac{\sigma S}{2\sqrt{T-t}}\frac{1}{\sqrt{2\pi}}e^{-\frac{d_1^2}{2}}$$

从上面的式子可以看出,不付红利的欧式看涨期权的 Θ 恒为负,而不付红利的欧式看跌期权的 Θ 并不是恒为负. 事实上,对于欧式期权,期权价格的高低和时间 t 的大小没有必然的关系. 但有一个特例,不付红利的欧式看涨期权,其价格关于时间 t 单调递减.

一般地,当期权处于平值状态时,Θ 的绝对值最大,因为时间价值在此时最大; 当期权处于实值状态或虚值状态时,特别是处于极度实值或极度虚值状态时,Θ 值一般不易确定. 对于看涨期权,极度实值时的 Θ 的绝对值大于极度虚值时的 Θ 的绝对值;对于看跌期权,极度实值时的 Θ 的绝对值小于极度虚值时的 Θ 的绝对值.

4. Vega

Vega($\mathcal{V}$) 是期权价格对标的资产波动率的变化率.

$$\mathcal{V} = \frac{\partial V}{\partial \sigma}$$

对 4.1 节中欧式看涨期权 c 和看跌期权 p 的定价公式直接求导,不难求出

$$\mathcal{V} = \frac{\partial c}{\partial \sigma} = \frac{\partial p}{\partial \sigma} = \frac{S\sqrt{T-t}}{\sqrt{2\pi}}e^{-\frac{d_1^2}{2}} > 0$$

即看涨期权和看跌期权的 $\mathcal{V}$ 均恒为正,说明看涨期权和看跌期权的价格关于波动率均单调递增,这是因为波动率的增大会带来未来不确定性的升高.

5. Rho

Rho(ρ) 是期权价格对无风险利率的变化率.

$$\rho = \frac{\partial V}{\partial r}$$

对 4.1 节中欧式看涨期权 c 和看跌期权 p 的定价公式直接求导,不难求出

$$\frac{\partial c}{\partial r} = X(T-t)e^{-r(T-t)}N(d_2) > 0$$

$$\frac{\partial p}{\partial r} = -X(T-t)e^{-r(T-t)}[1-N(d_2)] < 0$$

从上面的式子可以看出,看涨期权的 ρ 恒为正,而看跌期权的 ρ 恒为负. 说明看涨期权的价格关于无风险利率单调递增,看跌期权的价格关于无风险利率单调递减.

习题 4

4.1 假设金融市场 M 由风险资产 (如股票)S 和无风险资产 (如债券)B 组成, 令
$$V(S_t,t) = \alpha S_t + \beta B_t$$
其中 $V(S_t,t)$ 表示期权价格, α 和 β 分别表示风险资产 S 和无风险资产 B 的份额. 利用复制投资组合方法推导 $V(S_t,t)$ 满足的 Black-Scholes 方程.

4.2 运用欧式看涨-看跌期权的平价公式推导欧式看跌期权的定价公式.

4.3 (1) 假设某股票的当前价格是 4.60 元, 其欧式看涨期权的敲定价格为 4.50 元, 现在距离到期时间为一年, 股价年波动率为 0.30, 无风险利率为 6%, 计算该欧式看涨期权的价格.

(2) 假设某股票的当前价格是 4.30 元, 其欧式看跌期权的敲定价格为 3.73 元, 现在距离到期时间为 0.75 年, 股价年波动率为 0.25, 无风险利率为 5%, 计算该欧式看跌期权的价格.

4.4 证明有红利的欧式期权看涨-看跌平价公式为
$$c(S,t) + Xe^{-\int_t^T r(\nu)\,d\nu} = p(S,t) + Se^{-\int_t^T q(\nu)\,d\nu}$$

4.5 假设期货价格 F_t 与股票的当前价格 S_t 之间的关系为
$$F_t = S_t e^{r(T-t)}$$
其中 r 为无风险利率. 利用 Black-Scholes 方程推出期货期权价格 $G(F_t,t)$ 满足的偏微分方程, 并写出欧式期货看涨和看跌期权的定价公式.

4.6 求支付红利的永久美式看跌期权的定价公式及最佳实施边界.

4.7 证明定理 4.5.2、定理 4.5.6 和定理 4.5.8.

4.8 证明定理 4.5.14、定理 4.5.16、定理 4.5.18 和定理 4.5.20.

4.9 证明定理 4.5.22、定理 4.5.26 和定理 4.5.28.

第 5 章 数值计算与模拟

5.1 蒙特卡罗方法

蒙特卡罗方法(Monte Carlo method) MC 方法在 20 世纪 40 年代作为一种以概率和统计理论为指导思想的数值计算方法被首次提出,又称为**随机模拟方法**(random simulation method) 或**统计模拟方法**(statistical simulation method).

方法起源于美国在第二次世界大战期间研制原子弹的"曼哈顿计划". 蒙特卡罗方法创始人主要包括: Stanislaw Marcin Ulam, Enrico Fermi, John von Neumann 和 Nicholas Metropolis 等.

斯塔尼斯拉夫·马尔钦·乌拉姆 (Stanislaw Marcin Ulam),波兰裔犹太人数学家,1933 年获波兰里沃夫工业学院数学博士学位,其导师是波兰著名数学家巴拿赫. 1938 年他到了美国, 先后在哈佛大学、威斯康星大学、南加利福尼亚大学、科罗拉多大学任教. 在纯数学的遍历理论、数论、集合论和代数拓扑等方面都有他的足迹和贡献. 后来,乌拉姆接受冯·诺依曼的邀请参与了曼哈顿工程,研制原子弹,第二次世界大战后又参与了研制氢弹. 他提出的蒙特卡罗方法,当时被用于计算核变的连锁反应, 现已被广泛地使用到数值计算等许多领域.

恩利克·费米 (Enrica Fermi),1901 年出生于意大利罗马,读书时他是一个出类拔萃的学生,不满 21 岁就在比萨大学获得理学博士学位. 26 岁时他就在罗马大学当上了正教授. 当时他已经发表了他的第一篇主要论文,论述了物理学中的一个深奥的分支, 称为量子统计学. 在这篇论文中,费米发展了量子统计学,用它来描述某类粒子大量聚集的行为, 这类粒子被称为费米子. 1938 年 12 月他前往斯德哥尔摩接受诺贝尔奖, 此后就没有返回意大利, 而是去了纽约. 哥伦比亚大学主动为他提供职位, 并为自己的师资队伍中增添了一位世界上最伟大的科学家而感到自豪和骄傲. 1944 年费米加入了美国籍. 费米一生的最后几年, 主要从事高能物理的研究. 在他领导下建成了世界上第一座可控原子核裂变链式反应堆, 为原子能的利用作出了开创性的工作. 1949 年, 揭示宇宙线中原粒子的加速机制, 提出宇宙线起源理论. 1952 年, 发现了第一个强子共振 —— 同位旋四重态. 特别值得一提的是 100 号化学元素镄就是为纪念费米而命名的.

约翰·冯·诺依曼 (John von Neumann), 1903 年出生于匈牙利布达佩斯, 1926

年以优异的成绩获得了布达佩斯大学数学博士学位. 1930 年接受了美国普林斯顿大学客座教授的职位并于 1931 年成为普林斯顿大学的第一批终身教授. 他是 20 世纪最重要的数学家之一, 在现代计算机、博弈论和核武器等诸多领域内有杰出建树的最伟大的科学全才之一, 被称为"计算机之父"和"博弈论之父"; 早期以算子理论、量子理论、集合论等方面的研究闻名, 开创了冯·诺依曼代数; 第二次世界大战期间为第一颗原子弹的研制作出了贡献; 为研制电子数学计算机提供了基础性的方案; 1944 年与摩根斯特恩 (Oskar Morgenstern) 合著《博弈论与经济行为》, 是博弈论学科的奠基性著作; 晚年, 研究自动机理论, 著有对人脑和计算机系统进行精确分析的著作《计算机与人脑》.

尼古拉·梅特罗波利斯 (Nicholas Constantine Metropolis), 1915 年 6 月 11 日生于美国芝加哥, 在芝加哥的西区长大. 1936 年他在芝加哥大学取得学士学位, 1941 年取得实验物理学博士学位, 之后留校在冶金学实验室工作, 其间他在 1942 年曾参与哥伦比亚大学的原子弹计划. 1943 年他进入洛斯阿拉莫斯实验室, 参加著名的"曼哈顿计划", 与"原子弹之父"费米和泰勒 (Edward Teller) 一起工作, 其任务是为高温、高压、高密度下的物质建立状态方程, 从此他的研究工作从物理学转入了数学领域. 在曼哈顿计划中他是课题组组长. 蒙特卡罗法虽然是由冯·诺依曼和洛斯阿拉莫斯实验室的另一位科学家乌拉姆在曼哈顿计划中首先提出来的, 但在该方法的具体实现和编程算法方面, 梅特罗波利斯功不可没. 所以他也是最早使用计算机解决原子能问题的数学家之一.

蒙特卡罗同时也是位于欧洲摩纳哥的一个地名, 是世界著名的赌城, 在 20 世纪 40 年代, 当乌拉姆等人发明了这一方法时, 乌拉姆的叔叔经常在蒙特卡罗赌场输钱, 因此将这一方法命名为蒙特卡罗方法.

实际上, 蒙特卡罗方法的本质是通过大量的实验次数由频率来近似概率. 蒙特卡罗方法将所求问题与一定的概率模型联系起来, 通过计算机反复产生模型中具有某种统计特征的随机数来解决计算问题. 当然, 这样产生的随机数并不是真的随机数, 通常被称为伪随机数. 在概率统计理论上, 大数定律确保了蒙特卡罗方法的收敛性, 而中心极限定理为蒙特卡罗方法提供了误差分析的途径. 当代电子计算机的发展让需要大量次数的实验成为可能, 加速了蒙特卡罗方法的不断改进和完善, 使其被广泛应用于金融、运筹、物理、生物等领域. 下面将对蒙特卡罗方法原理做进一步介绍.

5.1.1 蒙特卡罗方法的基本原理

首先, 用以一个简单的积分计算说明蒙特卡罗方法的基本运作原理. 例如, 要计算函数 $f(x)$ 在单位区间 $[0, 1]$ 上的积分值 A, 即

$$A = \int_0^1 f(x)dx \tag{5.1.1}$$

运用基本的概率统计知识, 可以发现 (5.1.1) 式等价于计算

$$A = \mathbb{E}[f(x)] \tag{5.1.2}$$

的数学期望, 其中随机变量 X 是服从 0 到 1 上的均匀分布, 即 $X \sim U[0, 1]$. 为了用蒙特卡罗方法计算这个定积分, 首先通过计算机随机抽取样本以获得 N 个相互独立且来自 $[0, 1]$ 均匀分布的随机数 $X_1, X_2, \cdots, X_N$, 然后计算函数 $f(x)$ 在各个随机数处的取值 $f(X_1), f(X_2), \cdots, f(X_N)$, 最后将这些函数值累加并求其算术平均值, 就可以得到 A 的蒙特卡罗估计

$$\hat{A}_N = \frac{1}{N}\sum_{i=1}^{N} f(X_i) \tag{5.1.3}$$

其中 $\hat{A}_N$ 称为 A 的统计估计量. 当 N 取得足够大的时候, 根据强大数定律 $\hat{A}_N$ 将会非常接近 A 的值并可以作为 A 的近似值.

由上述这个简单的例子可以看出, 如果想要利用蒙特卡罗方法, 最为重要的一步是需要将所求解的问题转化为与之等价的概率统计问题, 寻找到某个统计量的数学期望恰好等于所求问题的值. 下面给出一般情形下蒙特卡罗方法计算问题的步骤.

一般地, 假设要计算函数 $f(x)$ 在区间 $[a, b]$ 上的积分值, 则问题可以表示为如下形式

$$A = \mathbb{E}[f(X)] = \int_a^b f(x)dF(x) \tag{5.1.4}$$

这里 A 是所要求的值, X 是一个随机变量, $f(x)$ 是一个依赖于 X 的统计量, $F(x)$ 是 X 的分布函数. 先求 A 的统计估计量 $\hat{A}_N$, 其步骤如下:

(i) 依据概率分布函数 $F(x)$ ($x \in [a, b]$) 产生 X 的 N 个样本点 $X_1, X_2, \cdots, X_N$.
(ii) 计算 $f(x)$ 在这些样本点上的值 $f(X_1), f(X_2), \cdots, f(X_N)$.
(iii) 对这 N 个值 $f(X_i)$, $i = 1, 2, \cdots, N$ 进行求和并求算术平均值 $\hat{A}_N$ 作为 A 的近似估计.

由以上步骤得到的统计估计量 $\hat{A}_N$ 和所要求的 A 的近似程度与所取样本点的个数 N 相关.

定理 5.1.1 设 $\hat{A}_N$ 为 A 的统计估计量. 对任意的 $\varepsilon > 0$, 则有

$$\lim_{N \to \infty} \mathrm{P}(|\hat{A}_N - A| < \varepsilon) = 1 \tag{5.1.5}$$

即当 $N \to \infty$ 时, $\hat{A}_N$ 依概率收敛于 A.

5.1.2 蒙特卡罗方法的误差分析

定理 5.1.2 假设 $f(X_i)$ 满足 $\mathbb{E}[f(X_i)] = A$,$\text{Var}[f(X_i)] = \sigma_A^2 < \infty$,$\delta$ 为显著水平,则 $\forall u_\delta \geqslant 0$,有

$$\lim_{N \to \infty} P\left(\frac{|\hat{A}_N - A|}{\sigma_A/\sqrt{N}} < u_\delta\right) = \frac{1}{\sqrt{2\pi}} \int_{-u_\delta}^{u_\delta} e^{-\frac{x^2}{2}} dx \tag{5.1.6}$$

当 N 足够大时,有

$$P\left(|\hat{A}_N - A| < \frac{\sigma_A u_\delta}{\sqrt{N}}\right) \cong \frac{1}{\sqrt{2\pi}} \int_{-u_\delta}^{u_\delta} e^{-\frac{x^2}{2}} dx = 1 - \delta \tag{5.1.7}$$

定理 5.1.2 可以根据中心极限定理推得,并可直观地理解为

$$|\hat{A}_N - A| < \frac{\sigma_A u_\delta}{\sqrt{N}} \tag{5.1.8}$$

以概率 $1-\delta$ 成立. (5.1.8) 式表明估计量 $\hat{A}_N$ 收敛到 A 的速度的阶为 $O(N^{-\frac{1}{2}})$,若用 ω 表示蒙特卡罗方法的误差,则有

$$\omega < \frac{\sigma_A u_\delta}{\sqrt{N}} \tag{5.1.9}$$

在 (5.1.9) 式中,随机变量的标准差 σ_A 在求解问题的过程中是未知的. 尽管如此,若以 σ_S 表示样本标准差,即

$$\sigma_S = \sqrt{\frac{1}{N-1} \sum_{i=1}^{N} (f(X_i) - \hat{A}_N)^2} \tag{5.1.10}$$

则当 $N \to \infty$ 时有 $\dfrac{\sigma_S}{\sigma_A} \to 1$,所以可以用 σ_S 代替 σ_A. 因此,获得的函数值 $f(X_1)$,$f(X_2)$,$\cdots$,$f(X_N)$ 不仅可以用于估计 A,还可以用来衡量蒙特卡罗方法的误差. 另外,由 (5.1.10) 式可以看出蒙特卡罗方法的误差 ω 由标准差 σ_A 和样本点的个数 N 共同决定. 误差形式 $\dfrac{\sigma_A}{\sqrt{N}}$ 是蒙特卡罗方法区别于其他数值方法的最主要的特点.

5.1.3 蒙特卡罗方法的应用

从蒙特卡罗方法的收敛速度的阶 $O(N^{-\frac{1}{2}})$ 不难发现,相比于其他数值方法,蒙特卡罗方法在解决一维或者低维问题上其收敛速度比较慢,并不那么吸引人. 事实上,蒙特卡罗方法大受欢迎的原因是它能够很容易地被拓展到解决多维问题上,因为随着维数的增加蒙特卡罗方法的误差仍然为 $\dfrac{\sigma_A u_\delta}{\sqrt{N}}$,也就意味着此时其收敛速度

的阶仍为 $O(N^{-\frac{1}{2}})$, 而与所求问题的维数无关. 这是其他数值方法难以相比的, 也正是蒙特卡罗方法的优势所在.

例如, 要计算有界区域 D_s 上的 s 重积分

$$A^D = \int \cdots \int_{D_s} f(x_1, x_2, \cdots, x_s)\, dx_1 \cdots dx_s \tag{5.1.11}$$

那么首先要寻找一个合适的规则区域 $\bar{D}_s$, 使其满足 $D_s \subseteq \bar{D}_s$, 并记 D_s 与 $\bar{D}_s$ 的测度为 S 和 $\bar{S}$. 在 $\bar{D}_s$ 区域内取均匀分布的 $\bar{N}$ 个随机点, 并记落入 D_s 区域的随机点个数为 N 个.

对于 (5.1.11) 式中的被积函数同时乘除一个 D_s 区域中均匀分布的密度函数, 则有

$$\begin{aligned} A^D &= \int \cdots \int_{D_s} \frac{f(x_1, x_2, \cdots, x_s)}{\frac{1}{S}} \times \frac{1}{S}\, dx_1 \cdots dx_s \\ &= S \times \mathbb{E}[f(x_1, x_2, \cdots, x_s)] \end{aligned} \tag{5.1.12}$$

现在, 将落在区域 D_s 中的 N 个样本点记为 $(\eta_1^i, \eta_2^i, \cdots, \eta_s^i)$, $i = 1, 2, \cdots, N$, 那么可以容易地得到 (5.1.12) 式的近似估计

$$\hat{A}_N^D = \frac{S}{N} \sum_{i=1}^{N} f(\eta_1^i, \eta_2^i, \cdots, \eta_s^i) \tag{5.1.13}$$

又由于 $\bar{N}$ 个随机点在 $\bar{D}_s$ 区域内是均匀分布的, 显然有 $\dfrac{S}{\bar{S}} \approx \dfrac{N}{\bar{N}}$. 因此 (5.1.13) 式可以有进一步的如下表示:

$$\hat{A}_N^D = \frac{\bar{S}}{\bar{N}} \sum_{i=1}^{N} f(\eta_1^i, \eta_2^i, \cdots, \eta_s^i) \tag{5.1.14}$$

例 5.1 试用蒙特卡罗方法计算如下二重积分

$$\int_0^1 \int_0^{\sqrt{1-y^2}} (x^2 + y^2) dx dy \tag{5.1.15}$$

的近似值.

解 首先, 求二重积分 (5.1.15) 的精确解

$$\begin{aligned} &\int_0^1 \int_0^{\sqrt{1-y^2}} (x^2 + y^2) dx dy \\ &= \int_0^{\frac{\pi}{2}} \int_0^1 r^3 dr d\theta \\ &= \frac{\pi}{2} \times \frac{1}{4} = \frac{\pi}{8} \end{aligned}$$

其次, 利用蒙特卡罗方法求二重积分 (5.1.15) 的数值解 (图 5.1).

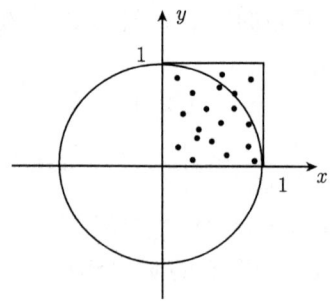

图 5.1 解法图示

这里用第一象限的正方形覆盖四分之一圆, 并用 MATLAB2011 编程近似求解, 代码如下.

```
clear;
clc;
N_bar=100000;
dot=rand(N_bar,2);
N=0;
sum_f=0;
S_bar=1;
dot=dot.^2;
r=sum(dot,2);
for i=1:N_bar
    if r(i,1)<1
        N=N+1;
        sum_f=sum_f+r(i,1);
    end

end
sim_int=S_bar*sum_f/N_bar
ex_int=pi/8
err=(sim_int-ex_int)/ex_int
```

表 5.1 比较了 MC 数值解与精确解的差异.

由例 5.1 不难发现两个规律: ① 用于覆盖积分区域的 $\bar{D}_s$ 应适当选取, 以便较为容易的计算其对应测度; ② 若重积分的维数增加, 只需要同步增加样本点的维度即可.

表 5.1 二重积分的 MC 数值解与精确解比较

	精确解	MC(10^3 样本)	MC(10^4 样本)	MC(10^5 样本)
计算结果	$\pi/8$	0.4102	0.3930	0.3928
误差率	0	0.0444	8.7853×10^{-4}	3.7784×10^{-4}

在了解了蒙特卡罗方法的基本思想及其在重积分中的应用以后, 回到金融数学领域, 分析和探讨这一方法是如何在金融衍生产品定价中发挥其作用的. 通常情况下, 任意一款欧式衍生产品的价值可以有如下定义

$$V(S(t),t) = \mathbb{E}[e^{-r(T-t)}g(S(T),T)]$$

其中 T 是该衍生产品的到期日, S_t 是标的资产在 t 时刻的值 ($S(t)$ 根据实际问题可以是一维, 也可以是多维的), g 表示到期日的收益函数, r 是无风险利率.

在欧式衍生产品定价中, 我们研究最多, 同时也是最简单的产品莫过于欧式看涨期权. 对于欧式看涨期权, 本书已在前面的章节中有了详细的介绍, 本章将直接引用其结论, 阐述如何运用蒙特卡罗方法来进行产品定价.

令 X 表示欧式看涨期权的敲定价, 则其在 $t \in [0,T]$ 时刻的期权价值就可以写成

$$V(S_t,t) = \mathbb{E}[e^{-r(T-t)}(S_T - X)^+] \tag{5.1.16}$$

对于这一类能够写成期望贴现形式的欧式衍生产品定价公式, 其蒙特卡罗方法数值计算步骤一般如下:

(i) 根据标的资产所满足的随机微分方程, 在有效期内模拟出满足计算精度需求的样本路径.

(ii) 根据收益函数及其贴现因子得到衍生产品在 t 时刻在这些路径上的价值.

(iii) 对模拟样本路径上得到的衍生产品的价格取算术平均数, 并最终得到其价值的蒙特卡罗估计.

下面以欧式看涨期权为例说明蒙特卡罗方法在期权定价过程中的具体应用.

例 5.2 假设股票价格 $S(t)$ 服从几何布朗运动

$$\frac{dS(t)}{S(t)} = r\,dt + \sigma\,dW(t) \quad (0 \leqslant t \leqslant T) \tag{5.1.17}$$

其中 r 是无风险利率, σ 是股票价格的波动率, r 和 σ 均为大于零的常数. T 是期权的到期日, $W(t)$ 是标准布朗运动, 即满足 $\mathbb{E}(dW(t)) = 0$, $\mathrm{Var}(dW(t)) = dt$. 如果选取数据为 $T = 1$, $r = 0.04$, $\sigma = 0.3$, 敲定价格 $X = 5$, 当前股价 $S_0 = 6$. 试用蒙特卡罗方法计算**欧式看涨期权**的数值解.

解 股票价格服从几何布朗运动, 其在 T 时刻的股票价格具有如下显式解 (见例 3.2)

$$S(T) = S_0 \exp\left(\left(r - \frac{1}{2}\sigma^2\right)T + \sigma W(T)\right)$$

用 $\sqrt{T}Z$ 等价替代 $W(T)$，其中 Z 是服从标准正态分布的随机变量．因此，T 时刻的股票价格就可以由显式解表示为

$$S(T) = S_0 \exp\left(\left(r - \frac{1}{2}\sigma^2\right)T + \sigma\sqrt{T}Z\right)$$

代码实现的思路如下：

(1) 根据股票价格过程的显式解，模拟得到 N 个独立的标准正态分布随机数 $Z_1, Z_2, \cdots, Z_N$，以此计算得到 N 个到期日的股票价格样本

$$S_i(T) = S_0 \exp\left(\left(r - \frac{1}{2}\sigma^2\right)T + \sigma\sqrt{T}Z_i\right)$$

(2) 根据期权的期望贴现形式计算期权公式对于每个股票样本在 0 时刻的价值

$$V_i = e^{-rT}(S_i(T) - X)^+$$

(3) 对 N 个样本求算术平均得到欧式看涨期权的估计值

$$\hat{V}_N = \frac{1}{N}\sum_{i=1}^{N} V_i$$

事实上，根据之前的介绍，欧式看涨期权具有如下的显式解

$$V(S_0, 0) = S_0 N(d_1) - e^{-rT} X N(d_2)$$

其中 $d_1 = \dfrac{\ln(\frac{S}{X}) + (r + \frac{1}{2}\sigma^2)T}{\sigma\sqrt{T}}, d_2 = d_1 - \sigma\sqrt{T}$．表 5.2 比较了显式解与蒙特卡罗方法数值解的差异．

表 5.2　欧式看涨期权的 MC 数值解与精确解比较

	精确解	MC(10^2 样本)	MC(10^4 样本)	MC(10^6 样本)
计算结果	1.4092	1.4424	1.4156	1.4084
误差率	0	0.0253	0.0045	6.0614×10^{-4}

```
%以下代码用于蒙特卡罗方法计算标准欧式看涨期权
clc;
clear;
%参数赋值
T=1; r=0.04; sigma=0.3; X=5; S=6;
%显式解
d1=(log(S/X)+(r+0.5*sigma^2)*T)/(sigma*sqrt(T));
```

```
d2=d1-sigma*sqrt(T);
V_ex=S*normcdf(d1)-exp(-r*T)*X*normcdf(d2)
%模拟数量赋值
N=1000000;
%数值结果MC
Z=randn(N,1);
%生成正态分布随机变量
S_T=S*exp((r-0.5*sigma^2)*T+sigma*sqrt(T)*Z);
%生成到期日股票价格样本
V_M=exp(-r*T)*(S_T-X).*(S_T>X);
%计算样本的期权价值
V_mc=mean(V_M)
%计算样本均值
err=abs((V_mc-V_ex))/V_ex
%计算误差率
```

5.1.4 方差减小方法

由蒙特卡罗方法的误差估计可以看出,该方法的收敛速度与所求问题维数无关,这也使得蒙特卡罗方法在多维问题中表现出色. 同样在误差估计中,可以发现,如果要增加计算精度一位数字就要将 N 扩大 100 倍,反之,在模拟次数不变的情况下,只需将标准差缩小 10 倍就可以达到同样的效果. 为了实现这一目的,多种方差减小技术应运而生,其中主要包括控制变量、对偶变量、重要抽样等方法.

1. 控制变量方法

控制变量方法是一种十分常用的方差减小方法,该方法的主要原理是充分利用已经知道的量去缩小所求估计量的方差,因其思想简单、容易掌握且效果好而被广泛使用.

控制变量方法原理 考虑一个随机变量 Y 的期望值 $\mathbb{E}[Y]$,若需要用蒙特卡罗方法模拟其数值解,首先需要产生 N 条路径的模拟输出值 $Y_1, Y_2, \cdots, Y_N$, Y_i 是独立同分布的. 然后计算其估计值

$$\bar{Y} = \frac{Y_1 + Y_2 + \cdots + Y_N}{N}$$

在模拟输出 Y_i 的同时也得到另一个随机变量 X 的输出模拟值 $X_1, X_2, \cdots, X_N$,这里的 (X_i, Y_i) 是独立同分布的,且 $\mathbb{E}[X] = \mu$, μ 为已知的.

定义 5.1.1 设 $Y_i(\alpha) = Y_i - \alpha(X_i - \mu)$,其中 α 是一个固定的常数,通过计算

样本均值得

$$\bar{Y}(\alpha) = \bar{Y} - \alpha(\bar{X} - \mu) = \frac{1}{N}\sum_{i=1}^{N}(Y_i - \alpha(X_i - \mu)) \tag{5.1.18}$$

$\bar{Y}(\alpha)$ 称为控制变量估计量,误差 $\bar{X} - \mu$ 称为估计 $\mathbb{E}[Y]$ 过程中的控制部分.

引理 5.1.1 控制变量估计量 (5.1.18) 是无偏的.

证明 因为

$$\mathbb{E}[\bar{Y}(\alpha)] = \mathbb{E}[\bar{Y} - \alpha(\bar{X} - \mu)] = \mathbb{E}[\bar{Y}] = \mathbb{E}[Y]$$

可见控制变量估计量是无偏的.

现在分析控制变量估计量的方差.

定理 5.1.3 在控制变量估计量的表达式 (5.1.18) 中,如果 $\alpha^* = \dfrac{\sigma_Y}{\sigma_X}\rho_{XY} = \dfrac{\text{Cov}[X,\,Y]}{\text{Var}[X]}$,则控制变量估计量 $\bar{Y}(\alpha)$ 的方差取得最小值.

证明 计算两边方差得到

$$\begin{aligned}\text{Var}[Y_i(\alpha)] &= \text{Var}[Y_i - \alpha(X_i - \mu)] \\ &= \sigma_Y^2 - 2\alpha\sigma_X\sigma_Y\rho_{XY} + \alpha^2\sigma_X^2\end{aligned} \tag{5.1.19}$$

其中 $\sigma_X^2 = \text{Var}[X]$, $\sigma_Y^2 = \text{Var}[Y]$. 当 $\alpha^2\sigma_X^2 < 2\alpha\sigma_X\sigma_Y\rho_{XY}$ 时,控制变量估计量的方差将比原随机变量 Y 的方差要小,即 $\text{Var}[\bar{Y}(\alpha)] < \text{Var}[Y]$. (5.1.19) 式等号右边第二式对 α 求一阶导数可知,当 α 取

$$\alpha^* = \frac{\sigma_Y}{\sigma_X}\rho_{XY} = \frac{\text{Cov}[X,\,Y]}{\text{Var}[X]}$$

时,控制变量估计量 $\bar{Y}(\alpha)$ 的方差取到最小值

$$\text{Var}[\bar{Y}(\alpha^*)] = (1 - \rho_{XY}^2)\text{Var}[Y]$$

由定理 5.1.3 可知,在最优系数 α^* 下,使用控制变量技术缩小方差的效果取决于控制变量和原变量的线性相关性,线性相关性越大效果越明显. 事实上,在 α^* 中,因为 $\mathbb{E}[Y]$ 是未知的,导致 $\text{Cov}[X,Y]$ 和 $\text{Var}[X]$ 也是未知的,因此一般通过样本点 (X_i, Y_i) 估计得到 α^* 的近似值

$$\hat{\alpha}_N = \frac{\sum\limits_{i=1}^{N}(X_i - \bar{X})(Y_i - \bar{Y})/(N-1)}{\sum\limits_{i=1}^{N}(X_i - \bar{X})^2/(N-1)} = \frac{\sum\limits_{i=1}^{N}(X_i - \bar{X})(Y_i - \bar{Y})}{\sum\limits_{i=1}^{N}(X_i - \bar{X})^2}$$

下面通过一些实例来学习控制变量方法如何在实际的衍生产品定价中发挥作用.

例 5.3 假设股票价格 $S(t)$ 服从 (5.1.17) 式中的几何布朗运动. 如果到期日 $T=1$, 无风险利率 $r=0.04$, 波动率 $\sigma=0.3$, 敲定价 $X=5$, 当前股价 $S_0=8$, 试用控制变量方法计算欧式看涨期权的价格.

解 利用股票作为控制变量. 假设 $S(t)$ 表示资产在 t 时刻的价值, 则它在风险中性测度下满足

$$S_0 = \mathbb{E}[e^{-rT}S(T)]$$

令 $Y = e^{-rT}(S(T)-X)^+$ 为欧式看涨期权到期收益的贴现, 那么基于股票价格 $S(T)$ 作为控制变量的蒙特卡罗估计为

$$\bar{Y}(\alpha) = \frac{1}{N}\sum_{i=1}^{N}(e^{-rT}(S_i(T)-X)^+ - \alpha(S_i(T)-e^{rT}S(0)))$$

具体代码实现如下:

```
%以下代码用于计算和比较控制变量蒙特卡罗方法的计算方法和效率
clc;
clear;
%参数赋值
T=1; r=0.04;
sigma=0.3;   X=5;   S=8;
%显式解
d1=(log(S/X)+(r+0.5*sigma^2)*T)/(sigma*sqrt(T));
d2=d1-sigma*sqrt(T);
V_ex=S*normcdf(d1)-exp(-r*T)*X*normcdf(d2)
%模拟数量赋值
N=1000;
%标准数值结果MC
Z=randn(N,1);
%生成正态分布随机变量
S_T=S*exp((r-0.5*sigma^2)*T+sigma*sqrt(T)*Z);
%生成到期日股票价格样本
V_M=exp(-r*T)*(S_T-X).*(S_T>X);
%计算样本的期权价值
V_mc=mean(V_M)
%计算样本均值
```

```
err1=abs((V_mc-V_ex))/V_ex
%计算误差率
%控制变量蒙特卡罗数值结果
rand_M=randn(N,1);
%生成正态分布随机变量
S_T_con=S*exp((r-0.5*sigma^2)*T+sigma*sqrt(T)*rand_M);
%生成到期日股票价格样本
option_M_con=exp(-r*T)*(S_T_con-K).*(S_T_con>K);
%计算被控制变量样本
control_v_M=S_T_con-exp(r*T)*S;
%计算控制变量样本
cro_cov=cov(option_M_con,S_T_con);
alpha=cro_cov(2,1)/var(S_T_con);
%计算最优控制系数
V_mc_con_M=option_M_con-alpha*control_v_M;
V_mc_con=mean(V_mc_con_M);
%计算样本均值
err2=abs((V_mc_con-V_ex))/V_ex
%计算误差率
var(V_M)/ var(V_mc_con_M)
%计算方差减小倍数
```

例 5.3 的精确解为 3.2298, 通过 1000 个样本模拟我们得到标准 MC 方法解得 3.3679, 误差率为 0.0428. 控制变量 MC 方法解得 3.2269, 误差率为 9.0508×10^{-4}, 方差缩小 284.8773 倍. 由此可将在不增加样本的情况下, 控制变量方法确实有效的减小了方差, 提高了运算效率. 其中方差减小情况如图 5.2 和图 5.3 所示.

以上分析的均是单一的控制变量, 实际应用中还能够采用复合的控制变量, 也就是说将两个或以上的单一控制变量构成一个复合控制变量缩小方差. 假设在模拟 Y_i 的同时能得到 d 维向量 $X_i = (X_i^{(1)}, X_i^{(2)}, \cdots, X_i^{(d)})^{\mathrm{T}}$ 的样本, 且 $\mathbb{E}[X]$ 为已知, (X_i, Y_i) 独立同分布. 记 (X, Y) 的协方差矩阵为

$$\begin{pmatrix} \Sigma_X & \Sigma_{XY} \\ \Sigma_{XY}^{\mathrm{T}} & \sigma_Y^2 \end{pmatrix}$$

其中 Σ_X 为非奇异的 $d \times d$ 矩阵, Σ_{XY} 是 $d \times 1$ 矩阵, 则对于实列向量 α 有 $Y_i(\alpha) = Y_i - \alpha^{\mathrm{T}}(X_i - \mathbb{E}[X])$, 其估计值为 $\bar{Y}(\alpha) = \dfrac{1}{n}\sum_{i=1}^{n}[Y_i - \alpha^{\mathrm{T}}(X_i - \mathbb{E}[X])]$, 称 $\bar{Y}(\alpha)$ 是一

个线性的多元控制变量估计. 控制变量方差 $\mathrm{Var}[Y_i(\alpha)] = \sigma_Y^2 + \alpha^{\mathrm{T}}\Sigma_X\alpha\alpha^{\mathrm{T}}\Sigma_{XY}$, 当取最优控制系数 $\alpha^* = \Sigma_X^{-1}\Sigma_{XY}$ 时, 最小化方差为 $\mathrm{Var}[Y_i(\alpha^*)] = (1-\rho_{XY}^2)\mathrm{Var}[Y]$, 其中 $\rho_{XY}^2 = \Sigma_{XY}^{\mathrm{T}}\Sigma_X^{-1}\Sigma_{XY}/\sigma_Y^2$. $1-\rho_{XY}^2$ 称为最小方差减小比例, 这表明采用控制变量方法原方差减小的倍数.

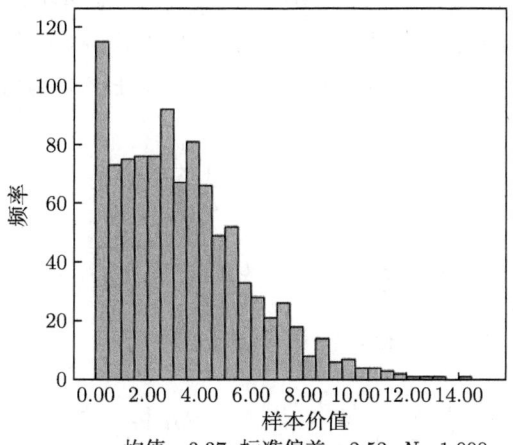

图 5.2 标准 MC 方法样本分布

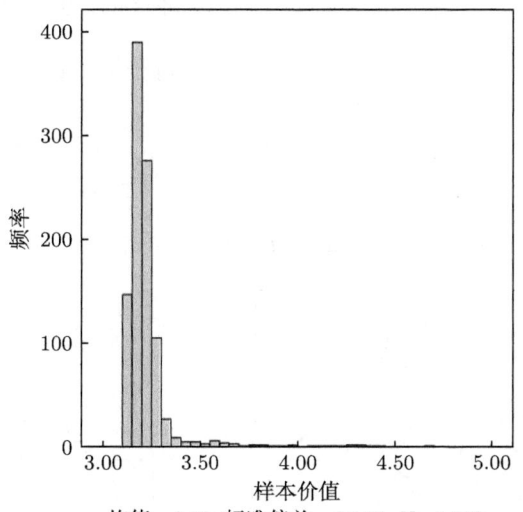

图 5.3 控制变量 MC 方法样本分布

2. 对偶变量方法

对偶变量方法是一种比较简单的方差减小技术, 它的基本原理是在模拟过程中产生两组具有负相关的路径, 利用两组路径上值一大一小的特点使得最终得到一组相对平稳的值，从而达到减小方差的目的. 通常对偶变量有两种形式，一种是如果 U 为 $(0,1)$ 上的均匀分布，则 $1-U$ 也是 $(0,1)$ 上的均匀分布；另外一种是如果 Z 为标准正态分布，则 $-Z$ 同样也是.

为了做更详细的说明，现在用对偶变量方法估计 $A=\mathbb{E}[f(U)]$，其中 U 是 $(0,1)$ 上的均匀分布. 用 $U_1,U_2,\cdots,U_N$ 产生一组含有 N 个样本容量的路径，再以 $1-U_1,1-U_2,\cdots,1-U_N$ 作为另一组路径. 于是得到下面的结论.

定理 5.1.4 设 $A=\mathbb{E}[f(U)]$，其中 U 是 $(0,1)$ 上的均匀分布，对于 A 的两个估计值

$$\hat{Y}_a = \frac{1}{N}\sum_{i=1}^{N}f(U_i) = \frac{1}{N}\sum_{i=1}^{N}Y_i$$

$$\hat{Y}_b = \frac{1}{N}\sum_{i=1}^{N}f(1-U_i) = \frac{1}{N}\sum_{i=1}^{N}\tilde{Y}_i$$

则对偶变量估计值的方差小于传统估计的方差，即

$$\mathrm{Var}\left[\frac{1}{N}\sum_{i=1}^{N}\left(\frac{Y_i+\tilde{Y}_i}{2}\right)\right] < \mathrm{Var}\left[\frac{1}{2N}\sum_{i=1}^{2N}Y_i\right]$$

证明 虽然 $Y_1,\tilde{Y}_1,Y_2,\tilde{Y}_2,\cdots,Y_N,\tilde{Y}_N$ 同分布但并不独立，但是 $\dfrac{Y_1+\tilde{Y}_1}{2}$, $\dfrac{Y_2+\tilde{Y}_2}{2},\cdots,\dfrac{Y_N+\tilde{Y}_N}{2}$ 是相互独立的. 所以，对偶变量估计值的结果为

$$\hat{Y}_{AV} = \frac{1}{2N}\left(\sum_{i=1}^{N}Y_i + \sum_{i=1}^{N}\tilde{Y}_i\right) = \frac{1}{N}\sum_{i=1}^{N}\left(\frac{Y_i+\tilde{Y}_i}{2}\right)$$

此时传统的蒙特卡罗估计是 $2N$ 个样本观察值的平均. 两者方差分别为

$$\mathrm{Var}\left[\frac{1}{N}\sum_{i=1}^{N}\left(\frac{Y_i+\tilde{Y}_i}{2}\right)\right],\quad \mathrm{Var}\left[\frac{1}{2N}\sum_{i=1}^{2N}Y_i\right]$$

若要证明

$$\mathrm{Var}\left[\frac{1}{N}\sum_{i=1}^{N}\left(\frac{Y_i+\tilde{Y}_i}{2}\right)\right] < \mathrm{Var}\left[\frac{1}{2N}\sum_{i=1}^{2N}Y_i\right]$$

也就是需要证明

$$\mathrm{Var}[Y_i+\tilde{Y}_i] < 2\mathrm{Var}[Y_i] \tag{5.1.20}$$

将不等式 (5.1.20) 左边展开得

$$\mathrm{Var}[Y_i+\tilde{Y}_i] = \mathrm{Var}[Y_i] + \mathrm{Var}[\tilde{Y}_i] + 2\mathrm{Cov}[Y_i,\tilde{Y}_i]$$
$$= 2\mathrm{Var}[Y_i] + 2\mathrm{Cov}[Y_i,\tilde{Y}_i] \tag{5.1.21}$$

在 (5.1.21) 式推导中用到了 $\mathrm{Var}[Y_i] = \mathrm{Var}[\tilde{Y}_i]$, 因为 Y_i 和 $\tilde{Y}_i$ 是同分布的. 这样就满足 $\rho(Y_i, \tilde{Y}_i) < 0$, 也就是 $\mathrm{Cov}[Y_i, \tilde{Y}_i] < 0$. 因此 $\mathrm{Var}[Y_i + \tilde{Y}_i] < 2\mathrm{Var}[Y_i]$.

定理 5.1.4 说明当对偶变量产生的两组路径是负相关时, 方差才能得到减小. 而且, 当 $f(U)$ 是单调函数时, 使用对偶变量技术方差减小效果较好; 当 $f(U)$ 是线性的, 使用对偶变量技术将产生零方差估计; 当 $f(U)$ 是对称函数时, 则不会对方差产生影响.

例 5.4 对欧式看涨期权, 设到期日 $T = 2$, 无风险利率 $r = 0.04$, 波动率 $\sigma = 0.3$, 敲定价 $X = 50$, 当前股价为 $S_0 = 70$. 利用对偶方法计算欧式看涨期权的价格.

解 在欧式看涨期权定价中, 只要令正态分布随机变量的 Z 换成 $-Z$ 就可以得到股票价格的另一组样本路径

$$\tilde{S}_i(T) = S_0 \exp\left(\left(r - \frac{1}{2}\sigma^2\right)T + \sigma\sqrt{T}(-Z_i)\right)$$

于是, 相应的欧式看涨期权价格为

$$\tilde{V}_i = e^{-rT}(\tilde{S}_i(T) - X)^+$$

从而, 欧式看涨期权定价的对偶变量估计值为

$$\hat{V}_{AV} = \frac{1}{N}\sum_{i=1}^{N}\left(\frac{V_i + \tilde{V}_i}{2}\right)$$

具体代码实现如下:

```
%以下代码用于对偶蒙特卡罗方法计算标准欧式看涨期权
clc;
clear;
%参数赋值
T=2; r=0.04;   sigma=0.3;   X=50;   S=70;
%显式解
d1=(log(S/X)+(r+0.5*sigma^2)*T)/(sigma*sqrt(T));
d2=d1-sigma*sqrt(T);
V_ex=S*normcdf(d1)-exp(-r*T)*K*normcdf(d2)
%模拟数量赋值
N=10^4;
%标准蒙特卡罗数值结果
Z=randn(2*N,1);%生成正态分布随机变量标准%
```

```
S_T=S*exp((r-0.5*sigma^2)*T+sigma*sqrt(T)*Z);
%生成到期日股票价格样本
V_M=exp(-r*T)*(S_T-X).*(S_T>X);
%计算样本的期权价值
V_mc=mean(V_M)
%计算样本均值
err=abs((V_mc-V_ex))/V_ex
%计算误差率
%对偶蒙特卡罗数值结果
Z1=randn(N,1);
Z2=-Z1;
%产生对偶随机变量
S_T_dual_1=S*exp((r-0.5*sigma^2)*T+sigma*sqrt(T)*Z1);
%生成到期日股票价格样本
S_T_dual_2=S*exp((r-0.5*sigma^2)*T+sigma*sqrt(T)*Z2);
V_M_dual_1=exp(-r*T)*(S_T_dual_1-X).*(S_T_dual_1>X);
%计算样本的期权价值
V_M_dual_2=exp(-r*T)*(S_T_dual_2-X).*(S_T_dual_2>X);
%计算样本的期权价值
V_M_dual=(V_M_dual_1+V_M_dual_2)/2;
V_mc_dual=mean(V_M_dual)
%计算样本均值
err=abs((V_mc_dual-V_ex))/V_ex ;
%计算对偶误差率
var_rate=var(V_M)/var(V_M_dual);
%计算方差控制效果
```

表 5.3 比较了标准 MC 数值解与对偶 MC 数值解的差异.

表 5.3 标准 MC 数值解与对偶 MC 数值解的比较

	精确解	MC 方法计算结果	对偶方法计算结果	一般 MC 方差/对偶方差
计算结果	25.8953	25.8585	25.8932	6.0439
计算误差	0	0.0014	8.4081×10^{-5}	—

3. 重要抽样方法

重要抽样方法的主要思想是通过适当的测度变换改变样本的产生过程, 将一种概率测度下的期望值转换为另一种概率测度下的期望值, 使得样本更符合所求问题的要求, 进而减小模拟方差, 是一种比较复杂的方法.

为了使重要抽样的思想更加清晰, 下面考虑估计

$$A = \mathbb{E}_f[h(X)] = \int h(x)f(x)dx$$

其中 X 是概率密度函数为 $f(x)$ 的随机变量, $X \in \mathbf{R}^d$, h 是 $\mathbf{R}^d \to \mathbf{R}$ 的函数. 根据 f 独立取样 $X_1, X_2, \cdots, X_N$, 则传统的蒙特卡罗估计量为

$$\hat{A}_f = \hat{A}_f(N) = \frac{1}{N}\sum_{i=1}^{N} h(X_i)$$

假设存在另一个概率密度 g 满足

$$f(x) > 0 \Rightarrow g(x) > 0$$

对任意的 $x \in \mathbf{R}^d$ 成立, 则 A 可以写成

$$A = \int h(x)\frac{f(x)}{g(x)}g(x)dx$$

积分表达式又可以写成关于密度函数 g 的期望表达式, 有

$$A = \mathbb{E}_g\left[h(X)\frac{f(X)}{g(X)}\right]$$

如果根据密度函数 g 独立取样 $X_1, X_2, \cdots, X_N$, 则关于 g 的重要抽样估计量为

$$\hat{A}_g = \hat{A}_g(N) = \frac{1}{N}\sum_{i=1}^{N} h(X_i)\frac{f(X_i)}{g(X_i)}$$

因为 $\mathbb{E}_g[\hat{A}_g] = A$, 可知 $\hat{A}_g$ 是无偏估计, $\frac{f(X_i)}{g(X_i)}$ 称为似然比或 Radon-Nikodym 导数, 下面推导使用重要抽样技术对模拟方差的影响.

$$\mathrm{Var}_g\left[h(X)\frac{f(X)}{g(X)}\right] = \mathbb{E}_g\left[(h(X)\frac{f(X)}{g(X)})^2\right] - A^2 = \mathbb{E}_f\left[h(X)^2\frac{f(X)}{g(X)}\right] - A^2$$

$$\mathrm{Var}_f[h(X)] = \mathbb{E}_f[h(X)^2] - A^2$$

由上式可以得出重要抽样技术缩小方差的条件是

$$\mathbb{E}_f\left[h(X)^2\frac{f(X)}{g(X)}\right] < \mathbb{E}_f[h(X)^2]$$

不等式成立完全取决于密度函数 g 的选取, 如何选取有效的 g 达到较好的方差缩小效果是使用重要抽样技术的关键所在.

5.1.5 最小二乘蒙特卡罗法

最小二乘蒙特卡罗方法(Least Squares Monte Carlo method) 简称为 **LSM 方法**. 该方法适用于蒙特卡罗方法定价美式期权问题. LSM 方法的主要思想是将线性回归的思想与蒙特卡罗方法结合, 选取一些适当的基函数的线性组合近似期权的持有价值, 把持有价值看作下一时刻的期权价格作回归拟合, 用最小二乘法求出基函数的最优系数, 再比较期权的继续持有价值和执行价值, 取二者较大的为该时间点上的期权价值.

一般情况下, 基函数可以选取 $1, x^2, x^3, \cdots, x^n$, Longstaff 和 Schwarts (2001) 选取多种基函数检验可知, 一般取三个基函数就可以达到一定的有效性, 多个基函数也可以提升算法精度, 但提升效果不佳. 他们还提出以下基函数:

$$L_0(x) = \exp(-x/2)$$
$$L_1(x) = \exp(-x/2)(1-x)$$
$$L_2(x) = \exp(-x/2)(1-2x+x^2/2)$$
$$\vdots$$
$$L_n(x) = \exp(-x/2)\frac{e^x}{n!}\frac{d^n}{dx^n}(x^n e^{-x})$$

下面用 LSM 方法来对美式期权进行定价.

在美式期权的定价问题中, 期权可以提前执行, 可以认为它是一个最优停时问题.

定义 5.1.2 设 $(\Omega, \{\mathcal{F}_t\}_{t\geqslant 0}, P)$ 是一个带域流的概率空间. 如果随机变量 τ 只取正数值, 同时对于正数 $t \in \mathbf{R}^+$ 有

$$\{\omega : \tau(\omega) \leqslant t\} \in \mathcal{F}_t$$

则称 τ 是**一个停时**(stopping time).

停时是个取值为正数的随机变量, 其意义是某件事件发生的时间. 但是, 当判断事件是否发生时, 只能回头来看过去, 而不能展望未来. 例如, 考虑一个公司的股票交易价格, 当该股票价格第一次达到 10 元的时刻, 就是个停时的概念, 因为为了判断该股是否达到 10 元, 只需根据停时对应的那天的股价就可以判断. 但如果说该股票达到所曾达到的最大值的那天, 就不是一个停时的概念.

定义 5.1.3 设 $\{S_t\}_{t\geqslant 0}$ 是一个适应过程, τ 是一个停时. 如果

$$\mathbb{E}[S_{\tau^*}] = \max_{\tau\in[0,T]}\mathbb{E}[S_\tau]$$

那么停时 τ^* 称为是最优的.

给定 $[0,T]$ 内一个划分:

$$0 = t_0 < t_1 < \cdots < t_n = T$$

令 $\Delta t = t_{i+1} - t_i$, t 时刻美式看跌期权的价格为

$$V_t(S_t) = \sup_{\tau \in [t,T]} \mathbb{E}_t^Q[e^{-r(\tau-t)}(X - S_\tau)^+], \quad t \in [0,T]$$

其中 τ 是 $[t,T]$ 内的一个最优停时, Q 为风险中性测度.

考虑 t 时刻资产 S_t, 则在 $t + \Delta t$ 时刻期权持有价值可以写为

$$P_t(S_t) = \mathbb{E}_t^Q[V_{t+\Delta t}(S_{t+\Delta t})|S_t]$$

在离散时间节点 t_i 上, 假设有 D 个基函数为 $L_k(S_i)$ 的线性组合 $\hat{P}_i(S_i) = \sum_{k=1}^{D} \alpha_{ik} L_k(S_i)$, 作为持有价值的近似值, 则有

$$P_i(S_i) \approx \hat{P}_i(S_i), \quad i = N-1, N-2, \cdots, 1, 0$$

其中系数 α_{ik} 可由最小二乘法算出, 具体计算过程如下.

首先, 由 S_0 模拟 m 条独立路径

$$S_0, S_{1,j}, \cdots S_{N,j}, \quad j = 1, 2, \cdots, m$$

则在 T 时刻, 期权的价值为 $\hat{V}_{N,j} = (X - S_{N,j})^+$. 在 t_{N-1} 时刻, 选取所有执行价值大于零的路径, 可得到持有价值 $P_{N-1}(S_{N-1,j}) \stackrel{\Delta}{=} P_{N-1,j}$ 的一个近似值 $\hat{V}_{N,j}$. 然后, 求以下最小二乘问题

$$\min_{\alpha_{N-1,1} \cdots, \alpha_{N-1,D}} \frac{1}{m} \sum_{j=1}^{m} \left(\hat{V}_{N,j} - \sum_{k=1}^{D} \alpha_{N-1,k} \cdot L_k(S_{N-1,j}) \right)^2$$

求出回归系数 $\hat{\alpha}_{N-1,k}$, 把 $\hat{P}_{N-1,j} = \sum_{k=1}^{D} \hat{\alpha}_{N-1,k} \cdot L_k(S_{N-1,j})$ 作为持有价值的估计值, 可得期权价值的估计值为

$$\hat{V}_{N-1,j} = \max((X - S_{N-1,j})^+, \hat{P}_{N-1,j})$$

如果 $(X - S_{N-1,j})^+ > \hat{P}_{N-1,j}$, 则 $\hat{V}_{N-1,j} = (X - S_{N-1,j})^+$. 否则, 其他路径下有 $\hat{V}_{N-1,j} = V_{N,j} \cdot e^{-r\Delta t}$. 在 t_i ($i = N-2, N-3, \cdots, 1, 0$) 时刻重复上述过程, 最后, 在 t_0 时刻得到 $\hat{P}_0 = \frac{1}{m} \sum_{j=1}^{m} \hat{V}_{0,j}$. 所以, 期权价值的估计值为

$$\hat{V}_0^{\text{LSM}} = \max((X - S_0)^+, \hat{P}_0)$$

Clement 等 (2002) 指出 $\hat{V}_0^{\text{LSM}}$ 的收敛速度为 $O(m^{-1/2})$.

注 本节 $P_{i,j}$ 表示在 t_i 时刻, 对应标的资产第 j 条路径值 $S_j(t_i)$ 的持有价值. $\hat{V}_{i,j}$ 表示在 t_i 时刻, 对应标的资产第 i 条路径值 $S_j(t_i)$ 的期权估计值. 其他类似.

1. **CV-LSM 方法的基本原理**

利用 LSM 方法计算出来的期权价值是一个高偏估计,当 $m \to \infty$ 时,这个估计值是收敛的. 但是,当 m 较小时计算精度不够,因此,需要在 LSM 方法的基础上加以改进. 最常见的方差减小技术就是控制变量方法. 该方法简称为 **CV-LSM 方法**. 在此,以美式看跌期权为例,把欧式期权价格作为控制变量. 具体实现如下.

用 LSM 方法计算每一层 $\hat{V}_{ij}$ 的值,在 $t_N = T$ 时刻,$CV_{N,j} = \max(X - S_{N,j}, 0)$. 现在 t_{N-1} 时刻选取所有执行价格大于零的路径,即所有 $X - S_{N-1,j} > 0$ 的路径,当 $X - S_{N-1,j} > \hat{C}_{N-1,j}$ 时,令

$$CV_{N-1,j} = BS(S_{N-1,j}, t_{N-1})$$

$BS(S_t, t)$ 表示标准欧式看跌期权显式解

$$BS(S_t, t) = e^{-r(T-t)} X N(-d_2) - S_t N(-d_1)$$

其中

$$d_1 = \frac{\ln(S_t/X) + (r + \sigma^2/2)(T-t)}{\sigma\sqrt{T-t}}, \quad d_2 = d_1 - \sigma\sqrt{T-t}$$

否则,其他路径下有 $CV_{N-1,j} = CV_{N,j} \cdot e^{-r\Delta t}$. 在 $t_i (i = N-2, N-3, \cdots, 1)$ 时刻重复上述过程,最后有

$$CV_0 = \frac{1}{m} \sum_{j=1}^{m} CV_{0,j}$$

在 t_0 时刻加控制变量得到

$$\hat{C}_0^{\text{CV-LSM}} = \frac{1}{m} \sum_{j=1}^{m} \left(\hat{V}_{0,j} - \beta(CV_{0,j} - BS(S_0, t_0)) \right)$$

其中 $\beta = \dfrac{\text{Cov}(\hat{V}_{0,j}, CV_{0,j})}{\text{Var}(CV_{0,j})}$. 于是,最后得到期权的价格为

$$\hat{V}_0^{\text{CV-LSM}} = \max((X - S_0)^+, \hat{C}_0^{\text{CV-LSM}})$$

```
%以下代码用于最小二乘蒙特卡罗方法计算美式期权
function [Price,CF,S_c,Stoptime] = AmericanOptLSM
                       (S0,X,r,T,t,sigma,N,M,N_basic)
dt = (T-t)/N;
R = exp((r-sigma^2/2)*dt+sigma*sqrt(dt)*randn(N,M));
S_c = cumprod([S0*ones(1,M); R]);
```

```
Stoptime = (M+1)*ones(N,1); CF = zeros(size(S_c));
% 矩阵存储期权

CF(end,:) = max(X-S_c(end,:),0);
% 到期日时, 价内执行

for ii = size(S_c)-1:-1:2
    Idx = find(S_c(ii,:) < X); % 寻找价内的点
    S = S_c(ii,Idx)';      %找出溢价股票向量
    V = CF(ii+1,Idx)'*exp(-r*dt); % 后一期的贴现
    A=polyfit(S,V,N_basic);%最小二乘
    C = polyval(A,S); % 用最小二乘模型预测
    Jdx = max(X-S,0) > C; % 优于预测模型则立即执行
    nIdx = setdiff((1:M),Idx(Jdx));
    CF(ii,Idx(Jdx)) = max(X-S(Jdx),0);
    Stoptime(Idx(Jdx)) = ii;
    CF(ii,nIdx) = exp(-r*dt)*CF(ii+1,nIdx);
end
Price = mean(CF(2,:))*exp(-r*dt);
end
```

2. 数值算例

以美式看跌期权为例, 假设股票价格服从 (5.1.17) 式中的几何布朗运动. 下面通过数值例子分别采用 LSM 方法和 CV-LSM 方法对美式期权定价, 选取相同的参数, 并画出自由边界进行对比. CV-LSM 方法中以欧式期权定价的 Black-Scholes 公式作为控制变量, 基函数取为 $1, S, S^2$. 假设股票的初始价格 S_0=10, 到期日 $T = 1$ 年, 定价时的时间节点 $N = 10$, 模拟路径 $m = 10$ 万条, 股票波动率 $\sigma = 0.4$, 无风险利率 $r = 0.06$. 画执行边界时, 将 T 和 S_0 各 100 等分, 得到 10000 个期权价格, 如图 5.4 和图 5.5 所示.

图 5.4 中边界的左方为执行区域, 右方为继续持有区域. 很明显带控制变量的 LSM 方法 (CV-LSM 方法) 的执行边界较光滑.

从表 5.4 中可以看出, 模拟的路径条数越多, 期权价格的方差减小倍数也越多, 说明了以欧式期权价格作为控制变量的 CV-LSM 方法, 对美式期权价格定价是非常有效的.

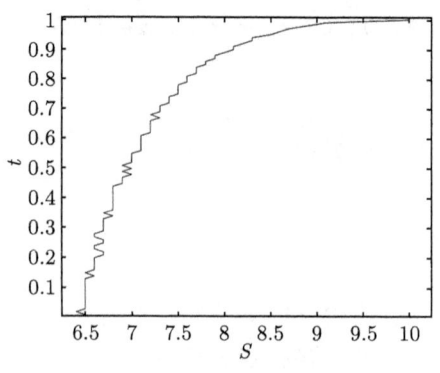

图 5.4 无控制变量的 LSM

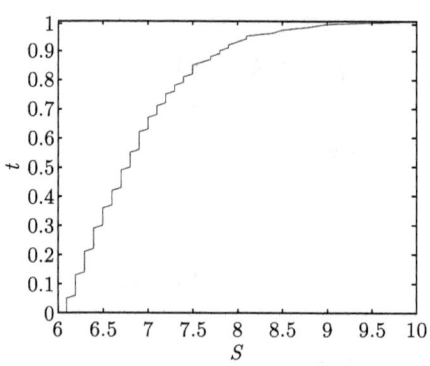

图 5.5 含控制变量的 LSM

表 5.4 CV-LSM 方法对美式期权定价的计算结果

模拟路径条数	$m = 5000$	$m = 10000$	$m = 15000$	$m = 20000$
方差减小倍数	153.17	183.02	213.44	308.23
期权价格	1.3191	1.3133	1.3200	1.3280

5.2 有限差分方法

在前几章中介绍了利用对冲等方法, 可以得到一些金融衍生产品定价的微分方程. 事实上, 绝大多数的微分方程是没有显式解的, 这时我们就需要寻找一些合适的数值方法来求得方程的数值解, 常用的主要方法包括有限差分方法、有限元方法、谱方法等. 本节主要介绍有限差分方法.

有限差分方法是一种常用的数值解法, 它是在微分方程中用差商代替导数和偏导数, 得到相应的差分方程, 通过解差分方程得到微分方程解的近似值.

5.2.1 有限差分方法的原理

如果 $y = f(x)$ 充分光滑, 那么用差商来代替 $f'(x)$ 和 $f''(x)$ 有如下几种典型的形式

$$f'(x) \sim \frac{f(x+\Delta x) - f(x)}{\Delta x} = \left(\frac{\Delta f}{\Delta x}\right)_f$$

$$f'(x) \sim \frac{f(x) - f(x-\Delta x)}{\Delta x} = \left(\frac{\Delta f}{\Delta x}\right)_b$$

$$f'(x) \sim \frac{f(x+\Delta x) - f(x-\Delta x)}{2\Delta x} = \left(\frac{\Delta f}{\Delta x}\right)_c$$

$$f''(x) \sim \frac{f(x+\Delta x) - 2f(x) + f(x-\Delta x)}{\Delta x^2} = \left(\frac{\Delta^2 f}{\Delta x^2}\right)_c$$

由泰勒展式可知, 以下估计式成立

$$\left|f'(x) - \left(\frac{\Delta f}{\Delta x}\right)_f\right| = O(\Delta x)$$

$$\left|f'(x) - \left(\frac{\Delta f}{\Delta x}\right)_b\right| = O(\Delta x)$$

$$\left|f'(x) - \left(\frac{\Delta f}{\Delta x}\right)_c\right| = O(\Delta x^2)$$

$$\left|f''(x) - \left(\frac{\Delta^2 f}{\Delta x^2}\right)_c\right| = O(\Delta x^2)$$

其中 $\left(\frac{\Delta f}{\Delta x}\right)_f$, $\left(\frac{\Delta f}{\Delta x}\right)_b$, $\left(\frac{\Delta f}{\Delta x}\right)_c$, $\left(\frac{\Delta^2 f}{\Delta x^2}\right)_c$ 分别表示前差商、后差商、中心差商和二阶中心差商.

建立与偏微分方程相应的差分方程有多种方式, 但从求解的方式来划分, 它可以分为三大类: 一类是显式差分格式, 求解的过程是显式的, 通过直接运算求出它的值; 一类是隐式差分格式, 求解的过程必须通过求解一个代数方程组才能得到它的值; 另一类是复合差分格式 (如 C-N 格式), 它是结合了显式格式和隐式格式, 并求解方程组得到方程的数值解. 为了进一步说明如何利用有限差分计算微分方程的数值解, 我们以欧式看涨期权 Black-Scholes 方程为例逐一加以说明.

设 $V(S,t)$ 表示欧式看涨期权的价格, $S(t)$ 为 t 时刻的股价, 到期日为 T, 敲定价格为 X, 波动率为 σ, 无风险利率为 r, 且 σ 和 r 均为常数. 则 $V(S,t)$ 满足以下终值问题

$$\frac{\partial V}{\partial t} + \frac{\sigma^2}{2}S^2\frac{\partial^2 V}{\partial S^2} + rS\frac{\partial V}{\partial S} - rV = 0$$
$$V|_{t=T} = (S_T - X)^+ \tag{5.2.1}$$

5.2.2 显式差分格式

为了简化计算,首先对于欧式看涨期权 Black-Scholes 方程作变换 $x = \ln S$,使其转化为常系数反抛物型方程. 此时,确定欧式看涨期权的价格就转化为求解定解问题

$$\frac{\partial V}{\partial t} + \frac{\sigma^2}{2}\frac{\partial^2 V}{\partial x^2} + \left(r - \frac{\sigma^2}{2}\right)\frac{\partial V}{\partial x} - rV = 0 \qquad (5.2.2)$$
$$V|_{t=T} = (e^x - X)^+$$

在定解问题 (5.2.2) 的求解区域 $\{-\infty < x < \infty, 0 \leqslant t \leqslant T\}$ 上,建立离散网格

$$x_m = m\Delta x, \quad m \in \mathbf{Z}$$
$$t_n = n\Delta t, \quad n \in \mathbf{Z}^+ \cup \{0\}, \quad N = \frac{T}{\Delta t}$$

定义函数 $V(x_m, t_n) = V_m^n$,得到定解问题 (5.2.2) 的离散化形式

$$\frac{V_m^{n+1} - V_m^n}{\Delta t} + \frac{\sigma^2}{2}\frac{V_{m+1}^{n+1} - 2V_m^{n+1} + V_{m-1}^{n+1}}{\Delta x^2} + \left(r - \frac{\sigma^2}{2}\right)\frac{V_{m+1}^{n+1} - V_{m-1}^{n+1}}{2\Delta x} - rV_m^n = 0$$
$$V_m^N = (e^{m\Delta x} - X)^+ \qquad (5.2.3)$$

对于 (5.2.3) 式两边移项可得

$$V_m^n = aV_{m-1}^{n+1} + bV_m^{n+1} + cV_{m+1}^{n+1} \qquad (5.2.4)$$

其中

$$a = \frac{1}{1 + r\Delta t}\left(\frac{\sigma^2 \Delta t}{\Delta x^2} - \frac{1}{2}\left(r - \frac{\sigma^2}{2}\right)\frac{\Delta t}{\Delta x}\right)$$
$$b = \frac{1}{1 + r\Delta t}\left(1 - \frac{\sigma^2 \Delta t}{\Delta x^2}\right)$$
$$c = \frac{1}{1 + r\Delta t}\left(\frac{\sigma^2 \Delta t}{2\Delta x^2} + \frac{1}{2}\left(r - \frac{\sigma^2}{2}\right)\frac{\Delta t}{\Delta x}\right)$$

当 $n = N$ 时, V_m^{n+1} 的值为已知. 也就是说,可以利用 $V_m^{n+1}(-\infty \leqslant m \leqslant \infty)$ 的值,由 (5.2.4) 式计算得到 V_m^n 的值 (图 5.6). 因此格式 (5.2.4) 是一个反向显式差分格式.

在有限差分中通常包含两个基本的问题. 首先是当格点的步长收敛到零时,差分方程的数值解是否收敛到原问题的解 (收敛性)? 其次是在计算过程中不可避免的摄入误差是否会引起解的完全失真 (稳定性)? 为了回答这个问题,有以下结论.

定理 5.2.1 设 $\alpha = \frac{\sigma^2 \Delta t}{\Delta x^2}$,则当 $\alpha \leqslant 1$ 以及 $1 - \frac{1}{\sigma^2}|r - \frac{\sigma^2}{2}|\Delta x \geqslant 0$ 时,格式 (5.2.4) 是稳定的.

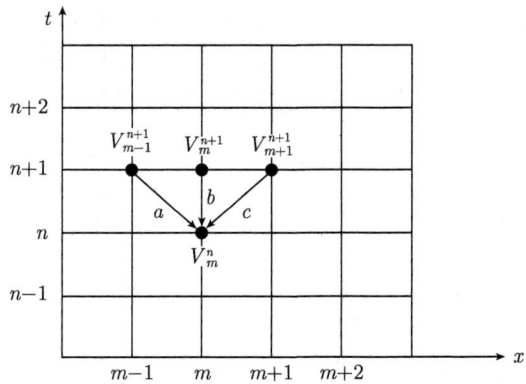

图 5.6 有限差分显格式计算方法

证明 当 $n = N$ 时,
$$\max_{-\infty < m < \infty} |V_m^N| \leqslant \varepsilon$$

设 $n = N - 1$ 时, 有
$$\max_{-\infty < m < \infty} |V_m^n| \leqslant \varepsilon$$

将以上两式代入格式 (5.2.4) 中, 有

$$|V_m^{N-1}| \leqslant \frac{1}{(1+r\Delta t)} \left[(1-\alpha)|V_m^N| + \frac{\alpha}{2}\left(1 + \frac{1}{\sigma^2}\left(r - \frac{\sigma^2}{2}\right)\Delta x\right)|V_{m+1}^N| \right.$$
$$\left. + \frac{\alpha}{2}\left(1 - \frac{1}{\sigma^2}\left(r - \frac{\sigma^2}{2}\right)\Delta x\right)|V_{m-1}^N| \right]$$
$$\leqslant \frac{\varepsilon}{1+r\Delta t}\left[1 - \alpha + \frac{\alpha}{2} + \frac{\alpha}{2\sigma^2}\left(r - \frac{\sigma^2}{2}\right)\Delta x + \frac{\alpha}{2} - \frac{\alpha}{2\sigma^2}\left(r - \frac{\sigma^2}{2}\right)\Delta x\right]$$
$$= \frac{\varepsilon}{1+r\Delta t}$$

由归纳法, 得知定理获证.

由定理 5.2.1 可知, 虽然显格式计算简单, 但是它的稳定性是有条件的, 其中时间 t 方向上的精度需要满足 $\Delta t \leqslant \dfrac{\alpha \Delta x^2}{\sigma^2}$, 所以在使用该格式的时候必须注意这个稳定性条件.

5.2.3 隐式差分格式

与显式差分格式不同, 隐式差分格式中包括了未知时间层上 2 个或 2 个以上格点处的未知值. 使用隐式差分格式和使用显式差分格式求解完全不同. 相对而言,使用隐式差分格式求解, 每时间层包含有较多的计算工作量. 但是隐式格式的优点在于, 其稳定性要求对步长的限制大为放宽, 而这正是我们所期望的.

考虑一个不支付红利股票的欧式看跌期权, 即在区域 $0 \leqslant S < \infty, 0 \leqslant t < T$ 上求定解问题:

$$\begin{cases} \dfrac{\partial V}{\partial t} + \dfrac{\sigma^2 S^2}{2} \dfrac{\partial^2 V}{\partial S^2} + rS \dfrac{\partial V}{\partial S} - rV = 0 \\ V|_{t=T} = \max(X - S_T, 0) \end{cases} \quad (5.2.5)$$

进行网格分割令 $\Delta t = \dfrac{T}{N}$, 于是把 $[0, T]$ 等分成 $N+1$ 个等间隔的不同的时间格点. 令 $S_{\max}$ 为可达到的足够高的股票的价格, 当达到这一价格时, 看跌期权的价值为零, 即 $V(S_{\max}, t) = 0, t \in [0, T]$. 定义 $\Delta S = \dfrac{S_{\max}}{M}$, 则得到 $M+1$ 个股票价格. 这样一来, 总有 $(M+1)(N+1)$ 个格点, 每个格点 (i, j) 对应时刻 $j\Delta t$ 和股票价格 $i\Delta S$. 用 V_i^j 代表 (i, j) 点对应的期权的价格.

对于不同的偏导数选择合适的差分格式

$$\begin{aligned} \frac{\partial V}{\partial t} &\approx \frac{V_i^{j+1} - V_i^j}{\Delta t} \\ \frac{\partial V}{\partial S} &\approx \frac{V_{i+1}^j - V_{i-1}^j}{2\Delta S} \\ \frac{\partial^2 V}{\partial S^2} &\approx \frac{V_{i+1}^j - 2V_i^j + V_{i-1}^j}{\Delta S^2} \end{aligned}$$

并令 $S = i\Delta S$, 就得到

$$\frac{V_i^{j+1} - V_i^j}{\Delta t} + rS\frac{V_{i+1}^j - V_{i-1}^j}{2\Delta S} + \frac{\sigma^2}{2}S^2\frac{V_{i+1}^j - 2V_i^j + V_{i-1}^j}{\Delta S^2} = rV_i^j$$

经过合并和移项, 可得到

$$a_i V_{i-1}^j + b_i V_i^j + c_i V_{i+1}^j = V_i^{j+1} \quad (5.2.6)$$

其中

$$\begin{aligned} a_i &= \frac{1}{2}ri\Delta t - \frac{1}{2}\sigma^2 i^2 \Delta t \\ b_i &= 1 + \sigma^2 i^2 \Delta t + r\Delta t \\ c_i &= -\frac{1}{2}ri\Delta t - \frac{1}{2}\sigma^2 i^2 \Delta t \end{aligned}$$

边界条件为:

(i) T 时刻期权的价值为 $\max(X - S_T, 0)$, 因此 $V_i^N = \max(X - i\Delta S, 0)$.

(ii) 股票价格为 0 时, 由于几何布朗运动的假设, 股价永远为 0, 期权的价值是 X, 因此 $V_0^j = X$.

(iii) $V_M^j = 0$.

这样考虑到边界条件, 我们就得到一组由 $M-1$ 个未知数 $V_i^{N-1}(1 \leqslant i \leqslant M-1)$ 适合的线性方程组, 即

$$A\vec{V}^{N-1} = \vec{f}^N$$

其中 $\vec{V}^{N-1}$ 和 $\vec{f}^N$ 都是 $M-1$ 维向量, A 是 $(M-1)(M-1)$ 阶矩阵.

$$\vec{V}^{N-1} = \begin{pmatrix} V_1^{N-1} \\ V_2^{N-1} \\ \vdots \\ V_{M-1}^{N-1} \end{pmatrix}, \vec{f}^N = \begin{pmatrix} f_1^N \\ f_2^N \\ \vdots \\ f_{M-1}^N \end{pmatrix}, A = \begin{pmatrix} b_1 & c_1 & 0 & 0 & \cdots & 0 \\ a_2 & b_2 & c_2 & 0 & \cdots & 0 \\ \vdots & \vdots & \vdots & \vdots & & \vdots \\ 0 & 0 & 0 & 0 & \cdots & b_M-1 \end{pmatrix}$$

其中

$$f_1^N = V_1^N - a_1 V_0^{N-1}$$
$$f_i^N = V_i^N \quad (2 \leqslant i \leqslant M-2)$$
$$f_{M-1}^N = V_{M-1}^N - c_{M-1} V_M^{N-1}$$

这样一来, 就可以求出 $\vec{V}^{N-1}$, 再由 $\vec{V}^{N-1}$ 出发, 仿照上述过程, 就可以依次求出 $\vec{V}^n$ $(0 \leqslant n \leqslant N-2)$.

利用 MATLAB 编程代码如下:

```
%以下代码为利用有限差分隐格式计算欧式看涨-看跌期权
clc;
clear;
%设置参数
X=8;
Smax=10;
r=0.3;
sigma=0.4;
T=1;
%设置进度
M=200;dS=Smax/M;%股票方向格点数，步长
N=50;dt=T/N;%时间方向格点数，步长
%设置期权类型
Option_Type='PUT';
```

```
S_vec=0:dS:Smax;%股票向量
t_vec=0:dt:T;%时间向量

%建立系数矩阵
j = 0:M;
sig2 = sigma*sigma;
aj = (dt*j/2).*(r - sig2*j);
bj = 1 + dt*(sig2*(j.^2) + r);
cj = -(dt*j/2).*(r + sig2*j);
%三条对角线系数
V_option=zeros(M+1,N+1);%V(S,t)
A = diag(aj(3:M),-1) + diag(bj(2:M)) + diag(cj(2:M-1),1);

%设定边界值
switch Option_Type
    case 'CALL'
        V_option(:,end) = max(S_vec-X,0);
        %看涨期权到期日收益
        V_option(1,:) = 0;
        %股价为0,收益为0
        V_option(end,:) = (S_vec(end)-X)*exp(-r*t_vec(end:-1:1));
        %股价无穷大时,近似的认为其收益是线性的
        V_bnd=zeros(size(A,1),N);
        %定义存储边界的矩阵
        V_bnd(1,:)= 0;
        %股价初始边界
        V_bnd(end,:)= cj(M)*(S_vec(end)-X)*exp(-r*t_vec(end-1:-1:1));
        %股价无穷远处边界
    case 'PUT'
        V_option(:,end) = max(X-S_vec,0);
        V_option(1,:) = (X-S_vec(1))*exp(-r*t_vec(end:-1:1));
        V_option(end,:) = 0;
        V_bnd=zeros(size(A,1),N);
        V_bnd(1,:)= aj(2)*(X-S_vec(1))*exp(-r*t_vec(end-1:-1:1));
        V_bnd(end,:)= 0;
```

```
end
%方程组求解
for idS = N:-1:1
    V_option(2:end-1,idS)=A\(V_option(2:end-1,idS+1)-V_bnd(:,idS));

end
%作图
[S,t]= meshgrid(t_vec,S_vec);
mesh(S,t,V_option)
```

计算得到数值解如图 5.7 和图 5.8 所示.

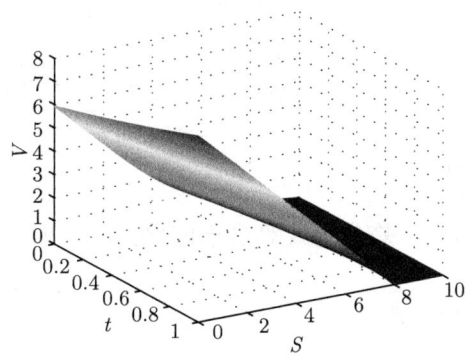

图 5.7 有限差分隐格式计算看跌期权

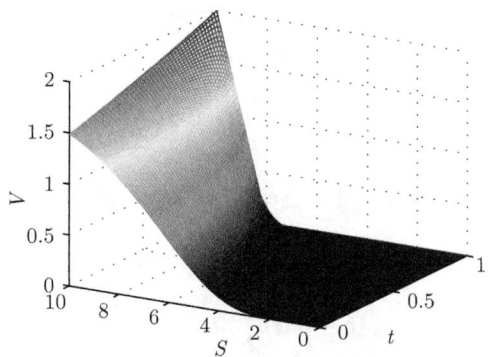

图 5.8 有限差分隐格式计算看涨期权

5.2.4 Crank-Nicolson 差分格式

同样考虑一个不付红利股票的欧式看跌期权. 与隐格式一样, 首先将定解区域离散成有限区域下的格点. 然后对于不同的偏导数选择合适的差分格式:

$$\frac{\partial V}{\partial t} \approx \frac{V_i^{j+1} - V_i^j}{\Delta t}$$

$$\frac{\partial V}{\partial S} \approx (1-\theta)\frac{V_{i+1}^j - V_{i-1}^j}{2\Delta S} + \theta\frac{V_{i+1}^{j+1} - V_{i-1}^{j+1}}{2\Delta S}$$

$$\frac{\partial^2 V}{\partial S^2} \approx (1-\theta)\frac{V_{i+1}^j - 2V_i^j + V_{i-1}^j}{\Delta S^2} + \theta\frac{V_{i+1}^{j+1} - 2V_i^{j+1} + V_{i-1}^{j+1}}{\Delta S^2}$$

其中 $\theta \in [0,1]$. 令 $S = i\Delta S$, 就得到了 Black-Scholes 方程 (5.2.5) 的 Crank-Nicolson 差分格式

$$\frac{V_i^{j+1} - V_i^j}{\Delta t} + ri\Delta S\left[(1-\theta)\frac{V_{i+1}^j - V_{i-1}^j}{2\Delta S} + \theta\frac{V_{i+1}^{j+1} - V_{i-1}^{j+1}}{2\Delta S}\right]$$

$$+ \frac{\sigma^2}{2}i^2\Delta S^2\left[(1-\theta)\frac{V_{i+1}^j - 2V_i^j + V_{i-1}^j}{\Delta S^2} + \theta\frac{V_{i+1}^{j+1} - 2V_i^{j+1} + V_{i-1}^{j+1}}{\Delta S^2}\right]$$

$$= r((1-\theta)V_i^j + \theta V_i^{j+1})$$

当 $\theta = 0$ 时, Crank-Nicolson 差分格式等价于隐格式, 当 $\theta = 1$ 时, Crank-Nicolson 差分格式等价于显格式.

经过合并和移项, 可得到

$$a_i V_{i-1}^j + b_i V_i^j + c_i V_{i+1}^j = d_i V_{i-1}^{j+1} + e_i V_i^{j+1} + f_i V_{i+1}^{j+1}$$

其中

$$a_i = (-r + \sigma^2 i)\frac{(1-\theta)}{2}\Delta ti$$
$$b_i = -1 - \Delta t\sigma^2 i^2 - r(1-\theta)$$
$$c_i = (r + \sigma^2 i)\frac{(1-\theta)}{2}\Delta ti$$
$$e_i = (r - \sigma^2 i)\frac{\theta}{2}\Delta ti$$
$$d_i = -1 + \Delta t\sigma^2 i^2 + r\theta$$
$$f_i = (-r - \sigma^2 i)\frac{\theta}{2}\Delta ti$$

由差分格式和图 5.9 可见, 在每一个方程中都包含三个已知层的格点和三个未知层的格点, 所以该方法也称为 "六点差分格式". Crank-Nicolson 格式的最大优点在于它不但是绝对稳定的, 而且是高精度差分格式. 当 $\theta \neq 1/2$ 时, 离散误差阶

为 $O(\Delta t + \Delta S^2)$, 当 $\theta = 1/2$ 时, 离散误差阶为 $O(\Delta t^2 + \Delta S^2)$. 因此 Crank-Nicolson 格式被广泛的使用.

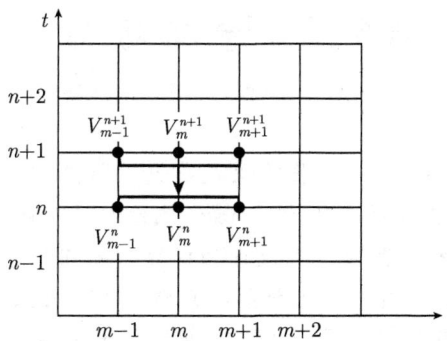

图 5.9 Crank-Nicolson 格式示意图

 习题 5

5.1 利用蒙特卡罗方法近似计算下列问题.
(1) $\int_0^{+\infty} e^{-x} dx.$
(2) $\int_0^1 \int_{x^2}^{x} (x^2 + y^2) dx dy.$

5.2 如果股票价格服从几何均值回复过程

$$\frac{dS(t)}{S(t)} = a(b - S(t))dt + \sigma dW(t)$$

其中回复强度 $a = 0.5$, 回复中心 $b = 60$, 其他条件如例 5.4, 利用对偶蒙特卡罗方法计算该欧式看涨期权的价格.

5.3 写出 Vasicek 利率模型下债券 $P(r, t, T)$ 定价偏微分方程

$$\frac{\partial P}{\partial t} + a(b - r)\frac{\partial P}{\partial r} + \frac{\sigma^2}{2}\frac{\partial^2 P}{\partial r^2} - rP = 0$$

的 Crank-Nicolson 差分格式, 其中 $r(t)$ 为短期利率, a, b, σ 皆为常数.

第 6 章 奇异期权

奇异期权是指比常规期权 (标准的欧式或美式期权) 更复杂的衍生证券, 这些产品通常是场外交易或嵌入结构债券. 例如, 执行价格不是一个确定的数, 而是一段时间内的平均资产价格的期权, 或是在期权有效期内如果资产价格超过一定界限, 期权就作废. 一般地, 奇异期权包括障碍期权、回望期权、亚式期权和复合期权等. 本书第 2 章曾在离散模型下讨论过这些期权的定价问题. 本章主要在连续模型下讨论障碍期权、重置期权、亚式期权和其他奇异期权等价格的数值解法.

6.1 障 碍 期 权

障碍期权是一种附加条件的期权, 此类期权是否有效取决于标的资产的市价是否触及确定的障碍 (barrier). 障碍期权一般归为两类, 即敲出期权和敲入期权. 敲出期权是当标的资产价格达到一个特定障碍水平时, 该期权作废; 敲入期权是当标的资产价格达到一个特定障碍水平时, 该期权才有效. 障碍期权的收入不仅取决于资产在到期日的价格, 而且取决于标的资产的价格是否超过了某个 "障碍". 例如, 一个下降敲出期权 (down-and-out option) 就是一种障碍期权, 它在股票价格低于某个障碍价格时就自动到期无效. 同样, 一个下降敲入期权 (down-and-in option) 在它的有效期内, 股价必须至少有一次跌到了障碍价格之下, 该期权才会有内在价值. 每一类期权都可分为看涨和看跌期权, 因此可将障碍期权细分为八类: 下降敲出看涨期权、下降敲出看跌期权、上升敲出看涨期权、上升敲出看跌期权、下降敲入看涨期权、下降敲入看跌期权、上升敲入看涨期权和上升敲入看跌期权. 它们的最终收益如表 6.1 所示.

表 6.1 障碍期权的到期收益

类型	看涨	看跌
下降敲出	$(S_T-X)^+ I_{\{S_t>B, t\in[0,T]\}}$	$(X-S_T)^+ I_{\{S_t>B, t\in[0,T]\}}$
上升敲出	$(S_T-X)^+ I_{\{S_t<B, t\in[0,T]\}}$	$(X-S_T)^+ I_{\{S_t<B, t\in[0,T]\}}$
下降敲入	$(S_T-X)^+ (1-I_{\{S_t>B, t\in[0,T]\}})$	$(X-S_T)^+ (1-I_{\{S_t>B, t\in[0,T]\}})$
上升敲入	$(S_T-X)^+ (1-I_{\{S_t<B, t\in[0,T]\}})$	$(X-S_T)^+ (1-I_{\{S_t<B, t\in[0,T]\}})$

表中 T 表示到期日, S 表示标的资产价格, B 表示障碍值或障碍水平. 从表 6.1

中的最终收益函数不难看出：敲出期权的收益 + 敲入期权的收益 = 标准欧式期权的收益，因此有

$$V_{\text{Euro}}(S,t) = V_{\text{up-and-out}}(S,t) + V_{\text{up-and-in}}(S,t) \\ = V_{\text{down-and-out}}(S,t) + V_{\text{down-and-in}}(S,t) \tag{6.1.1}$$

定理 6.1.1 如果股票价格服从几何布朗运动

$$\frac{dS(t)}{S(t)} = rdt + \sigma dW(t) \quad (0 \leqslant t \leqslant T)$$

其中 r 是无风险利率，σ 是波动率，$W(t)$ 是标准布朗运动，则欧式看跌向下敲出障碍期权的定价公式为

$$V(S,t) = Xe^{-r(T-t)}\left[(N(d_4) - N(d_2)) - \left(\frac{B}{S}\right)^{\frac{2r}{\sigma^2}-1}(N(d_7) - N(d_5))\right] \\ - S\left[(N(d_3) - N(d_1)) - \left(\frac{B}{S}\right)^{\frac{2r}{\sigma^2}+1}(N(d_8) - N(d_6))\right] \tag{6.1.2}$$

其中

$$d_1 = \frac{\ln(\frac{S}{X}) + (r + \frac{1}{2}\sigma^2)(T-t)}{\sigma\sqrt{T-t}}, \quad d_2 = d_1 - \sigma\sqrt{T-t}$$

$$d_3 = \frac{\ln(\frac{S}{B}) + (r + \frac{1}{2}\sigma^2)(T-t)}{\sigma\sqrt{T-t}}, \quad d_4 = d_3 - \sigma\sqrt{T-t}$$

$$d_5 = \frac{\ln(\frac{S}{B}) - (r - \frac{1}{2}\sigma^2)(T-t)}{\sigma\sqrt{T-t}}, \quad d_6 = d_5 - \sigma\sqrt{T-t}$$

$$d_7 = \frac{\ln(\frac{SX}{B^2}) - (r - \frac{1}{2}\sigma^2)(T-t)}{\sigma\sqrt{T-t}}, \quad d_8 = d_7 - \sigma\sqrt{T-t}$$

类似于定理 6.1.1，其他七类障碍期权也存在显式解，可在相关金融数学书籍中找到 (Merton, 1973, 1974)，其证明过程需要用到随机分析和微分方程知识，这里不再赘述。本节将从蒙特卡罗模拟方法出发，着重阐述其数值算法，从而方便读者在实践中应用和推广。

例 6.1 设股票价格 $S(t)$ 服从几何布朗运动

$$\frac{dS(t)}{S(t)} = rdt + \sigma dW(t) \quad (0 \leqslant t \leqslant T) \tag{6.1.3}$$

其中 r 是无风险利率，σ 是波动率，$W(t)$ 是标准布朗运动。设 $r = 0.1$ 和 $\sigma = 0.4$，到期日 $T = 5/12$，敲定价格 $X = 50$，当前股价 $S_0 = 49$，障碍值为 $B = 30$。试用蒙特卡罗方法求向下敲出欧式看跌障碍期权的价格。

解 根据公式 (2.1.11) 可知, 在风险中性测度下, 看跌期权的价格为

$$V(S,0) = \mathbb{E}[e^{-rT}(X - S_T)^+ I_{\{S_t > B, t \in [0,T]\}}] \tag{6.1.4}$$

障碍期权的价格依赖于股票价格过程演化的路径, 因此, 仅模拟 T 时刻的样本点显然不够, 需要模拟所有样本的整体路径.

以下为代码实现思路.

(i) 将 $[0,T]$ 时间段离散成 M 个长度为 Δt 的局部时间段, 即 $\Delta t = \dfrac{T}{M}$.

(ii) 模拟路径上所有时间点的股票价格. (6.1.3) 式解的离散格式为 (见例 5.2)

$$S(t_{j+1}) = S(t_j)\exp\left[\left(r - \frac{1}{2}\sigma^2\right)(t_{j+1} - t_j)\right.$$
$$\left. + \sigma\sqrt{(t_{j+1} - t_j)}Z_{j+1}\right], \quad j \in \{1, 2, 3, \cdots, M\}$$

如果不考虑随机微分方程的显式解, 也可使用如下的离散格式:

$$S(t_{j+1}) = S(t_j) + S(t_j)(r-q)(t_{j+1} - t_j) + S(t_j)\sigma\sqrt{(t_{j+1} - t_j)}Z_{j+1}$$

(iii) 计算样本的期权价值, 其中需要判断向下敲出的路径样本, 并记期权价值为 0.

(iv) 计算样本均值, 得到向下敲出欧式看跌障碍期权的数值解.

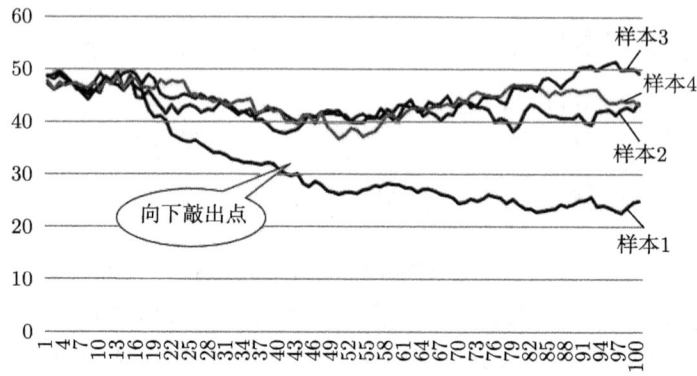

图 6.1　样本模拟示意图

```
%以下代码用于蒙特卡罗方法计算标准欧式向下敲出看跌期权
clc;clear;
%参数赋值
T=5/12; r=0.1; sigma=0.4;  X=50;   S=49; B=30;
%显式解
 d1=(log(S/X)+(r+0.5*sigma^2)*T)/(sigma*sqrt(T));   d2=d1-sigma*sqrt(T);
```

```
d3=(log(S/B)+(r+0.5*sigma^2)*T)/(sigma*sqrt(T));    d4=d3-sigma*sqrt(T);
d5=(log(S/B)-(r-0.5*sigma^2)*T)/(sigma*sqrt(T));    d6=d5-sigma*sqrt(T);
d7=(log(S*X/(B^2))-(r-0.5*sigma^2)*T)/(sigma*sqrt(T));
d8=d7-sigma*sqrt(T);
V_ex=X*exp(-r*T)*[(normcdf(d4)-normcdf(d2))...
    - (B/S)^(2*r/sigma^2-1)*(normcdf(d7)-normcdf(d5))]...
    -S*[(normcdf(d3)-normcdf(d1))...
    -(B/S)^(2*r/sigma^2+1)*(normcdf(d8)-normcdf(d6))];
%模拟数量赋值
M=100;           %模拟时间的离散步数
N=1000;          %模拟次数
R_N=1000;
%重复模拟的次数，增加模拟次数，同时避免内存溢出
option_R=zeros(1,R_N);
for j=1:R_N      %模拟路径
    dt=T/M;      %步长间隔
    p1=(r-0.5*sigma^2)*dt;  p2=sigma*sqrt(dt);
    rand=randn(N,M);
    %生成正态随机变量
    rand1=cumsum((p1+p2*rand),2);
    %沿列方向进行累加
    S_path=S*exp(rand1);
    payoff=zeros(N,1);
    for i=1:N
        S_path_i=S_path(i,:);
        if min(S_path_i)<B
        %障碍判断
            payoff(i)=0;
        else
            payoff(i)=max(0, X-S_path_i(M));
        end
    end
    option_R(1,j)=mean(exp(-r*T)*payoff);
end
V_mc=mean(option_R)
```

err=abs(V_mc-V_ex)/V_ex

由以上代码模拟 1000 个样本计算得到期权价值为 3.4538, 由 (6.1.2) 式计算可得精确解为 3.4586, 误差率为千分之一.

6.2 重置期权

重置期权(reset option) 也是一种路径依赖型的期权, 当标的资产价格达到某一预先给定的水平时, 按约定重置敲定价格, 使得持有人有更多的获益机会. 重置期权具有一般期权的基本特征, 其持有人有权利而没有义务在重置时刻, 按照重置条款重新设置敲定价格, 因此重置期权具有比一般期权更高的价值.

重置期权产生于 20 世纪 90 年代. 1996 年, 国际财务公司 (International Finance Corporation) 发行了重置型熊市认售权证 (Bear Market Reset Warrant), 并在纽约股票交易市场和芝加哥期权交易所两地进行交易, 该认售权证以标普 500 指数作为标的, 并约定发行后的三个月可以重新设置敲定价格. 也就是说, 从发行日起满三个月的交易日, 若当天的标普 500 指数的收盘价格高于原敲定价格, 则该权证的敲定价格重置为当天指数的收盘价格.

重置期权按照达到预先规定的价格水平方式可以分成两类.

(1) **规定时间的重置期权**(reset options with predetemined date): 重置敲定价格的过程只在预先约定的时间进行.

以看涨期权为例. 设 $0 < t_1 < t_2 < \cdots < t_n < T$, 若期权的签订日为 $t=0$, 到期日为 $t=T$, 初始敲定价格为 X, 在 $t=t_1$ 时刻, 如果标的资产的价格 $S(t_1) < X$, 那么重新设定敲定价格为 $S(t_1)$, 并记为 X_1, 以此类推, 在 $t=t_m$ 时刻 $1 \leqslant m \leqslant n$, 按照合约的规定, 重新设定敲定价格为 X_m, 则

$$\begin{cases} X_m = \min(X_{m-1}, S(t_m)) \\ X_0 = X \end{cases}$$

(2) **规定水平的重置期权**((reset option with predetemined level): 在预先规定的水平上重新设置敲定价格.

仍以看涨期权为例. 设 $X > X_1 > X_2 > \cdots > X_n$, 若期权的签订日为 $t=0$, $S(t_0) > X_1$, 到期日为 $t=T$, 初始敲定价格为 X, 在 $t=t_1$ 时刻, 如果原生资产的价格 $S(t_1)$ 首次下降到预先规定的水平 X_1, 那么重新设定敲定价格为 $X = X_1$, 以此类推, 在 $t=t_m$ 时刻 $1 \leqslant m \leqslant n$, 如果原生资产的价格首次下降到 X_m, 那么重新设定敲定价格为 $X = X_m$.

6.2.1 规定时间的重置期权 (单点时间)

单点时间欧式重置看涨期权是指对于事先约定的敲定价 X, 以及规定的重置

时间 τ, 如果在 τ 时刻原生资产 $S_\tau < X$, 那么重新设置敲定价格为 S_τ, 否则保持原来的敲定价格 X, 令 $\hat{X}$ 为到期日的敲定价格, 则 $\hat{X} = \min(S_\tau, X)$, 到期收益为 $V(S_T, T) = \max(S_T - \hat{X}, 0)$. 具体情形如表 6.2 所示.

表 6.2 单点时间欧式重置看涨期权收益

到期收益	条件
$S_T - S_\tau$	$S_\tau < X$ 且 $S_\tau < S_T$
$S_T - X$	$S_\tau \geqslant X$ 且 $X < S_T$
0	$S_\tau < X$ 且 $S_\tau \geqslant S_T$, 或 $S_\tau \geqslant X$ 且 $S_T \leqslant X$

单点时间欧式重置看跌期权是指对于事先约定的敲定价 X, 以及规定的重置时间 τ, 如果在 τ 时刻原生资产 $S_\tau > X$, 那么重新设置敲定价格为 S_τ, 否则保持原来的敲定价格 X, 令 $\hat{X}$ 为到期日的敲定价格, 则 $\hat{X} = \max(S_\tau, X)$, 到期收益为 $V(S_T, T) = \max(\hat{X} - S_T, 0)$. 具体情形如表 6.3 所示.

表 6.3 单点时间欧式重置看跌期权收益

到期收益	条件
$S_\tau - S_T$	$S_\tau > X$ 且 $S_\tau > S_T$
$X - S_T$	$S_\tau \leqslant X$ 且 $X > S_T$
0	$S_\tau > X$ 且 $S_\tau \leqslant S_T$, 或 $S_\tau \leqslant X$ 且 $S_T \geqslant X$

定理 6.2.1 如果股票价格服从几何布朗运动

$$\frac{dS(t)}{S(t)} = (r-q)dt + \sigma dW(t) \quad (0 \leqslant t \leqslant T)$$

其中 r 是无风险利率, q 是连续红利率, σ 是波动率, $W(t)$ 是标准布朗运动, 则单点时间欧式重置看涨期权的定价公式为

$$\begin{aligned} V(S,0) = & Se^{-qT}N(-\tilde{d}_1)N(b_1) - Se^{-rT}e^{(r-q)\tau}N(-\tilde{d}_1)N(b_2) \\ & + Se^{-qT}N_2(-\tilde{d}_1, d_1, \sqrt{\tau/T}) - Ke^{-rT}N_2(\tilde{d}_2, d_2, \sqrt{\tau/T}) \end{aligned} \quad (6.2.1)$$

其中 N 为标准正态分布函数, N_2 为二维标准正态分布函数,

$$d_1 = \frac{\ln \frac{S}{X} + (r - q + \frac{\sigma^2}{2})T}{\sigma \sqrt{T}}, \quad d_2 = d_1 - \sigma\sqrt{T}$$

$$\tilde{d}_1 = \frac{\ln \frac{S}{X} + (r - q + \frac{\sigma^2}{2})\tau}{\sigma \sqrt{\tau}}, \quad \tilde{d}_2 = \tilde{d}_1 - \sigma\sqrt{T}$$

$$b_1 = \frac{(r - q + \frac{\sigma^2}{2})(T-\tau)}{\sigma\sqrt{T-\tau}}, \quad b_2 = b_1 - \sigma\sqrt{T-\tau}$$

与障碍期权一样, 单点时间欧式重置看涨期权的定价公式也需要用到相应的随机分析与微分方程知识 (Merton, 1973, 1974). 虽然在这种简单的情形下能够得到

这类重置期权的解, 但对于更为一般的重置期权问题, 如随机利率, 随机波动率下的重置期权则一般得不到显式解, 为了便于读者理解与实践, 下面通过例题形式给出上面问题的蒙特卡罗算法.

例 6.2 设股票价格 $S(t)$ 服从 (6.1.3) 式中几何布朗运动. 设 $r = 0.1$ 和 $\sigma = 0.4$, 到期日 $T = 1$, 敲定价格 $X = 50$, 当前股价 $S_0 = 50$, 重置时间水平为 $\tau = 0.5$. 试用蒙特卡罗方法求在 $t = 0$ 时刻单点时间欧式重置看涨期权的价格.

解 代码实现思路如下:

```
%以下代码用于蒙特卡罗方法计算标准单点时间欧式重置看涨期权
clc;clear;
%参数赋值
T=1; r=0.1; sigma=0.4;  X=50;   S=50; tau=0.5;

%模拟数量赋值
M=100;           %模拟时间的离散步数
N=1000;          %模拟次数
R_N=10;          %重复模拟的次数, 增加模拟次数, 同时避免内存溢出
I_tau=round((tau/T)*M);%计算时间水平位置
option_R=zeros(1,R_N);
for j=1:R_N     %模拟路径
    dt=T/M;     %步长间隔
    p1=(r-0.5*sigma^2)*dt;   p2=sigma*sqrt(dt);
    rand=randn(N, M);                %生成正态随机变量
    rand1=cumsum((p1+p2*rand),2); %沿列方向进行累加
    S_path=S*exp(rand1);
    payoff=zeros(N,1);
    for i=1:N
        S_path_i=S_path(i,:);
        if S_path_i(I_tau)<X         %重置判断
            payoff(i)=max(0,S_path_i(M)-S_path_i(I_tau));
        else
            payoff(i)=max(0,S_path_i(M)-X);
        end
    end
    option_R(1,j)=mean(exp(-r*T)*payoff);
end
```

```
V_mc=mean(option_R)
```

6.2.2 规定水平的重置期权 (单点水平)

单点水平欧式重置看涨期权是指事先约定的敲定价格为 X, 事先约定的重置价格水平为 X_1, 并有 $X_1 < X$, 在期权的有效期内, 原生资产的最小值跌破事先约定的重置水平, 就对期权的敲定价重置. 期权的到期日收益为 $V(S_T,T) = \max(S_T - \hat{X}, 0)$, 其中 $\hat{X}$ 为最终的期权敲定价格.

单点水平欧式重置看涨期权具备以上特性, 因此可以对此期权做如下分解

$$V(S,t) = V_{\text{down-and-out}}(S,t,X;X_1) + V_{\text{down-and-in}}(S,t,X_1;X_1)$$

这里 $V_{\text{down-and-out(in)}}(S,t,X;X_1)$ 表示当敲定价格为 X 时, 障碍值为 X_1 的障碍期权定价. 因此上式可以解释为重置看涨期权可以分解为向下敲出, 且敲定价格为 X 的障碍期权与一个向下敲入、且敲定价格为 X_1 的障碍期权组合. 换而言之, 其具有显式解.

下面将给出单点水平欧式重置看涨期权的蒙特卡罗定价方法, 事实上, 只需要将如下代码替换到 "规定时间的重置期权 (单点时间)" 中. 具体如下:

```
for i=1:N
    S_path_i=S_path(i,:);
    if min(S_path_i)<X          %重置判断
        payoff(i)=max(0,S_path_i(M)- min(S_path_i));
    else
        payoff(i)=max(0,S_path_i(M)-X);
    end
end
```

6.3 亚 式 期 权

亚式期权又称为平均价格期权, 是股票期权的衍生, 最早由美国银行家信托公司 (Bankers Trust) 在日本东京推出. 它是当今金融衍生品市场上交易最为活跃的奇异期权之一, 与标准期权的区别在于: 在到期日确定期权收益时, 不是采用标的资产当时的市场价格, 而是用期权合同期内某段时间标的资产价格的平均值, 这段时间被称为平均期. 在对价格进行平均时, 采用算术平均或几何平均. 亚式期权之所以备受瞩目是因为其标的资产平均价格的波动率一般总是小于标的资产单个价格系列的波动率, 从而其价格会比相应的标准期权的价格更便宜. 更重要的是亚式期权最终收益取决于期权在有效期内标的资产所经历价格的平均值, 这一点可以有

两方面重要作用：第一，避免人为炒作股票价格. 第二，减少公司员工进行内幕交易，损害公司利益的行为.

根据对标的资产的平均方式的不同，亚式期权可以分为算术平均亚式期权和几何平均亚式期权 (其中 S 为标的资产)，如表 6.4 所示.

表 6.4　按对标的资产的平均方式分类的亚式期权

	算术平均	几何平均
离散模型	$J_n = \dfrac{1}{n}\sum_{i=1}^{n} S(t_i)$	$J_n = \left(\prod_{i=1}^{n} S(t_i)\right)^{\frac{1}{n}}$
连续模型	$J_t = \dfrac{1}{t}\int_0^t S(\tau)\,d\tau$	$J_t = e^{\frac{1}{t}\int_0^t \ln S(\tau)\,d\tau}$

若按期权的执行价格划分，可以分为固定执行价格亚式期权和浮动执行价格亚式期权 (表 6.5).

表 6.5　按执行价格分类的亚式期权标的

	固定执行价格	浮动执行价格
亚式期权到期收益	$V(J_T, T) = (J_T - X)^+$	$V(J_T, T) = (S_T - J_T)^+$

因此根据上面的内容，可以把亚式期权分为四类: 具有固定敲定价格的算术平均亚式期权 (arithmetic average asian options with fixed strike price)；具有固定敲定价格的几何平均亚式期权 (geometric average asian options with fixed strike price)；具有浮动敲定价格的算术平均亚式期权 (arithmetic average asian options with floating strike price)；具有浮动敲定价格的几何平均亚式期权 (geometric average asian options with floating strike price).

定理 6.3.1　如果股票价格服从 (6.1.3) 式中的几何布朗运动，则几何平均亚式看涨期权在初始时刻 $t = 0$ 的定价公式为

$$C_G(S, 0) = Se^{-\frac{T}{2}(r + \frac{\sigma^2}{6})} N(d_1) - Xe^{-rT} N(d_2)$$

$$d_1 = \frac{[\ln(\frac{S}{X}) + \frac{T}{2}(r + \frac{\sigma^2}{6})]}{\sigma\sqrt{\frac{T}{3}}}, \quad d_2 = d_1 - \sigma\sqrt{\frac{T}{3}}$$

事实上，虽然上述几何平均的亚式期权有显式解，但是也仅在非常强的假设下才存在显式解. 对于更一般的情况，几何平均和算术平均亚式期权的显式解并不存在. 为此，通过下面例题结合之前学习过的控制变量方法，说明如何运用蒙特卡罗模拟计算亚式期权的价格.

例 6.3　假设股票价格 $S(t)$ 服从 (6.1.3) 式中的几何布朗运动. 如果取 $r = 0.1$ 和 $\sigma = 0.4$，到期日 $T = 1$，敲定价格 $X = 50$，当前股价 $S_0 = 60$，利用蒙特卡罗方法

并以几何平均亚式期权的封闭解作为控制变量,求在 $t=0$ 时刻算术平均亚式期权的数值解.

解 利用几何平均亚式看涨期权的封闭解作为算术平均亚式看涨期权的控制变量. 假设在第 i 次模拟中, 得到股票价格的样本点 $S_i(t_1), S_i(t_2), \cdots, S_i(t_N)$ $(i=1, 2, \cdots, m)$, 则这条路径上的算术平均和几何平均分别为

$$J_i = \frac{1}{N}\sum_{j=1}^{N} S_i(t_j), \quad G_i = \left(\prod_{j=1}^{N} S_i(t_j)\right)^{\frac{1}{N}}$$

那么, 以几何平均亚式看涨期权作为控制变量为算术平均亚式看涨期权进行定价的估计量为

$$\tilde{C}_J = \frac{e^{-rT}}{m}\sum_{i=1}^{m}[(J_i - X)^+ - \alpha((G_i - X)^+ - e^{rT}C_0)]$$

其中 C_0 为几何平均亚式期权的封闭解, 由于几何平均和算术平均相关性较高, 所以它比使用股票作为控制变量或其他控制变量方差减小的效果要更好.

具体代码实现如下:

```
%以下代码用于控制变量蒙特卡罗方法计算算术平均亚式看涨期权
clc;clear;
%参数赋值
T=1; r=0.1; sigma=0.4;  X=50;   S=60;
%几何平均亚式看涨期权显式解
  d1=(log(S/X)+(r+(sigma^2)/6)*(T/2))/(sigma*sqrt(T/3));
  d2=d1-sigma*sqrt(T/3);
  G_asian_ex=S*exp(-((r+(sigma^2)/6)*(T/2)))*(normcdf(d1))
            -X*exp(-r*T)*(normcdf(d2));
%模拟数量赋值
M=100;           %模拟时间的离散步数
N=1000;          %模拟次数
dt=T/M;          %步长间隔
p1=(r-0.5*sigma^2)*dt;  p2=sigma*sqrt(dt);
rand=randn(N,M);              %生成正态随机变量
rand1=cumsum((p1+p2*rand),2); %沿列方向进行累加
S_path=S*exp(rand1);
J_R=mean(S_path,2);
%产生路径算术平均样本
G_R=geomean(S_path,2);
```

```
%产生路径几何平均样本
V_J_asian_samples=exp(-r*T)*(J_R-X).*(J_R>X);
%产生算术平均亚式期权价值样本
V_G_asian_samples=exp(-r*T)*(G_R-X).*(G_R>X);
%产生几何平均亚式期权价值样本
norm_mc_G_asian=mean(V_G_asian_samples);
%标准蒙特卡罗模拟几何平均亚式看涨期权
norm_mc_J_asian=mean(V_J_asian_samples);
%标准蒙特卡罗模拟算术平均亚式看涨期权
%控制变量方法计算算术平均亚式期权
con_cov=cov(V_J_asian_samples,V_G_asian_samples);
%计算协方差
alpha=con_cov(1,2)/con_cov(2,2);
%计算最优系数
V_J_asian_con_samples=exp(-r*T)*(V_J_asian_samples
                -alpha*(V_G_asian_samples-exp(r*T)*G_asian_ex));
V_J_asian_con_mc=mean(V_J_asian_con_samples)

%误差检验部分
err=V_J_asian_con_mc-norm_mc_J_asian;
%查看标准蒙特卡罗与控制变量蒙特卡罗计算结果差别
diff_var=var(V_J_asian_samples)/var(V_J_asian_con_samples);
%查看控制变量蒙特卡罗方差缩小倍数
```

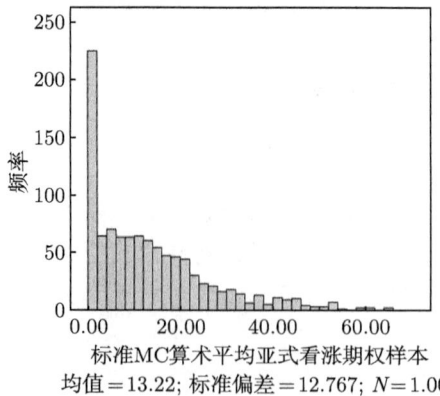

图 6.2 标准 MC 方法算术平均亚式看涨期权价值样本分布

通过上述代码计算,标准蒙特卡罗方法计算算术平均亚式看涨期权价格为 13.2166,

利用控制变量方法计算得到 12.8133, 绝对偏差为 -0.4033, 样本方差为原来的 $\frac{1}{386}$. 两种方法样本分布比较如图 6.2 和图 6.3 所示.

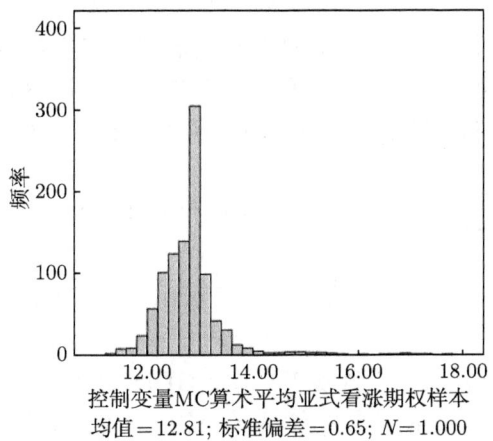

图 6.3 控制变量 MC 方法算术平均亚式看涨期权价值样本分布

6.4 其他奇异期权

6.4.1 天气期权

天气衍生品市场于 1997 年首次出现在北美, 第一个被广为宣传的交易是 1997 年在科赫能源和安然公司之间完成的. 两家公司以美国威斯康星州东南部港市密尔沃基 1997—1998 年冬季气温为参考, 基于主要气温指数安排了一个交易. 到了 1998 年后期, 市场已经覆盖了欧洲和日本. 芝加哥商业交易所在 1999 年 9 月开始挂牌交易 10 个美国气温指数的标准期货和期权合约. 2001 年, 伦敦国际金融期货交易所 (LIFFE) 推出了伦敦、巴黎和柏林三个城市的每日气温汇编指数的合约, 并通过其电子交易平台 LIFFE Connect 进行交易.

天气衍生品市场上的交易物是天气指数合约. 在 2001 年, 天气风险管理协会 (WRMA) —— 促进天气风险教育和认知的行业协会 —— 委托 Price water housecoopers(PWC) 公司对 WRMA 会员之间成交的天气风险合约进行调查, 结果表明, 98% 的交易是与气温有关的交易, 其中取暖指数 (HDDs)、制冷指数 (CDDs)、农作物生长指数 (GDDs) 占据了其中的主要部分. 作为常用的温值 (degree day) 取暖指数、制冷指数是基于气温的度量值, 它们计算每日平均气温 (ADT) 与事先确定的基础气温 (基线) 的偏差. 在美国, 通常使用的基线是 65 华氏度 —— 当气温低于这个水平消费者有望打开取暖器, 而当气温高于这个水平时他们有望打开冷气机.

因此,
$$\text{每日 HDDs} = \max(0, (X - (T\max + T\min)/2))$$
$$\text{每日 CDDs} = \max(0, (T\max + T\min)/2 - X)$$

其中 $T\min$, $T\max$ 分别表示一天中记录的最高温度和最低温度, X 表示基线气温. 在给定了计算每天温值的方法, 确定较长时期的累积取暖指数 (CHDDs)、累积制冷指数 (CCDDs)(如每月、每季度、每年的累积值) 就基于简单的求和:

$$\text{CHDDs} = \sum_i^n \text{HDDs}_i = \sum_i^n [\max(0, (X - (T\max + T\min)/2))]$$
$$\text{CCDDs} = \sum_i^n \text{CDDs}_i = \sum_i^n [\max(0, (T\max + T\min)/2 - X)]$$

HDDs 和 CDDs 普遍地被应用于能源部门, 而 GDDs 则在农业部门应用广泛. 植物在生长过程中往往需要一定的热量才能从一个生长阶段发育到下一个生长阶段, 如小麦的基线气温是 40 华氏度, 向日葵的基线气温是 45 华氏度, 而玉米的基线气温是 50 华氏度. 计算 GDDs 的基本公式类似于 CDDs 的计算公式:

$$\text{每日 GDDs} = \max(0, (T\max + T\min)/2 - X)$$

事实上, 解决天气期权定价问题的关键在于如何刻画温度指数. 以温度为例, 不难理解, 在以年为时间单位的情况下, 温度具有明显的周期性. 也就是说, 去年今天的温度应该和今天的温度差不多. 因此, 之前使用的几何布朗运动显然无法满足刻画温度变化的需求. 下面以累积制冷指数看涨期权为例, 说明这类期权的具体定价方法.

(1) 累积制冷指数看涨期权风险中性定价公式为

$$e^{-r(T-t)}\mathbb{E}(\max(0, \text{CCDDs}_T - X_c)), \tag{6.4.1}$$

其中 r, t, T, X_c 分别为无风险利率、当前时刻、到期日、敲定指数 (敲定价格).

(2) 令 $S(t) = (T\max + T\min)/2$. 由于 $S(t)$ 一般在某一个通常值的附近波动, 于是用均值回复过程描述 $S(t)$, 即

$$dS(t) = a(b(t) - S(t))\,dt + \sigma S(t)\,dW(t)$$

这里 a 为回复强度, σ 为波动率, 两者为常数, $dW(t)$ 为标准布朗运动. 另有 $b(t)$ 为回复中心, 并设

$$b(t) = \beta_1 + \beta_2 t + \beta_3 \sin\left(\frac{2\pi}{365}t\right) + \beta_4 \cos\left(\frac{2\pi}{365}t\right)$$

$b(t)$ 的所有参数可以通过多元回归来求得, a 与 σ 的估计可以参看 7.1 节.

(3) 参照 (例 6.3) 模拟 N 条 $S(t)$ 样本, 并计算每条样本的 CCDDs.

(4) 计算每条路径的 $\max(0, \text{CCDDs}_{T,i} - X_c)$, 求出平均值, 并贴现.

具体代码编写, 留作课后作业.

6.4.2 经理人股票期权

经理人股票期权(Executive Stock Options, ESO), 即企业在与经理人签订合同时, 授予经理人未来以签订合同时约定的价格购买一定数量公司普通股的选择权, 经理人有权在一定时期后出售这些股票, 获得股票市价和行权价之间的差价, 但在合同期内, 期权不可转让, 也不能得到股息. 在这种情况下, 经理人的个人利益就同公司股价表现紧密地联系起来. 经理人股票期权本质上就是让经理人员拥有一定的剩余索取权并相应承担风险. 经理人个人收益成为公司长期利润的增长函数. 在这种背景下, 经理人不但要关心公司的现在, 更要关心公司的未来, 关于这类期权的定价与执行策略问题研究在我国有着强烈的需求.

一方面, 经理人股票期权对于企业和经理人都有着十分显著的积极作用. 首先, 经理人股票期权能协调所有者和经营者之间的利益冲突. 这一点的现实意义在我国现阶段尤为突出, 它可以解决国有企业投资主体缺位所带来的监督弱化, 建立以产权联系为纽带的激励和约束机制, 使经营者和股东利益保持一致, 促使经营者更重视国有资产的保值与增值. 据中国企业联合会和中国企业家协会 2013 年的调查表明: 82.64% 的国企经营者认为影响我国企业经营者队伍建设的主要因素是 "激励不足". 其次, 经理人股票期权有利于降低公司的委托、代理成本. 在传统体制下, 企业的代理成本十分昂贵. 通过股票期权, 将经理人的薪酬与公司长期业绩或者某一长期财务指标更为紧密地结合在一起, 使经理人能够分享他们的工作给股东带来的收益, 股东自然就不必时刻监督经理人. 最后, 经理人股票期权能有效地抑制经营者的短期行为, 有效解决现存的经理人长期激励不足的问题, 它创造性地以股票升值所产生的差价作为对企业经营者人力资本的一种补偿.

另一方面, 自 2006 年我国上市公司开始试行规范的股票期权激励, 为配合股票期权激励机制有效地运行, 根据国际会计准则及美国会计准则 (Financial Accounting Standards Board, FASB) 中关于激励性股票期权费用化的会计处理, 我国的新会计准则也要求对激励性股票期权在授予时作费用化处理, 并且对股票期权按公允价值计价. 理论研究表明, 经理人私人认可的股票期权价值和公司从会计角度作费用处理的股票期权成本并不一致, 通常应用 Black-Scholes 模型这种公允价值法计价的公司期权成本并不等于经理人股票期权价值, 两者是有较大差异的. 主要原因在于, 与传统期权相比, 经理人股票期权作为一类场外期权 (Over The Counter, OTC), 通常包含着以下主要特征:

(i) 不可交易：经理人股票期权作为企业与经理人之间的合约，通常约定该合约不可被交易．即使在个别的案例中可以被交易，也会附带极为苛刻的条件．

(ii) 等待期：合约中通常会约定一个等待期，一般是 4~5 年．在这段时间里，经理人股票期权不能被执行．

(iii) 美式特征：合约允许经理人在等待期之后，到期日之前的任何时间执行期权．

(iv) 较长的存活期：一般经理人期权的到期时间较长，通常为 10 年．

(v) 重置条款：经理人股票期权较为常见的敲定价为授权日的股票价格．为了避免股票价格下降过度打击经理人的积极性，合约会允许在某一较低的股票价格时进行重置，保障经理人的收益．

(vi) 股票来源：公司预留或储备的股份，公司向经理人发行新股或公司在证券市场中回购本公司股票然后交付给经理人．

从国际上来说，经理人股票期权作为一种长期激励机制始于 20 世纪 70 年代．20 世纪 90 年代以来，以期权计划为代表的长期激励机制在美国等发达国家得到了广泛的推行，经理人股票期权激励在世界大企业中应用越来越广泛，美国企业用作股票期权的总股值已由 1985 年的 500 亿美元猛增到了目前的数万亿美元．据统计，《财富》排名前 1000 家的美国公司中已有 90% 实施了股票期权制度．此外，对美国 38 个大型公司期权实行的情况分析表明，所有公司业绩都能大幅提高，资本回报率三年平均增长率由 2% 上升到 6%，每股收益三年平均增长率由 9% 上升至 14%，人均创造利润三年平均增长率由 6% 上升到 10%．与此同时，股票期权占企业高级管理人员和技术人员年收入的比重也越来越高，Frydman 和 Saks(2010) 通过大量的调查指出，在 2000~2005 年期间，股票期权收益已经占到公司高管全部收益的 40%．

经理人股票期权不可交易，也不能买卖标的股票，因此利用对冲进行无风险中性定价显然并不适合该类期权的定价，目前较为主流的定价方法是利用效用无差别定价方法来进行定价，但是该方法中大量涉及非线性偏微分方程内容，因此本书不在这里进行定价方法阐述，有兴趣的读者可以参阅相关文献．

6.4.3 护照期权

护照期权(passport options) 是由银行信用机构发行的一种用来规避交易损失的新型期权，它不同于传统型期权，护照期权的收益依赖于交易账户资产值，它允许期权持有者在期权有效期内和限定条件下随意改变标的资产的头寸．自 1994 年末护照期权首次被引入外汇交易市场后，许多金融机构对其显示了极大的兴趣．

护照期权是交易账户的看涨期权，它允许持有者在期权有效期内交易标的资产 $S(t)$，且允许持有者可以任意改变 $S(t)$ 的头寸．交易策略 $\phi(t)$ 表示持有者在 t 时刻

持有标的资产 $S(t)$ 的份数, $\phi(t)$ 可正可负, 当他认为未来资产价格上升时 $\phi(t)$ 为正, 反之为负, 且 $\phi(t)$ 满足限制条件: $|\phi(t)| \leqslant C$. 在期权有效期内和 $\phi(t)$ 的规定范围内, 持有者可以任意改变 $\phi(t)$ 的值. 期权持有者并不需要进行实际的操作买卖, 他只需要将 $\phi(t)$ 的值通过打电话或上网的方式告诉发行者即可, 发行者根据持有者反馈的信息进行对冲. 在到期日 T 时, 发行者需支付给持有者 $\max(Y(T), 0)$ 的收益, 其中 $Y(t)$ 表示交易账户资产值, 这隐含着持有者最多损失他在初始时刻投入的本金. 也就是说, 护照期权的持有者支付一定的期权金, 就能获得对其交易中可能产生的损失的免疫, 却依然享有获利的权利.

欧式期权只允许期权持有者在到期日实施期权; 美式期权放宽了限制, 它允许其持有者在有效期内的任意时候可以实施期权; 而护照期权赋予了投资者更多的权利, 它允许持有者在有效期内和限定条件下任意改变标的资产的头寸. 护照期权的这种特性给予了投资者更多自己参与的机会, 投资者可以根据市场动态和自己的喜好随时改变标的资产的头寸, 一方面它调动了投资者的积极性, 另一方面它可以减少投资者的风险避免极端的经济损失. 不同的持有者会采取不同的交易策略, 且他们不可能均采取最优的交易策略, 故护照期权发行者可以从最优策略与持有者实际所采用的交易策略中获益; 而对护照期权持有者而言, 他将尽全力通过他掌握的信息和他对市场行为的估计来改变交易策略以求获得最大的收益. 以前人们只能利用消极的指数投资组合来实现基金管理, 而护照期权允许人们利用基于衍生产品的工具来保护资金, 投资者通过购买护照期权可以为自己可能产生的错误的投资策略上个保险, 它是一种积极的基金管理方法.

护照期权包含欧式、美式、亚式等各种情形, 本书仅以欧式为例, 说明护照期权定价的基本思路. 假设股票价格 $S(t)$ 服从几何布朗运动

$$dS(t) = \mu_1 S(t) dt + \sigma S(t) dW(t)$$

这里, $W(t)$ 表示标准布朗运动, μ_1 为股票的预期回报率. 交易账户 $Y(t)$ 满足以下随机微分方程

$$dY(t) = \mu_2 Y(t)\, dt + \phi(t)(dS(t) - S(t)v\, dt)$$

其中, μ_2 为交易账户的回报率, v 是运转费用 (the cost of carry), 当期权持有者关于 S 为多头时应扣除这笔费用, 当持有者关于 S 为空头时应加上这笔费用. μ_2 和 v 的值归根于生成护照期权的合约, 而并非依赖标的市场, 它们的值可以随意指定, 这里假设 μ_2 和 v 均为常数.

对每一个策略 ϕ, 相应有一个期权价格 V^ϕ

$$V^\phi(S, Y, t) = e^{-r(T-t)} \mathbb{E}[(Y(T))^+ | S(t) = S; Y(t) = Y]$$

护照期权定价的困难是期权持有者的交易策略预先不知道, 像美式期权一样, 通过对所有可允许的策略最大化期权价格来确定护照期权的价格, 也就是说, 护照期权的价格是所有可能的策略中最大的期权价格, 即

$$V(S,Y,t) = \sup_{|\phi|\leqslant C} V^\phi(S,Y,t)$$

上式涉及随机控制内容, 有兴趣的读者可参考相关文献 (Wang et al., 2014), 做进一步的学习.

习题 6

6.1 如例题 6.1, 对标准欧式向下敲出看跌期权建立微分方程, 参考第 3 章中代码, 用有限差分方法求数值解.

6.2 仿照单障碍期权定价期望形式, 写出所有双障碍期权定价公式的期望形式, 并利用蒙特卡罗方法进行计算. (代码只需写出例 6.1 中修正部分)

6.3 设 $\beta_1 = 14.88304, \beta_2 = 3.74076, \beta_3 = 0.00007, \beta_4 = -13.04076, \sigma = 2$, 另有 $T = 2, r = 0.05, a = 0.77, t = 0, S_0 = 3, X_c = 50, X = 16$, 用蒙特卡罗方法计算累积制冷指数看涨期权定价 (6.4.1).

第 7 章 利率与债券

7.1 利率模型

利率是单位货币在单位时间内的利息水平,表明利息的多少,通常表现为一定时期内利息额同借贷资本总额之间的比率,即利息额与借贷资本总额之比.利率是经济学中一个重要的金融变量,几乎所有的金融现象、金融资产均与利率有着或多或少的联系.在之前的章节中,绝大多数的模型都将利率假设为一个恒定的常数,这种假设对于短期的金融衍生产品可以被认为是一种可接受的近似.但是对于长期的产品,这种近似就不免有些牵强.为了解决这一问题,本章将具体地讨论随机利率模型,以及随机利率模型下的债券定价问题.

利率模型,也称为利率期限结构,是指债券与其对应的离到期日时间之间存在的数学关系.它反映了时间因素变化对利率的影响,可用贴现函数,零息票债券收益率或瞬时远期利率等来表示.按照不同的建模过程区分,利率模型可以分为均衡模型与无套利模型两种.

均衡模型是假设居民根据效用最大化原则分配自己在不同时期的消费,生产部门的产出水平满足一定的随机过程,从而推导出均衡状态下利率期限结构必须满足的随机过程.其代表模型主要包括 Merton 模型 (1970)、Vasicek 模型 (1977)、Cox-Ingersoll-Ross 模型 (1985).虽然均衡模型能从整个经济体的均衡状态出发,得到债券的价格必须满足的条件,并进一步得到利率的期限结构.但是,从实际使用的效果来看,均衡模型有时并不能很好地拟合实际观测到的利率期限结构.于是就有学者利用金融经济学第一基本定理 (无套利机会与存在等价鞅测度的等价性),提出了无套利利率期限结构模型.

无套利模型以实际观察到的利率期限结构为模型输入变量,假设市场上不存在套利机会,推导出不同到期期限的债券的市场价格,从而根据预期理论得到未来瞬时利率必须服从的随机过程.其主要的代表模型有 Ho-Lee 模型 (1986)、Hull-White 模型 (1990)、Heath-Jarrow-Morton 模型 (1992).

从刻画利率期限结构的方法上,利率模型又可分为短期利率期限结构与远期利率期限结构,下面主要介绍几个广泛认可的单因子短期利率模型.

7.1.1 单因子均衡利率模型

1. Vasicek 模型

Vasicek(1977) 提出, 在风险中性世界中, 利率 $r(t)$ 的变化过程服从下面的随机微分方程

$$\begin{cases} dr(t) = a(b - r(t))\, dt + \sigma\, dW(t) \\ r(0) = r_0 \end{cases} \tag{7.1.1}$$

其中 $dW(t)$ 是布朗运动在小时间段内的微增量, a 表示利率均值回归速度, σ 表示波动率, a, b, σ 均为正常数. 事实上, Vasicek 模型 (7.1.1) 分为两个部分, 一部分是短期瞬时利率相对利率均值的预期回复, 即漂移项, 另一部分是反应利率的不可预期变化, 即波动项. 由于漂移项 $a(b - r(t))$ 的构造, 当 $r(t) > b$ 时, 整个漂移项 $a(b - r(t))$ 为负, 利率表现出下降的趋势. 而当 $r(t) < b$ 时, 整个漂移项 $a(b - r(t))$ 为正, 表现出上升的趋势. 因此, 不难发现, Vasicek 将 $r(t)$ 刻画为围绕常数 b 回复的运动随机过程, 具有这一类性质的模型又称均值回复模型, 而常数 b 称为均值回复中心, a 值越大, 利率 $r(t)$ 在偏离回复中心 b 后回复速度就越快.

定理 7.1.1 如果利率 $r(t)$ 服从 Vasicek 模型(7.1.1), 且 r_0 为常数, 则有

$$\mathbb{E}[r(t)] = b + e^{-at}(r_0 - b)$$

$$\mathrm{Var}[r(t)] = \frac{\sigma^2}{2a}(1 - e^{-2at})$$

证明 由于

$$\begin{aligned} d(e^{at}r(t)) &= ae^{at}r(t)dt + e^{at}\, dr(t) \\ &= e^{at}(ar(t)\, dt + dr(t)) \\ &= e^{at}(ab\, dt + \sigma\, dW(t)) \end{aligned}$$

可得随机微分方程 (7.1.1) 的解为

$$r(t) = b + e^{-at}(r_0 - b) + \sigma \int_0^t e^{a(s-t)}\, dW(s) \tag{7.1.2}$$

由 Itô 积分的性质可知

$$\mathbb{E}\left[\int_0^t e^{a(s-t)}\, dW(s)\right] = 0$$

于是, 对 (7.1.2) 式两边取期望可得

$$\mathbb{E}[r(t)] = b + e^{-at}(r_0 - b)$$

下面, 计算 $r(t)$ 的方差, 为此先计算其平方的数学期望.

$$
\begin{aligned}
\mathbb{E}[r(t)^2] &= (b+e^{-at}(r_0-b))^2+\sigma^2\mathbb{E}\left[\int_0^t e^{a(s-t)}\ dW(s)\right]^2 \\
&= (b+e^{-at}(r_0-b))^2+\sigma^2 e^{-2at}\int_0^t e^{2as}ds \\
&= (b+e^{-at}(r_0-b))^2+\frac{\sigma^2}{2a}(1-e^{-2at}) \qquad (7.1.3)
\end{aligned}
$$

将 (7.1.3) 式代入到方差公式中可得

$$
\begin{aligned}
\mathrm{Var}[r(t)] &= \mathbb{E}[r(t)^2]-(\mathbb{E}[r(t)])^2 \\
&= \frac{\sigma^2}{2a}(1-e^{-2at})
\end{aligned}
$$

Vasicek 模型有一个主要缺陷, 当时间 $t>0$ 固定时, $r(t)$ 是一个期望为 $b+e^{-at}(r_0-b)$ 和方差为 $\frac{\sigma^2}{2a}(1-e^{-2at})$ 的正态分布, 任何正态分布的随机变量可以以正的概率取负值. 因此 Vasicek 模型违反了市场对利率非负性的假设.

以上部分讨论了 Vasicek 模型的性质, 然而在实际应用中, 估计模型中的参数是十分重要的, 下面给出一个较为简单的方法, 以便读者使用. 首先需要将 Vasicek 模型离散化, 为简单化, 令 $\Delta t=1$, 则可得到以下离散的 Vasicek 模型

$$
\begin{aligned}
r_{k+1}-r_k &= a(b-r_k)+\sigma\varepsilon_k \\
&= ab-ar_k+\sigma\varepsilon_k \qquad (7.1.4)
\end{aligned}
$$

其中 r_k 表示 k 时刻的瞬时利率, ε_k 为标准正态分布随机变量. 此时, 可以将 (7.1.4) 式简单地看作是一个一元线性回归 $Y_k=aX_k+b$, 其中 $Y_k=r_{k+1}-r_k$ 和 $X_k=r_k$.

下面使用 SHIBOR:2 周 (2011.1-2011.9) 的数据来估计 Vasicek 模型中的三个参数.

第一步: 如图 7.1 所示, 计算 Y_k.

D2 fx =C3-C2

	A	C	D
1	指标名称	SHIBOR:2周(X)	Y
2	2011/01/04	4.3692	-0.2484
3	2011/01/05	4.1208	-0.0433
4	2011/01/06	4.0775	-0.1975
5	2011/01/07	3.8800	-0.0383
6	2011/01/10	3.8417	-0.2384
7	2011/01/11	3.6033	-0.1991
8	2011/01/12	3.4042	-0.0500
9	2011/01/13	3.3542	-0.2276

图 7.1 计算 Y_k

第二步：打开"数据 — 数据分析 — 回归"，如图 7.2 所示，选定相应的 Y, X 和输出区域，并按"确定".

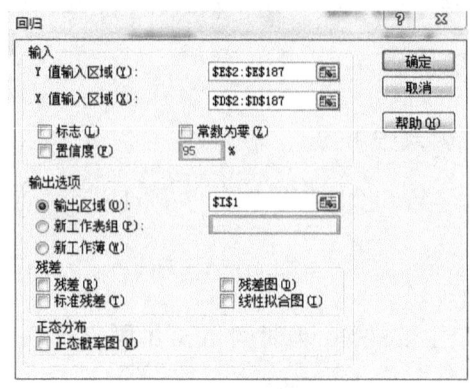

图 7.2　回归操作框

第三步：在输出区域得到图 7.3 和图 7.4，于是有回复强度 a 的估计量 $a^* = 0.093599312$. 另有 $a^*b^* = 0.426383120546096$，即 $b^* = 4.555408684$. 最后求 σ^2 的估计量 $\sigma^{*2} = $ MSE(剩余均方差)，可得 $\sigma^* = 0.649251902$. 至此，已经求出模型中得全部参数估计了.

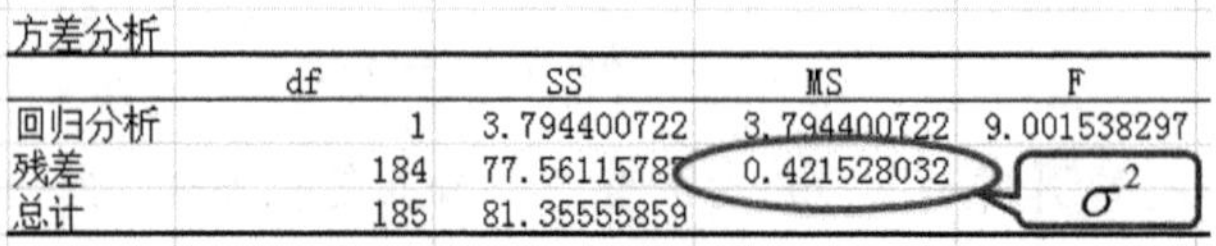

图 7.3　方差分析

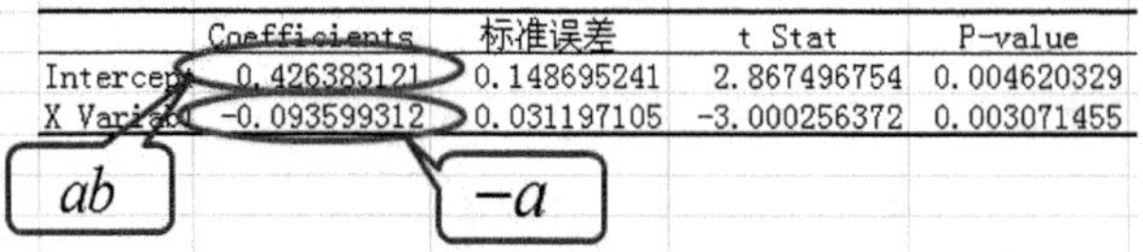

图 7.4　参数结果

最后，将利率数据与均值回复线一并画出 (图 7.5)，可观察出较为明显的均值回复现象.

除了以上利用回归的估计参数，极大似然估计法也是较为常用的一种方法，具体原理可以参看一般的统计学教材，这里不再展开. 2009 年 Cheng 和 Song(2009) 给出了 (a,b,σ) 的极大似然估计量 (a^*, b^*, σ^*)，分别为

$$a^* = -\Delta t^{-1} \log(\widehat{\beta_1}), \quad b^* = \widehat{\beta}_2, \quad \sigma^{*2} = 2a^* \widehat{\beta}_3 (1 - \widehat{\beta}_1^2)^{-1}$$

$$\widehat{\beta}_1 = \frac{n^{-1}\sum_{i=1}^{n} r_i r_{i-1} - n^{-2}\sum_{i=1}^{n} r_i \sum_{i=1}^{n} r_{i-1}}{n^{-1}\sum_{i=1}^{n} r_{i-1}^2 - n^{-2}\left(\sum_{i=1}^{n} r_{i-1}\right)^2}, \quad \widehat{\beta}_2 = \frac{n^{-1}\sum_{i=1}^{n}(r_i - \widehat{\beta}_1 r_{i-1})}{1 - \widehat{\beta}_1}$$

$$\widehat{\beta}_3 = n^{-1}\sum_{i=1}^{n}(r_i - \widehat{\beta}_1 r_{i-1} - \widehat{\beta}_2(1-\widehat{\beta}_1))^2$$

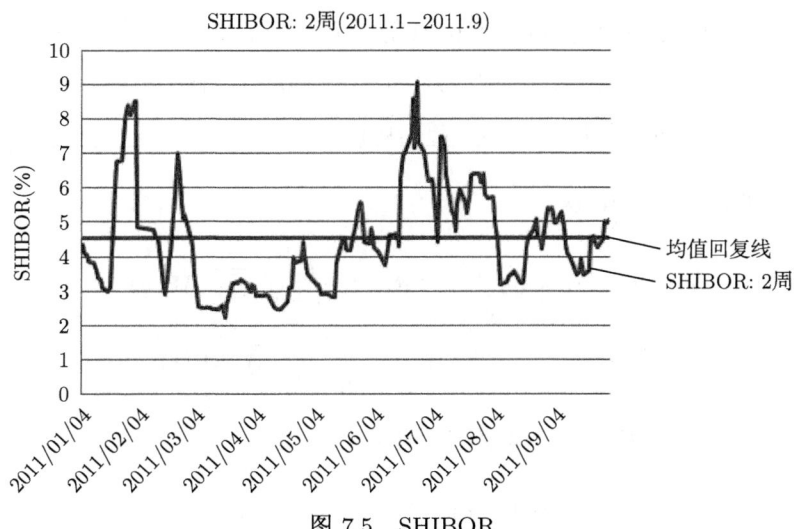

图 7.5 SHIBOR

2. CIR 模型

通过观察 Vasicek 模型 (7.1.1) 式, 不难发现该模型的波动率 σ 是常数, 这也就使得 Vasicek 模型下的 $r(t)$ 存在一定概率下可能出现负值, 这显然与实际情况不符. 为了克服 Vasicek 模型可能导致利率为负值的缺陷, Cox 等 (1985) 对 Vasicek 模型进行了修改. 他们同样假设利率风险的价格是常数和即期利率遵循 O-U 过程, 但是不同的是方差与即期利率的平方根成比例, 避免了负利率的产生. 在一般假说框架下, Cox 等建立了下面的短期利率模型

$$\begin{cases} dr(t) = a(b - r(t))\, dt + \sigma\sqrt{r(t)}\, dW(t) \\ r(0) = r_0 \end{cases} \tag{7.1.5}$$

其中 a 是均值回复速度, b 为均值回复中心 (长期利率平均水平), $r(t)$ 是瞬时短期利率, σ 为瞬时利率的波动率, $dW(t)$ 是布朗运动在小时间段内的微增量. a, b, σ 为正常数. 事实上, 若 $2ab \geqslant \sigma^2$, 则过程会有 $r(t) = 0$ 的反射边界, 因此 CIR 模型会排除负的瞬时即期利率.

定理 7.1.2 如果利率 $r(t)$ 服从 CIR 模型 (7.1.5), 且 r_0 为常数, 则有

$$\mathbb{E}[r(t)] = r_0 e^{-at} + b(1 - e^{-at})$$

$$\mathrm{Var}[r(t)] = \frac{\sigma^2}{a} r_0 (e^{-at} - e^{-2at}) + \frac{b\sigma^2}{2a}(1 - e^{-at})^2$$

证明 令 $X(t) = f(t,x) = e^{at}x$, 其中 $x = r(t)$, 则由 Itô 公式得

$$\begin{aligned} df(t,x) &= f_t(t,r(t))\,dt + f_x(t,r(t))\,dr(t) + \frac{1}{2} f_{xx}(t,r(t))(dr(t))^2 \\ &= ae^{at} r(t)\,dt + e^{at} a(b-r(t))\,dt + e^{at}\sigma\sqrt{r(t)}\,dW(t) \\ &= abe^{at}\,dt + e^{at}\sigma\sqrt{r(t)}\,dW(t) \end{aligned} \tag{7.1.6}$$

对 (7.1.6) 式两边取积分可得

$$\begin{aligned} e^{at} r(t) &= r_0 + ab \int_0^t e^{as}\,ds + \sigma \int_0^t \sqrt{r(s)}\,dW(s) \\ &= r_0 + b(e^{at} - 1) + \sigma \int_0^t \sqrt{r(s)}\,dW(s) \end{aligned} \tag{7.1.7}$$

由 Itô 积分的性质, 对 (7.1.7) 式取期望, 得到

$$\mathbb{E}[r(t)] = r_0 e^{-at} + b(1 - e^{-at})$$

下面, 从方差的公式出发分别计算 $\mathbb{E}[X(t)^2]$ 和 $\mathbb{E}[X(t)]^2$, 首先利用 (7.1.6) 式, 得

$$\begin{aligned} d(X(t))^2 &= 2X(t)\,dX(t) + (dX(t))^2 \\ &= 2abe^{at} X(t)\,dt + e^{2at}\sigma^2 r(t)\,dt + 2e^{at}\sigma X(t)\sqrt{r(t)}\,dW(t) \end{aligned}$$

两边积分可得

$$X(t)^2 = X_0{}^2 + 2ab \int_0^t e^{at} X(s)\,ds + \sigma^2 \int_0^t e^{2as} r(s)\,ds + \sigma^2 \int_0^t e^{as} X(s)\sqrt{r(s)}\,dW(s)$$

运用 Itô 积分的性质, 可以得到 $X(t)^2$ 的数学期望为

$$\begin{aligned} \mathbb{E}[X(t)^2] &= X_0^2 + 2ab \int_0^t e^{as} \mathbb{E}[X(s)]\,ds + \sigma^2 \int_0^t e^{2as} \mathbb{E}[r(s)]\,ds \\ &= X_0^2 + (2ab + \sigma^2) \int_0^t e^{as}[r_0 + b(e^{as} - 1)]\,ds \\ &= X_0^2 + \frac{2ab + \sigma^2}{a}(r_0 - b)(e^{at} - 1) + \frac{2ab + \sigma^2}{2a} b(e^{2at} - 1) \end{aligned}$$

其中 $X_0^2 = r_0^2$. 接着对 $X(t)$ 作代换可得

$$\mathbb{E}[r(t)^2] = e^{-2at}\mathbb{E}[X(t)^2]$$
$$= e^{-2at}r_0^2 + \frac{2ab+\sigma^2}{a}(r_0-b)(e^{-at}-e^{-2at}) + \frac{2ab+\sigma^2}{2a}b(1-e^{-2at})$$

最后运用方差公式并整理, 可得 $r(t)$ 的方差为

$$\mathrm{Var}[r(t)] = \mathbb{E}[r(t)^2] - (\mathbb{E}[r(t)])^2$$
$$= \frac{\sigma^2}{a}r_0(e^{-at}-e^{-2at}) + \frac{b\sigma^2}{2a}(1-e^{-at})^2$$

定理 7.1.3 如果利率 $r(t)$ 服从 CIR 模型(7.1.5), 参数 (a, b, σ) 的伪极大似然估计的估计量 (a^*, b^*, σ^*) 分别为

$$a^* = -\Delta t^{-1}\log(\widehat{\beta}_1), \quad b^* = \widehat{\beta}_2, \quad \sigma^{*2} = 2a^*\widehat{\beta}_3(1-\widehat{\beta}_1^2)^{-1}$$

$$\widehat{\beta}_1 = \frac{n^{-2}\sum_{i=1}^n r_i \sum_{i=1}^n r_{i-1}^{-1} - n^{-1}\sum_{i=1}^n r_i r_{i-1}^{-1}}{n^{-2}\sum_{i=1}^n r_{i-1}\sum_{i=1}^n r_{i-1}^{-1} - 1}, \quad \widehat{\beta}_2 = \frac{n^{-1}\sum_{i=1}^n r_i r_{i-1}^{-1} - \widehat{\beta}_1}{(1-\widehat{\beta}_1)n^{-1}\sum_{i=1}^n r_{i-1}^{-1}}$$

$$\widehat{\beta}_3 = n^{-1}\sum_{i=1}^n (r_i - \widehat{\beta}_1 r_{i-1} - \widehat{\beta}_2(1-\widehat{\beta}_1))^2 r_{i-1}^{-1}$$

定理 7.1.3 的证明参见相关文献 (Cox et al., 1985).

7.1.2 单因子无套利利率模型

1. Ho-Lee 模型

1986 年, Thomas Ho 和 Sang Bin Lee 首次提出了 Ho-Lee 无套利利率模型. 在 Ho-Lee 模型中, 短期利率模型 $r(t)$ 服从如下的随机微分方程

$$\begin{cases} dr(t) = \theta(t)dt + \sigma\, dW(t) \\ r(0) = r_0 \end{cases} \quad (7.1.8)$$

其中 $\sigma > 0$ 为常数, $\theta(t)$ 是确定的函数, $W(t)$ 是标准布朗运动.

定理 7.1.4 如果利率 $r(t)$ 服从 Ho-Lee 模型(7.1.8), 且 r_0 为常数, 则

$$r(t) = r_0 + \int_0^t \theta(s)ds + \sigma W(t)$$

和 $r(t)$ 的期望与方差分别为

$$\mathbb{E}[r(t)] = r_0 + \int_0^t \theta(s)\, ds, \quad \mathrm{Var}[r(t)] = \sigma^2 t$$

定理 7.1.4 的证明与定理 7.1.1 的证明是类似的, 留给读者作为习题 (习题 7.5).

2. Hull-White 模型

1990 年, John C. Hull 和 Alan White 首次提出了 Hull-White 模型. 至今, 该模型仍然是市场上最流行的利率模型之一. Hull-White 模型假设利率 $r(t)$ 的变化过程服从如下的随机微分方程

$$\begin{cases} dr(t) = a(b(t) - r(t))dt + \sigma\, dW(t) \\ r(0) = r_0 \end{cases} \tag{7.1.9}$$

其中 $a, \sigma > 0$ 为常数, $b(t)$ 是确定的函数, $W(t)$ 是标准布朗运动. 不难发现 Hull-White 模型将 Vasicek 模型中的常数 b 拓展为确定性函数 $b(t)$. 为此, Hull-White 模型又称为 Vasicek 拓展模型.

定理 7.1.5 如果利率 $r(t)$ 服从 Hull-White 模型 (7.1.9), 且 r_0 为常数, 则

$$r(t) = r_0 e^{-at} + a\int_0^t b(s)e^{a(s-t)}\, ds + \sigma\int_0^t e^{a(s-t)}\, dW(s)$$

和 $r(t)$ 的期望与方差分别为

$$\mathbb{E}[r(t)] = r_0 e^{-at} + a\int_0^t b(s)e^{a(s-t)}\, ds$$

$$\mathrm{Var}[r(t)] = \frac{\sigma^2}{2a}(1 - e^{-2at})$$

定理 7.1.5 的证明与定理 7.1.1 的证明是类似的, 留给读者作为习题 (习题 7.6).

7.2 债券价格模型

债券(bond) 是一种金融契约, 是政府、金融机构、工商企业等直接向社会借债筹措资金时, 向投资者发行, 同时承诺按一定利率支付利息并按约定条件偿还本金的债权债务凭证. 债券的本质是债务的证明书, 具有法律效力. 债券购买者或投资者与发行者之间是一种债权债务关系, 债券发行人即债务人, 投资者 (债券购买者) 即债权人.

7.2.1 零息票与远期利率

债券与收益率和远期利率有关. 所谓收益率 $R(t,T)$ 是指 T 年到期的债券现在应支付的年利率, 即在区间 $[t,T]$ 上的平均年利率. 对于到期不支付利息的债券, 收益率与债券目前的价格 $P(t,T)$ 之间的关系为

$$P(t,T) = \exp[-(T-t)R(t,T)]$$

因此, 收益率 $R(t,T)$ (也称即期利率) 满足

$$R(t,T) = \frac{-\ln P(t,T)}{T-t} \tag{7.2.1}$$

远期利率是指隐含在给定的即期利率之中, 从未来的某一时点到另一时点的利率. 如果已经确定了收益率曲线, 那么所有的远期利率就可以根据收益率曲线上的即期利率求得. 所以远期利率并不是一组独立的利率, 而是和收益率曲线紧密相连的. 在债券市场, 可以根据得到的收益率曲线来确定远期利率.

用 $f(0,t)$ 表示 t 时刻的远期利率, 由于收益率和远期利率都是表示债券在区间 $[0,t]$ 上的平均收益, 故有

$$\frac{1}{t}\int_0^t f(0,s)\,ds = R(t)$$

即

$$f(0,t) = R(t) + tR'(t)$$

这样, 我们就可根据收益率来求远期利率.

一般地, 债券都是带有息票的. 但如果考虑息票的话, 债券的定价模型将变得十分复杂. 因此, 我们讨论的债券是不带息票的. 这样的债券称为**零息票**(zero-coupon bomd), 即零息票是一张在当前时刻以一固定价格买入而在到期日 T 时刻换取 1 元现金的债券. 现在的问题是, 如何确定当前零息票的合理价格? 事实上, 如果利率是一个关于时间的确定性函数 $r(t)$, 则零息票的价格 $P(t,T) = P(r,t;T)$ 满足如下常微分方程

$$\begin{cases} \dfrac{dP(t,T)}{dt} = r(t)P(t,T)) & (0 \leqslant t \leqslant T) \\ P(T,T) = 1 \end{cases} \tag{7.2.2}$$

由此常微分方程可得零息票的价格为

$$P(t,T) = \exp\left[-\int_t^T r(s)\,ds\right] \tag{7.2.3}$$

特别地, 当利率 r 为常数时, $P(t,T) = e^{-r(T-t)}$, 这里的 $e^{-r(T-t)}$ 通常称为贴现因子. 反过来, 如果知道债券的价格 $P(t,T)$, 由 (7.2.3) 式也可以求得即期利率为

$$r(t) = \frac{-d\ln P(t,T)}{dt}$$

由此可以看出, 在利率是时间 t 的确定性函数时, 利率 $r(t)$ 与债券 $P(t,T)$ 是互相关联的.

如果考虑利率为随机情况,则零息票在 t 时刻的价格有如下的条件期望形式

$$P(t,T) = \mathbb{E}\left[\exp\left[-\int_t^T r(s)\,ds\right] | r(t) = r_t\right]$$

如果 $f(t,s)$ 表示在 t 时刻的约定时刻 s 的远期利率,则有

$$P(t,T) = \exp\left[-\int_t^T f(t,s)\,ds\right]$$

从而,远期利率为

$$f(t,T) = \frac{-\partial \ln P(t,T)}{\partial T}$$

一般地,在区间 $[T_1, T_2]$ 上的远期利率 $f(t, T_1, T_2)$ 与债券价格 $P(t,T)$ 之间的关系为

$$f(t, T_1, T_2) = -\frac{\ln P(t, T_2) - \ln P(t, T_1)}{T_2 - T_1}$$

因此,根据 (7.2.1) 式可知,如果 r_1 是 T_1 年的利率, r_2 是 T_2 年的利率,且 r_1 和 r_2 为常数,则在区间 $[T_1, T_2]$ 上的远期利率为

$$f(T_1, T_2) = \frac{r_2 T_2 - r_1 T_1}{T_2 - T_1}$$

7.2.2 债券价格的一般模型

假设 $r(t)$ 为短期利率,满足下面模型

$$dr(t) = \mu(r(t),t)\,dt + \sigma(r(t),t)\,dW(t) \tag{7.2.4}$$

其中 $W(t)$ 是标准布朗运动.

将 $P(t,T)$ 对 t 和 r 展成幂级数,利用 (7.2.4) 式和 Itô 公式得

$$dP(t,T) = \left(\mu\frac{\partial P}{\partial r} + \frac{1}{2}\sigma^2\frac{\partial^2 P}{\partial r^2} + \frac{\partial P}{\partial t}\right)+ \sigma\frac{\partial P}{\partial r}\,dW \tag{7.2.5}$$

为了叙述方便,将 (7.2.5) 式简化为

$$dP(t,T) = u(t,T)\,dt + v(t,T)\,dW \tag{7.2.6}$$

虽然利率不能象股票那样可以交易,但可以通过两个与利率相关联的具有不同到期日 T_1 和 T_2 的零息票 P_1 和 P_2 来构造投资组合

$$\Pi = P_1 - \Delta P_2$$

其中 $P_1 = P_1(t,T_1)$ 和 $P_2 = P_2(t,T_2)$，且 $P_1(t,T_1)$ 和 $P_2(t,T_2)$ 满足 (7.2.6) 式. 于是，得到

$$d\Pi = dP_1 - \Delta\, dP_2$$
$$= (u_1 - \Delta u_2)\, dt + (v_1 - \Delta v_2)\, dW \tag{7.2.7}$$

消去风险项，即令

$$\Delta = \frac{v_1}{v_2}$$

则由无套利原理和 (7.2.7) 式，得

$$\Pi = (u_1 - \Delta u_2)\, dt = r\Pi\, dt$$

即

$$u_1 - \frac{v_1}{v_2}u_2 = r\left(P_1 - \frac{v_1}{v_2}P_2\right)$$

重新整理，得

$$\frac{u_1 - rP_1}{v_1} = \frac{u_2 - rP_2}{v_2} \tag{7.2.8}$$

(7.2.8) 式左边只包含 T_1，而右边只包含 T_2，所以，令

$$\lambda(r,t) = \frac{u(t,T) - r(t,T)P(t,T)}{v(t,T)} \tag{7.2.9}$$

显然，$\lambda(r,t)$ 与 T 无关，这里的 λ 实际上就是 3.5.2 节中的风险市场价格. 由 (7.2.9) 式可知

$$u(t,T) = rP(t,T) + \lambda v(t,T)$$

因此，由 (7.2.5) 和 (7.2.6) 式，得到

$$\frac{\partial P}{\partial T} + \mu\frac{\partial P}{\partial T} + \frac{1}{2}\sigma^2\frac{\partial^2 P}{\partial r^2} = rP + \lambda\sigma\frac{\partial P}{\partial r} \tag{7.2.10}$$

注意到终值条件为 $p(T,T) = 1$. 结合 (7.2.10) 式，于是得到债券价格 $P(t,T)$ 满足下面的定解问题

$$\begin{cases} \dfrac{\partial P}{\partial t} + (\mu - \lambda\sigma)\dfrac{\partial P}{\partial r} + \dfrac{1}{2}\sigma^2\dfrac{\partial^2 P}{\partial r^2} - rP = 0 \\ P(T,T) = 1 \end{cases} \tag{7.2.11}$$

值得注意的是，(7.2.11) 式虽然与第 4 章中的 Black-Scholes 方程十分相像，它们都是抛物型的偏微分方程，但 (7.2.11) 式中的 μ 和 σ 都是 r 和 t 的函数，而不是常数. 因此，它比 Black-Scholes 方程更具有一般性. 事实上，(7.2.11) 式可以有许多不同的解，取决于选择的 $r(t)$ 和终值条件的不同而决定. 如果在 (7.2.11) 式中适当给

出确定的 μ, σ 和 λ, 就可以在特定条件下求出问题 (7.2.11) 的解. 有时虽然不能给出这些参数下的解析解, 但可以用计算方法给出近似解. 作为一个应用, 给出下面的例子.

例 7.1 假设短期利率满足 Merton (1970) 模型

$$dr(t) = \mu\, dt + \sigma\, dW(t) \tag{7.2.12}$$

其中 μ 和 σ 都是常数, $W(t)$ 是标准布朗运动. 如果 λ 也是常数, 求问题 (7.2.11) 的解.

解 由于 μ, σ 和 λ 都是常数, (7.2.12) 的解为

$$r(t) = r_0 + \mu t + \sigma W(t)$$

现在 (7.2.11) 式中, 令 $\mu - \lambda\sigma = a$. 则有

$$\frac{\partial P}{\partial t} + a\frac{\partial P}{\partial r} + \frac{1}{2}\sigma^2\frac{\partial^2 P}{\partial r^2} - rP = 0 \tag{7.2.13}$$

为了求解方程 (7.2.13). 设 (7.2.13) 具有如下形式解

$$P(t,T) = \exp[A(t,T)r(t) + B(t,T)]$$

对 $P(t,T)$ 求偏导数, 得

$$\frac{\partial P}{\partial t} = (A'r + B')P, \quad \frac{\partial P}{\partial r} = AP, \quad \frac{\partial^2 P}{\partial r^2} = A^2 P$$

代入到 (7.2.13) 式中, 得

$$(A'r + B')P + aAP + \frac{1}{2}\sigma^2 A^2 P - rP = 0$$

消去 P, 即得

$$(A' - 1)r + B' + aA + \frac{1}{2}\sigma^2 A^2 = 0$$

消去 r 项, 我们得到

$$\begin{cases} A' = 1 \\ B' + aA + \dfrac{1}{2}\sigma^2 A^2 = 0 \end{cases} \tag{7.2.14}$$

利用终值条件为 $P(T,T) = 1$, 从而 $B(T,T) = 0$. 则容易得到 (7.2.14) 式的解为

$$A(t,T) = t - T$$
$$B(t,T) = -\frac{a}{2}(T-t)^2 + \frac{\sigma^2}{6}(T-t)^3$$

因此, 得到问题 (7.2.11) 的解为

$$P(t,T) = \exp\left[-(T-t)r - \frac{a}{2}(T-t)^2 + \frac{\sigma^2}{6}(T-t)^3\right] \quad (7.2.15)$$

由此可知, 只要得到参数 a 和 σ 的估计值, 那么在任何时间 t, 就可以根据实际市场的短期利率, 代入到 (7.2.15) 式中, 求出债券在 t 时刻的价格.

如何选取参数 a 和 σ 呢? 首先求出模拟的收益率曲线. 根据 (7.2.1) 和 (7.2.15) 式, 得

$$\begin{aligned}\ln P(t,T) &= -(T-t)R(t,T) \\ &= -(T-t)r - \frac{a}{2}(T-t)^2 + \frac{\sigma^2}{6}(T-t)^3\end{aligned}$$

因此, 得到模拟的收益率曲线为

$$R(t,T) = r(t) + \frac{a}{2}(T-t) - \frac{\sigma^2}{6}(T-t)^2$$

其次, 根据实际市场数据, 利用最小二乘法拟合初始收益率曲线

$$R(0,T) = r_0 + \frac{a}{2}T - \frac{\sigma^2}{6}T^2$$

从而得到参数 a 和 σ.

例 7.2 假设某银行发行的债券期限分别为: 1 年, 2 年, 3 年, 5 年, 7 年, 10 年和 14 年; 对应的收益率分别为: 3.51, 4.54, 5.21, 6.46, 7.26, 7.99 和 8.30. 求 5 年期零息票的当前价格.

解 由已知数据, 利用最小二乘法, 拟合得到初始收益率曲线为

$$R(0,T) = 0.028 + 0.0089T - 0.0004T^2$$

于是, 得到即期利率 $r_0 = 0.028$, 参数 $a = 0.0178$ 和 $\sigma^2 = 0.0024$. 由 (7.2.14) 式, 得

$$P(t,T) = \exp\left[-(T-t)r - 0.0089(T-t)^2 + 0.0004(T-t)^3\right]$$

将 $T - t = 5$ 和 $r_0 = 0.028$ 代入上式右边, 得

$$-5 \times 0.028 - 0.0089 \times 5^2 + 0.0004 \times 5^3 = -0.3125$$

所以, 5 年期零息票的当前价格为

$$P(0,5) = e^{-0.3125} = 0.736(\text{美元})$$

也就是说, 一张 1000 美元的 5 年期债券的当前价格应该是 736 美元.

7.2.3　Vasicek 模型下的零息票定价公式

假设短期利率 $r(t)$ 服从 Vasicek 模型 (7.1.1). 如果风险的市场价格 $\lambda(t,r)$ 是利率 r 的线性函数, 那么 (7.2.11) 式中的 $\mu - \lambda\sigma = a(b-r) - \lambda\sigma$ 仍然可以写成 $a(b-r)$ 的形式. 于是, 定解问题 (7.2.11) 变为

$$\begin{cases} \dfrac{\partial P}{\partial t} + a(b-r)\dfrac{\partial P}{\partial r} + \dfrac{1}{2}\sigma^2\dfrac{\partial^2 P}{\partial r^2} - rP = 0 \\ P(T,T) = 1 \end{cases} \quad (7.2.16)$$

定理 7.2.1　如果利率 $r(t)$ 服从 Vasicek 模型(7.1.1), 则其对应的零息票债券价格 $P(t,T)$ 满足定解问题(7.2.16), 且

$$P(t,T) = A(t,T)e^{-r(t)B(t,T)} \quad (7.2.17)$$

其中

$$B(t,T) = \frac{1}{a}(1 - e^{-a(T-t)}) \quad (7.2.18)$$

$$A(t,T) = \exp\left[\left(b - \frac{\sigma^2}{2a^2}\right)(B(t,T) - T + t) - \frac{\sigma^2}{4a}B(t,T)^2\right] \quad (7.2.19)$$

证明　对 (7.2.17) 式中的 r 和 t 求偏导数, 得

$$\frac{\partial P}{\partial t} = A'e^{-rB} - rAB'e^{-rB}$$

$$\frac{\partial P}{\partial r} = -ABe^{-rB}$$

$$\frac{\partial^2 P}{\partial r^2} = AB^2 e^{-rB}$$

代入到 (7.2.16) 式中, 得

$$A'e^{-rB} - rAB'e^{-rB} + a(b-r)(-ABe^{-rB}) + \frac{1}{2}\sigma^2 AB^2 e^{-rB} - rAe^{-rB} = 0$$

整理后可得如下的常微分方程

$$\begin{cases} A_t - abAB + \dfrac{1}{2}\sigma^2 AB^2 = 0 \\ B_t - aB + 1 = 0 \end{cases} \quad (7.2.20)$$

利用终值条件 $A(T,T) = 1$, $B(T,T) = 0$, 则得方程 (7.2.20) 的解 $A(t,T)$ 和 $B(t,T)$ 分别满足 (7.2.19) 和 (7.2.18) 式. 于是, 得到零息票债券价格 $P(t,T)$ 的表达式 (7.2.17).

根据 (7.2.1) 和 (7.2.17) 式, 可以得到贴现债券的收益率 $R(t,T)$ 为

$$R(t,T) = -\frac{1}{T-t}\ln A(t,T) + \frac{1}{T-t}B(t,T)r(t) \quad (7.2.21)$$

(7.2.21) 式说明, 收益率 $R(t,T)$ 与短期利率 $r(t)$ 是线性关系.

7.2.4 债券的动态价格模型

由 7.2.3 节可知, 通过一个特定的短期利率模型可以推导出债券价格模型. 反过来, 我们也可以先确定一个债券价格模型再来计算利率. 怎样来直接建立债券价格的模型呢? 7.2.2 节介绍了债券价格的一般模型的推导过程.

由 (7.2.5) 和 (7.2.6) 式可知

$$dP(t,T) = u(t,T)\, dt + \sigma \frac{\partial P}{\partial r}\, dW \tag{7.2.22}$$

又由 (7.2.9) 知

$$u(t,T) = rP + \lambda v = rP + \lambda \sigma \frac{\partial P}{\partial r} \tag{7.2.23}$$

将 (7.2.23) 式代入到 (7.2.22) 式, 得

$$dP(t,T) = \left(rP + \lambda\sigma \frac{\partial P}{\partial r}\right) dt + \sigma \frac{\partial P}{\partial r}\, dW \tag{7.2.24}$$

在 7.2.3 节 Vasicek 模型下的零息票债券定价模型中, 一般设形式解为

$$P(t,T) = A(t,T)e^{-r(t)B(t,T)}$$

于是, 容易求得

$$\frac{\partial P}{\partial r} = -B(t,T)P(t,T)$$

代入到 (7.2.24) 式中, 得

$$dP = (rP - \lambda\sigma B)P\, dt - \sigma B P\, dW \tag{7.2.25}$$

(7.2.25) 式是债券价格的动态方程. 因为它以债券自身属性来表示债券价格的变化. 与股票价格服从几何布朗运动相比, 债券价格的动态方程更复杂. 在 (7.2.25) 式中, 漂移率系数 $rP - \lambda\sigma B$ 含有短期利率, 它随时间而变化, 对于其中的风险市场价格 λ, 一般可以通过调整其他参数而使它为 0. 波动率系数 $-\sigma B$ 也是时间 t 的函数, 这使得债券模型具有现实意义, 随着到期日的到来, 债券价格趋近于面值, 而在到期日之前, 债权交易有很大的波动. 作为一个例子, 我们得到下面的结论.

定理 7.2.2 如果利率 $r(t)$ 服从 Vasicek 模型(7.1.1), 则到期日为 T 的零息票债券价格服从如下的随机微分方程

$$dP(t,T) = r(t)P(t,T)\, dt - \sigma B(t,T)P(t,T)\, dW(t) \tag{7.2.26}$$

一般地, 通过对 (7.2.25) 式中的参数进行修正, 可以将债券价格的动态模型表达成下面的形式:

$$dP(t,T) = r(t)P(t,T)\, dt + \sigma(t,T)P(t,T)\, dW(t) \tag{7.2.27}$$

其中 $W(t)$ 是标准布朗运动. 为了求解 (7.2.27) 式, 忽略 dt 的高阶无穷小, 求 $\ln P$ 的微分

$$d\ln P = \frac{1}{P}\,dP - \frac{1}{2P^2}(dP)^2$$

注意到 $(dP)^2 = \sigma^2 P^2\,dt$ 和 (7.2.27) 式, 于是, 得到

$$d\ln P = \left(r - \frac{\sigma^2}{2}\right)dt + \sigma\,dW(t) \tag{7.2.28}$$

虽然 (7.2.28) 式中的 $r(t)$ 是未知的, 但对 (7.2.28) 式, 两边从 0 到 t 积分, 得

$$\ln P(t,T) - \ln P(0,T)$$
$$= \int_0^t r(s)ds - \frac{1}{2}\int_0^t \sigma^2(s,T)ds + \int_0^t \sigma(s,T)\,dW(s) \tag{7.2.29}$$

(7.2.29) 式中的 T 可以取任意值, 特别是当 $T = t$ 时, $P(t,t) = 1$, 于是, (7.2.29) 式得到

$$\int_0^t r(s)\,ds = -\ln P(0,t) + \frac{1}{2}\int_0^t \sigma^2(s,t)\,ds - \int_0^t \sigma(s,t)\,dW(s) \tag{7.2.30}$$

将 (7.2.30) 式代入到 (7.2.29) 式中, 得

$$\ln P(t,T) = \ln \frac{P(0,T)}{P(0,t)} + \frac{1}{2}\int_0^t [\sigma^2(s,t) - \sigma^2(s,T)]\,ds$$
$$+ \int_0^t [\sigma(s,T) - \sigma(s,t)]\,dW(s)$$

从而得到债券价格的定价公式

$$P(t,T) = \frac{P(0,T)}{P(0,t)}\exp\left[\frac{1}{2}\int_0^t (\sigma^2(s,t) - \sigma^2(s,T))\,ds\right.$$
$$\left. + \int_0^t (\sigma(s,T) - \sigma(s,t))\,dW(s)\right] \tag{7.2.31}$$

从 (7.2.31) 式可以看出, 选择一个债券交易的波动率 $\sigma(t,T)$ 是很关键的.

例 7.3 如果利率 $r(t)$ 服从 Vasicek 模型 (7.1.1), 到期日为 T 的零息票债券价格 $P(t,T)$ 满足 (7.2.26) 式, 求 $P(t,T)$ 的表达式.

解 由 (7.2.26) 和 (7.2.27) 式可知, 债券价格的波动率为

$$\sigma(t,T) = -\sigma B(t,T) = -\frac{\sigma}{a}(1 - e^{-a(T-t)})$$

因此, 有
$$\int_0^t \sigma^2(s,T)\,ds = \frac{\sigma^2}{a^2}[t + B(t,T) - B(0,T)] + \frac{\sigma^2}{2a}[B(t,T)^2 - B(0,T)^2]$$

其中 $B(t,T)$ 满足 (7.2.18) 式.
$$\int_0^t \sigma(s,T)\,dW(s) = -\frac{\sigma}{a}\left[W(t) - e^{-aT}\int_0^t e^{as}\,dW(s)\right]$$

令
$$C(t,T) = \int_0^t \sigma^2(s,T)\,ds$$

则由 (7.2.31) 式可知, 如果利率 $r(t)$ 服从 Vasicek 模型, 那么到期日为 T 的零息票债券价格 $P(t,T)$ 定价公式为

$$P(t,T) = \frac{P(0,T)}{P(0,t)} \exp\left[\frac{1}{2}(C(t,t) - C(t,T)) - \sigma B(t,T)e^{-at}\int_0^t e^{as}\,dW(s)\right] \quad (7.2.32)$$

(7.2.32) 式中含有随机项. 由于利率 $r(t)$ 中也含有同样的随机项, 所以我们可以利用 $r(t)$ 来代替它. 根据 (7.2.3) 式可知, 如果将 T 作为变量, 则短期利率为

$$r(t) = -\frac{\partial \ln P}{\partial T}(t,T)\Big|_{T=t} \quad (7.2.33)$$

因此, 对 (7.2.32) 式两边关于 T 求偏导数, 得

$$\frac{\partial \ln P}{\partial T} = \frac{\partial \ln P}{\partial T}(0,T) - \frac{1}{2}\frac{\partial C}{\partial T}(t,T) - \sigma e^{-aT}\int_0^t e^{as}\,dW(s)$$

令 $T = t$ 并利用 (7.2.33) 式, 可以得到一个关于 $r(t)$ 的半确定的表达式

$$r(t) = -\frac{\partial \ln P}{\partial t}(0,t) + \frac{\sigma^2}{2a^2}B^2(0,t) + \sigma e^{-at}\int_0^t e^{as}\,dW(s)$$

从上式可以解得

$$\sigma e^{-at}\int_0^t e^{as}\,dW(s) = \frac{\partial \ln P}{\partial t}(0,t) - \frac{\sigma^2}{2a^2}B^2(0,t) + r(t)$$

用该式代替 (7.2.32) 式中的随机项目, 得

$$\begin{aligned}P(t,T) = &\frac{P(0,T)}{P(0,t)}\exp\left[\frac{1}{2}(C(t,t) - C(t,T))\right]\\ &\cdot \exp\left[-r(t)B(t,T) - B(t,T)\frac{\partial \ln P}{\partial t}(0,t)\right.\\ &\left.+\frac{\sigma^2}{2a^2}B^2(0,t)B(t,T)\right]\end{aligned} \quad (7.2.34)$$

在 (7.2.34) 式中，有三项可以在基准日观测到. 表达式中 $P(0,T)$ 和 $P(0,t)$ 是 $t=0$ 时的债券市场价格，它们分别与基准日的收益率曲线上的不同到期日有关. 而表达式中 $-\frac{\partial \ln P(0,t)}{\partial t}(0,t)$ 也可以通过基准日观测到的远期利率得到. 当在确定基准日模型的时候，只需要知道短期利率 $r(t)$ 的现值，就可以求出在任何时刻 t 的债券价格.

7.2.5 CIR 模型下的零息票定价公式

假设短期利率 $r(t)$ 服从 CIR 模型 (7.1.5). 如果风险的市场价格 $\lambda(t,r)$ 是利率 r 的线性函数，那么 (7.2.11) 式中的 $\mu - \lambda\sigma = a(b-r) - \lambda\sigma$ 仍然可以写成 $a(b-r)$ 的形式. 实际上，我们可以直接取 λ 为 0. 于是，定解问题 (7.2.11) 变为

$$\begin{cases} \frac{\partial P}{\partial t} + a(b-r)\frac{\partial P}{\partial r} + \frac{1}{2}\sigma^2 \frac{\partial^2 P}{\partial r^2} - rP = 0 \\ P(T,T) = 1 \end{cases} \quad (7.2.35)$$

定理 7.2.3 如果利率 $r(t)$ 服从 CIR 模型(7.1.5)，则其对应的零息票债券价格 $P(t,T)$ 满足定解问题(7.2.35)，且

$$P(t,T) = A(t,T)e^{-r(t)B(t,T)} \quad (7.2.36)$$

其中

$$B(t,T) = \frac{2(e^{\gamma(T-t)} - 1)}{2\gamma + (a+\gamma)(e^{\gamma(T-t)} - 1)}$$

$$A(t,T) = \left[\frac{2\gamma e^{(a+\gamma)(T-t)/2}}{2\gamma + (a+\gamma)(e^{\gamma(T-t)/2} - 1)}\right]^{2ab/\sigma^2}$$

$$\gamma = \sqrt{a^2 + 2\sigma^2}.$$

贴现债券的收益率 $R(t,T)$ 与短期利率 $r(t)$ 之间的关系为

$$R(t,T) = -\frac{1}{T-t}\ln A(t,T) + \frac{1}{T-t}B(t,T)r(t)$$

7.2.6 Heath-Jarrow-Morton 模型

现在可以回过头来讨论 **Heath-Jarrow-Morton 模型**(HJM 模型). HJM 模型作为 Ho-Lee 模型的扩展与推广，它是 Heath, Jarrow 和 Morton 在 1992 年提出来的一种新方法 (Heath et al., 1992). 与其他模型先模拟短期利率，再导出远期利率的思路不同，HJM 模型是先模拟远期利率，所以 HJM 模型能方便地拟合起期初的收益率曲线. HJM 模型被用于对规定证券及其衍生产品进行定价，是定价理论的一

个重要突破. HJM 模型说明在风险中性测度下, 参数不能被自由设定, 远期利率的漂移项完全由它们的波动性和风险的市场价格决定. 这也是 HJM 模型的一个主要贡献.

HJM 模型分析从观察到的收益率曲线开始, 这里的收益率曲线可以是在 $t=0$ 时刻的零息票债券价格 $P(0,T)$, 或者瞬时远期利率 $f(0,T)$.

由 7.2.1 节可知, $P(0,T)$ 和 $f(0,T)$ 之间的关系满足

$$P(0,T) = \exp\left[-\int_t^T f(0,s)\, ds\right]$$

$$f(0,T) = \frac{-\partial \ln P(0,T)}{\partial T}$$

由此可见, 从 $P(0,T)$ 或 $f(0,T)$ 开始构建期限结构都是等价的.

由无套利原理可知, 所有标的资产的瞬时收益率都是无风险利率 $r(t)$, 此时零息票债券价格 $P(0,T)$ 的动态方程为

$$dP(t,T) = r(t)P(t,T)\, dt + \sigma(t,T)P(t,T)\, dW(t) \tag{7.2.37}$$

其中 $W(t)$ 是标准布朗运动. 由 (7.2.37) 式和 Itô 公式, 得

$$\begin{aligned} d\ln P &= \frac{1}{P}\, dP - \frac{1}{2P^2}(dP)^2 \\ &= \left(r - \frac{\sigma^2}{2}\right)dt + \sigma\, dW(t) \end{aligned} \tag{7.2.38}$$

由此得到

$$d\ln P(t,T_1) = \left[r(t) - \frac{1}{2}\sigma^2(t,T_1)\right]dt + \sigma(t,T_1)\, dW(t) \tag{7.2.39}$$

和

$$d\ln P(t,T_2) = \left[r(t) - \frac{1}{2}\sigma^2(t,T_2)\right]dt + \sigma(t,T_2)\, dW(t) \tag{7.2.40}$$

注意到在区间 $[T_1,T_2]$ 上的远期利率 $f(t,T_1,T_2)$ 与债券价格 $P(t,T)$ 之间的关系为

$$f(t,T_1,T_2) = \frac{\ln P(t,T_1) - \ln P(t,T_2)}{T_2 - T_1} \tag{7.2.41}$$

将 (7.2.39) 和 (7.2.40) 式代入到 (7.2.41) 式中, 得到

$$df(t,T_1,T_2) = \frac{\sigma^2(t,T_2) - \sigma^2(t,T_1)}{2(T_2-T_1)}\, dt + \frac{\sigma(t,T_2) - \sigma(t,T_1)}{T_2 - T_1}\, dW(t) \tag{7.2.42}$$

令 $T_2 \to T_1$, 因为 $f(t,T_1) = f(t,T_1,T_1)$, 故 (7.2.42) 式成为

$$df(t,T_1) = \sigma(t,T_1)\frac{\partial \sigma(t,T_1)}{\partial T_1}\, dt - \frac{\partial \sigma(t,T_1)}{\partial T_1}\, dW(t) \tag{7.2.43}$$

现将 (7.2.43) 式中的 T_1 替换成 T. 因为 $W(t)$ 是随机的, 也是对称的, 所以可以用 $-W(t)$ 替代 $W(t)$, 从而, 得到远期利率的模型为

$$df(t,T) = \sigma \frac{\partial \sigma}{\partial T}\, dt + \frac{\partial \sigma}{\partial T}\, dW \tag{7.2.44}$$

从 (7.2.44) 式中, 我们看到远期利率模型中的漂移率与波动率有关. 为了进一步明确它们之间的关系, 将 (7.2.44) 式改写为

$$df(t,T) = \mu(t,T)\, dt + \eta(t,T)\, dW \tag{7.2.45}$$

也许我们认为 (7.2.45) 式中的 μ 和 η 是不相关的, 但可以得到非常惊奇的结论. 由微积分基本定理可知

$$\sigma(t,T) - \sigma(t,t) = \int_t^T \frac{\partial \sigma(t,s)}{\partial s}\, ds$$

由于债券接近到期日时波动率趋近于 0, 故 $\sigma(t,t) = 0$, 从而上式变为

$$\sigma(t,T) = \int_t^T \frac{\partial \sigma(t,s)}{\partial s}\, ds \tag{7.2.46}$$

结合 (7.2.44)~(7.2.46) 式, 可以得到

$$\begin{aligned}\mu(t,T) &= \sigma(t,T)\frac{\partial \sigma(t,T)}{\partial T} = \frac{\partial \sigma(t,T)}{\partial T}\int_t^T \frac{\partial \sigma(t,s)}{\partial s}\, ds \\ &= \eta(t,T)\int_t^T \eta(t,s)\, ds\end{aligned} \tag{7.2.47}$$

(7.2.47) 式可以缩写成

$$\mu = \eta \int_t^T \eta\, ds \tag{7.2.48}$$

(7.2.48) 式被称为 HJW 之谜. 由此可以看出在远期利率的模型中, 零息票债券的波动率决定远期利率的漂移率.

从上述过程中可以看到, 如果市场无套利, 零息票债券的波动率与远期利率的漂移项之间就存在直接关系. 但我们并没有给出 HJW 模型的具体形式, 也就是说 HJW 模型代表了一整类模型, 它的具体形式需要在设立波动率函数之后才能确定下来. $\sigma(t,T)$ 的形式不同, 模型的具体形式也不同. 许多模型可以作为 HJW 模型的特例. 例如, Vasicek 模型 (7.1.1) 式就是 HJW 模型中 $\sigma(t,T) = \sigma e^{-a(T-t)}$ 时的特例. Ho-Lee 模型 (7.1.8) 式就是 HJW 模型中 $\sigma(t,T) = \sigma$ 时的特例.

习题 7

7.1 假设短期利率 $r(t)$ 满足 Merton 模型

$$dr(t) = \mu\, dt + \sigma\, dW(t)$$

其中 μ 和 σ 都是常数，$W(t)$ 是标准布朗运动. 求 $\mathbb{E}[r(t)]$ 和 $\mathrm{Var}[r(t)]$.

7.2 证明定理 7.1.4.

7.3 证明定理 7.1.5.

7.4 假设有一债券模型采用 $\sigma(t,T) = T - t$ 决定债券波动率. 利用公式 (7.2.32) 证明

$$r(t) = -\frac{\partial \ln P}{\partial t}(0,t) + \frac{t^2}{2}B^2(0,t) - W(t)$$

其中 $W(t)$ 表示标准布朗运动.

7.5 如果随机利率 $r(t)$ 服从 Ho-Lee 模型 (7.1.8)，求其对应的零息票债券定价公式.

7.6 如果随机利率 $r(t)$ 服从 Hull-White 模型 (7.1.9)，求其对应的零息票债券定价公式.

参 考 文 献

傅毅, 张寄洲, 王杨. 2010. 复合条款下的农作物生长指数期权定价公式 [J]. 工程数学学报, 2010, 27(1): 1–10.

郭宇权. 2012. 金融衍生产品的数学模型 [M]. 张寄洲, 等, 译. 北京: 科学出版社.

姜礼尚, 徐承龙, 任学敏, 等. 2008. 金融衍生产品定价的数学模型与案例分析 [M]. 北京: 高等教育出版社.

姜礼尚. 2008. 期权定价的数学模型和方法 [M]. 2 版. 北京: 高等教育出版社.

金治明. 2003. 随机分析基础及其应用 [M]. 北京: 国防工业出版社.

金治明. 2006. 数学金融学基础 [M]. 北京: 科学出版社.

孙健. 2008. 金融衍生品定价模型: 数理金融引论 [M]. 2 版. 北京: 中国经济出版社.

唐亚勇. 2012. 金融数学基础 [M]. 北京: 科学出版社.

王军, 王娟. 2007. 随机过程及其在金融领域中的应用 [M]. 北京: 清华大学出版社, 北京交通大学出版社.

王杨, 肖文宁, 张寄洲, 2005. 有交易成本的欧式期权定价公式 [J]. 上海师范大学学报, 34(1): 12–17.

王杨, 张寄洲, 2007. 彩虹障碍期权的定价问题 [J]. 数学的实践与认识, 37(18): 1–8.

王杨, 张寄洲, 傅毅. 2010. 双障碍期权的定价问题 [J]. 上海师范大学学报, 38(4): 347–354.

奚李峰. 2011. 金融数学 [M]. 北京: 清华大学出版社.

严加安. 2012. 金融数学引论 [M]. 北京: 科学出版社.

Bachelier L. 1900. Théorie de la Spéculation[M]. Annales scientifiques de l'cole Normale Supérieure, Ser 3, 17: 12–86.

Black F, Scholes M. 1973. The pricing of option and corporate liabilities[J]. Journal of Political Economy, 81: 637–654.

Clement E, Lamberton D, Protter P. 2002. An analysis of a least squares regression algorithm for American option pricing[J]. Finance and Stochastic, 6: 449–471.

Cox J C, Ingersoll J E Jr, Ross S A, 1985. A theory of the term structure of interest rates[J]. Econometrica, 53: 385–407.

Cox J C, Ross S, Rubinstein M. 1979. Option pricing: a simplified approach[J]. Journal of Financial Economics, 7: 229–263.

Etheridge A M. 2002. A Course in Financial Calculus[M]. Cambridge: Cambridge University Press.

Etheridge A M. 2006. 金融数学教程 [M]. 张寄洲, 等, 译. 北京: 人民邮电出版社.

Frydaman C, Saks R E. 2010. Executive compensation: a new view from a long term perspective[J]. Review of financial studies, 23(5): 2100–2138.

Heath D, Jarrow R, Morton A. 1992. Bond pricing and the term structure of interest rates: a new methodology for contingent claims valuation[J]. Econometrica, 60(1): 77–105.

Ho T S Y, Lee S B. 1986. Term structure movements and pricing interest rate contingent claims[J]. Journal of Finance, 41: 1011–1029.

Hull J C. 2009. Options, Futures, and Other Derivatives[M]. 7th ed. Prentice: Prentice Hall.

Hull J, White A. 1990. Pricing interest-rate-derivative securities[J]. Review of Financial Studies, 3: 573–592.

Karatzas I, Shreve S E. 1991. Brownian Motion and Stochastic Calculus[M]. 2nd ed. New York: Springer-Verlag.

Longstaff F, Schwartz E. 2001. Valuing American Options by Simulation: A Simple Least-Squares Approach[J]. The Review of Financial Studies, 14(1): 113–147.

Merton R C. 1971. Optimum consumption and portfolio rules in a continuous-time model[J]. Journal of Economic Theory, 3(4): 373–413.

Merton R C. 1973. Theory of rational option pricing[J]. Bell Journal of Economics and Management Sciences, 4: 141–183.

Merton R C. 1974. On the pricing of corporate debt: The risk structure of interest rates[J]. Journal of Finance, 29: 449–470.

Merton R C. 1976. Option pricing when the underlying stock returns are discontinuous[J]. Journal of Financial Economics, 3: 125–144.

Merton R. 1970. A dynamic general equilibrium model of the asset market and its application of the pricing of capital structure of the firm. Working paper. Cambridge: A. P. Sloan School of Management, MIT.

Nicolas P. 2010. 随机利率模型及相关衍生品定价 [M]. 韦晓, 译. 天津: 南开大学出版社.

Samuelson P A. 1965. Proof that properly anticipated prices fluctuate randomly[J]. Industrial Management Review, 6(2): 41–50.

Shreve S E. 2008. 金融随机分析 [M]. 陈启宏, 等, 译. 上海: 上海财经大学出版社.

Stampfli J, Goodman V. 2004. 金融数学 [M]. 蔡明超, 译. 北京: 机械工业出版社.

Tang C Y, Chen S X. 2009. Parameter estimation and bias correction for diffusion processes[J]. Journal of Econometrics, 149(1): 65–81.

Vasicek O. 1977. An equilibrium characterization of the term structure[J]. Journal of Financial Economics, 5: 177–188.

Wang Y, Bian B J, Zhang J Z, 2014. Viscosity Solutions of Integro-Differential Equations and Passport Options in a Jump-Diffusion Model[J]. Journal of Optimization Theory Applications, 161: 122–144.

科学出版社 高等教育出版中心

教学支持说明

科学出版社高等教育出版中心为了对教师的教学提供支持,特对教师免费提供本教材的电子课件,以方便教师教学。

获取电子课件的教师需要填写如下情况的调查表,以确保本电子课件仅为任课教师获得,并保证只能用于教学,不得复制传播用于商业用途。否则,科学出版社保留诉诸法律的权利。

地址:北京市东黄城根北街 16 号,100717
　　　科学出版社　高等教育出版中心　　数理出版分社　姚莉丽　(收)
电话:010-64034725　　　E-mail:yaolili@mail.sciencep.com
(登陆科学出版社网站:www.sciencep.com "教材天地" 栏目下可下载本表。)

请将本证明签字盖章后,传真或者邮寄到我社,我们确认销售记录后立即赠送。
如果您对本书有任何意见和建议,也欢迎您告诉我们。意见经采纳,我们将赠送书目,教师可以免费赠书一本。

证　明

兹证明_____大学_____学院/____系第____学年□上/□下学期开设的课程,采用科学出版社出版的_____/_____(书名/作者)作为上课教材。任课老师为_____共____人,学生___个班共___人。

任课教师需要与本教材配套的电子课件。

电　话:_____
传　真:_____
E-mail:_____
地　址:_____
邮　编:_____

　　　　　　　　　　　　　　　院长/系主任:_____(签字)
　　　　　　　　　　　　　　　　　　　　　　　　　　(盖章)
　　　　　　　　　　　　　　　____年___月___日